Dortmunder Arbeiten zur Schulgeschichte und zur historischen Didaktik

Herausgegeben von Klaus Goebel und Hans Georg Kirchhoff

Band 7

Horst Gies

GESCHICHTSLEHRERAUSBILDUNG IN DER BUNDESREPUBLIK DEUTSCHLAND

Studienverlag Dr. N. Brockmeyer
Bochum 1985

CIP-Kurztitelaufnahme der Deutschen Bibliothek

Gies, Horst:
Geschichtslehrerausbildung in der Bundesrepublik Deutschland / Horst Gies. – Bochum: Studienverlag Brockmeyer, 1986.
(Dortmunder Arbeiten zur Schulgeschichte und zur historischen Didaktik; Bd. 7)
ISBN 3-88339-492-0

NE: GT

Anschriften:

Dortmunder Gesellschaft für Schulgeschichte e.V.
Wittheniusweg 5
4600 Dortmund 41

Forschungsstelle Schulgeschichte
Universität Dortmund, FB 15, Emil-Figge-Straße 50
Postfach 50 05 00
4600 Dortmund 50 (Barop)

Prof. Dr. Horst Gies
Zentralinstitut für Unterrichtswissenschaften und Curriculumentwicklung
Freie Universität Berlin, Habelschwerter Allee 45
1000 Berlin 33

Studienverlag Norbert Brockmeyer
Querenburger Höhe 281
4630 Bochum 1

ISBN 3-88339-492-0

Druck: Thiebes GmbH & Co. Kommanditgesellschaft Hagen

INHALT

Seite

EINLEITUNG

Ausbildung - aber wie?

Die Gestaltung der Lehrerausbildung wird als ein "Schlüsselproblem der Schul- und Hochschulpolitik" angesehen.[1] Da Lehrerausbildung zugleich mit Politik und Wissenschaft zu tun hat, sind bisher alle Bemühungen um ihre "richtige" Gestaltung unbefriedigend verlaufen. Heinrich Roth, ein ausgewiesener Kenner der Materie, vertritt sogar die Ansicht, die Aufgabe sei grundsätzlich "unlösbar".[2] Dies dürfte unter anderem darin begründet sein, daß oftmals wissenschaftliche Konzepte im politischen Raum nicht akzeptiert werden oder umgekehrt politische Vorgaben zwar in Gesetzestexten, nicht jedoch in der Realität des Ausbildungsalltags zu finden sind. Allseits befriedigende Lösungen des Problems sind nicht zuletzt deshalb schwer zu finden, weil unterschiedliche Interessen - Privilegien und Emanzipationsbedürfnisse - im Spiel sind, zu deren Rechtfertigung bzw. Verteidigung die entsprechenden Ideologien nicht fehlen. Ein kurzer Blick in die Geschichte der Lehrerausbildung bestätigt diesen Befund.[3]

Seit sich Ende des 18. Jahrhunderts ein eigenständiger Lehrerberuf herausbildete, existiert der Dualismus zwischen Gymnasial- und Volksschullehrern als Spiegelbild der entsprechenden Berufsfelder und Ausbildungsstätten. Die Gymnasiallehrer/Philologen wurden in ihrer jeweiligen Fachdisziplin an der Universität ausgebildet - die Fähigkeit zur Umsetzung des erworbenen Fachwissens im späteren Unterricht blieb zunächst unberücksichtigt. Erst gegen Ende des Jahrhunderts wurde im Anschluß an das Studium eine schulpraktische Ausbildungsphase als Meisterlehre eingeführt, die direkten Berufsbezug hatte.

Humboldt und Fichte lieferten dieser Konzeption die ideologische Begründung, indem sie an der Universität betriebene Wissenschaft als zweckfrei und "rein", d.h. ohne Praxisbezug und Nützlichkeitserwägungen definierten.[4] So wurden an dieser Institution nicht Lehrer, sondern Wissenschaftler ausgebildet, die sich - oft als zweit- oder drittbeste Lösung - für die Schullaufbahn entschieden. Manche von ihnen verstanden sich zeit ihres Berufslebens als (verhinderte) Fachwissenschaftler.[5] Die spätere Zweiphasigkeit der Ausbildung verstärkte diese Konzeption noch, weil sie die Universität von jeder anwendungsbezogenen Perspektive bei der Ausbildung der zukünftigen Gymnasiallehrer entlastete; schulbezogene Erwägungen konnten ja dem Vorbereitungsdienst bzw. dem Referendariat überlassen werden.

Die Ausbildung der Volksschullehrer war hingegen umgekehrt akzentuiert. Sie brauchten nach Fichte kein Studium, sondern ein "frommes Herz", es kam bei ihnen also auf Persönlichkeitsbildung an. Sie brauchten nicht, wie die Studenten an der Universität, das Abitur nachzuweisen, sondern sie wurden auf Präparandenanstalten mit dem Fachwissen ausgestattet, das sie später im Unterricht zu vermitteln hatten. An Lehrerseminaren wurden sie dann praxisbezogen auf ihren Beruf vorbereitet. Nach dem 1. Weltkrieg wurde diese seminaristische zur akademischen Ausbildung weiterentwickelt.[6] Aus den Pädagogischen Akademien der 1920er Jahre gingen nach dem 2. Weltkrieg die Pädagogischen Hochschulen hervor.[7] Die dort seit Mitte der 1960er Jahre ausgebildeten Grund-, Haupt- und Realschullehrer erhielten nicht nur Einblicke in die Erziehungswissenschaft und ihre Bezugsdisziplinen Psychologie, Politologie, Soziologie und Philosophie, sondern spezialisierten sich zunehmend in ihren Wahlfächern auf bestimmte Fachwissenschaften und ihre dazugehörigen Fachdidaktiken.

Mit der Einsicht in die Relativität wissenschaftlicher Erkenntnis und mit dem Leitbild des mündigen Staatsbürgers wurde vom (Volksschul-) Lehrer Kompetenz verlangt, die sich auch auf die intentionale und inhaltliche Seite seiner Unterrichtstätigkeit bezog, dem angehenden (Gymnasial-)lehrer konnte nicht länger die methodische und mediale Dimension seiner Unterrichtstätigkeit als Handwerk im Meister-Schüler-Verhältnis zugemutet werden. Die Entwicklung der Pädagogik zur Erziehungswissenschaft spiegelt die Erkenntnis wider, daß pädagogische Kompetenz sich nicht - urwüchsig - aus Talent oder - angelernt - aus einer wohlgefüllten Trickkiste ergibt, sondern eine wissenschaftliche Komponente besitzt. Die entsprechenden Disziplinen - allgemeine Didaktik und Fachdidaktiken - etablierten sich freilich zuerst an den Pädagogischen Hochschulen. Es war Wilhelm Richter, langjähriger Rektor der Pädagogischen Hochschule Berlin, der 1969 in einem Gutachten für den Deutschen Bildungsrat an die Universität die begründete Forderung richtete, Didaktik in den Kreis ihrer Wissenschaftsdisziplinen aufzunehmen.[8] Ein Jahr zuvor hatte der 7. Pädagogische Hochschultag in Bremen kategorisch die "volle Integration des Studiums aller Lehrer in die Universität" verlangt.[9]

Dies macht deutlich, wie sehr sich im Zuge der Demokratisierung und Verwissenschaftlichung des gesamten gesellschaftlichen Lebens im Laufe des 20. Jahrhunderts beide Ausbildungsarten einander annäherten: der fachwissenschaftliche Anteil der Ausbildung von Volksschullehrern, die sich entsprechend der Verzweigung des Schulsystems in Grund-, Haupt- und Realschulen differenzierte, wurde verstärkt (Fachlehrerprinzip)- den Gymnasiallehrern wurden schon im Studium erziehungswissenschaftliche und fachwissenschaftliche Einblicke ermöglicht (Praxisbezug), ohne daß sich freilich an den Ausbildungsverhältnissen im Referendariat wesentliches änderte. Die mit dieser Entwicklung verbundene soziale, nicht materielle Angleichung der verschiedenen Lehrertypen (Gymnasiallehrer wurden in den "höheren" Dienst, Grund- und Hauptschullehrer in den "gehobenen" Dienst eingruppiert) erhielt Ende der 1960er Jahre durch die Bildungsreform neue - politische - Schubkraft. Im "Strukturplan für das Bildungswesen", den die Bildungskommission des Deutschen Bildungsrates unter der Leitung Karl Dietrich Erdmanns 1970 vorlegte, wurde die Notwendigkeit einer Reform der Lehrerausbildung als Konsequenz struktureller Veränderungen im gesamten Bildungswesen begründet.[10]

Die Absicht, das gegliederte Schulsystem durch die Gesamtschule abzulösen, zog die Gesamthochschule als einheitliche akademische Ausbildungsstätte für alle Lehrer nach sich. Die Lehrerausbildung sollte "integriert" werden, d.h. sie war nicht mehr an Schularten, sondern an Altersstufen der Schüler zu orientieren. Warum, so wurde gefragt, sollte die Leistung einer Lehrerin an einer Grundschule geringer bewertet werden als die einer Studienrätin am Gymnasium? Man ging also von der Prämisse aus, alle Lehrer - ob sie im gegliederten Schulsystem im Gymnasium oder in der Grundschule, im System der Gesamtschule in der Primarstufe oder in der Sekundarstufe II ihrem Beruf nachgehen, - übten eine gleichartige und gleichwertige Tätigkeit aus, die eine gleichartige und gleichwertige wissenschaftliche Ausbildung voraussetzte. In diese wissenschaftliche Ausbildung sollten die berufsorientierten Studien, die an den Pädagogischen Hochschulen mit großem Erfolg praktiziert wurden, mit den fachwissenschaftlich orientierten Studien, wie sie an den Universitäten stattfanden, verbunden werden. Die Studiendauer sollte für alle Lehrer nicht weniger als 8 Semester betragen und eine Differenzierung nach schulstufenbezogenen Schwerpunkten sollte wie bei der nach Fächern keine Rangordnung begründen. Am weitesten gingen Modellvorstellungen, die durch eine enge Verzahnung von wissenschaftlicher und berufspraktischer Ausbildung an der Gesamthochschule eine einphasige Lehrerausbildung einführen, also Studium und Referendariat, 1. und 2. Ausbildungsphase zusammenfügen wollten.

Konnten diese Leitvorstellungen, insbesondere von sozialliberalen Bildungspolitikern entwickelt, in der vom Kulturföderalismus geprägten Bundesrepublik Deutschland durchgesetzt werden? Zunächst setzte allein die Notwendigkeit der gegenseitigen Anerkennung von Lehramtsprüfungen in den einzelnen Bundesländern den Reformbestrebungen Grenzen. Im Hamburger Abkommen vom 23.10.1972 verständigten sich die SPD-Kultusminister von Berlin, Bremen, Hamburg, Hessen, Niedersachsen und Nordrhein-Westfalen auf Eckdaten zur Neuregelung der Lehrerausbildung. Ausdrücklich wurde erklärt, die Übereinkunft sei "offen" auch für die CDU-regierten Länder Baden-Württemberg, Bayern, Rheinland-Pfalz, Saarland und Schleswig-Holstein. Kernpunkte der Vereinbarungen waren 1. das Festhalten am Stufenlehrer und 2. die Festschreibung der zweiphasigen Ausbildung für alle Lehrer. Während von der Idee einer einphasigen Lehrerausbildung nur noch ein Modellversuch in Niedersachsen (Oldenburg und Osnabrück) übrig blieb, verständigte man sich in den von der SPD regierten Ländern auf eine an den Erfordernissen der Grund-, Mittel- und Oberstufe orientierte wissenschaftlich gleichwertige Qualifikation für alle Lehrer.

Das bedeutete, daß die Lehrer der Grund- und Mittelstufe zukünftig in der 1. Phase eine stärkere fachwissenschaftliche Ausbildung erhalten sollten, außerdem hatten sie einen 18-monatigen Vorbereitungsdienst (2. Phase) analog dem Referendariat der Gymnasiallehrer zu absolvieren. Für die Lehrer der Mittel- und Oberstufe war eine gegenüber der Gymnasiallehrerausbildung verbesserte erziehungswissenschaftlich und stärker berufspraktisch orientierte Ausbildung in der 1. Phase vorgesehen. Die Ansicht setzte sich also durch, daß es keine prinzipiellen, sondern allenfalls graduelle Unterschiede in den Berufsanforderungen für Lehrer gäbe. Nicht inhaltliche Gleichförmigkeit der Ausbildung für alle Lehrer wurde gefordert, sondern stufenbezogene Schwerpunktbildung bei gleichzeitiger Entwicklung des wissenschaftlichen Denkens und der beruflichen Handlungsfähigkeit.

Das Stufenlehrerkonzept des Hamburger Abkommens orientierte sich am Leitbild der Gesamtschule und sah Lehrämter auf zwei Qualifikationsebenen vor: ein sechssemestriges "Lehramt" und ein

achtsemestriges "erweitertes Lehramt" auf allen drei Schulstufen.
Die Anteile der einzelnen Studienbereiche waren in ihrem Verhältnis zueinander und ihrem jeweiligen Semesterwochenstundenvolumen folgendermaßen festgelegt:[11]

		Lehramt 120 SWS				*Erweitertes Lehramt 160 SWS*			
		EWI	*LB*	*Fach / BF*	*Fach*	*EWI*	*LB*	*Fach*	*Fach*
Grundstufe	*Verhältnis*	*1*	*1*	*1*		*1*	*1*	*1*	*1*
	SWS	*40*	*40*	*40*		*40*	*40*	*40*	*40*
Mittel-stufe	*Verhältnis*	*1*		*1*	*1*	*1* *40*	*1* *40*	*1* *40*	*1* *40*
	SWS	*40*		*40*	*40*	*1* *40*		*2* *80*	*1* *40*
Oberstufe	*Verhältnis*	*1*		*2*		*1*		*2*	*1*
	SWS	*40*		*80*		*40*		*80*	*40*

SWS = *Wochenstunden pro Semester*
EWI = *Erziehungswissenschaft einschl. Sozialwissenschaft (Philosophie, Psychologie, Soziologie, Politologie)*
LB = *Lernbereich in der Primarstufe (Grundschule)*
BF = *Fachrichtung in der Berufs- und Berufsfachschule*

Das Modell war insbesondere darauf angelegt, die "Qualifikationsebenen" durchlässig zu halten und dem Lehrer einen Wechsel der Schulstufe als Tätigkeitsfeld zu ermöglichen. Es zog natürlich die Aufhebung der institutionellen Trennung der bisher an Schularten orientierten Ausbildung an der Pädagogischen Hochschule für die Grund-, Haupt-, Real- und Gesamtschule einerseits und an der Universität für das Gymnasium andererseits nach sich, d.h. die gemeinsame Ausbildung aller Lehrer an einem Hochschultypus, der Gesamthochschule, war die Konsequenz.

Aber weder war es möglich, in der Bundesrepublik Deutschland das gegliederte Schulsystem abzuschaffen, noch konnte die Umwandlung der Universitäten, Hochschulen und Fachhochschulen in Gesamthochschulen durchgesetzt werden. Ja, beides gelang nicht einmal in allen SPD-regierten Ländern, obwohl insofern ein allgemeiner Konsens erwartet werden konnte, als die Diskussion um die Gesamthochschule wesentliche Impulse von einem Arbeitskreis unter Leitung von Ralf Dahrendorf erhalten hatte, der 1967 vom baden-württembergischen CDU-Kultusminister Hahn eingesetzt worden war.[12] Auch das Hochschulrahmengesetz hatte diesen Hochschultypus 1976 in § 5 zum verbindlichen Entwicklungsmodell für die gesamte Bundesrepublik Deutschland erklärt.

Die vorliegende Publikation versucht, am konkreten Beispiel der Geschichtslehrerausbildung Antwort zu geben auf die Frage, was aus der seit fast 20 Jahren betriebenen Reform der Lehrerausbildung in der Bundesrepublik Deutschland geworden ist.[13] Deren föderative Struktur bietet mit der Kulturhoheit der Länder hierfür die denkbar ungünstigsten Voraussetzungen, so daß diese Bestandsaufnahme nur mit Hilfe von Berichten und Analysen aus allen 11 Bundesländern bewerkstelligt werden kann. Bei den unterschiedlichen bildungspolitischen und wissenschaftstheoretischen Implikationen, die in der Lehrerausbildung wirksam sind, ist eine solche Bilanz für manche Überraschung gut. Wenn man berücksichtigt, daß Lehrer bei uns

- für unterschiedliche Lehrämter (nach Schulstufen und Schularten),
- an unterschiedlichen Ausbildungsstätten (Pädagogische Hochschulen, Universitäten, Gesamthochschulen),
- unter unterschiedlich wirksamen partei- und standespolitischen Einflüssen

auf ihren zukünftigen Beruf vorbereitet werden, so dürfte eine Vielfalt der Ausbildungsmodalitäten zu erwarten sein.

Da stellt sich die Frage, inwieweit bei der Reform der Lehrerausbildung ein Auseinanderdriften der Länderkultur- und bildungspolitiken vermieden werden konnte. Immerhin war, vielleicht in Anlehnung an Art. 143, Satz 2 der Weimarer Reichsverfassung ("Die Lehrerbildung ist nach den Grundsätzen, die für die höhere Bildung allgemein gelten, für das Reich einheitlich zu regeln.") die Stärkung der Kompetenz des Bundes zur Harmonisierung des Bildungswesens bei Amtsantritt der sozialliberalen Koalition 1969 ein herausgehobener Programmpunkt.[14] Bei einer zu großen Zahl von Ausbildungsvarianten droht schließlich nicht nur die Gefahr des Kantönligeistes (Ausbildung von "Landeskindern"), sondern auch Mobilität in Studium und Beruf wird erschwert. Hier liegt ein wesentliches Motiv für die vorliegende Bestandsaufnahme. Denn nur die Informiertheit auf der Grundlage von Dokumentation, Analyse und Vergleich über die Antworten, die jedes Bundesland für sich auf die Herausforderungen der Bildungsreformbewegung gefunden hat, kann die Verantwortung tragenden Bildungspolitiker instandsetzen, sich kompetent mit der Frage zu befassen: Kann es so bleiben oder wie soll es weitergehen?

Lehrerausbildungsreform ist nie abgeschlossen, auch nicht in einer Zeit, in der in der die Bundesrepublik Deutschland mehr als 150 000 junge Menschen zu Lehrern ausgebildet werden, die in den nächsten Jahren wegen des Rückgangs der Schülerzahlen kaum eine Chance haben werden, ihren Beruf auszuüben. Diese Lehrerstudenten verteilten sich im Wintersemester 1984/85 folgendermaßen auf die einzelnen Bundesländer:[15]

Nordrhein-Westfalen	*61 713*
Baden-Württemberg	*21 517*
Bayern	*19 223*
Niedersachsen	*16 224*
Hessen	*9 431*
Berlin (West)	*9 407*
Hamburg	*7 100*
Rheinland-Pfalz	*5 336*
Schleswig-Holstein	*4 756*
Bremen	*2 828*
Saarland	*2 244*
Summe	*159 779*

Obwohl der Anteil der Lehrerausbildung in den Hochschulen von 1973 = etwa 20 % auf 1984 = etwa 10 % deutlich zurückgegangen ist, müssen heute berufliche Alternativen zum Tätigkeitsfeld Schule für diejenigen erschlossen werden, die fertig ausgebildete Lehrer sind, aber keinen Arbeitsplatz erhalten können.[16]

Die seit Jahren verbreiteten pessimistischen Prognosen zum Lehrerbedarf haben auch im Fach Geschichte ihre Wirkung nicht verfehlt. In der Zeit vom Wintersemester 1974/75 bis zum Wintersemester 1980/81 hat sich die Zahl der bestandenen Lehramtsprüfungen an den Hochschulen der Bundesrepublik Deutschland (ohne Zusatzprüfungen) im Fach Geschichte von 2 443 auf 1 223 geradezu halbiert.[17] Dabei ist durchaus kein Rückgang der Studentenzahlen festzustellen, sondern eine dramatische Verlagerung weg vom Lehramts- und hin zum Magisterstudiengang. Abgesehen davon, daß es für dessen Absolventen kaum bessere Chancen auf dem Arbeitsmarkt gibt und deshalb der Gedanke naheliegt, daß es sich hierbei um ein Parkstudium handelt, sind auch die Rückwirkungen dieser Veränderung auf die Ausbildung der "Historiker" nicht unproblematisch.[18] Zwar kommt die Entwicklung dem traditionellen Ausbildungsstil der Universitäten entgegen (Wissenschaft im Elfenbeinturm), die Ausblendung der Berufsbezogenheit aus dem Studium (Professionalisierung) ist aber kaum mehr zeitgemäß. Denn die Gegenüberstellung von Bildung und Ausbildung, die für das 19. Jahrhundert zutraf, ist heute weder realitätsbezogen (Massenuniversität) noch angemessen (Chancengerechtigkeit). Schließlich erwarten die Studierenden mit Recht die bestmögliche Vorbereitung auf die späteren Berufsanforderungen.

Was aber ist die bestmögliche Berufsqualifikation? Als hätte es die leidvollen Erfahrungen mit dem "Praxisschock" der Universitätsabsolventen, die sich plötzlich mit Berufsanforderungen konfrontiert sahen, auf die sie nicht vorbereitet waren, nie gegeben,[19] werden heute wieder Stimmen laut, die eine strikte Trennung des fachwissenschaftlichen Studiums von der pädagogisch-didaktischen "speziellen Berufsvorbereitung" der Lehrer im Referendariat für richtig halten.[20] Dabei ist die nach dem Motto "Nicht für einen Beruf, sondern für das Leben lernen wir!" im Zeichen des drohenden Lehrerüberschusses erhobene Forderung nach "polyvalenter" Ausbildung doch gerade erst als "Quatsch" zurückgewiesen worden, weil dies "zu lauter Viertelleuchten führe, die alles etwas können".[21] Brauchen im Zeitalter der Massenkommunikation denn "Historiker", die ihr Studium als "Magister" abgeschlossen haben, nicht auch in nahezu allen anderen Berufsfeldern außerhalb der Schule didaktische Fähigkeiten?[22] Und gibt es nicht eine breite Literatur über das Verhältnis von Theorie und Praxis, das gerade in der Lehrerausbildung nicht als hierarchisch, sondern als interdependent gekennzeichnet wird?[23] Besonders hier gilt doch der Satz: Theorie ohne Praxis macht blind - Praxis ohne Theorie macht dumm. War denn die Feststellung Heinrich Roths aus dem Jahre 1966 falsch, Lehrerausbildung sei "eindeutig nicht nur Fachwissenschaft mit dem Ziel der Promotion, als ob ein anderes Ausbildungsziel nicht existiere, sondern Berufsvorbildung für einen Beruf, der zu 50 % nicht aus Fachwissenschaft besteht, sondern aus Unterricht und Erziehung, Grundkenntnissen in didaktischen, methodischen, entwicklungs- und lernpsychologischen, politischen, gesellschafts- und bildungstheoretischen Fragen"?[24] Heute besteht durchaus die Gefahr, daß Erfahrungen, die zur Reform der Lehrerausbildung geführt haben, aus einer Roll-back-Haltung heraus verdrängt werden. Gleichzeitig drohen Erfahrungen, die mit der reformierten Lehrerausbildung gemacht wurden, verloren zu gehen, weil deren Absolventen keinen Arbeitsplatz mehr finden. Um so wichtiger ist es, die unterschiedlichen Reform-"Modelle" in den einzelnen Bundesländern in ihren wichtigsten Merkmalen zu kennzeichnen und analytisch-vergleichend darzustellen. Dabei muß die 2. Ausbildungsphase selbstverständlich mit einbezogen werden. Denn nicht Konfrontation, sondern allein Kooperation schafft die Grundlage für Effektivität in der in allen Bundesländern praktizierten zwei-phasigen Lehrerausbildung. Koordinierte Zusammenarbeit in beiden Ausbildungsphasen aber setzt gegenseitige Informiertheit voraus.[25]

Was ist von "schulpraktischen Studien" schon in der 1. Ausbildungsphase zu halten?[26] Können sie didaktischer Forschung und Theoriebildung Impulse geben, so daß ihre Ergebnisse realitätsbezogen im Schulalltag umsetzbar sind? Inwieweit kann theoretisch akzentuiertes allgemeindidaktisches und fachdidaktisches Grundlagenwissen, das im Studium erworben worden ist, das vom Prüfungsstreß der Lehrproben und beruflichen Überlebensängsten belastete Referendariat entlasten?[27] Es ist offensichtlich, daß von solchen Fragen Selbstverständnis und Stellenwert insbesondere der Fachdidaktik unmittelbar betroffen sind. Gerade in der Geschichtsdidaktik hat es seit Anfang der 1970er Jahre eine breite Diskussion um ihre Ortsbestimmung und Aufgabenstellung gegeben.[28]

So wird die vorliegende Publikation auch Antwort auf die Frage geben, was aus der Forderung des Verbandes der Historiker Deutschlands des Jahres 1978, Geschichtsdidaktik solle "Bestandteil des Studiums der Geschichtswissenschaft sein", geworden ist.[29] Nicht nur die Verbände, auch Geschichtsdidaktiker haben sich im Laufe der Reformbewegung immer wieder zu Fragen der Geschichtslehrerausbildung geäußert.[30] Wenn sich Geschichtsdidaktik als Wissenschaft vom Geschichtsbewußtsein (Jeismann) oder gar der Geschichtskultur (Quandt) versteht, dann ist sie integrativer Teil der Geschichtswissenschaft, und für eines ihrer Aufgabenfelder, die Didaktik des Geschichtsunterrichts, ist die Erziehungswissenschaft eine Bezugswissenschaft wie etwa Psychologie oder Soziologie. Sieht man aber in der Tradition Heimanns oder Klafkis das Aufgabenfeld aller Fachdidaktiken, also auch der Geschichtsdidaktik, im schulischen Unterricht, so ist sie Teil der Erziehungswissenschaft, und die Geschichtswissenschaft wird zu einer ihrer Bezugsdisziplinen, wenn auch der wichtigsten. Die vorliegende Publikation gibt auch Antworten auf die Frage, was aus all diesen Anregungen und konzeptionellen Vorschlägen bei der Institutionalisierung der Geschichtsdidaktik an den unterschiedlichen Ausbildungsstätten geworden ist.

Jeder der nachfolgenden Länderbeiträge wird sich mit folgenden Aspekten der Geschichtslehrerausbildung befassen:

- Landesgesetzliche Rahmenbedingungen (Lehrerausbildungsgesetz)
  1. Orientiert sich das Qualifikationsziel des Geschichtslehrers an Schularten oder/und an Schulstufen?
  2. Gibt es laufbahnspezifische Differenzierungen (Lehrämter)?
  3. Wo wird für welches Lehramt ausgebildet (Lokalisation und Zahlenrelationen)?
- Erste Ausbildungsphase (Studien- und Prüfungsordnungen)
  4. Wie sind (qualitativ und quantitativ) die Anteile fachlicher, fachdidaktischer und erziehungswissenschaftlicher Studienanforderungen verteilt?
  5. Wie ist das Fachstudium inhaltlich im Hinblick auf die geschichtswissenschaftlichen Teildisziplinen gegliedert?
  6. Wie ist das Theorie-Praxis-Verhältnis im fachdidaktischen Studiengang?
  7. Welche schulrelevanten Wissenschaftsdisziplinen werden im erziehungswissenschaftlichen Teilstudiengang berücksichtigt?
  8. Worin unterscheiden sich die Anforderungen in den Ausbildungsgängen der verschiedenen Abschlußziele?
  9. Sind die Studiengänge miteinander verzahnt?
  10. Welchen Anteil haben fachliche, fachdidaktische und erziehungswissenschaftliche Prüfungsteile?
- Zweite Ausbildungsphase (Prüfungsordnung für das 2. Staatsexamen)
  11. Sind die Ausbildungsinhalte auf die Vorgaben des Studiums bezogen?
  12. Gibt es laufbahnspezifisch unterschiedliche Qualifikationsanforderungen?
  13. Wie ist die Ausbildung organisiert und wie findet Leistungsüberprüfung statt?
  14. Gibt es institutionalisierte Kontakte zwischen Ausbildern in der 1. und 2. Phase?

Darstellung und Analyse der normativen Grundlagen der Geschichtslehrerausbildung sollten nicht verwechselt werden mit einer Beschreibung der Realität. Der Ist-Zustand ist oftmals nicht nur vielfältiger, sondern auch anders als der Soll-Zustand. Doch indem die normativen Rahmendaten und Vorgaben der Geschichtslehrerausbildung in jedem Bundesland gesondert in den Blick genommen werden, wird die Voraussetzung geschaffen für eine vergleichende Bestandsaufnahme dessen, was angestrebt wird und was nötig und wünschenswert wäre. Diese Bilanz wird am Ende der Länderberichte aus der Sicht der KONFERENZ FÜR GESCHICHTSDIDAKTIK gezogen.

Im Frühjahr 1985 hat am Zentralinstitut für Unterrichtswissenschaften und Curriculumentwicklung der Freien Universität Berlin eine Arbeitstagung zum Thema dieser Publikation stattgefunden. Ich bin dem Vorsitzenden der Konferenz für Geschichtsdidaktik, Herrn Prof. Dr. H.G. Kirchhoff, dankbar für die Unterstützung bei der Vorbereitung und Publizierung der Ergebnisse dieser Tagung. Alle Beiträge dieses Sammelbandes sind aus den Arbeitspapieren und Diskussionen dieses Symposiums hervorgegangen. Redaktionsschluß war Juni 1985. Dem ZENTRALINSTITUT FÜR UNTERRICHTSWISSENSCHAFTEN UND CURRICULUMENTWICKLUNG der FU-Berlin ist für die großzügige materielle Unterstützung des Projektes zu danken. Seine hier vorgelegten Ergebnisse mögen zur Verbesserung der beruflichen Leistungsfähigkeit aller zukünftigen Geschichtslehrer beitragen.

Berlin-Dahlem

Horst Gies

Anmerkungen

1) H. Stock, Integration der Lehrerausbildung in die Universität. Chance oder Niedergang? Göttingen 1979, S. 13.
2) H. Roth, Der Lehrer und seine Wissenschaft. Hannover 1976, S. 86.
3) Vgl. u.a. auch R.W. Keck, Historische Konzepte der Lehrerausbildung und Desiderate ihrer Erforschung. Der Versuch eines Forschungsberichtes zum Stand der Lehrerausbildungsgeschichte. In: Vierteljahresschrift für wissenschaftliche Pädagogik 1984, S. 161 ff.
4) Vgl. E. Anrich (Hg.), Die Idee der deutschen Universität, Darmstadt 1956, S. 155 ff.
5) Empirische Untersuchungen haben noch in den 1970er Jahren sachfremde Motivation bei der Berufswahl von Lehrerstudenten zutage gefördert, vgl. K. Steltmann, Motive für die Wahl des Lehrerberufs. In: Zeitschrift für Pädagogik 1980, S. 581 ff.
6) Vgl. u.a. R. Weber, Die Neuordnung der preußischen Volksschullehrerausbildung in der Weimarer Republik. Zur Entstehung und gesellschaftlichen Bedeutung der pädagogischen Akademien. Köln 1984.
7) Vgl. u.a. H. Kittel, Die Entwicklung der Pädagogischen Hochschulen. Hannover 1957.
8) W. Richter, Didaktik als Aufgabe der Universität. (Deutscher Bil-

dungsrat. Gutachten und Studien der Bildungskommission. Bd. 8) Stuttgart 1969.

9) Entschließung des 7. Pädagogischen Hochschultages vom 15.10.1968 in Bremen. In: 8. Beiheft der Zeitschrift für Pädagogik, Weinheim 1969, S. 222. Vgl. auch: Didaktik in der Lehrerbildung. Bericht über den 4. Pädagogischen Hochschultag 1959 in Tübingen. In: 2. Beiheft der Zeitschrift für Pädagogik, Weinheim 1960.

10) Deutscher Bildungsrat. Empfehlungen der Bildungskommission. Strukturplan für das Bildungswesen vom 13.2.1970. Stuttgart 1970 (zur Lehrerausbildung insbesondere S. 215 ff.); vgl. auch: Wissenschaftsrat. Empfehlungen zur Struktur und zum Ausbau des Bildungswesens im Hochschulbereich nach 1970. 3 Bände, Bonn 1970 (zur Gesamthochschule: Bd. 1, S. 25 ff., zur Lehrerausbildung: Bd. 2, S. 7 ff. und zur Geschichtslehrerausbildung: Bd. 2, S. 143 ff.); B. Hanssler (Hg.), Materialien und Dokumente zur Lehrerausbildung. (Deutscher Bildungsrat. Gutachten und Studien der Bildungskommission, Bd. 17) Stuttgart 1971.

11) Nach dem Text des Abkommens, abgedruckt in: Zur Organisation der integrierten Lehrerausbildung an den Berliner Hochschulen. Bericht einer Arbeitsgruppe des Senators für Wissenschaft und Kunst. Dokumentenanhang, S. 33 ff., Berlin o.J.

12) Vgl. Hochschulgesamtplan Baden-Württemberg, Schriftenreihe des Kultusministeriums zur Bildungsforschung - Bildungsplanung - Bildungspolitik, Reihe A, Nr. 5.

13) Zur allgemeinen Orientierung vgl. u.a. G.H. Fischer, Lehrerausbildung. Versuch einer Situationsanalyse und Bilanz in der Bundesrepublik. In: Die Deutsche Schule 1974, S. 700 ff. (Teil I) und S. 774 ff. (Teil II); H.-K. Beckmann (Hg.), Lehrerausbildung auf dem Weg zur Integration. 10. Beiheft der Zeitschrift für Pädagogik, Weinheim 1971; W.W. Weiss, Lehrerbildung zwischen Anspruch und Wirklichkeit. München 1976; ders., Lehrerausbildungsgesetze zwischen bildungspolitischer Reform und Gegenreform. In: Zeitschrift für Pädagogik 1976, S. 781 ff.; Th.N. Kahl, Lehrerausbildung. Situation, Analyse, Vorschläge. München 1979; H.-K. Beckmann, Modelle der Lehrerbildung in der Bundesrepublik Deutschland. In: Zeitschrift für Pädagogik 1980, S. 535 ff.; Ch. Händle/W. Nitsch, Steuerung des Lehrerstudiums. Wissenschaftliche Befunde und Argumente zur Begründung von Reformen in der Lehrerausbildung. Hamburg 1981; H. de Rudder (Hg.), Die Lehrerbildung zwischen Pädagogischer Hochschule und Universität. Probleme des Lehrerstudiums. Bad Heilbrunn 1982; L. Hardörfer, Stufenbezogene Didaktik. Zum Problem einer Lehrerausbildung nach Schulstufen. Paderborn 1982.

14) Vgl. hierzu den Bericht der Bundesregierung über die strukturellen Probleme des föderativen Bildungssystems vom 22.2.1978 (Bundestags-Drucksache 8/1551, S. 51 ff.).

15) Statistisches Bundesamt. Fachserie 11: Bildung und Kultur. Reihe 4.1: Studenten an Hochschulen. Wintersemester 1984/85 - Vorbericht (Wiesbaden, Juni 1985).

16) Vgl. u.a. B. Kammerer-Joebges/G. Kammerer/B. Schindler/H.D. Zollomdz, Beschäftigungsmöglichkeiten und -bedingungen von Lehramtsabsolventen außerhalb des Schuldienstes. München 1980; N. Havers/F. Stooß/K. Parmentier, Alternative Einsatzfelder für Lehrer? (Beiträge zur Arbeitsmarkt- und Berufsforschung 73) Nürnberg 1983; U. Hinz (Hg.), Keine Zukunft für Lehrer? Lehrerarbeitslosigkeit - Lösungsmodelle. Essen 1983.

17) Statistisches Bundesamt. Fachserie 11: Bildung und Kultur. Reihe 4.2: Prüfungen an Hochschulen.

18) Vgl. R. Richter, Arbeitsmarktchancen von Philologen mit Magisterabschluß, Auswertung einer Befragung. Bochum 1980; G. Stewart/ E. Seiler-König, Berufsfindung und Tätigkeitsfelder von Historikern (Beiträge zur Hochschulforschung 3) München 1982; U. Kröll, Vom Geschichtslehrer zum außerschulischen Geschichtsvermittler. Ausweg aus der Sackgasse der Lehrerarbeitslosigkeit? In: Geschichte in Wissenschaft und Unterricht 1984, S. 222 ff; J. Huhn, Magisterabschluß ohne Chance? Überlegungen zum Verhältnis von Wissenschaft und Berufspraxis für das Fach Geschichte. In: Geschichtsdidaktik 1985, S. 83 ff.

19) Vgl. u.a. H. Becker/G. Scholz (Hg.), Praxisdruck. Lehrer in der zweiten Ausbildungsphase. Weinheim 1977; G. Müller-Forbrodt u.a., Der Praxisschock bei jungen Lehrern. Stuttgart 1978; R. Hinsch, Einstellungswandel und Praxisschock bei jungen Lehrern. Eine empirische Längsschnittuntersuchung. Weinheim 1979; U.O. Sievering (Hg.), Schule und Praxisschock. Beiträge zur Berufsbezogenheit der Lehrerausbildung. Frankfurt/M. 1982.

20) Vgl. die Äußerungen des Historikers H. Bookmann, Studienreform als (Sachsen-) Roßkur? In: Geschichte in Wissenschaft und Unterricht 1985, S. 177 ff. sowie die von G.A. Süß, Vorsitzender des Verbandes der Geschichtslehrer Deutschlands, ebenda, 1984, S. 264 f. und S. 312 f.

21) So Berlins Schulsenatorin H.R. Laurien in "Brennpunkt Lehrerbildung" (FU-Berlin, Zentralinstitut für Unterrichtswissenschaften und Curriculumentwicklung) Heft 1/1985, S. 8; vgl. auch: Wissenschaftsrat. Empfehlungen zur Differenzierung des Studienangebots. Köln 1978.

22) Vgl. auch: Professionalisierung oder Polyvalenz? Möglichkeiten und Voraussetzungen außerschulischer Tätigkeitsfelder und alternativer Studiengänge für Geisteswissenschaftler, hg. von der Evangelischen Akademie Loccum 1981.

23) Vgl. u.a. R. Maskus, Das Theorie-Praxis-Verhältnis in Erziehungswissenschaft und Lehrerbildung. In: Die Deutsche Schule 1974, S. 744 ff.; H. Kuppfer, Pädagogische Praxis und Theorie. Weinheim 1974; J. Oelker, Die Vermittlung zwischen Theorie und Praxis in der Pädagogik. München 1976; W. Homfeldt, Theorie und Praxis der Lehrerbildung. Weinheim 1978; D. Hoffmann, Überlegungen zum Verhältnis von Theorie und Praxis in der gegenwärtigen Lehrerausbildung. In: Die Deutsche Schule 1982, S. 237 ff.

24) H. Roth, Erziehungswissenschaft. Erziehungsfeld und Lehrerbildung. Hannover 1967, S. 357; vgl. hierzu auch: P. Posche/W. Altrichter, Fachdidaktik in der Lehrerausbildung. Köln 1982 und insbesondere B. Mütter, Geschichtsdidaktik an der Universität. In: Geschichte/Politik und ihre Didaktik 1977, S. 91 ff. sowie K.-E. Jeismann, Die Stellung der Didaktik im Studium des Faches Geschichte an den Hochschulen. In: Geschichte in Wissenschaft und Unterricht 1978, S. 500 ff.

25) Vgl. u.a. R. Christiani, Lehrerausbildung - einphasig oder zweiphasig? Essen 1974; G. Keeser, Zur Aufgabe des Studienseminars in der 2. Phase der Lehrerbildung. In: K. Stocker/J. Timmermann (Hg.), Fachdidaktik in Universität und Schule. München 1974, S. 68 ff.; H.-W. Frech/R. Reichwein, Der vergessene Teil der Lehrerbildung. Institutionelle Bedingungen und inhaltliche Tendenzen

im Referendariat der Gymnasiallehrer. Stuttgart 1977; B. Drobig, Situationsbezogene Begegnung mit der Schulwirklichkeit. Empfehlungen für die zweite Phase der Lehrerausbildung. In: Bildung und Erziehung 1978, S. 115 ff; K. Gründer (Hg.), Unterrichten lernen. Probleme der 2. Phase der Lehrerausbildung. Paderborn 1980; H. Wollenweber, Die zweite Phase der Lehrerausbildung in der Bundesrepublik Deutschland. In: Zeitschrift für Pädagogik 1982, S. 893 ff.

26) Vgl. Th. Dietrich u.a. (Hg.), Schulpraktische Studien in der Lehrerbildung. Funktion schulpraktischer Studien in erziehungswissenschaftlicher und fachdidaktischer Forschung und Lehre. (11. Beiheft der Zeitschrift für Pädagogik) Weinheim 1972; H. Heiland, Schulpraktische Studien. Reform der Lehrerausbildung. Bad Heilbrunn 1973; A. Hummerich, Praxiserfahrung und Studieneffizienz. Das Schulpraktikum im Urteil von PH-Studenten. In: Neue Unterrichtspraxis 1977, S. 277 ff.; K. Feldmann, Das Schulpraktikum, ein komplexes Problemfeld. In: Die Deutsche Schule 1978, S. 275 ff.; B. Fichtner u.a., Handbuch Schulpraktische Studien. Kronberg 1978; H. Schramm (Hg.), Schulpraktikum. Arbeitsmaterialien zur Vorbereitung auf die Berufspraxis durch Unterrichtsversuche. Weinheim 1979; J. Wildt, Zum Stellenwert schulpraktischer Studien für eine professionalisierte Lehrerausbildung. Bielefeld 1980.

27) Vgl. u.a. J.J. Koch/ H. Pfeifer, Sozialpsychologische Aspekte einer Reform der zweiten Phase der Lehrerbildung. In: Die Deutsche Schule 1971, S. 435 ff.

28) Vgl. H. Süssmuth (Hg.), Geschichtsdidaktische Positionen. Bestandsaufnahme und Neuorientierung. Paderborn 1980; H. Gies/St. Spanik, Bibliographie zur Didaktik des Geschichtsunterrichts, Weinheim 1983, S. 22 ff.; K. Pellens/S. Quandt/H. Süssmuth (Hg.); Geschichtskultur - Geschichtsdidaktik. Internationale Bibliographie. Paderborn 1984, S. 11 ff. und S. 91 ff.

29) Geschichte in Wissenschaft und Unterricht 1978, S. 585; vgl. hierzu auch: J. Leuschner/H.-H. Nolte/B. Schwarz, Geschichte an Universitäten und Schulen. Materialien - Kommentar - Empfehlungen. (Arbeitskreis für Hochschuldidaktik im Verband der Historiker Deutschlands) Stuttgart 1973; Erklärungen des VHD in GWU 1973, S. 354 ff.; 1976, S. 223 ff., S. 297 ff. und S. 566 ff. sowie die gemeinsame Erklärung des VHD und des Verbandes der Geschichtslehrer Deutschlands in GWU 1978, S. 181 ff.

30) Die Literatur bis 1982 ist zusammengestellt bei H. Gies/St. Spanik, Bibliographie zur Didaktik des Geschichtsunterrichts, Weinheim 1983, S. 71 ff.; vgl. insbesondere: H.H. Deißler, Anforderungen an den Geschichtslehrer in der Schule und seine Ausbildung und Prüfung an der Universität. In: R. Mielitz (Hg.), Das Lehren der Geschichte, Göttingen 1969, S. 229 ff.; W. Hug, Die Ausbildung von Geschichtslehrern für die Hauptschule. In: ebenda, S. 214 ff.; W. Fürnrohr/J. Timmermann (Hg.), Geschichtsdidaktisches Studium an der Universität. München 1972; U. Uffelmann, Fachdidaktik und Schulpraxis im Geschichtsstudium. Ein Diskussionsbeitrag. In: Geschichte in Wissenschaft und Unterricht 1973, S. 237 ff.; H. Süssmuth, Die Ausbildung des Geschichtslehrers. In: E. Jäckel/ E. Weymar, Die Funktion der Geschichte in unserer Zeit. Stuttgart 1975, S. 310 ff.; L. Steinbach, Lehrerbildung, Didaktik und die Organisation des sozialwissenschaftlichen Studienganges. In: Aus Politik und Zeitgeschichte 1977, S. 310 ff.; K.-E. Jeismann, Thesen

zur Curriculumentwicklung für die Geschichtslehrerausbildung für die Sekundarstufe I und II. In: W. Fürnrohr (Hg.), Geschichtsdidaktik im internationalen Vergleich. Geschichtsunterricht und Geschichtslehrerausbildung - Versuch einer Bestandsaufnahme. (Anmerkungen und Argumente 22) Stuttgart 1979, S. 159 ff.; S. Quandt, Zur fachdidaktischen Ausbildung der Sekundarstufen-Geschichtslehrer. In: Geschichte/Politik und ihre Didaktik 1980, S. 13 ff.

Geschichtslehrerausbildung in BADEN-WÜRTTEMBERG

Für eine wirksame Kooperation von Hochschule/Universität und Schule

von Karl PELLENS

Im Rahmen der Bundesrepublik Deutschland ist Baden-Württemberg zwar ein junges, aber ein großes, wirtschaftlich erfolgreiches und politisch stabiles Bundesland. Schon sein Selbstbewußtsein läßt es nicht zu, daß es sich einfach Maßstäben der Bundesebene oder gar anderer Länder unterwirft. Daher kann es auch nicht von dorther erklärt oder verstanden werden. Reiz- oder Schlüsselworte wie "Reform" im sozialliberalen Sinn oder "Wende" in einem konservativen Sinn haben im Land zwischen Oberrhein und Allgäu, zwischen Odenwald und Bodensee keine landespolitische Funktion. Man hat die eigenen Voraussetzungen kontinuierlich ausgebaut, man hat souverän Anregungen geprüft - aber man hat sich keiner Hektik der Veränderung unterworfen.

Ein Land mit vielen Regionen und Traditionen, mit einer pluralistischen Geschichte und einem gegliederten Hochschulwesen, welches für unterschiedliche Schulgattungen ausbildet und nicht für Schulstufen, ein Land mit vielen Universitäten und Pädagogischen Hochschulen - denen alle die akademische Selbstverwaltung und Mitwirkung des Hochschulrahmengesetzes zukommt - ein Land mit einer differenzierten 2. Phase der Geschichtslehrerausbildung und mit einer schon quantitativ beachtlichen Lehrerfortbildung, ein solches Land kann nicht eindimensional analysiert oder geschildert werden. Auch zeigt ein abstrakter Durchschnitt der Verordnungen kaum etwas von der lebendigen Realität. Die Geschichtslehrerausbildung in Baden-Württemberg muß von ihrer Geschichte und ihren landespolitischen Voraussetzungen her aufgezeigt und im konkreten Detail einzelner Beispiele und Inhalte erläutert werden.

Der regionale Pluralismus zwischen Nord und Süd und Ost und West - aber auch der institutionelle Pluralismus vieler, unterschiedlich geprägter Hochschulen bzw. der Pluralismus zwischen Ministerien und Universitäten, Hochschulen und Seminaren, Verbänden und Akademien - erhöht den tatsächlichen Freiheitsspielraum und die tatsächlichen Entscheidungsmöglichkeiten sowohl der Studenten als auch der jungen Lehrer.

1. Allgemeine Rahmenbedingungen

1.1 Als drittgrößtes Bundesland umfaßt Baden-Württemberg 35,7 Tausend qkm. Es hatte 1975 9,2 Mill. Einwohner als Wohnbevölkerung, davon 9,7% Ausländer. Da die Ausländer sich in den industriellen Ballungsräumen konzentrieren und ihre Kinder dort vor allem in den Hauptschulen zu finden sind, gibt der relativ geringe Durchschnitt von 9,7% bereits ein unrichtiges Bild. Wir kennen Hauptschulklassen, in denen die deutschen Kinder bereits keine Sperrminorität mehr sind, wobei sich dann die ausländische Mehrheit wiederum auf 3-5 verschiedene Nationalitäten verteilt. Allerdings hat sich die Lage in vielen Fällen stabilisiert: Die meisten Schülerinnen und Schüler ausländischer Herkunft haben bereits einen Kindergarten im Lande besucht und haben von daher nicht mehr die früheren Verständigungsschwierigkeiten.

Von der deutschen Wohnbevölkerung stammen weit über 12% von Flüchtlingsfamilien ab. Dieser Anteil der Familien aus Mittel- und Ostdeutschland, aus den Sudeten, aus Sprachinseln Ostmitteleuropas und des Balkan dürfte langsam weiter steigen, weil die Spätaussiedler und die zusammengeführten Familien (Banater Schwaben, Siebenbürger Sachsen!) gern den deutschen Südwesten aufsuchen.

Weit über 20% der Bevölkerung stammt also nicht von Badenern oder Württembergern ab. In der historisch-politischen Bildung des Landes wird dieser Tatsache zu wenig Rechnung getragen. Vielleicht ist sogar der erhebliche Nachdruck, mit dem die Lehrplanrevision Aspekte der Landesgeschichte forciert, Ausdruck eines Integrationswunsches, der dann allerdings zu eng ansetzt. Türkische Gastarbeiterkinder sollten nicht nur die habsburgische Position, sondern auch die "Türken vor Wien" erfahren haben, um sich über eine solche Multiperspektivität für die historisch-politische Tradition des Gastlandes zu öffnen.

Baden-Württemberg hat traditionell die niedrigste Arbeitslosenquote in der Bundesrepublik und einen sehr beachtlichen Pro-Kopf-Ertrag seiner Wirtschaft; es zahlt kräftig in den Finanzausgleich der Bundesländer ein. Es hat oft das Gefühl, daß diese Leistungen - insbesondere in den Massenmedien - nicht angemessen honoriert werden. Die Wirtschaftskraft des Landes erklärt mit, daß man lieber eigene Maßstäbe exportiert als fremde importiert.

Unser Land unterhält etwa 100 000 Lehrer der unterschiedlichen

Gattungen. Die genaue Zahl der Geschichtslehrer kann nicht angegeben werden, weil insbesondere im Hauptschulbereich viele Lehrer fachfremd oder andere als Lehrer mit der früheren allround-Ausbildung ohne fachspezifische Ausbildung tätig sind. Viele von ihnen haben sich in die regionale Geschichte eingearbeitet, wirken in örtlichen Museen und Vereinen mit und beleben von daher die historisch-politische Bildung. Aus Vergleichszahlen läßt sich schließen, daß etwa 14-16 000 Kolleginnen und Kollegen in Baden-Württemberg als Geschichtslehrer arbeiten.

Diesen Geschichtslehrern gilt - wie allen Lehrern im Lande - das Fortbildungsangebot von drei dafür eingerichteten Staatlichen Akademien der Lehrerfortbildung. Entgegen dem Namen "Akademie" wird das Programmangebot jedoch im Kultusministerium entworfen. Selbständige Mitwirkung bei der Formulierung der Programme - also akademische Freiheit - ist den Akademien versagt. Eigene ständige Referenten fehlen. Das fachliche Angebot für Geschichtslehrer ist auch quantitativ relativ ungenügend.[1] Die Häuser wie auch die Etats reichen hin, um jährlich etwa 20-25% der Lehrer mit einer je dreitägigen Tagung zu erreichen. Viele der Tagungen sind ausgebucht, allerdings fehlen Klagen über die angebotenen Inhalte nicht. Diese Klagen betrafen in den letzten Jahren vor allem die zu enge Bindung zwischen der politisch motivierten Lehrplanreform und der einschlägigen Fortbildung durch weisungsgebundene Tagungsleiter und Referenten. - Die Landeszentrale für politische Bildung Baden-Württemberg, Stuttgart, besitzt ein parlamentarisches Kuratorium und damit eine größere Unabhängigkeit von der Verwaltung. Ihre Angebote zur historisch-politischen Bildung - und zwar sowohl ihre Zeitschriften und Buchpublikationen als auch ihre Tagungen - erfreuen sich einer erheblichen Beachtung im Kreis der Geschichtslehrer. Sie arbeitet auch unmittelbar mit Universitäten und Pädagogischen Hochschulen sowie mit den Lehrerverbänden zusammen.

Wer Geschichtslehrerinnen und Geschichtslehrer ausbildet, soll und will die Studenten befähigen, einmal aktiv an der historisch-politischen Bildung des Landes mitzuwirken. Dies ist kein leichtes Unternehmen, weil auch innerhalb der alteingesessenen Bevölkerung vielschichtige Identitätsbildungen und -bindungen festzustellen sind. Das Land selber hat feste und unbezweifelte Grenzen, innerhalb deren man sich häufig als im "Musterländle" wähnt. Dabei hat die ältere Generation der politisch Verantwortlichen weit klarer über diese Grenzen hinwegschauen können als manche aus der jüngeren Generation. Daß Baden-Württemberg am Oberrhein an Frankreich und die Europastadt Straßburg sowie am Hochrhein und Bodensee an die Schweiz angrenzt, bemerkt man weder in den heutigen Lehrplänen noch in der laufenden Lehrerfortbildung. Selbst Österreich ist am Bodensee nicht weit. Allerdings gibt es eine erfreuliche Tradition von Schullandheimaufenthalten in Südtirol.

In manchen Punkten ist die politische Nähe zu Bayern unverkennbar. Offensichtlich ist diese Nähe ebenso wenig für die Lehrplanrevision genutzt worden wie das "Kontrastprogramm" im nördlich angrenzenden Hessen. Baden-Württemberg beteiligt sich nicht an der Trägerschaft des Georg-Eckert-Instituts für internationale Schulbuchforschung in Braunschweig. Eine solche Kontaktarmut bzw. solche Enthaltsamkeiten fördern provinzielle Neigungen in der offiziellen historisch-politischen Bildung. Es sei nicht verschwiegen, daß der Landesrechnungshof die Landesgrenzen ebenfalls für fast unüberschreitbar hält. Politische Engführungen sind also für eine gewisse Distanz zur Bundesebene, zu anderen Bundesländern wie zum befreundeten europäischen Ausland mitverantwortlich.

Dabei sind die heutigen Grenzen des Landes unter historischem Aspekt sehr junge Grenzen, die oftmals alte historische Zusammenhänge zerschneiden. Unter europäischem Aspekt müßten sie also als offene Grenzen angesehen werden, die im historisch-politischen Bewußtsein eher Anlaß zu einem Brückenschlag als zur Trennung sind. Die Grenzen nach Frankreich und zur Schweiz werden von alemannischer Mundart übergriffen, was alte Kulturzusammenhänge andeutet. Ähnlich ist es nach Bayern hin: Augsburg ist die Hauptstadt von "Bayrisch-Schwaben"!

Ein altes Kerngebiet der Pfalz gehört mit Heidelberg zu Baden-Württemberg - andere Teile zu "Rheinland-Pfalz". Gerade weil die Gefahr einer historisch motivierten Aggressivität heute in diesem Umfeld endgültig der Vergangenheit angehört, sollte man - und zwar in einem nachbarschaftlichen und europäischen Geist - offen sein für alte Zusammenhänge und sie nutzen für heutige Brückenschläge, für Kontakte und Zusammenarbeit.

Baden-Württemberg hat aber auch ältere und jüngere innere Grenzen, die Schichtungen und Überlagerungen in der historisch-politischen Identität mitbestimmen. Die älteren Grenzen sind jene zwischen den alten Kernräumen Badens und Württembergs und jenen Gebieten, die am Beginn des 19. Jahrhunderts hinzuerworben wurden. Da diese Trennlinien teilweise mit konfessionellen Grenzen zusammenfielen und diese durch jene verstärkt wurden, waren sie noch lange - bis heute - spürbar. Erst nach 1945 wurde bewußt der weitblickende Versuch unternommen, die Bildungsangebote und die wirtschaftlichen Chancen in den seit über 100 Jahren angegliederten Gebieten mit dem Ziel der Gleichberechtigung anzuheben. In diesem Zusammenhang wurden auch mehrere Universitäten und Hochschulen neu gegründet, z.B. die Universitäten Ulm und Konstanz bzw. die Pädagogische Hochschule Weingarten. Dies hat eine erfreuliche Pluralisierung der Geschichtslehrerausbildung im Lande gefördert. Die staatliche Verwaltung hat dieses Gebot der Stunde noch nicht übernommen: die Regierungspräsidien residieren immer noch alle in Alt-Württemberg.

Jung ist immer noch die Grenze, die 1953 durch den von der Bevölkerung bejahten Zusammenschluß des "Südweststaates" aufgehoben worden ist. Dieser Zusammenschluß war politisch ein Erfolg und wird von keiner nennenswerten Kraft im Lande mehr in Frage gestellt. Allerdings sind auch damit die gebliebenen Mentalitätsprobleme zwischen den Landesteilen nicht erledigt. Stabile Identifizierungen an den alten politischen Kernen von Baden und Württemberg sind geblieben. Aus diesem Grund möchte ich annehmen, daß der starke Trend zur "Landesgeschichte" in der neuen Lehrplanrevision nicht nur eine didaktische Motivation - eine erfreuliche Orientierung am Nahen, um dann zum Ferneren fortzuschreiten - hat, sondern auch einen politischen Grund: das Zusammenwachsen der Landesteile zu fördern. Im Maße, in welchem dieser politische Grund auch Anachronismen und Engführungen produziert, muß sowohl der Historiker als auch der Geschichtsdidaktiker dagegen Front machen. "Die Römer" waren nie in Baden-Württemberg (wie es eine an sich gute Publikation vom Titel her glauben machen will); Barock ist in Baden-Württemberg nie gebaut worden (nota bene: nach 1953!). So suggerierte es jedoch eine Landesausstellung. Zur Zeit wird ein "Haus der baden-württembergischen Geschichte" geplant, welches man besser "Baden-Württembergisches Haus der Geschichte" nennen würde, denn baden-württembergische Geschichte kann es erst seit 1953 geben ... Die Beispiele der Lehrpläne beziehen sich durchweg auf das Gebiet des heutigen Bundeslandes, obwohl oftmals, z.B. für Oberschwaben, Vorarlberg und St. Gallen näher liegen als Ludwigsburg.

Es kann nicht Aufgabe der Geschichtslehrerausbildung bzw. der historisch-politischen Bildung im Lande sein, über die realen Identitäten hinaus zu einem "Landeskinder-Bewußtsein" hinzuführen. Es geht um eine solide Orientierung in Raum und Zeit, auch über die eigenen Grenzen hinaus; es geht um Offenheit für die deutsche Frage am Wertmaßstab der Grundrechte; es geht um eine europäische, zukunftsoffene Perspektive. Ein Land, welches dieses leistet, erwirbt sich die Identifizierung seiner Bürger mit ihm als Land, auch ohne Engführungen der geschilderten Art.

1.2 Im Jahre 1972 wurde vom Kultusministerium eine Karte herausgegeben, die folgende "Gesamthochschulregionen" in BadenWürttemberg auswies[2]:

1) Freiburg
Dazu gehörten:
- *die Universität Freiburg*
- *die Pädagogischen Hochschulen in Freiburg und Lörrach*
- *die Kunsthochschule in Freiburg*
- *die Fachhochschulen in Kehl und Offenburg*
- *zwei Seminare für Studienreferendare in Freiburg*

2) Heidelberg
Dazu gehörten:
- *die Universität Heidelberg*
- *die Pädagogische Hochschule Heidelberg*
- *die Kunsthochschule Heidelberg*
- *die Fachhochschule Heilbronn*
- *die Seminare für Studienreferendare in Heidelberg und Heilbronn*

3) Karlsruhe
Dazu gehörten:
- *die Universität Karlsruhe*
- *die Pädagogische Hochschule Karlsruhe*
- *zwei Kunsthochschulen in Karlsruhe*
- *eine Fachhochschule in Karlsruhe und zwei in Pforzheim*
- *zwei Seminare für Studienreferendare in Karlsruhe*

4) Konstanz-Oberschwaben
Dazu gehörten:
- *die Universität Konstanz*
- *die Pädagogische Hochschule Weingarten*
- *die Fachhochschulen in Konstanz und Ravensburg*
- *das Seminar für Studienreferendare in Ravensburg*

5) *Mannheim*
Dazu gehörten:
- *die Universität Mannheim*
- *die Kunsthochschule in Mannheim*
- *zwei Fachhochschulen in Mannheim*

6)+7)*Stuttgart-Mitte und Stuttgart-Hohenheim*
Dazu gehörten:
- *die Universität in Stuttgart*
- *die Universität in Hohenheim*
- *zwei Kunsthochschulen in Stuttgart*
- *die Pädagogischen Hochschulen in Stuttgart, Ludwigsburg und Esslingen*
- *fünf Fachhochschulen in Stuttgart, jeweils eine in Esslingen, Nürtingen und Sigmaringen*
- *drei Seminare für Studienreferendare in Stuttgart und eins in Esslingen*

8) *Tübingen*
Dazu gehörten:
- *die Universität Tübingen*
- *die Pädagogische Hochschule Reutlingen*
- *die Kunsthochschule Trossingen*
- *die Fachhochschulen Furtwangen und Reutlingen*
- *die Seminare für Studienreferendare in Tübingen und Rottweil*

9) *Ulm-Ostwürttemberg*
Dazu gehörten:
- *die Universität Ulm*
- *die Pädagogische Hochschule Schwäbisch Gmünd*
- *die Fachhochschulen in Ulm, Schwäbisch Gmünd, Aalen und Biberach.*

Inzwischen spricht niemand mehr von "Gesamthochschulregionen", auch sind die Pädagogischen Hochschulen Lörrach und Esslingen inzwischen aufgelöst, die PH Reutlingen ist in Auflösung. Die 2. Phase der Lehrerausbildung wurde mit Seminaren für die Hauptschul- und Realschullehreranwärter ausgebaut und verselbständigt. Die 3. Phase ist hier nicht erfaßt, weil sie nicht dem Hochschulbereich zugehört.

1.3 Quantitativ sieht die Geschichtslehrerausbildung im Lande wie folgt aus[3]:

1. Studium: jeweils bezogen auf das WS 83/84:

   An Universitäten des Landes: 10.949 Studenten für das höhere Lehramt; 2.203 Geschichtsstudenten, davon 699 als erstes Studienfach Geschichte.

An Pädagogischen Hochschulen des Landes in der grundständigen Realschullehrerausbildung: 2.652 Studenten; davon 291 Geschichtsstudenten.

An den Pädagogischen Hochschulen des Landes: Hauptschullehrerausbildung: 2.877 Studenten, davon 495 Geschichtsstudenten.

An den Berufspädagogischen Hochschulen: 661 Studenten, davon 78 mit Geschichte als Wahlpflichtfach.

2. Vorbereitungsdienst:

Zum 1.9.84: 682 Bewerber für das Lehramt am Gymnasium zugelassen, davon 102 mit Geschichte als Ausbildungsfach bei 19 Fachleitern bzw. Lehrbeauftragten.

Am 1.2.85: 425 Realschullehreranwärter aufgenommen, davon 30 Geschichte als Ausbildungsfach bei 6 Lehrbeauftragten.

Zum gleichen Datum haben 786 Lehreranwärter den Vorbereitungsdienst für das Lehramt an Grund- und Hauptschulen begonnen, davon haben 63 Geschichte als ein Ausbildungsfach bei 15 Lehrbeauftragten.

Zum 1.9.84 wurden 161 Referendare für den Vorbereitungsdienst für das berufliche Schulwesen zugelassen, davon haben 27 Geschichte/ Gemeinschaftskunde als ein Ausbildungsfach bei 7 Lehrbeauftragten.

Deutlich zeigt sich, daß sich die Lage bei der Haupt- und Realschule nachdrücklich entspannt hat; die rigorosen Studienplatzbeschränkungen sowie eine rigorose Gegenwerbung haben die Chancen der gegenwärtig in Ausbildung Stehenden beträchtlich erhöht (Die erhältlichen Zahlen widersprechen sich allerdings je nach Berechnungsgrundlage und Absicht des Informierenden). Hingegen ist die Aussicht der Universitäts-Geschichtsstudenten katastrophal: deren Chancen, in den Staatsdienst aufgenommen zu werden, werden heute immer noch weit unter 10% beziffert, teilweise wird auf unter 5% geschätzt.

Die akademische Freiheit der Universitäten hat für die dort Studierenden den schmerzlichen Preis geringer Berufschancen; für die an Pädagogischen Hochschulen Studierenden haben die Kapazitätsbeschränkungen im gegliederten Hochschulwesen deutlich bessere Chancen erbracht. Im ganzen muß jedoch festgestellt werden, daß die Finanzkraft des Landes eine zumindest etwas liberalere Einstellungspolitik erlauben sollte: überragende Kräfte sollte man auf Zukunft hin auch im Mittelbau der

Hochschulen, als Fortbildungsreferenten, für Sonderaufgaben und nach Deputatsermäßigungen zulassen.

2. Formen und Inhalte der Geschichtslehrerausbildung

2.1 Erste Phase

Die Lehrerausbildung wird in Baden-Württemberg nicht durch ein eigenes Lehrerbildungsgesetz geregelt. Wir kennen ein Landesschulgesetz und Landeshochschulgesetze, die jeweils für die einzelnen Hochschulgattungen erlassen sind. Die Qualifikationsziele der Geschichtslehrerausbildung orientieren sich eindeutig an den 4 erwähnten Schularten; Baden-Württemberg kennt also 4 unterschiedliche Lehrämter als laufbahnspezifisch differenzierende Vorgaben. Für das Lehramt an Gymnasien wird an den Universitäten des Landes ausgebildet, für die Berufsschulen an der Berufspädagogischen Hochschule, für die Realschulen an einer Reihe von Pädagogischen Hochschulen, für die Grund- und Hauptschulen an allen Pädagogischen Hochschulen. Integrative Modelle sind unbekannt.

Die Ziele und Inhalte der baden-württembergischen Geschichtslehrerausbildung ergeben sich weniger aus den landeseinheitlichen Prüfungsordnungen, da diese sehr global sind. Sprechender sind da schon die jeweils hochschulspezifischen Studienordnungen, die aber nicht alle einzeln analysiert werden können. Diese Studienordnungen wollen - so weit als möglich - Raum geben für eine Einbringung der jeweils lokalen Forschung in das Studium; die Prüfungsordnungen und die Ordnungen für die Vorbereitungsdienste wollen - so weit als möglich - Raum geben für eine Einbringung der neuesten Lehrplanrevision in die Ausbildung. Gehen wir daher hier zunächst den Fragen der Organisation nach.

Nach der alten Prüfungsordnung, die noch eine Ausbildung in zwei Fächern vorsah, gab es in Baden-Württemberg folgende Richtzahlen für das PH-Studium:

Erziehungswissenschaftlicher Bereich	*SWS*
Pädagogik und Schulpädagogik	*20*
Theologie, Philosophie, Päd. Psychologie, Soziologie/Politik	*4x4*
(als ergänzende Studienfächer)	*+6*
Grundschuldidaktik	*8*
	50
Fachwissenschaftlich-fachdidaktischer Bereich	
Wahlfach	*40*
Beifach	*20*
Religionslehre (freiwillig)	*4*
	64
Schulpraktische Ausbildung	*12*
Schulkunde, Gesundheitserziehung, Erste Hilfe, Sprecherziehung, Arbeit mit Film-, Bild- und Tonbandgeräten	*8*
Summe der Zwischensummen: SWS	*134*

Dieser Rahmen wurde inzwischen durch das Drei-Fach-System abgeändert: in den fachwissenschaftlich-fachdidaktischen Bereich wurde noch ein drittes Fach eingezwängt, welches gewiß den Einsatz in der Schule und den Klassenbezug erleichtert, welches aber z.Z. das 6-Semester-Studium überfrachtet. Innerhalb der einzelnen Fächer nimmt der fachdidaktische Anteil der Lehrangebote und der Studienanforderungen zwischen einem Drittel und der Hälfte in Anspruch. Da die Dozenten eine fachwissenschaftliche und eine fachdidaktische Qualifikation - also eine Doppelqualifikation - besitzen müssen, geschieht im allgemeinen der sachliche Ausgleich zwischen beiden Bereichen bereits in den konzeptionellen Vorleistungen der Dozenten.

Eine Verzahnung von Studiengängen geschieht im allgemeinen an den Pädagogischen Hochschulen, weil für das Grundstudium jeweils nur gemeinsame Angebote für Realschul- und Hauptschulstudenten gemacht werden können. Hier spricht man vom sog. Y-Modell: Grundstudium gemeinsam, dann Hauptstudium (je nach lokaler Lage: größtenteils) getrennt.

Die Rahmenordnungen drängen darauf, daß die verschiedenen Studienleistungen in verschiedenen Epochen erbracht werden. Die tatsächliche Aufgliederung des Studiums dürfte sich jedoch an der Forschung orientieren, soweit sie Fragestellungen des Lehrplans berücksichtigt. Ähnlich ist es im erziehungswissenschaftlichen Teilstudiengang: an den Pädagogischen Hochschulen ist eine Trennung nach allgemeiner Pädagogik und Schulpädagogik üblich; an den Universitäten fehlt eine solche Aufgliederung. Die Umschreibung der Lehrstühle und damit die Gliederung der Forschung ist das Raster für die Studienangebote in diesem Bereich.

Der fachdidaktische Teilstudiengang wird nur an den Pädagogischen Hochschulen angeboten. Manche Vorwürfe der Theorielastigkeit wurden früher von politischer und administrativer Seite erhoben. Tatsächlich wurden aber die von den Hochschulen angestrebten Praxissemester stets verhindert und tatsächlich wurde das frühere Engagement in der 2. Ausbildungsphase abgestoppt. Im allgemeinen stehen die Geschichtsdidaktiker des Landes mit beiden Beinen auch in der Praxis, aus der sie kommen; sie leiten ihre eigene Praktika und geben in diesem Zusammenhang auch offene Stunden, erproben Unterrichtshilfen und beteiligen sich als Autoren an der Entwicklung von Schulwerken und -medien.

Der Universitätsstudiengang ist hingegen ganz fachwissenschaftlich orientiert. Die Prüfungsordnung schreibt landesweit als Zulassungsvoraussetzungen das Große Latinum oder nachgewiesene, vergleichbare Lateinkenntnisse sowie gute Kenntnisse in mindestens einer modernen Fremdsprache vor. Je ein Proseminar in der Geschichte des Altertums, des Mittelalters und der Neuzeit muß nachgewiesen werden sowie drei Hauptseminare, von denen jeweils mindestens eines in der Geschichte des Altertums oder des Mittelalters und mindestens eines in der Geschichte der Neuzeit stattgefunden haben müssen. Ferner sind verpflichtend zwei Lehrveranstaltungen aus Nachbarwissenschaften (z.B. Geographie, Recht, Politik, Soziologie oder Wirtschaft) und eine fachspezifische Exkursion.[4]

Es handelt sich also um die klassische Form des Geschichtsstudiums von mindestens 8 Semestern Fachwissenschaft, mit Wissenschaftlicher Arbeit und Schriftlicher Prüfung sowie Mündlicher Prüfung. Das Interesse des Landes artikuliert sich in der Forderung, die inhaltlichen Perspektiven nicht zu eng anzusetzen. Im übrigen werden die Inhalte von den an die jeweilige Universität berufenen Hochschullehrern gesetzt.

Die einzelnen Universitäten variieren in bemerkenswerter Weise diese Anforderungen. So schreibt Konstanz für Hauptfachstudenten insgesamt drei Fremdsprachen vor und fordert ein neunsemestriges Studium.[5] Bei den Zeitabschnitten gilt in Konstanz die Zeitgeschichte ("20. Jahrhundert") als eigener Schwerpunkt. Daneben kann dort das Geschichtsstudium auch in Sachgebiete - von der Wirtschaftsgeschichte über die Kirchengeschichte bis hin zur außereuropäischen Geschichte - gegliedert werden. Konstanz kennt auch das Angebot einer "Fachdidaktischen Übung". Allerdings kann diese sowohl im Rahmen des pädagogischen Begleitstudiums als auch für das allgemeine Studium der Geschichte angeboten werden.

Ein eigener "Studienplan" spezifiziert die Erfordernisse für die einzelnen Semester. Daneben kennt Konstanz eine Ordnung für ein Aufbaustudium in Geschichte, eine für den Magisterstudiengang, eine für die Zwischenprüfung und eine für die Promotion.

Da - wiederum in Konstanz - nahezu 65% der Geschichtsstudenten Magisterstudenten sind, wird von diesen das Fach mit recht ungewöhnlichen Kombinationen studiert: z.B. zusammen mit Chinesisch oder Arabisch bzw. Verwaltungswissenschaften. Die Absolventen bemühen sich später, bei Verlagen, Kommunen oder Kreisen eine Anstellung bzw. einen Dienstvertrag zu erhalten.[6] Die Universitäten bemühen sich verstärkt, "berufsorientierte" Aufbaustudien anzubieten, die die Anstellungschancen der Absolventen verbessern sollen.

Die Vorgaben für die Geschichtslehrerausbildung sind je nach Universität leicht unterschiedlich. Der gemeinsame Nenner scheint darin zu finden zu sein, daß Landesrecht liberal interpretiert werden kann, wenn die Vorgaben sinnvoll an die örtlichen Möglichkeiten - an die Angebote der jeweiligen Professuren oder Institute - angepaßt werden sollen.

Im Bereich der Ausbildung für das Lehramt an Hauptschulen und für das Lehramt an Realschulen dürfte es kaum anders sein: Neben einer relativ globalen Prüfungsordnung gibt es detailliertere Studienordnungen und -pläne, die jedoch von Hochschule zu Hochschule wechseln. Wiederum sei ein einzelnes Beispiel herausgegriffen, weil es instruktiver ist als ein Potpourri. Der Realschulstudiengang der Pädagogischen Hochschule Weingarten setzt folgende 12 Zielperspektiven für das Studium:

(1) *Überblick über den allgemeinen Verlauf der europäischen Geschichte im Rahmen der Weltgeschichte, insbesondere auch über die deutsche Geschichte bis zur Gegenwart.*

(2) *Fähigkeit, Hauptepochen und -entwicklungen der Sozial-, Wirtschafts- und Verfassungsgeschichte zu charakterisieren.*

(3) *Einblick in Grundprobleme der wissenschaftlichen Theorie und Methodik der Geschichte.*

(4) *Kenntnis der wichtigsten fachdidaktischen Fragestellungen und ausgewählter Autoren oder Einzelprobleme.*

(5) *Fähigkeit ein bestimmtes Thema einer fachdidaktischen Analyse zu unterziehen, Lernziele zu begründen und zu formulieren sowie die wesentlichen Schritte einer Unterrichtsplanung durchzuführen.*

(6) *Vertrautheit mit dem Lehrplan der Realschule;*
Fähigkeit zu allgemeiner und fachbezogener Unterrichtskritik.

(7) *Überblick über die wichtigsten fachwissenschaftlichen und fachdidaktischen Hilfsmittel und Zeitschriften, insbesondere Kenntnis der bibliographischen Hilfsmittel.*

(8) *Vertrautheit mit den fachspezifischen Methoden und Medien des Geschichtsunterrichts unter besonderer Berücksichtigung des Schulbuchs.*

(9) *Fähigkeit, historische Stätten und Objekte als historische Quellen zu interpretieren und für den Unterricht fruchtbar zu machen.*

(10) *Fähigkeit zu selbständiger Weiterbildung in Fachwissenschaft und Fachdidaktik.*

(11) *Fähigkeit, auch außerhalb der Schule in lokalen oder regionalen geschichtlichen Fragen wie Denkmalspflege, Heimatgeschichte, Gemeindearchiven, Museen u.a. Aufgaben zu sehen.*

(12) *Einblick in fachübergreifende Aspekte des Geschichtsunterrichts, insbesondere im Blick auf Gemeinschaftskunde/Wirtschaftslehre und Geographie.*

Neben dem erforderlichen Epochen- und Themenbezug fachwissenschaftlicher Art muß auch Theorie und Methode (3) eingebracht werden; die Didaktik der Geschichte ist hier integriert (vgl. 4, 5 und 9, aber auch 12). Weitere Stichworte: historische Stätten, Weiterbildung, Lernen außerhalb der Schule und fachübergreifende Perspektiven. Gerade um Museumsdidaktik, um eintägige und große Exkursionen sowie um Unterrichtspraxis bemüht man sich bei der Umsetzung dieses Zielkatalogs in die Studienwirklichkeit.

In Weingarten ist der Wortlaut des entsprechenden Zielkatalogs für die Hauptschullehrerausbildung im Fach Geschichte identisch. Die Anforderungen unterscheiden sich nur insoweit, als es nach der unterschiedlichen Landesprüfungsordnung unbedingt erforderlich ist. Im Vergleich zur Ausbildung der Gymnasialgeschichtslehrer fehlt das Erfordernis der Fremdsprachen und fehlt die Breite des neunsemestrigen fachwissenschaftlichen Studiums - auch ausgedrückt in drei fachwissenschaftlichen Oberseminarscheinen - es kommen aber eine solide fachdidaktische Ausbildung hinzu und darüber hinaus Aspekte des Lernens außerhalb der Schule und der eigenen Weiterbildung. Die weitgehende Übereinstimmung der Studienordnungen und die Kongruenz der Zielkataloge der Ausbildung für Haupt- und Realschule tragen einmal dem Y-Modell, also dem gemeinsamen Grundstudium, Rechnung; zum anderen drückt sich darin aber auch eine Überzeugung der Dozenten aus.

2.2 Zweite Phase

Die Ausbildung der jungen Geschichtslehrer in Baden-Württemberg während der 2. Phase ist in ihrer Realität nicht leicht zu erheben und zu beurteilen, weil entsprechende Untersuchungen und Offenlegungen fehlen. Wir haben eine Ausbildung, die nach den 4 Schularten des Landes säuberlich getrennt ist und die sich formal weitgehend an die bekannte Referendarausbildung des Gymnasiums anlehnt. Jedoch ist bereits die Terminologie unterschiedlich: bei Gymnasium und Berufsschule spricht man von "Referendaren", bei Haupt- und Realschulen von "Anwärtern". Die Fachleiter und Lehrbeauftragten für das Lehramt an Gymnasien und Berufsschulen sind nach und nach in Institutionen hineingewachsen, die seit Jahrzehnten erfolgreich wirkten. Dies mag ein gewisser Ausgleich dafür sein, daß die meisten von ihnen - mangels Kontakt zur Didaktik der Geschichte während ihres Studiums - sich autodidaktisch einarbeiten mußten. Die entsprechenden Seminare für Haupt- und Realschulen sind zumeist erst in den letzten Jahren eingerichtet worden. Die neuberufenen Fachleiter und Lehrbeauftragten konnten keine Freistellung vor Übernahme dieser Aufgabe erhalten, um sich in die Gestaltung der Geschichtslehrerausbildung während der gegenwärtigen 1. Phase einzuarbeiten. Viele von ihnen sind gestandene Praktiker und Methodiker, deren eigene Ausbildung früheren Entwicklungsphasen der baden-württembergischen Lehrerbildung angehört. Die fachspezifische und fachdidaktische Ausbildung der 70er und 80er Jahre im Lande wurde also nicht unmittelbar erfahren. Nach Meinung vieler Junglehrer liegen hier die Ursachen für strukturelle Erschwerungen der Ausbildung in dieser Phase.

Vor diesem Hintergrund ist es zu sehen, daß der Kultusminister sich entschlossen hat, allen vier Ausbildungsgängen detaillierte Ziel- und Inhaltspapiere vorzugeben.[7] Auch bei diesen offiziellen Landesverordnungen sind die Angaben für Haupt- und Realschule weitgehend identisch, wenngleich sie nach wie vor doppelt ausgedruckt wurden. Man trennt also stets formal, ohne inhaltliche Kongruenzen zu leugnen oder Differenzierungen um jeden Preis festzuschreiben.

Das entsprechende Inhaltspapier für die 2. Phase der Ausbildung für das Lehramt an Hauptschulen sei daher vollständig wiedergegeben:

1. *Der Erziehungs- und Bildungsauftrag des Faches Geschichte in der Hauptschule*
2. *Der Lehrplan des Faches Geschichte der Hauptschule*

- *Didaktische Konzeption des Lehrplans, Aufbau des Lehrplans und seine Lehrplaneinheiten*
- *Der Beitrag des Faches Geschichte zu den fächerübergreifenden Themen*
- *Die fächerübergreifenden Lehrplaneinheiten*
- *Die Zeittafel des Lehrplans*
- *Verhältnis von Zielangaben, Inhalten und Hinweisen*
- *Verbindlichkeit und Freiraum des Lehrplans, z.B. verbindliche Themen, Zusatzstoffe*
- *Querverweise im Lehrplan*
- *Geschichtliche Aspekte im Lehrplan Heimat- und Sachunterricht der Grundschule*

3. *Didaktik und Methodik des Faches Geschichte in der Hauptschule für Vorbereitung, Gestaltung und Nachbereitung des Unterrichts*

- *Erstellung eines Arbeitsplanes als notwendige Voraussetzung eines erfolgreichen Unterrichts; Jahresplanung, Tertialplanung unter Berücksichtigung örtlicher und regionaler Gegebenheiten*
- *Planen von Unterrichtseinheiten und Einzelstunden unter Berücksichtigung fachgerechter Arbeitsweisen, z.B. Durchführen von exemplarisch-entdeckendem Lernen und informierend-orientierendem Lehren, Darstellung von vergangenem Geschehen an Personen und Lebensformen, Einsatz von Bildern und Quellentexten, Umgang mit historischen Zeugnissen, Einbeziehung des `Heimatraumes; Regional- und Heimatgeschichte*
- *Sprechen über Unterricht anhand von Beobachtungen und Unterrichtsprotokollen unter Berücksichtigung pädagogischer, didaktischer, methodischer bzw. fachspezifischer Kriterien*
- *Erproben und Anwenden von Arbeits- und Sozialformen, z.B. Einzelarbeit, Partnerarbeit, Gruppenarbeit, Erzähl- und Gesprächskreis*
- *Durchführen/Erproben von Differenzierungsmaßnahmen*
- *Durchführen von Maßnahmen zur Erfolgssicherung und Leistungsbeurteilung (Üben, Vertiefen und Wiederholen, Notendefinitionen, Notenfindung bei mündlichen und schriftlichen Leistungen, Tests, Heftfüh-*

rung, Berichte/Referate, Hausaufgaben)

- *Der methodisch zweckmäßige Einsatz von Medien und Arbeitsmaterialien; Nachteile eines übertriebenen und didaktisch nicht abgesicherten Medieneinsatzes*
- *Nutzung von Sammlungen*

4. *Fächerübergreifende Aspekte des Geschichtsunterrichtes in der Hauptschule*

- *Zusammenwirken mit anderen Fächern/Bereichen der Hauptschule, z.B. Gemeinschaftskunde/Wirtschaftslehre, Deutsch, Erdkunde, Englisch*
- *Planen und Durchführen der fächerübergreifenden Lehrplaneinheit "USA-UdSSR"*
- *Das Fach Geschichte und die fächerübergreifenden Themen: Die Deutsche Frage im Unterricht, Europa im Unterricht, Friedenssicherung und Bundeswehr, Landeskunde/Landesgeschichte*
- *Planen und Durchführen fächerübergreifender Arbeitsformen, z.B. Vorhaben, Projekte, Erweitertes Bildungsangebot, Projekte unter heimatgeschichtlichem Aspekt*

5. *Außerschulische Lernmöglichkeiten des Faches Geschichte in der Hauptschule*

- *Planen und Durchführen von Exkursionen und Lerngängen im Umfeld des Schulorts bzw. Seminars*
- *Erschließung örtlicher und regionaler heimatlicher Besonderheiten*
- *Besuch von Museen, historischen Sammlungen*
- *Einbeziehen von Experten in den Unterricht, z.B. Mitarbeitern von Museen und Archiven, Kennern der Heimatgeschichte*

Die Ziel- und Inhaltspapiere der Ausbildung für das Lehramt an Gymnasien und Berufsschulen sind zwar nicht im gleichen Maße identisch, berühren sich aber so stark, daß für Zwecke einer zusammenhängenden Analyse und des Vergleichs der Abdruck eines dieser Papiere ausreicht. Wir wählen das Rahmenpapier für die Referendarausbildung am Gymnasium (dabei ist "LEU" die "Landesstelle für Erziehung und Unterricht" in Stuttgart, die sich um praxisnahe Unterrichtshilfen bemüht):

A. Bildungsziele und Bildungsinhalte

Das Fach Geschichte im Bildungs- und Erziehungsauftrag der Schulart - Einführung in den Bildungsplan und in den Lehrplan des Faches

Der Referendar lernt den Bildungsplan kennen; er soll sich mit dem Schulartpapier und dem Lehrplan des Faches als verbindlicher Grundlage des Unterrichts vertraut machen und in vielfältigem Umgang mit ihnen ler-

nen, im Unterricht die Inhalte des Lehrplans umzusetzen und die gesteckten Ziele zu erreichen.

- *Der Bildungsplan*

  Ziele des Bildungsplanes und Möglichkeiten ihrer Verwirklichung an den Inhalten.

- *Das Fach Geschichte im Fächerkanon des Gymnasiums und sein Beitrag zur Hochschulreife*

  Stellung des Faches Geschichte im Bildungsplan und besonders im gesellschaftswissenschaftlichen Bereich; Begründung, Abgrenzung und Beziehung des Faches zu anderen Fächern (s. auch Querverweise im Lehrplan); Beitrag und Wert im Hinblick auf Erziehung, Bildung und Studierfähigkeit; historische Bildung als unverzichtbarer Bestandteil der Allgemeinbildung; Verhältnis des Unterrichtsfaches zur Fachwissenschaft; Einblick in die Geschichte des Geschichtsunterrichts.

- *Der Lehrplan*

  Die Bildungs- und Erziehungsziele, Werte und Normen, dargestellt an konkreten Inhalten;

  Aufbau und didaktisch-pädagogische Zielsetzung des Lehrplans, Inhalte, Ziele und Wertigkeit des Faches in den Klassen 7 bis 10 und in der Oberstufe; Verbindlichkeiten des Lehrplans, Freiräume und deren pädagogisch verantwortliche Nutzung.

- *Vergleich mit anderen Lehrplänen*

B. Didaktik und Methodik des Faches Geschichte

1. Planung, Durchführung, Auswertung von Unterricht

Der Referendar soll die Fähigkeit erwerben, Unterricht zielstrebig zu planen und sachgerecht vorzubereiten. Er soll klare Kriterien und praktische Hinweise zur Durchführung von Unterricht erhalten und Verständnis dafür entwickeln, wie im Laufe eines Schuljahres Kontinuität und sinnvoller Aufbau geschaffen werden können. Er soll Kriterien zur Beobachtung und Auswertung von Unterricht kennen und auf seinen eigenen Unterricht anwenden lernen.

- *Unterrichtsplanung*

  Einzelstunde, Vorführung mindestens einer gemeinsam vorbereiteten Einzelstunde durch den Fachleiter mit Besprechung und Auswertung; häufige Fehler des Lehrers, Hinweis zur Abhilfe;

  Unterrichtseinheit; Jahresplan

- *Unterrichtsformen*

  Möglichkeiten und Probleme der lehrergesteuerten und schülerzentrierten Unterrichtsformen im Hinblick auf Sachangemessenheit und erzieherischen Wert (z.B. Lehrervortrag, fragend-entwickelndes Verfahren, Arbeitsauftrag, Gruppenarbeit).

- *Unterrichtsprinzipien*

  Problem der didaktischen Reduktion; Anschaulichkeit und Altersgemäßheit; Erlebnis und Lebensnähe; Aktivierung der Schüler zur Selbsttätigkeit; orientierendes, vertiefendes, exemplarisches und entdeckendes Lernen; Anleitung zu selbständigem Lernen.

- *Einsatz von Medien*

  Der methodisch zweckmäßige Einsatz von Medien und Arbeitsmaterialien, z.B. Bild, Karte, Quelle, Diagramm und Tabelle; Tafel und Tageslichtschreiber; audio-visuelle Medien; Nachteile eines übertriebenen und didaktisch nicht abgesicherten Medieneinsatzes.

- *Kriterien der Auswahl von Lehr- und Lernmitteln*

  Vergleich von Unterrichtswerken; Auswahl zusätzlichen Materials im Hinblick auf lehrplangemäßen Themenbezug, erzieherischen Wert, Schwierigkeitsgrad, didaktische Ergiebigkeit; Vermeidung methodischer und inhaltlicher Einseitigkeit.

- *Hilfen für Unterrichtsvorbereitung*

  LEU, Kreisbildstellen u.a.; Literatur zur Unterrichtsvorbereitung; Erprobung von Methoden, Lernmitteln und Unterrichtsmodellen (z.B. zur Regional- und Heimatgeschichte, zur deutschen Frage, zum Europagedanken), auch im Zusammenhang mit den pädagogischen Prüfungsarbeiten.

2. Die Inhalte des Faches und ihre Umsetzung im Unterricht

An konkreten Beispielen werden die didaktischen Grundlagen der im Lehrplan ausgewiesenen fachspezifischen Arbeitsbereiche und die methodischen Möglichkeiten für die Umsetzung ihrer Inhalte im Unterricht vorgestellt. Wichtige erzieherische und fachliche Ziele der Lehrplaninhalte, stufenspezifische Besonderheiten und Probleme werden exemplarisch mit jeweils wechselndem Schwerpunkt herausgearbeitet.

- *Ziele und Inhalte*

  Ziele des Geschichtsunterrichts und ihre Begründung; Verhältnis von Zielen und Inhalten; Auswahl und Anordnung von Inhalten, z.B. Universalgeschichte, europäische Geschichte, National- und Regionalgeschichte, politische und soziale Geschichte, Wirtschafts- und Kulturgeschichte. Ereignis und Struktur, Person und Gruppe, genetisch-chronologisches Verfahren, exemplarisches Prinzip, thematischer Längsschnitt und epochaler Querschnitt.

- *Methoden und Unterrichtsorganisation*

  Methoden des Geschichtsunterrichts und ihre stufenspezifische Anwendung, z.B. darbietende und arbeitsunterrichtliche Verfahren, Orientieren und Vertiefen; Sozialformen des Unterrichts; Vermittlung und Sicherung historischer Kenntnisse (Fakten, Begriffe, Überblick, Zusammenhänge); Problemorientierung, Einübung von Arbeitsweisen; Problematik einer überzogenen Wissenschaftlichkeit; Bedeutung eines angemessenen Sprachniveaus; Fragetechnik; Strukturierung des Unterrichtsgesprächs; Strukturierung der Stunde in Phasen;

Bedeutung und Möglichkeiten eines strukturierten Tafelanschriebs.

- *Stufenspezifische Besonderheiten*

  Psychologische Voraussetzungen, Altersgemäßheit, Anschaulichkeit und Abstraktion, Vorwissen, Problem der Verwendung von Fachsprache;

  Mittelstufe

  Besondere Bedeutung des genetisch-chronologischen Prinzips, des Aspekts handelnder Personen und Gruppen, lokal- und regionalgeschichtlicher Beispiele.

  Klasse 11
  Übergangs- und Vorbereitungsfunktion der Klasse 11 für den Kursunterricht (anhand antiker, mittelalterlicher und frühneuzeitlicher Themen werden grundsätzlichere und umfassendere Betrachtungsweisen der Geschichte eingeführt).

  Grund- und Leistungskurse

  Verbindung von chronologischem Prinzip und thematisch-strukturellen Fragestellungen; sicheres Begriffswissen und sachgerechte Anwendung der Fachsprache; Bedeutung der Bewertungs- und Beurteilungsebene; Hinführung zur selbständigen Auseinandersetzung mit der Geschichte.

- *Bildungs- und Erziehungsprobleme im Geschichtsunterricht*

  Verbindung von Wissen, Problemorientierung und Wertung; Pluralität und Perspektiven der Geschichtsdeutung und der Erklärungsmuster; politische Relevanz historischer Bildung; Erziehung zu Werten und Normen, insbesondere zur Demokratie, zum Frieden und zur Toleranz.

- *Zusammenarbeit mit Fachkollegen und Kollegen anderer Fächer*

  Formen und Inhalte der Zusammenarbeit, insbesondere mit dem Fach Gemeinschaftskunde; fachspezifische Beiträge zu fächerübergreifenden Themen, z.B. Deutsche Frage, Europagedanke, Friedenssicherung und Bundeswehr, Landesgeschichte.

- *Muttersprachliche Erziehung im Geschichtsunterricht*

  Förderung der mündlichen und schriftlichen Ausdrucks- und Argumentationsfähigkeit; Beachtung von korrekter Rechtschreibung, Grammatik und Syntax bei schriftlichen Arbeiten.

3. Ergebnissicherung und Leistungsbeurteilung

Der Referendar wird in die Formen der Ergebnissicherung eingeführt. Er wird mit der Leistungsbeurteilung vertraut gemacht, so daß er zunehmend Bewertungssicherheit und Bewertungsgerechtigkeit gewinnt.

- *Methoden der Ergebnissicherung*

Üben, Zusammenfassen und Wiederholen; Heftführung; Merkdaten und Grundbegriffe; Nachschreiben im Unterricht, Unterrichtsprotokolle, Exzerpieren, Referate;

Hausaufgaben und ihre Einbeziehung in den Unterricht; Kontrolle von Hausaufgaben.

- *Leistungsbeurteilung*

  Vermeidung von Über- und Unterforderung;
  Planung und Aufgabenstellung von Klassenarbeiten und schriftlichen Wiederholungen auf den verschiedenen Stufen (einschließlich Abitur), Erwartungshorizont;

  Verfahren und Probleme der Korrektur (z.B. Anwendung der Notenskala), Gewichtung inhaltlicher und formaler Kriterien, Korrekturübungen, Anwendung der Notendefinition, Besprechungsverfahren; sonstige schriftliche Leistungen (z.B. Heftführung, Protokoll); Beurteilung und Gewichtung mündlicher Leistungen; Notentransparenz.

  Erlasse, Vorschriften, Verordnungen.

C. Unterricht und Erziehung

Allgemeine erzieherische Aufgaben des Geschichtslehrers

Der Referendar soll sich der pädagogischen Aufgabe und der Verantwortung des Geschichtslehrers bewußt werden und im Umgang mit den Schülern und den Bildungsinhalten das Prinzip des erziehenden Unterrichts kennen und verwirklichen lernen.

- *Möglichkeiten des erziehenden Unterrichts*

  Erziehung zu Demokratie, Frieden, Toleranz und sozialem Verhalten; unvoreingenommene Kenntnisnahme andersartiger Wert- und Gesellschaftssysteme in der Geschichte; Erziehung zur Urteilsfähigkeit, z.B. Unterscheidung von Vorurteilen, Gefühlsurteilen, Sach- und Werturteilen; intellektuelle Disziplin, z.B. Differenzierung, Genauigkeit, Trennschärfe, innere Schlüssigkeit beim eigenen Urteilen und Argumentieren, Offenlegung der Prämissen und eigenen Optionen.

- *Bedeutung der Lehrerpersönlichkeit*

  Die Person des Lehrers und die Bedeutung seines Engagements im Umgang mit den Schülern und mit den Bildungsinhalten für die erzieherische Wirkung des Unterrichts.

- *Erkennung und Förderung von besonders leistungsfähigen und von leistungsschwachen Schülern.*

- *Beratung von Schülern und Eltern*

  Leistungsanforderungen auf den verschiedenen Stufen; Wahl von Kursen in der reformierten Oberstufe; Vorschläge für Privatlektüre der Schüler; unterrichtsbegleitende Lern- und Arbeitstechniken; Organisation der Hausaufgaben; Hinweise zur Vorbereitung des Fachlehrers auf Klassenpflegschaftssitzungen, Elternsprechstunde.

D. Schule als Lebensraum des Schülers

Bildungs- und Erziehungsarbeit in außerunterrichtlichen Veranstaltungen

Der Referendar soll die Möglichkeiten zu erzieherischer und fachspezifischer Arbeit auch bei außerunterrichtlichen Veranstaltungen kennenlernen.

Dem Referendar werden Möglichkeiten zu historischer Bildung, erzieherischer Arbeit und besonderer Motivierung der Schüler im Geschichtsunterricht "vor Ort" gezeigt. Er wird eingeführt in Planung, Durchführung und Auswertung von außerunterrichtlichen Veranstaltungen, z.B. historischer Lerngang, Besuch von Museen und Archiven, Exkursionen zu historischen Stätten, Projekte zur Orts-, Landes- und Zeitgeschichte (z.B. in Verbindung mit Schullandheimaufenthalten und Schülerwettbewerben), Beteiligung an archäologischen Ausgrabungen.

Man kann solche umfänglichen Arbeitsanweisungen unter vielerlei Kriterien prüfen. Berufsfeldbezug und Praxisnähe sind gewiß nicht abzusprechen. Voll zum Sprechen gebracht werden sie erst, wenn sie mit entsprechenden Vorgaben in anderen Bundesländern verglichen werden. Hier seien nur zwei Fragen aufgeworfen: Was wird jeweils unter "Didaktik der Geschichte" verstanden? und: Was wird als die leitende Norm vorgestellt?

'Didaktik der Geschichte' wird hier nie bezogen auf eine grundsätzliche und kritische Überprüfung der Grundlagen, Methoden und Grenzen, der Leitziele und Wertentscheidungen des Faches. Eine Theorie des Schulfaches, ein selbständiges Reflektieren des Adressatenbezugs, die Aufgabe und Möglichkeiten des eigenen Setzens von Zielperspektiven, eine Beachtung des öffentlichen und des veröffentlichten Bewußtseins, eine kritische Analyse der (im Lande genehmigten) Schulbücher, eine Mitwirkung an der Medienentwicklung oder gar eine Lehrplananalyse bzw. -kritik - all dies wird nicht einbezogen. Damit wird 'Didaktik der Geschichte' als gehobene Meisterlehre, als Methodik, als Praxis und nochmals Praxis verstanden. Weder der internationale noch der bundesdeutsche noch auch der baden-württembergische Forschungsstand in Didaktik der Geschichte ist damit erreicht.[8]

Natürlich muß eine 2. Phase der Ausbildung praxisnah arbeiten, natürlich bedürfen die stärker theoretisch geprägten Studenten einen besonderen Akzent auf der alltäglichen Unterrichtsleistung, um einmal sich als volle Kräfte im Unterricht bewähren zu können. Aber soll in der 2. Phase die kritische und die an Werte bindende Reflexion zurückgedrängt, soll der Weg der jungen Leute zu eigener Medien- und Schulbucharbeit als Autoren, zu selbständigen Leistungen in Lehrplankommissionen uneröffnet bleiben, nicht angeregt werden? Wie kann eine nur praxisbezogen ausgebildete Geschichtslehrergeneration einmal antworten, wenn staatskritische Schüler einmal wieder die Grundlagen unserer Republik und der Landesverfassung in Frage stellen? Nicht die dogmatische Behauptung von Werten führt zur Einsicht, sondern die differenzierende Begründung, die kritische Analyse auch der angeblichen Gegenargumente, letztlich das engagierte Bekenntnis, welches selbstkritisch offen und doch grundsatztreu bleibt.

Die Versuchung, die Kronrechte der akademischen und der bürgerlichen Freiheit gerade in der Ausbildung der jungen Geschichtslehrer zu wenig zu betonen, lag vielleicht deshalb nahe, weil man selber all diese Fragen entschieden zu haben glaubte, indem man neue Geschichtslehrpläne für das Land herausgab. Wenn wirklich, wie man immer betonte, die neuen Lehrpläne im Konsens der Praktiker erstellt und formuliert worden sind, welche Funktion könnte dann Kritik haben? Jedenfalls wird stets die Bindung an die neuen Lehrpläne betont. Sie sind hier als die die Ausbildung inhaltlich leitende Norm vorgestellt. - Wenn auch Zweifel am einschlägigen Konsens der Praktiker erlaubt sind, so wäre ein Bericht über die Geschichtslehrerausbildung in Baden-Württemberg im Jahre 1985 doch unvollständig ohne detailliertere Angaben zu dieser Lehrplanreform, die ja den landesrechtlichen Rahmen der Ausbildung inhaltlich füllen wollte.

3. Lehrplanrevision als inhaltliche Vorgabe der Fachausbildung ?

Die Lehrpläne des Landes Baden-Württemberg der 70er Jahre waren grundsätzlich lernzielorientiert, hatten sich aber noch nicht dazu durchringen können, in der Konsequenz dieses Ansatzes erhebliche Einschnitte in die stoffliche Kontinuität zu wagen. Wahrscheinlich hat man die damals moderne Lernzielorientierung halben Herzens übernommen, um nicht ganz aus der bundesweiten didaktischen Entwicklung herauszufallen; trotzdem hatten viele Lehrplanautoren und Lehrer die alte Stofforientierung im Grunde beibehalten. Aus der Übernahme eines neuen Prinzips, zu dessen Gunsten man aber die alte Grundorientierung nicht hatte aufgeben wollen, erwuchsen naturgemäß Spannungen und

Stoffhuberei.[9]

Als der junge Kultusminister seit 1980 mit der Forderung nach "Stoffentlastung" in den Lehrplänen hervortrat, fand er naturgemäß spontane Zustimmung. Die einen stellten sich vor, daß nun endlich eine konsequentere Lernzielorientierung zur Reduktion im Thematischen führen sollte, die anderen dachten an das ihnen noch vertraute "exemplarische Prinzip", wieder andere hatten nur eine Entspannung in den Anforderungen an die Unterrichtspraxis im Sinn. Bald zeigte es sich, daß vielen Fraktionskollegen des Ministers, besonders jenen, die Jahrzehnte vorher einmal Lehrer oder Ausbilder von Lehrern gewesen waren, die seit den späten 60er Jahren modische Lernzielorientierung erheblich zu weit gegangen war. Manches aus der verhaltenspsychologischen Grundwelle dieser Didaktik wurde zu Recht in Frage gestellt, manches erwies sich als unverstanden oder abgelehnt.

Der Ruf nach Stoffentlastung vermischte sich mit einem Ruf nach Praxisnähe und mit grundsätzlichen Vorbehalten gegen didaktische Theorie. "Theorie" wurde schwarzweißzeichnend sogleich mit "reformmarxistischer Theorie" gleichgesetzt und von daher desavouiert. Daß etwa ein kritischer Rationalismus hilfreiche Ansätze bieten könne, die nicht von Marx herkommen, war nicht in die Diskussion einzubringen. Daß sogar auch im Sinne der französisch-deutschen Verständigung unsere historisch-politische Lage nach Marx unter Zuhilfenahme und unter partieller Widerlegung reformmarxistischer Ansätze zu prüfen sei, galt bereits als ein verwerflicher Gedanke. Man lehnte das sozialliberale Bündnis in Bonn ab, sah Frankreich noch auf dem Weg zu einem neuen Konservativismus, und verdammte alle "Linken" im eigenen Lande. Wegen befürchteter "linker PHen" hielt man die vom Parlament beschlossene Umwandlung der "Pädagogischen Institute" in Wissenschaftliche Hochschulen und deren Etablierung im Rahmen des Hochschulrahmengesetzes des Bundes jetzt für einen politischen Fehler. Das geheime Ideal war wiederum eine Lehrerbildung durch gestandene Praktiker, die auch als Dozenten weisungsgebunden bleiben. Insbesondere die Zeit der Überkapazität der lehrerbildenden Hochschulen bot billige Ansatzpunkte für Polemik. Im Interesse derjenigen, die diese Polemik vorgetragen haben, und im Interesse des Lehrerstandes des Landes ist zu hoffen, daß die Zeit der Pauschalurteile endgültig vorbei ist.

Dem Ruf nach Stoffentlastung konnte man ohne weiteres zustimmen.

Leider verbarg sich hinter und unter ihm ein ganzes Bündel von Vorurteilen, welches schlicht Sorge bereiten mußte. Ein weiterer Ausgangspunkt der Lehrplanrevision der 80er Jahre war der Ruf nach "Heimat- und Landesgeschichte". Natürlich war auch diesem Ruf generell zuzustimmen. Erst später stellte sich heraus, daß nicht immer eindeutige und richtige Vorstellungen damit verbunden wurden.

Als dann der Ruf nach einer "Darstellung unter dem Aspekt handelnder Personen" erhoben wurde, war bald klar, daß die didaktische Unterscheidung zwischen Personifizierung und Personalisierung nicht aufgegriffen war; der Stoß war gegen die Strukturgeschichte gerichtet und wurde letztendlich zu einer Betonung großer Handelnder. Weitere Forderungen waren eine Stärkung von Freiheit, Selbstverwaltung und Demokratie, die Forderung nach einer Einbeziehung des Alltagslebens und die Forderung, Geschichtlichkeit als ein Wesensmerkmal des Menschen herauszustellen. Wer wollte dem schon widersprechen?

Als dann die Entwürfe, an denen nur Praktiker mitarbeiten durften, in der Anhörung waren, haben sich - wie viele andere Kollegen im Lande - auch die vier Historiker und Geschichtsdidaktiker der Pädagogischen Hochschule Weingarten entschlossen, in einem gemeinsamen Gutachten ihre Bedenken offenzulegen. Es wurden nur einige besonders gravierende Versehen, die das Gutachten aufgespießt hatte, korrigiert. Den Grundgedanken wurde aber nicht Rechnung getragen. Dazu hätte man auch die knappe Terminsetzung vor der nächsten Wahl aufheben müssen. Aus diesem Grunde mußte das Gutachten anschließend mit geringfügigen Kürzungen veröffentlicht werden.[10] Beschränken wir uns hier wiederum auf ein Beispiel, auf den neuen Lehrplan des Fachs Geschichte für die Hauptschule.

Den globalen Zielen der Lehrplanrevision, die ja oben skizziert worden sind, konnte generell zugestimmt werden. Die Bedenken richteten sich auf die Tatsache, daß entweder der Text der einzelnen Lehrplaneinheiten schlicht diesen Vorgaben nicht entspricht - oder aber daß solche Vorgaben ohne Kenntnis der einschlägigen wissenschaftlichen Diskussion aufgefaßt und damit nicht auf der Höhe der 80er Jahre umgesetzt worden sind. Hier nur einige Einzelbeispiele aus dem Gutachten.

Zum Stichwort "Stoffentlastung". Der Wegfall der Zielspalte verringert zwar den zu lesenden Text, erschwert aber die Umsetzung im Unterricht, zumal 13-mal die Forderung auftritt, etwas "im Überblick" zu behandeln. Dies öffnet wiederum der Stoffhuberei Tür und Tor!

Zum Stichwort "Heimat- und Landesgeschichte". Wenn die deutsche Ostsiedlung nur noch als Zusatzstoff erscheint oder Österreich nur noch als Kriegsgegner von 1866 erwähnt wird (obwohl doch viele Baden-Württemberger aus den damals besiedelten Gebieten herkamen und ein großer Teil des Landes für Jahrhunderte "Vorderösterreich" war!), ist Heimat- und Landesgeschichte eindimensional aufgefaßt und der Blick für die deutsche Frage verstellt.

Zum Stichwort "Darstellung unter dem Aspekt handelnder Personen". Im einzelnen kann nachgewiesen werden, daß bei der Umsetzung dieses Grundsatzes der Blick auf kleine Leute und Unterschichten zumindest behindert wird, so daß ein Engagement der Schüler in freiheitliche Mitbestimmung ungefördert bleibt.

Zum Stichwort: "Freiheit - Selbstverwaltung - Demokratie". Der Lehrplan klammert sowohl die Attische Demokratie als auch die Römische Republik, sowohl die mittelalterliche Ratsverfassung der Städte als auch die im deutschen Südwesten reiche landständische und parlamentarische Tradition schlicht aus. Mit all dem wird selbstverständlich einer jeden Erziehung zur Demokratie entgegengearbeitet. Hat man es wirklich nicht gemerkt?

Zum Stichwort "Alltagsleben". Der Akzent wird klar begrüßt, allerdings bedauert, daß weder faßbar wird, wessen Alltag nachzuzeichnen ist, noch: mit welchem Ziel dies geschehen soll. Ein Lehrplan, der eine Hilfe für den überlasteten Praktiker sein will, müßte beides leisten. In der Lehrplaneinheit 3 der Kl. 9: "Deutschland unter nationalsozialistischer Herrschaft" ist einfach gefordert, der Lehrer möge den "NS-Alltag im Heimatraum" darstellen. Ist hier der Alltag in einer HJ-Gruppe gemeint, oder der Alltag eines Arbeitsdienstlagers, der Alltag einer Parteidienststelle oder einer jüdischen Familie, der Alltag eines Lehrers oder eines Fremdarbeiters? Da auf der gleichen Höhe links der Lehrplaneinheit das Stichwort "Ausrichtung aller Lebensbereiche auf nationalsozialistische Zwecke" zu finden ist, kann bei manchen der Hinweis "NS-Alltag im Heimatraum" fatal mißverstanden werden, so als ob die erfolgreiche Durchdringung dieses Alltags durch den NS dargestellt werden sollte. Sinnvoll wäre es - nach einer Behandlung der Gleichschaltung - den Blick auf "Gleichgeschaltete", auf kleine Leute und Verfolgte, im Heimatraum richten zu lassen.

Zum Stichwort "Geschichtlichkeit als ein Wesensmerkmal des Menschen". Die meisten Lehrplaneinheiten versperren den Zugang zu diesem wichtigen Ziel, weil sie eher abgeschlossene, statische Zustände vorstellen, als daß sie Rücksicht nehmen auf historische Entwicklungen, in denen die jeweiligen Entwicklungen stehen bzw. die innerhalb des jeweiligen Themas stattfinden. Erst die Erfahrung von Wandel, von Alternativen und Prozessen ist eine zu eigenem Handeln befähigende Grunderfahrung.

Das Gutachten stellte also sinngemäß heraus, daß die erwähnten Vorgaben bedenkenswerte didaktische Anregungen darstellen, daß sie aber in den Lehrplaneinheiten weder vor Mißverständnissen noch vor grundlegenden Gegenwirkungen geschützt wurden. Die Hilfe für die Praktiker sei gering; unter sich seien sie nicht historisch stimmig genug. Sie fördern nicht "in dem erforderlichen Maße ein demokratisches, wertorientiertes europäisches Geschichtsbild."[10]

Es wäre gut, wenn bald - aber ohne Termindruck, was das Arbeitsergebnis angeht - eine Arbeitsgruppe berufen würde, die die nichtbeachteten Einwände gegen diese Lehrplanfassung sichtet und mit den Erfahrungen unabhängiger Praktiker vergleicht. Damit ohne alle Animositäten und ohne alle Weisungsbindung gearbeitet werden kann, würde es sich für diese Arbeitsgruppe empfehlen, je eine Kollegin oder je einen Kollegen aus jedem Nachbarland zu berufen: aus Bayern und Österreich, aus der Schweiz und aus Frankreich, aus Rheinland-Pfalz und aus Hessen. Gute Perspektiven könnte sicher auch ein Vertreter des Georg-Eckert-Institutes für internationale Schulbuchforschung in Braunschweig einbringen. Das Gutachten dieser Arbeitsgruppe wäre allen Landesfachschaften und einschlägigen Landesverbänden zur Stellungnahme vorzulegen. In Kenntnis sowohl des Gutachtens als auch der Stellungnahme von kompetenter Seite dazu sollte dann das Landesparlament Perspektiven für die Fortentwicklung der Landesgeschichtslehrpläne beschließen.

4. Forschung und Lehre als Faktoren der Geschichtslehrerausbildung

Die Universität Heidelberg feiert im Jahre 1986 ihr 600jähriges Bestehen. Sie ist damit die älteste Universität im Bundesgebiet. Aber auch Freiburg und Tübingen blicken auf ein ehrwürdiges Alter zurück. Sie alle haben manche Pendelausschläge der Politik, der Schulpolitik und auch der Fachpolitik erlebt und überlebt. Als weisungsungebundener Lebenszeit-Angehöriger einer solchen Institution betrachtet man das Kommen und Gehen von Lehrplänen mit einer gewissen Gelassenheit. Die für Lehrpläne verantwortliche Behörde, das Kultusministerium Baden-Württemberg, ist als Landeseinrichtung ja erst mit der Bildung des Landes 1953 begründet - und später aufgeteilt worden, so daß die Rechtsaufsicht über die wissenschaftlichen Hochschulen seit Jahren beim Wissenschaftsministerium liegt und die dienstlichen Beziehungen zum Schulministerium nicht gerade als vital angesehen werden müssen.

Aus Gründen der zunächst psychologisch übermächtigen Konkurrenz der alten Universitäten und auch wegen einer im guten Sinne tunlichen Selbstprofilierung haben die nach dem Kriege neugegründeten Universitäten des Landes an akademischer Freiheit und Unabhängigkeit den alten Universitäten nicht nachstehen wollen und können. So hat z.B. auch nach dem Zurücktreten des Reformkonzepts einer Forschungs- und Graduiertenuniversität Konstanz stets besondere Kontakte und Aufgaben zur Schweiz hin gepflegt; Ulm hat sich seiner Lage an der Donau erinnert und seiner Funktion als Umschlaghafen der "Ulmer Schachteln", die Auswanderer in den südöstlichen Donauraum brachten. Es hat gute Kontakte zu den heutigen Universitäten des gesamten Donauraumes aufgebaut, einschlägige Rektorenkonferenzen zustande gebracht und Zusammenarbeit und Austausch weit über den Eisernen Vorhang hinweg initiiert.

Solche Fakten sollte man sehen, wenn man beurteilen will, wie Forschung und Lehre in Baden-Württemberg auf die Geschichtslehrerausbildung einwirken. Das Land kennt im Fach Geschichte keine außerhalb der Hochschulen angesiedelte Großforschung, weder gibt es etwas wie das Institut der Monumenta Germaniae Historica, München, noch wie das Institut für Zeitgeschichte, München, oder das Institut für europäische Geschichte, Mainz; auch die didaktische Forschung wie am Georg-Eckert-Institut für internationale Schulbuchforschung, Braunschweig, ist nicht außerhalb der Pädagogischen Hochschulen angesiedelt, sondern in deren Fachbereichen. An vielen Hochschulen des Landes sind renommierte und von der Deutschen Forschungsgemeinschaft oder wichtigen Stiftungen unterstützte Forschungsprojekte in Arbeit, Sonderforschungsbereiche, deren Gewicht dem der Institutsforschung gleichkommt.

Sowohl solche Forschungen und deren Ergebnisse als auch die Unabhängigkeit vom Landesetat, die sich teilweise durch die eingeworbenen

Drittmittel ergeben hat, verstärken das Gewicht und die Selbständigkeit der Fachbereiche gegenüber politischen Wünschen. Was überzeugt, wird aufgegriffen; was jedoch nicht überzeugt, kann auf längere Sicht übersehen werden.

In fast allen historischen Disziplinen gibt es wichtige Neuansätze der Forschung, wie ein Blick in die Publikationslisten der Historiker und Didaktiker im Lande aufzeigt. Leider sind Themen und Namen bei weitem zu vielfältig, um sie hier auch nur aufzulisten. Dies bedaure ich um so mehr, als ich bei eigenen bibliographischen Arbeiten feststellen mußte, daß mancher Provinzialismus in Gebieten nördlich des Mains solche Leistungen nicht oder zu wenig aufgreift.

Als Beispiele für die unabhängige Forschung möchte ich nur auf einen fachwissenschaftlichen Neuansatz und auf die geschichtsdidaktische Forschung im Lande eingehen. An der jungen Universität Stuttgart hat sich die historische Verhaltensforschung, die historische Anthropologie, angesiedelt, die übrigens mit der Geschichtsdidaktik zusammenarbeitet, weil sich beide Zugriffe auf historische Bewußtseinslagen beziehen. - In Zusammenarbeit mit der Landeszentrale für politische Bildung Baden-Württemberg plant die rührige Landesfachschaft Geschichte an den Pädagogischen Hochschulen des Landes eine Selbstdarstellung und Forschungsdokumentation ihrer Arbeiten, die 1986 erscheinen wird. Hier einige Themen: Oral history, Historische Anthropologie und Geschichtsdidaktik, der Brückenschlag mit Frankreich, Regionalgeschichte, Firmengeschichte, historische Aspekte im Sachunterricht, Stadtgeschichte, Museumsdidaktik, historische Medien (Schulbuch und historische Karte). - Die "Mitteilungen" der Internationalen Gesellschaft für Geschichtsdidaktik erscheinen in Baden-Württemberg; die erste internationale Bibliographie dieser Disziplin wurde geschäftsführend aus diesem Lande gefördert und mitgetragen. Nicht nur aus äußeren Gründen hat der 16. Internationale Kongreß der Geschichtswissenschaften im August 1985 in Stuttgart getagt. Die Geschichtsdidaktik hat sich mit insgesamt vier Sektionen der Internationalen Gesellschaft für Geschichtsdidaktik beteiligt.

5. Fazit

Vor diesem Hintergrund einer sehr anregenden, nicht ideologisch festgelegten, historischen und didaktischen Forschung ist eine gewisse Entfremdung zwischen der 1. und den beiden weiteren Phasen der Geschichtslehrerausbildung im Lande bedauerlich. Sowohl die Kontakte zwischen dem Wissenschafts- und dem Schulministerium in Stuttgart als auch die Kontakte zwischen dem Schulministerium und der fachlichen Forschung an beiden Hochschulgattungen erscheinen als verbesserungsfähig. Die Forschung sollte dabei stärker als bisher anerkennen, daß alle Lehramtsstudenten einen Berufsfeldbezug brauchen - und für dieses Berufsfeld ist nun einmal das Schulministerium verantwortlich; die Verwaltung sollte dabei stärker als bisher anerkennen, daß die Inhalte der historisch-politischen Bildung im Lande unabhängig, und zwar von der Forschung, geprägt werden. Von der Sache her ist also eine gleichberechtigte Zusammenarbeit notwendig.

Allerdings muß gesehen werden, daß die Hochschullehre in und für andere(n) Zeiträume(n) arbeitet als die Schulverwaltung. Die politischen Vorgaben oder gar Imperative eines Kultusministers beziehen sich zunächst einmal auf eine Wahlperiode im Lande.

Wer Zweiundzwanzigjährigen historische oder didaktische Lehrveranstaltungen anbietet, um sie zu Geschichtslehrern auszubilden, der wünscht, daß die gleichen jungen Leute bis zu ihrer eigenen Pensionierung, sagen wir also noch in etwa 40 Jahren, erfolgreich als Geschichtslehrer arbeiten können. In absoluten Zahlen heißt dies: Eine Lehrveranstaltung des Jahres 1985 sollte für Fortentwicklungen des Faches etwa bis zum Jahre 2025 offen sein und vielleicht sogar befähigen. Hochschullehre darf also auf keinen Fall auf einen kurzfristigen Ist-Stand fixieren. Sie muß diesen Ist-Stand zwar zur Kenntnis nehmen, aber mit längerfristigen Zukunftsperspektiven, mit einem reflektierten Soll-Stand konfrontieren. Eine Verwaltung hingegen wird stets geneigt sein, die eigene, gültige Ordnung des Ist auch als ihr eigenes Soll anzusehen.

Die hier liegenden perspektivischen Unterschiede sollten jedoch den grundsätzlichen Willen nicht behindern, daß zwischen Berufsfeld und Ausbildung für ein Berufsfeld - im Interesse der Studenten und des Fachs - eine Brücke geschlagen bzw. ausgebaut werden muß.

Desiderata:

Das Land Baden-Württemberg ist von einem regionalen und einem sachlichen Pluralismus gekennzeichnet; ein politischer Zentralismus greift zu eng, wenn er dies unbeachtet läßt oder gar durch politische Vorgaben ausschalten will. Erforderlich ist daher vor allem ein kontinuierliches Gespräch zwischen allen an der Geschichtslehrerausbildung beteiligten Autoritäten - Forschung, Politik und Schule. Eine liberale Geschichtslehrerfortbildung an den wichtigen Akademien des Landes - Calw, Comburg und Donaueschingen - böte die Gelegenheit dazu, hier in ein Parallelogramm der Kräfte einzutreten.

Die beruflichen Chancen der heutigen Geschichtsstudenten und der jungen Geschichtslehrer müssen dringend längerfristig geklärt werden: Der "Generationenvertrag" verpflichtet nicht nur die junge Generation zur Erarbeitung der Renten und Pensionen, sondern im Gegenzug auch die ältere Generation zur längerfristigen Festlegung beruflicher Chancen und Grenzen. Wer vom Beruf ausgeklammert ist, kann in den nachfolgenden Jahrzehnten keinen Überschuß für die ältere Generation erarbeiten. Bei all dem müssen die notwendigen Opfer gleichmäßiger verteilt werden. Heute braucht die junge Generation mehr Chancen (auch auf Kosten der heute 50, 60 oder 70jährigen!) und mehr Klarheit über ihre Chancen durch mittelfristige Selbstfestlegung im politischen Raum. - Die Medienzukunft benötigt dringend Kulturredakteure. Auch das Geschichtsstudium an den verschiedenen Hochschulgattungen muß deshalb in diese Richtung Angebote machen und Türen öffnen, die zur Doppelqualifikation bzw. zum Überstieg befähigen und anreizen. Ferner müssen die Berufsfelder in Fortbildung, Erwachsenen- und Seniorenarbeit, Politik, Pressediensten usw. klarer umrissen, ausgebaut und angeboten werden.

Aus der Sicht anderer Bundesländer könnte die Versuchung bestehen, eine Angleichung der baden-württembergischen Geschichtslehrerausbildung an integrative Modelle anderer Bundesländer zu fordern. Dies ergäbe eine Politik, die verfehlt ist, weil sie die vorhandenen regionalen Strukturen unberücksichtigt läßt. Integrative Modelle können die regionalen Bedürfnisse dieses Flächenstaates nicht befriedigen. Notwendig ist hingegen ein Einbau geschichtsdidaktischer Forschung in die universitären Fachbereiche sowie ein Ausbau der Forschung in den historischen Einzeldisziplinen an den Pädagogischen Hochschulen. Eine zukunftsorientierte Personalpolitik sollte z.B. Habilitationen für die Lehrerbildung über integrierte Modelle anstreben (d.h. Leistungen des Nachwuchses in der Fachwissenschaft, in der Fachdidaktik und im Unterricht sowie in der Lehre). Dies würde langfristige Wirkungen nach sich ziehen, ohne die Fachdidaktiker sogleich ständiger Majorisierung zu unterwerfen, die ihnen bei Eingliederung in universitäre Fachbereiche sicher ist.

Ab Mitte der 90er Jahre werden auch in Baden-Württemberg Nachwuchskräfte für die Geschichtslehrerausbildung im Lande fehlen. Aus diesem Grund sollte man heute dringend die hier anstehenden Probleme (Fehlen von Assistenzen, Mittelbaustellen, Habilitationsstipendien, z.T. Fehlen des Habilitationsrechts für wissenschaftliche Hochschulen) beachten und Defizite bereinigen. Neben Stellen werden einvernehmliche Maßstäbe in Fachwissenschaft, Fachdidaktik und Berufserfahrung benötigt.

Im Bereich der Lehrpläne ist es nötig, die 'Landesgeschichte' in die deutsche Frage einzubetten. Bei perspektivischer Engführung kann diese aus dem Blick geraten. Zur deutschen Geschichte gehört auch der Norden und der Osten, aber auch der Westen und der Süden - sogar der Südosten. Wie anders lassen sich die Traditionen und Anliegen der ehemaligen Flüchtlingsfamilien integrieren?

Die deutsche Frage bedarf in der historisch-politischen Bildung wiederum einer europäischen Einbettung. Wer allein auf die Person Bismarcks und ihre Leistung schaut, kann den Nationalstaat von 1871 nicht problematisieren. Ohne europäische Einbettung (die nicht eng verstanden werden darf!) kann die junge Generation keinen Kontakt zum Geschichtsbewußtsein von Mitbürgern gewinnen, die aus Süditalien, Portugal oder Kleinasien kommen. Ohne eine solche Einbettung können diese "Neubürger" sich bei uns nicht angenommen und beachtet fühlen.

Um dies alles wirklich zu erreichen, müssen die gegebenen rechtlichen Regelungen überprüft und teilweise geändert werden: Wir brauchen Möglichkeiten zum Auslandsstudium, geförderte Exkursionen, Freistellungen zur internationalen Kooperation, Durchlässigkeiten, Beurlaubung zur Weiterqualifikation in anderen "Schulen" oder im Ausland, Nachwuchsstellen für qualifizierte Kräfte, die sachlich und sprachlich Qualifikationen nachweisen, welche unter europäischem Aspekt erwünscht sind.

Der skizzierte Pluralismus der Verantwortungsträger schafft Handlungsspielräume für viele Betroffene. Wir brauchen eine Fachpolitik, die diese Handlungsspielräume nicht einengt und sich in ihren Perspektiven dem Rhythmus der Generationen eher anpaßt als dem Rhythmus der Legislaturperioden. Die vielen, oft zu wenig beachteten, einschlägigen Leistungen für die und in der Geschichtslehrerausbildung sollten alle im Land und darüber hinaus fruchtbar werden in kommenden Generationen.

Anmerkungen

1) Vgl. Norbert Jung, Geschichtslehrerfortbildung in Baden-Württemberg. In: U. Kröll, Geschichtslehrerfortbildung. Münster 1984, S.153 ff., quantitative Auswertung S. 155.

2) Vgl. Bildung für die Welt von morgen. Informationen des Kultusministeriums Baden-Württemberg: Hochschulreform in Baden-Württemberg, Mai 1973, S. 85.

3) Für die einschlägigen Angaben und viele Hinweise danke ich Herrn Regierungsschuldirektor Dr. Veitshans vom Ministerium für Kultus und Sport herzlich.

4) Die einschlägige Verordnung des Kultusministeriums wurde im Gesetzblatt für Baden-Württemberg 1978 (5. Jan., Nr. 1) veröffentlicht.

5) Die einschlägigen Texte sind über das Prüfungsamt der Universität Konstanz (Postf. 5560, 775 Konstanz) zu erhalten.

6) Für detailliertere Auskünfte danke ich Herrn Kollegen Dr. Horst Rabe, Konstanz, sehr.

7) Alle Inhaltspapiere sind im baden-württembergischen Amstblatt "Kultus und Unterricht" im Jahre 1984 abgedruckt: für die Hauptschule S. 675, für die Realschule S. 704, für die Berufsschule S. 752 ff. und für das Gymnasium S. 614 ff.

8) Vgl. Pellens - Quandt - Süssmuth (Hg.), Geschichtskultur - Geschichtsdidaktik. Internationale Bibliographie. Paderborn 1984.

9) Alle diese Lehrpläne waren erschienen im Neckar-Verlag, Villingen-Schwenningen.

10) In den "Weingartener Beiträgen zur Schulpraxis" 6, Weingarten 1984, S. 129-130.

11) Ebda., S. 136.

BAYERN -
Reformierte Geschichtslehrerausbildung unter ungünstigem Stern

von Karl FILSER

1. Zur aktuellen Problematik der Geschichtslehrerausbildung

Mit dem Wintersemester 1978/79 wurde in Bayern nach langer Vorbereitungszeit ein neues Lehrerbildungskonzept verwirklicht, das die Ausbildung in allen Lehramtsstudiengängen mehr oder weniger stark veränderte und die Universitäten vor große Probleme in der Umsetzung des komplizierten Reformwerks stellte. Bis jedoch alle notwendigen Verordnungen erlassen und die organisatorischen Maßnahmen ergriffen waren, hatten sich die Berufsaussichten für Lehrer so sehr verschlechtert, daß nun die meisten der ersten Absolventen der neuen - und wie die Reformer beabsichtigten - besseren Lehrerausbildung keinen Arbeitsplatz finden. Der mittlerweile drastisch gesunkene Lehrerbedarf und die zunehmende Lehrerarbeitslosigkeit bewirken, daß sich immer mehr Studierende vom Lehramtsstudium abwenden und andere Studienabschlüsse anstreben. Weil sich die Universitäten auf diesen Strukturwandel einstellen müssen, und die Ministerien, voran das Finanzministerium, alles daran setzen, die Lehrerausbildungskapazitäten zu reduzieren, um die ohnehin fallenden Zahlen der Lehramtsstudenten noch weiter nach unten zu drücken, steht die mit großem Engagement begonnene Reform von Anfang an unter einem sehr ungünstigen Stern.

Am Fach Geschichte läßt sich der hier beschriebene Strukturwandel besonders gut belegen. Ein Blick auf die Tabelle 1 zeigt deutlich, daß sich zwischen 1980 und 1985 die Gesamtzahl der Geschichtsstudenten auf nahezu 8 000 erhöht hat, der Anteil der Lehramtsstudenten jedoch von über 50 % auf 30 % zurückgegangen ist.[1] Den stärksten Anteil am Schwund haben die Lehramtsstudiengänge für Gymnasien und Realschulen, deren Studentenzahlen sich in dieser Zeit halbiert haben. Daß die Studiengänge für Grund- und Hauptschulen steigende Tendenzen aufweisen, hängt wohl damit zusammen, daß die neue Lehrerausbildung für beide erstmals einen geschichtswissenschaftlichen Anteil eingeführt hat. Den auffälligsten Zugewinn verzeichnet aber der Studiengang des Magister Artium. Die Studierenden in diesem nicht lehramtsbezogenen Studium haben sich in Bayern im genannten Zeitraum mehr als verdoppelt (von 2 000 auf 4 500).

Tabelle 1

Studierende der Geschichte an bayerischen Universitäten
WS 1979/80 und WS 1984/85

Studienabschluß	WS 79/80	WS 84/85
Promotion	918	712
Magister	2 092	4 558
Diplom[1)]	106	132
Lehrämter:		
Grundschule[2)]	242	315
Hauptschule[3)]	97	197
Realschule	300	140
Berufsschule	48	34
Gymnasium	2 920	1 661
Sonstige[4)]	101	64
Insgesamt	6 824	7 814

1) *Einen eigenen Diplomstudiengang Geschichte gibt es an der Universität Bamberg. Die übrigen in dieser Spalte aufgeführten Studierenden haben Geschichte im Rahmen anderer Diplomstudiengänge gewählt.*
2) *Geschichte nicht vertieft, im Rahmen der Didaktik der Grundschule und der Fachdidaktiken einer Fächergruppe*
3) *Geschichte nicht vertieft und im Rahmen der Didaktiken einer Fächergruppe*
4) *Studierende, die Geschichte nach den alten Prüfungsordnungen, für die Sonderschule studieren oder eine Zusatzprüfung ablegen.*

Die Tabelle 2 gibt zu erkennen, daß das Verhältnis zwischen Magister- und Lehramtsstudium an einzelnen Universitäten stark variiert (Würzburg 380:304; Erlangen-Nürnberg 1036:406 und München 2270:842). Ein wichtiger Grund für den Zustrom zum Magisterstudium, für das es im Fach Geschichte kein eigenes Berufsprofil gibt, ist sicher die Vielfalt der in diesem Studiengang möglichen Fächerverbindungen. Im Gegensatz zu vergleichbaren Lehramtsstudiengängen, in denen es gegenwärtig in

Bayern nur zwei Kombinationsmöglichkeiten (Geschichte-Englisch; Geschichte-Deutsch) gibt, sind der Kombinierbarkeit von Fächern im Magisterstudium kaum Grenzen gesetzt. Dies scheint in den Augen der Studierenden, die sich diesem Studiengang zuwenden, im Hinblick auf mögliche positive Berufschancen außerhalb des Schulbereichs von Wichtigkeit zu sein.

Tabelle 2

Angestrebte Abschluß-prüfung	Studierende an den Universitäten (Belegungsfälle) Augs-burg	Bam-berg	Bay-reuth	Eichstätt	Erlangen Nürnberg	München	Passau	Regens-burg	Würzburg	Insgesamt
Promotion	11	14	8	14	84	429	12	7	133	712
Magister	271	181	6	28	1 036	2 270	100	286	380	4 558
Diplom	2	82	---	5	---	6	---	12	25	132
Lehrämter:										
Grundschule	52	19	---	15	50	73	18	50	38	315
Hauptschule	31	16	1	7	33	32	19	29	29	197
Realschule	20	3	---	4	19	38	9	34	13	140
Berufsschule	---	29	---	---	4	1	---	---	---	34
Gymnasium	125	52	---	17	300	698	18	227	224	1 661
Sonstige	3	---	1	1	---	16	3	16	24	64
Insgesamt	515	396	16	91	1 526	3 563	179	661	866	7 813

2. Die neue bayerische Lehrerausbildung

Das Bayerische Lehrerbildungsgesetz[2], das seit 1977 die Grundlage für alle Lehramtsstudiengänge bildet, wollte nicht nur die Vielzahl der bis dahin geltenden Verordnungen ersetzen, sondern sein wichtigstes Anliegen war die Reform der gesamten bayerischen Lehrerbildung. Es war das Ergebnis einer Reformdiskussion, die die Bayerische Bildungspolitik seit Beginn der siebziger Jahre auf weite Strecken beherrschte.

Das Lehrerbildungsgesetz und die nachfolgenden Prüfungsordnungen verwirklichten allerdings nur einen Teil der ursprünglichen bildungspolitischen Absichten, die die Kultusministerkonferenz 1970 verkündete. Das Reformkonzept, das das bayerische Ministerium für Unterricht und Kultus 1971 vorstellte, enthielt als wesentliche Neuerungen:

- die Einführung eines stufenbezogenen Lehramts für die Primarstufe, für die Sekundarstufe I und für die Sekundarstufe II;
- die daraus folgende Vollintegration der Volksschullehrerbildung in die Universität und die Einführung eines fachwissenschaftlichen Studiums auch für diese Lehrergruppe;
- eine intensive und gegenüber den fachwissenschaftlichen Studien ausgewogene Beschäftigung mit den Erziehungs- und Gesellschaftswissenschaften und der Fachdidaktik im Studiengang aller Lehrämter;
- das Studium von zwei Unterrichtsfächern in den Lehrämtern der Sekundarstufe I und II;
- die Einbeziehung schulpraktischer Studien in alle Lehramtsstudiengänge während der ersten Lehrerbildungsphase.

Doch dieses Reformkonzept wurde nur zum Teil verwirklicht. Als einer der wichtigsten Gründe dafür dürfte wohl die Furcht vor einer Gefährdung des gegliederten Schulwesens in Bayern anzusehen sein. Das Bayerische Lehrerbildungsgesetz von 1977 führte nicht den Stufenlehrer ein, sondern unterscheidet zwischen dem Lehramt an Grund-, Haupt-, Realschulen, Gymnasien, beruflichen Schulen und Sonderschulen. Die Lehramtsprüfungsordnung I (LPO I) von 1979 reduzierte im Studium des gymnasialen Lehramts entgegen dem ursprünglichen Plan die Anteile der erziehungs- und gesellschaftswissenschaftlichen Studien und der Fachdidaktik erheblich, so daß sich bei diesem Studiengang im Vergleich zur bisherigen Ordnung die geringsten Veränderungen ergaben. Beim Studium des Volksschullehrers wurde eines der Fächer durch die Didaktiken einer Fächergruppe ersetzt, so daß hier eine Mischung zwischen alter und neuer Lehrerbildung festzustellen ist. Trotzdem kann man sagen, daß die neue Lehrerbildung in das Studium und damit das Berufsbild des Volksschullehrers am meisten eingreift, indem es an der fachwissenschaftlichen Ausbildung wenigstens in einem Fach, dem sogenannten Unterrichtsfach, festhält. Am ehesten entspricht das Studium des Realschullehrers dem ursprünglichen Reformkonzept. Hier sind die beiden Unterrichtsfächer mit einem relativ hohen Anteil an erziehungs- und gesellschaftswissenschaftlichen und fachdidaktischen Studien verbunden.

Ein Stück des alten Reformkonzepts, die ungetrennte Ausbildung der Lehrer gleicher Schulstufen, wird allerdings in der Studienpraxis weitgehend verwirklicht, denn die Universitäten gehen grundsätzlich von dem Prinzip der Unteilbarkeit der Wissenschaft aus. Abgesehen davon stünde ihnen zu einem streng nach Schularten getrennten Veranstaltungsangebot nicht die erforderliche Lehrkapazität zur Verfügung.

Tabelle 3 vermittelt einen Überblick über das Grundmodell der neuen bayerischen Lehrerbildung.

2.1 Erste Ausbildungsphase

2.1.1 Das Geschichtsstudium im Rahmen der Lehramtsstudiengänge

Nach der "Ordnung der Ersten Staatsprüfung für ein Lehramt an öffentlichen Schulen" (LPO I) kann Geschichte als Studienfach in unterschiedlicher Ausbildungsintensität und -zielsetzung in den einzelnen Lehramtsstudiengängen vertreten sein (Tabelle 4).

Im Studiengang des Gymnasiallehrers ist Geschichte "vertieft", d.h. im Umfang von 60 SWS, in den übrigen Studiengängen "nicht vertieft", d.h. im Umfang von 45 SWS, zu studieren, wenn Geschichte als Unterrichtsfach gewählt wird.

Tabelle 3

Grundmodell der bayerischen Lehrerbildung nach der LPO I

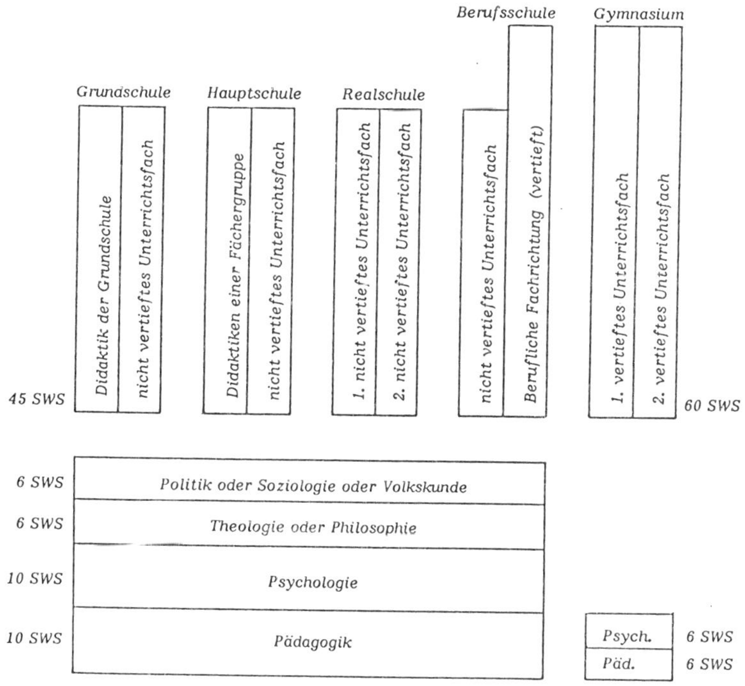

Geschichte kann ferner im Rahmen des Studiums der Didaktik der Grundschule (6 bis 8 SWS) und als Teilfach der aus drei Fächern bestehenden Didaktiken einer Fächergruppe der Hauptschule (15 SWS) auftreten. In einer dieser beiden Formen kann sie im Lehramtsstudium für Sonderschulen mit einer sonderpädagogischen Fachrichtung, z.B. Gehörlosenpädagogik, verbunden werden (§§ 99 und 100).

Tabelle 4

Geschichte in möglichen Fächerverbindungen im Rahmen der Studiengänge für die Lehrämter in Bayern

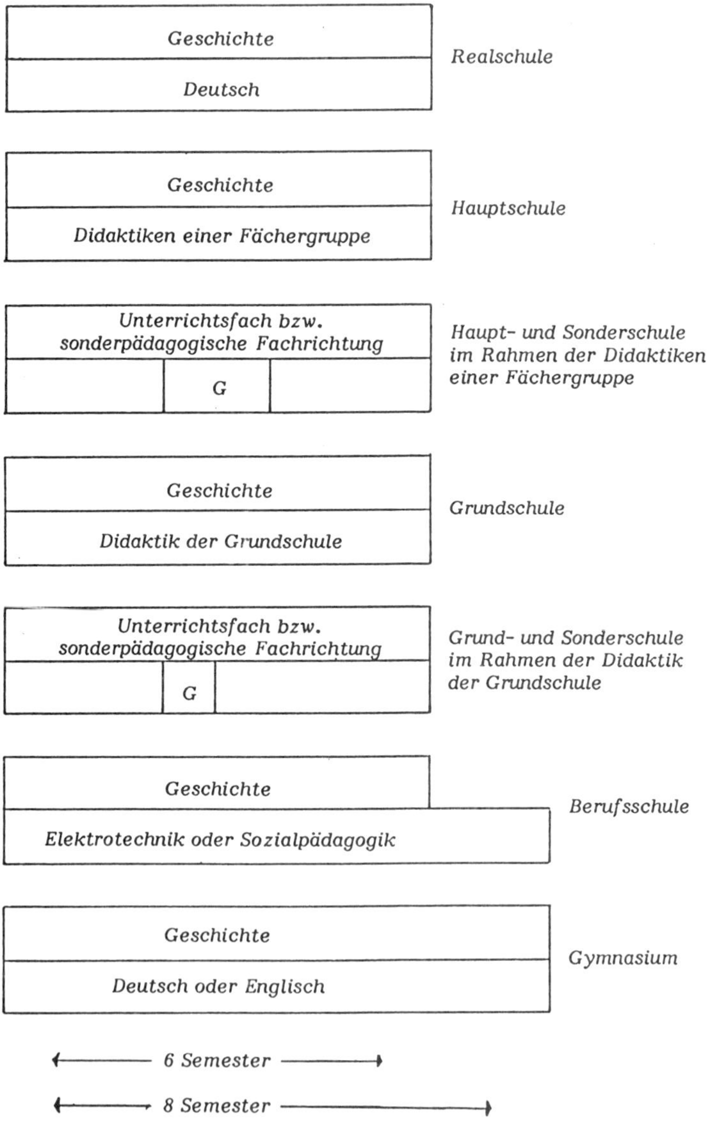

Die Didaktik der Geschichte umfaßt im vertieften Fach mindestens 4 SWS, im nicht vertieften Fach 8 bis 12 SWS. Innerhalb der Didaktik der Grundschule wird Geschichte ausschließlich, innerhalb der Didaktiken einer Fächergruppe für die Hauptschule überwiegend von der Geschichtsdidaktik betreut.

Die Möglichkeit der Kombination von Geschichte mit anderen Fächern bzw. Fächergruppen sieht die LPO I in unterschiedlichem Ausmaß vor. Den engsten Rahmen setzt sie bei den Studiengängen des Lehramts für die Real-, die Berufsschule und das Gymnasium. Der zukünftige Realschullehrer kann Geschichte nur mit Deutsch verbinden, der Berufsschullehrer mit Elektrotechnik und Sozialpädagogik, der Gymnasiallehrer mit Deutsch oder Englisch. Nur wenn in diesen drei Lehramtsstudiengängen Geschichte als Erweiterungsfach hinzu gewählt wird, ist sie mit den übrigen Fächerverbindungen nahezu uneingeschränkt kombinierbar.

Im Studiengang des Grund- und Hauptschullehrers gibt es keine Einschränkungen in der Verbindung von Fächern, es sei denn das gewählte Unterrichtsfach (z.B. Geschichte) würde auch innerhalb der Didaktik der Grundschule oder der Didaktik einer Fächergruppe schon vorkommen.

2.1.2 Aufbau des Studiums

An den bayerischen Universitäten ist das vertiefte und nicht vertiefte Studium des Unterrichtsfaches Geschichte in ein Grund- und Hauptstudium geteilt. Diese Gliederung resultiert einerseits aus den fachlichen Zulassungsvoraussetzungen, die die LPO I für die Erste Staatsprüfung vorgibt, andererseits aus der Notwendigkeit, den Studierenden systematisch in das Fach einzuführen und den Zugang zum Hauptseminar zu regeln.

An Zulassungsvoraussetzungen zur Ersten Staatsprüfung fordert die LPO I außer zwei Fremdsprachen, darunter Latein, im vertieften Studium mindestens sechs, im nicht vertieften Studium mindestens acht Leistungsnachweise (Tab. 5).

Tabelle 5

Zulassungsvoraussetzungen im vertieften und nicht vertieften Unterrichtsfach Geschichte (LPO I § 51 und 71)

GESCHICHTE v e r t i e f t	GESCHICHTE n i c h t v e r t i e f t
8 Semester	6 Semester
Latinum	Lateinkenntnisse
2. Fremdsprache gesicherte Kenntnisse	2. Fremdsprache Kenntnisse
Hauptseminar: Altertum oder Mittelalter	Hauptseminar: Mittelalter oder Neuzeit oder Neueste Geschichte
Hauptseminar: Neue oder Neueste Geschichte	
LV: Einführung in eine Nachbardisziplin	LV: Einführung in eine Nachbardisziplin
LV: Theorie und Methode der Geschichtswissenschaft	
LV: Historische Hilfswissenschaften	
LV: Fachdidaktik	LV: Fachdidaktik
	LV: Fachdidaktik
	LV: Politik oder Soziologie oder Volkskunde
	LV: Politik oder Soziologie oder Volkskunde
	LV:Theologie oder Philosophie[1]
	LV: Theologie oder Philosophie[1]

LV = Nachweis der erfolgreichen Teilnahme an einer Lehrveranstaltung

1) Im Lehramt der Berufsschulen statt Theologie oder Philosophie eine Pflichtveranstaltung im Bereich Berufs- und Arbeitskunde

Der Aufbau des Studiums wird durch Studienordnungen, die vom Kultusministerium genehmigt werden müssen, geregelt. Ein Beispiel ist die

Studienordnung des vertieften und nicht vertieften Studiums Geschichte der Universität Regensburg (1982) (Auszug).

A. Geschichte als nicht vertieft studiertes Fach

Für ein ordnungsgemäßes Studium werden in der Regel 37 Semesterwochenstunden (SWS) fachwissenschaftliche und 8 SWS fachdidaktische Lehrveranstaltungen veranschlagt. Sie erstrecken sich über sechs Semester.

a) Grundstudium

Fachsem.	Fachgebiet	Zahl der SWS
	Proseminar in Alter Geschichte 1)	2
	Proseminar in Mittelalterlicher Geschichte 1)	2
1	Proseminar in Neuerer/Neuester Geschichte 1)	2
	Übung zur Technik des fachbezogenen wissenschaftlichen Arbeitens (Quellenlektürekurs, Begleitkurs o.ä.) 1)	2
bis	einführende Lehrveranstaltungen, wahlweise aus der Alten, Mittelalterlichen, Neueren oder Neuesten Geschichte (Grundkurse, Übungen)	4
4.	Vorlesungen über zentrale Probleme und Vorgänge, wahlweise aus der Geschichte des Altertums, des Mittelalters, der Neueren und Neuesten Geschichte	6
	fachdidaktische Lehrveranstaltungen 2)	4

b) Hauptstudium

	+ Hauptseminar aus der Mittelalterlichen oder Neueren oder Neuesten Geschichte	2
5.	+ einführende Lehrveranstaltungen aus einer benachbarten Disziplin, die nicht dem Zweitfach entnommen sein darf (z.B. Vor- und Frühgeschichte, Archäologie, Soziologie, Politologie, Rechtsgeschichte, Volkswirtschaftslehre, Wirt-	2

bis	schaftsgeographie o.ä.). Der Besuch dieser Veranstaltung(en) ist auch im Grundstudium möglich.	
6.	Lehrveranstaltungen, in welchen Grundkenntnisse vertieft und wiederholt werden (Übungen, Grundkurse, Repetorien Exkursionen)	6
	Vorlesungen aus den Teilbereichen der Geschichte, vor allem zur Vertiefung von zeitlichen und thematischen Schwerpunkten	9
	+ fachdidaktische Lehrveranstaltungen 2)	4

B. Geschichte als vertieft studiertes Fach

Das Studium gliedert sich in einen viersemestrigen Ersten Studienabschnitt (Grundstudium) und einen viersemestrigen Zweiten Studienabschnitt (Hauptstudium). Das Grundstudium wird mit der akademischen Zwischenprüfung abgeschlossen, das Hauptstudium mit der Ersten Staatsprüfung. Für ein ordnungsgemäßes Studium werden in der Regel ca. 70 SWS fachwissenschaftliche und 4 SWS fachdidaktische Lehrveranstaltungen veranschlagt.

a) Grundstudium

Hierfür werden in der Regel ca. 33 SWS an fachwissenschaftlichen und 2 SWS an fachdidaktischen Lehrveranstaltungen veranschlagt.

Fachsem.	Fachgebiet	Zahl der SWS
	Proseminar in Alter Geschichte 3)	2
	Proseminar in Mittelalterlicher Geschichte 3)	2
1.	Proseminar in Neuerer/Neuester Geschichte 3)	2
	Übung zur Technik des fachbezogenen wissenschaftlichen Arbeitens (Quellenlektüre, Begleitkurs o.ä.) 3)	2
bis	einführende Lehrveranstaltungen aus der Alten, Mittelalterlichen, Neueren und Neuesten Geschichte (Grundkurse, Übungen)	8
4.	Vorlesungen über zentrale Vorgänge und Probleme der Geschichte des Altertums, des Mittelalters, der Neueren und Neuesten Geschichte	17

	Lehrveranstaltungen zur Geschichtsdidaktik 4) (didaktische und methodische Grundfragen)	2

b) **Hauptstudium**

Hierfür werden in der Regel 38 SWS fachwissenschaftliche und 2 SWS fachdidaktische Lehrveranstaltungen veranschlagt.

Fachsem.	Fachgebiet	Zahl der SWS
	+ Hauptseminar aus der Alten oder Mittelalterlichen Geschichte	2
5.	+ Hauptseminar aus der Neueren oder Neuesten Geschichte	2
bis	+ Lehrveranstaltungen aus einer benachbarten Disziplin, die nicht dem Zweitfach entnommen sein darf (z.B. Vor- und Frühgeschichte, Archäologie, Soziologie, Politologie, Rechtsgeschichte, Volkswirtschaftslehre, Wirtschaftsgeographie o.ä.). Ein Besuch dieser Veranstaltung(en) ist auch im Grundstudium möglich	2
	+ Lehrveranstaltung aus den Historischen Hilfswissenschaften (z.B. Quellenkunde, Paläographie, Epigraphik, Numismatik, Papyrologie, Heraldik, Diplomatik, Historische Statistik). Ein Besuch dieser Veranstaltungen ist auch im Grundstudium möglich.	2
8.	Lehrveranstaltungen zur Wiederholung und Vertiefung der erworbenen Fertigkeiten, Seminare, Kolloquien; Examensvorbereitungskurse, Exkursionen)	8
	Vorlesungen aus den verschiedenen Teilbereichen der Geschichte, vor allem zur Vertiefung von zeitlichen und thematischen Schwerpunkten	20
	+ Lehrveranstaltungen zur Fachdidaktik (u.U. mit Unterrichtsbesuch) 4)	2

\+ bedeutet, daß die Nachweise der erfolgreichen Teilnahme an diesen Lehrveranstaltungen Zulassungsvoraussetzung für die Erste Staatsprüfung sind.

1) Erst nach erfolgreichem Besuch der so bezeichneten Lehrveranstaltungen ist eine Aufnahme in ein Hauptseminar möglich.

2) Der Nachweis der erfolgreichen Teilnahme an insgesamt zwei fach-

didaktischen Lehrveranstaltungen ist Zulassungsvoraussetzung für die Erste Staatsprüfung.

3) *Die Nachweise der erfolgreichen Teilnahme an diesen Veranstaltungen sind Zulassungsvoraussetzung für die akademische Zwischenprüfung.*

4) *Der Nachweis der erfolgreichen Teilnahme an insgesamt einer Lehrveranstaltung zur Fachdidaktik ist Zulassungsvoraussetzung zur Ersten Staatsprüfung.*

Grundstudium. Die Studienordnungen der bayerischen Universitäten haben einheitlich die Mindestanforderungen an ein Grundstudium der Geschichte übernommen, die vom Kultusministerium ursprünglich für die LPO I vorgesehen waren, in die Endfassung aber nicht mehr übernommen wurden. Demnach werden vier Leistungsnachweise verlangt, je ein Proseminar aus der Alten, der Mittelalterlichen und der Neueren oder Neuesten Geschichte und entweder eine Übung zur Technik des fachbezogenen wissenschaftlichen Arbeitens oder eine der Veranstaltungen, die als Voraussetzung für das Erste Staatsexamen erforderlich sind, Hauptseminare ausgenommen.

Aus den bisher veröffentlichten Studienordnungen geht hervor, daß das Grundstudium im vertieften und im nicht vertieften Fach Geschichte hinsichtlich der Leistungsnachweise identisch ist. Lediglich in der zeitlichen Bemessung gibt es zwischen den Universitäten geringfügige Unterschiede, so umfaßt das Grundstudium an der Universität München drei, in Augsburg vier Semester, in Regensburg vier Semester für das vertiefte und drei für das nicht vertiefte Fach.

Außer der Regelung für den Pflichtbereich enthalten die Studienordnungen einen mehr oder weniger detaillierten Plan für die weitere zeitliche und inhaltliche Gestaltung des Studiums.

Das Grundstudium schließt im vertieften Fach mit einer akademischen Zwischenprüfung ab, die die Voraussetzung für die Aufnahme in das Hauptseminar bildet. Im nicht vertieften Fach reicht die Vorlage der Pflichtscheine des Grundstudiums dafür aus.

Hauptstudium. An obligatorischen Leistungen während des Hauptstudiums sind im vertieften Fach Geschichte zwei Hauptseminare zu absolvieren. Eines der Hauptseminare ist aus der Alten oder Mittelalterlichen Geschichte und eines aus der Neueren oder Neuesten Geschichte zu wählen, wobei "Lehrveranstaltungen in Landesgeschichte, Wirtschafts- und Sozialgeschichte, osteuropäischer oder außereuropäischer Geschichte" (§ 71 (1) 2) je nach ihrer Thematik den genannten Epochen zugeordnet werden können. Es besteht demnach die Möglichkeit, beide Hauptseminarscheine z.B. in der Bayerischen Landesgeschichte zu erbringen, vorausgesetzt sie entstammen nicht derselben Epoche. Außer den beiden Hauptseminaren ist je eine Pflichtveranstaltung, in der Regel in Theorie und Methode der Geschichtswissenschaft, in den Historischen Hilfswissenschaften (z.B. Epigraphik, Paläographie, Diplomatik, Historische Statistik) und in Geschichtsdidaktik zu belegen.

Im Hauptstudium des nicht vertieften Faches Geschichte ist ein obligatorisches Hauptseminar aus der Mittelalterlichen oder Neueren oder Neuesten Geschichte erforderlich, wobei dieselbe Wahlfreiheit wie im vertieften Fach besteht. Außerdem sind die nicht schon im Grundstudium absolvierten restlichen Voraussetzungen für das Erste Staatsexamen zu erbringen, vor allem eine weitere fachdidaktische Veranstaltung.

Der Studierende des vertieften Unterrichtsfaches Geschichte hat während seines achtsemestrigen Studiums mit 60 SWS insgesamt mindestens 10 obligatorische Leistungsnachweise zu erbringen, der Studierende des nicht vertieften Unterrichtsfaches mit 45 SWS mindestens 12, wenn man die vier aus dem erziehungs- und gesellschaftswissenschaftlichen Bereich noch hinzurechnet (Tab. 5 und Tab. 11).

2.1.3 Studienvoraussetzungen und -inhalte

Fremdsprachen. An Voraussetzungen für das Studium der Geschichte an bayerischen Universitäten verlangt die LPO I zwei Fremdsprachen, darunter das Latinum für das vertiefte und Lateinkenntnisse für das nicht vertiefte Studium. Studierende, die Geschichte in Verbindung mit einer beruflichen Fachrichtung wählen, haben e i n e Fremdsprache nachzuweisen. Wer Geschichte innerhalb der Didaktik der Grundschule oder der Didaktiken einer Fächergruppe wählt, ist von diesen Voraussetzungen entbunden.

Geschichtswissenschaft. Die in der LPO I genannten inhaltlichen Prüfungsanforderungen enthalten relativ knappe Hinweise auf Studieninhalte, wobei zwischen Pflicht- und Wahlpflichtbereichen unterschieden wird.

Die Verwendung curricularer Begriffe wie Überblick, Kenntnis, Vertrautheit oder Fähigkeit signalisieren nur dem einschlägig informierten Benutzer der Prüfungsordnung, daß damit unterschiedliche Anforderungsstufen gemeint sein könnten. In der Studien- und Prüfungspraxis hält sich erfahrungsgemäß niemand an solcher Art vorstrukturierte Vorgaben, zumal das curriculare Vokabular im Hochschulbereich weitgehend unbekannt ist, aber auch die inhaltlichen Vorgaben recht vage formuliert sind. So soll im vertieften Studium eine "allgemeine Kenntnis der politischen Geschichte in Altertum, Mittelalter und Neuzeit" (§ 71 (2) 2), im nicht vertieften Studium dagegen ein "Überblick über die zentralen Vorgänge und Probleme der Geschichte des Altertums, des Mittelalters, der Neuzeit und der Neuesten Zeit" (§ 51 (2) 2) gewonnen werden. Daß allgemeine Kenntnisse der politischen Geschichte der Neuesten Zeit im Studiengang des Gymnasiallehrers fehlen, bei den anderen Studiengängen aber ausdrücklich gefordert werden, ist hoffentlich nur ein Versehen. Auch mit den Fachbegriffen nimmt es die LPO I nicht sonderlich genau: Zur politischen Geschichte rechnet sie Außenpolitik, Innenpolitik, Verfassungsgeschichte, Wirtschafts- und Sozialgeschichte und Geschichte der politischen Ideen (§ 71 (2) 2). Hier wird die Umschreibung einer zeitlich und geographisch unbegrenzten Geschichte geboten, die zwar der Lehrfreiheit der Hochschullehrer entgegenkommt, nicht jedoch dem Prüfungskandidaten, für den dieser Text eine Maßgabe für seine Vorbereitungen sein will.

Außer der Gewinnung eines Überblicks über die Gesamtgeschichte soll sich der Studierende auf epochale Schwerpunkte konzentrieren. Im vertieften Studium werden "vertiefte Kenntnisse von je zwei größeren zeitlichen oder thematischen Bereichen aus der Alten, Mittelalterlichen, Neueren und Neuesten sowie der Landesgeschichte (Bayer. Geschichte)" (§ 71 (2) 3), also von insgesamt zehn inhaltlichen Schwerpunkten, verlangt. Das nicht vertiefte Studium begnügt sich mit vier auszuwählenden Bereichen, von denen je einer aus der Alten, Mittelalterlichen, Neueren und Neuesten Geschichte entstammen muß, wobei die Möglichkeit besteht, einen der drei letztgenannten Bereiche durch bayerische Geschichte zu ersetzen (§ 51 (2) 3).

Geschichtsdidaktik. Gemessen an den Inhalten der Fachwissenschaft und an den für didaktische Studien eingeplanten Semesterwochenstunden sind die fachdidaktischen Inhalte relativ ausführlich formuliert. Für alle Studiengänge maßgebend sind zunächst die in § 37 vorgegebenen allgemeinen Formulierungen (Tab. 6). Lediglich im nicht vertieften Studium werden sie für das Fach Geschichte spezifiziert (§ 51) (Tab. 7). Liest man sie mit kritischen Augen, so fallen auch hier Ungereimtheiten auf, so in den Punkten zwei und fünf, wo jeweils derselbe Studieninhalt, nur unter Verwendung unterschiedlicher Begriffe (Bildungsaufgaben, Lernziele, Erziehungsziele), beschrieben wird.

Tabelle 6

Fachdidaktische Prüfungsanforderungen (allgemein) (§ 37 (2))

1. *Fähigkeit, Theorieprobleme der Fachwissenschaften, fachwissenschaftliche Methoden und Forschungsergebnisse auf Lern- und Bildungsvorgänge der jeweiligen Schulart zu beziehen,*
2. *Kenntnis der Bildungsaufgaben, Lernziele und Lernbedingungen des entsprechenden Unterrichtsfaches in den einzelnen Schularten,*
3. *Kenntnis der Kriterien zur Analyse von Unterrichtsbeobachtungen und Unterrichtserfahrungen, z.B. im Hinblick auf Lernziele, Medieneinsatz und Kontrollverfahren,*
4. *Kenntnis von Unterrichtsmodellen und -verfahren im Hinblick auf bestimmte Lernziele,*
5. *Kenntnis der Erziehungsziele des entsprechenden Unterrichtsfaches,*
6. *Überblick über Geschichte und Stellung des betreffenden Unterrichtsfaches im Fächerkanon der einzelnen Schularten.*

Tabelle 7

Fachdidaktische Inhalte im nicht vertieften Studium der Geschichte (§ 51 (2) 6)

a) *Kenntnis verschiedener Argumente aus der Diskussion über die Bildungsbedeutsamkeit von Geschichte und die psychologischen Bedingungen und Wirkungen des Geschichtsunterrichts,*

b) *eingehende Kenntnis der geltenden Lehrpläne für den Geschichtsunterricht in der jeweiligen Schulart,*

c) *Fähigkeit, Unterrichtsgegenstände für den Geschichtsunterricht auszuwählen, auch unter fachübergreifenden Gesichtspunkten,*

d) *Fähigkeit, die verschiedenen zur Verfügung stehenden Medien für den Geschichtsunterricht zu benutzen,*

e) *Fähigkeit, Quellen für die geschichtliche Bildung zu erschließen.*

Da im vertieften Studiengang nur insgesamt vier SWS für Geschichtsdidaktik angesetzt sind, sieht die LPO I vor, daß bei mündlichen Prüfungen neben den Grundlagen ein Schwerpunktbereich der Geschichtsdidaktik besonders berücksichtigt wird.

Am differenziertesten ausformuliert sind die inhaltlichen Anforderungen im Studium der Geschichte innerhalb der D i d a k t i k e n e i n e r F ä c h e r g r u p p e (45 SWS). Zusätzlich zu den in § 37 aufgeführten Inhalten hat der Studierende den Nachweis zu erbringen, daß er sich mit fachwissenschaftlichen Fragestellungen, Arbeitsweisen und Hilfsmitteln in einem für das Unterrichtsfach Geschichte maßgeblichen Teilbereich der Geschichtswissenschaft vertraut gemacht hat. Um schließlich Geschichtsunterricht "mit Hilfe fachwissenschaftlicher und fachdidaktischer Kriterien" planen zu können, wird von ihm erwartet, daß er "Kenntnisse in einem Teilgebiet eines gewählten Unterrichtsfaches mit exemplarischem Quellenstudium oder mit Projektarbeit" (§ 42 (2) 1b, gg) erwirbt. Was hier an recht verschiedenen Stellen umständlich formuliert wird, meint nichts anderes als die methodische und inhaltliche Auseinandersetzung des Studierenden mit einem selbst gewählten Schwerpunktbereich der Geschichtswissenschaft.

Dieselben Formulierungen gelten für das mit Geschichte zu verbindende zweite Fach der Fächergruppe (15 SWS) (ein weiteres Fach aus dem soziokulturellen Schwerpunkt oder eine Religionslehre) und für das dritte Fach (15 SWS) (Musik oder Kunsterziehung oder Sport oder eine Religionslehre)

Der gleichen inhaltlichen Umschreibung stehen jedoch recht unterschiedliche Anforderungen bezüglich der Leistungsnachweise gegenüber. Während sich die beiden ersten Fächer mit e i n e m Leistungsnachweis begnügen müssen, werden in Musik fünf, in Kunsterziehung sieben, in Sport mindestens drei, in Religionslehre drei Nachweise gefordert.

Ein noch krasseres Mißverhältnis zwischen inhaltlichem Anspruch und Leistungsanforderung besteht, wenn Geschichte im Rahmen der D i d a k t i k d e r G r u n d s c h u l e studiert wird. Bei stark reduzierter Semesterwochenzahl (6-8) wird e i n Leistungsnachweis erforderlich, wenn Geschichte als erstes, k e i n Leistungsnachweis, wenn Geschichte als zweites Fach gewählt wird. Diesen minimalen Anforderungen steht ein umfangreicher Katalog von Prüfungsinhalten gegenüber (Tab. 8).

Tabelle 8

Fachdidaktische Inhalte im Rahmen der Grundschule (§ 40 (2) 3)

Nachweis

a) der Vertrautheit mit fachwissenschaftlichen Fragestellungen, Verfahren und Hilfsmitteln in einem für das gewählte Unterrichtsfach maßgeblichen Teilbereich der Fachwissenschaft,

b) der Fähigkeit, mit Hilfe von fachwissenschaftlichen und fachdidaktischen Kriterien und Grundlagen Unterricht zu planen und zu beurteilen.

Dazu gehören:

aa) Auswahl, Identifikation, Elementarisierung und Anordnung von Lehrinhalten,

bb) Kenntnisse über Maßnahmen zur Erfolgssicherung und Effektivitätskontrolle wie zur Behebung von Lernschwierigkeiten und -defiziten,

cc) Kenntnis schulart- und fachspezifischer Lehr- und Lernmittel und von Kriterien für deren fachliche und didaktische Beurteilung und deren Verwendungsmöglichkeiten,

dd) Kenntnisse über Voraussetzungen, Wirkungen und Einordnen des elementaren Fachunterrichts.

2.1.4 Praktika

Aufgaben und Ziele. Für alle Studiengänge, die ein Lehramt zum Ziel haben, schreibt die LPO I schulpraktische Veranstaltungen vor (§ 38). Grundsätzlich wird zwischen studienbegleitenden Praktika und Blockpraktika während der vorlesungsfreien Zeit und zwischen schulpädagogischen und fachdidaktischen Praktika unterschieden. Diese schulpraktischen Studien haben zum Ziel, den Studierenden durch Analyse von beobachtetem und Erprobung von selbst geplantem Unterricht in sein zukünftiges Berufsfeld einzuführen und an praktischen Beispielen die Theoriegebundenheit der Erziehungs- und Unterrichtspraxis aufzuzeigen.

Tabelle 9

Aufgaben und Ziele der Praktika
(LPO I § 38 (2) 2)

Schulpädagogische Praktika

Beobachtung des Schülers hinsichtlich seines Lern- und Sozialverhaltens in der Klasse

Beobachtung des Unterrichtsstils und der unterrichtlichen Wirksamkeit des Lehrers

Kenntnis der unterrichtlichen und erzieherischen Probleme verschiedener Schularten (oder einer vorschulischen Bildungseinrichtung)

Fachdidaktische Praktika

Kenntnis fachspezifischer Aufgaben und Ziele des jeweiligen Lehrplans

Unterrichtsbeobachtung (Ziele, Methoden, Medieneinsatz, Kontrollverfahren)

Analyse fachspezifischer Lernschwierigkeiten, Kenntnis der erzieherischen Wirkung im gewählten Fach

Kenntnis fachspezifischer Arbeitsweisen in verschiedenen Jahrgangsstufen

Planung und Durchführung von Unterrichtsversuchen

Umfang der Praktika. Hinsichtlich des Umfangs der Praktika innerhalb der einzelnen Lehramtsstudiengänge werden in der LPO I zum Teil große Unterschiede gemacht.

Die wenigsten Praktika hat der zukünftige Gymnasiallehrer abzuleisten. Neben einem 60stündigen Blockpraktikum (18 Tage), das zur Hälfte in der Grund- oder in der Hauptschule absolviert werden kann, hat der Studierende die Pflicht, in e i n e m Fach seiner Fächerkombination ein studienbegleitendes Praktikum (pro Semesterwoche vier Stunden Unterrichtsbesuch und ein Begleitseminar) zu besuchen. Für das vertiefte Studium der Geschichte bedeutet dies, daß der Studierende entweder in einem der beiden kombinierbaren Fächer Deutsch oder Englisch oder in Geschichte sein studienbegleitendes Praktikum ableisten kann. Wer die Fächerkombination Englisch/Geschichte studiert, hat die Möglichkeit, alle Praktika durch eine einjährige Tätigkeit als Fremdsprachenassistent im Ausland zu ersetzen. Demnach reduziert sich die Zahl der Geschichtsstudenten, die während ihres Studiums erste Unterrichtserfahrungen machen, erheblich. Zwischen den Zielen der LPO I und der Studienrealität bestehen hier sehr große Differenzen.

Auch der zukünftige Realschullehrer kann wählen, ob er im Unterrichtsfach Geschichte oder Deutsch ein studienbegleitendes Praktikum ablegen möchte.

Die meisten für das Studium der Geschichte einschlägigen Praktika haben die Studierenden für die Lehrämter der Grund- und Hauptschule abzuleisten (Tab. 10). Wählen sie das Fach Geschichte (nicht vertieft, im Rahmen der Didaktik der Grundschule oder der Didaktiken einer Fächergruppe), haben sie sich in jedem Fall einem zweiten studienbegleitenden Praktikum zu unterziehen.

2.1.5 Prüfungen

Zwischenprüfung. Studierende, die Geschichte als vertieftes Unterrichtsfach wählen, haben sich nach dem Grundstudium einer akademischen Zwischenprüfung zu unterziehen, die die Universitäten nach Genehmigung durch das Kultusministerium erlassen.

"Die Zwischenprüfung soll der frühzeitigen Selbstkontrolle des Studenten über seinen Studienerfolg dienen, seine Eignung für das gewählte Studium feststellen und eine zweckmäßige Gestaltung der ersten Studiensemester aufgrund der in den einzelnen Fächern geltenden Studienordnung fördern. Durch die Zwischenprüfung soll der Student nachweisen, daß er sich an den Lehrveranstaltungen, insbesondere auch denen, die der Einführung in das Studium dienen, mit Verständnis für Gegenstände und Methoden beteiligt hat" (Auszug aus der Augsburger Zwischenprüfungsordnung, KMBl II 1984, S. 230).

Tabelle 10

Praktika in der bayerischen Lehrerbildung (LPO I § 38)

<table>
<tr><th></th><th>Grund-schule</th><th>Haupt-schule</th><th>Real-schule</th><th>Sonder-schule</th><th>Berufs-schule</th><th>Gym-nasium</th></tr>
<tr><td>Blockpraktikum Schulpädagogik</td><td>12 Tage</td><td>12 Tage</td><td>12 Tage</td><td>12 Tage</td><td></td><td rowspan="2">18 Tage</td></tr>
<tr><td>Blockpraktikum Fachdidaktik</td><td>12 Tage</td><td>12 Tage</td><td>12 Tage</td><td>12 Tage</td><td>12 Tage</td></tr>
<tr><td>1. studienbegleitendes Praktikum Fachdidaktik</td><td>1 Sem.</td><td>1 Sem.</td><td>1 Sem.[3]</td><td>1 Sem.</td><td>1 Sem.</td><td>1 Sem.[3]</td></tr>
<tr><td>2. studienbegleitendes Praktikum</td><td>1 Sem.[1]</td><td>1 Sem.[2]</td><td></td><td></td><td></td><td></td></tr>
<tr><td>Sonstige Praktika</td><td></td><td></td><td></td><td>12 Tage[4]
4 Wochen[5]</td><td>1 Jahr[6]</td><td></td></tr>
</table>

1) Im Rahmen der Didaktik der Grundschule
2) Im Rahmen der Didaktik einer Fächergruppe
3) Wahlmöglichkeit zwischen den beiden gewählten Unterrichtsfächern
4) Sonderpädagogisches Blockpraktikum
5) Sozialpraktikum vor Beginn des Studiums
6) Berufspraktikum einschließlich eines zwölftägigen Blockpraktikums der Schulpädagogik

Zur Zwischenprüfung wird zugelassen, wer die im Grundstudium geforderten Leistungsnachweise erbracht hat. Die Prüfung selbst wird an den bayerischen Universitäten recht unterschiedlich durchgeführt. Einige (z.B. Augsburg, Eichstätt und München) prüfen nur mündlich, andere (z.B. Bamberg und Erlangen-Nürnberg) kombinieren eine schriftliche mit einer mündlichen Prüfung. Die Würzburger Zwischenprüfungsordnung sieht die Übersetzung und Interpretation von einem "mittelschweren fremdsprachlichen Text" aus der Alten oder Mittelalterlichen und aus der Neueren oder Neuesten Geschichte vor.

Tab. 11 enthält eine Synopse der Voraussetzungen und Teile der Zwischenprüfung an einigen bayerischen Universitäten.

Tabelle 11

Zwischenprüfung im vertieften Fach Geschichte an den Universitäten Augsburg, Bamberg, München, Würzburg

KMBl II		Augsburg 1984, S. 239 ff.	Bamberg 1983, S. 706	Würzburg 1981, S. 646	München 1983, S. 825
Voraus- gesetzte Prosemi- nare	1	A	A	A	A
	2	M	M	M	M
	3	N/Ns	N/Ns	N/Ns	N/Ns
	4	Freie Wahl	---	Einf. in Geschichtswiss.	Technik wiss. Arbeitens
Mündl. Prüfung in Minuten	1	A/M - 30	A/M - 20 oder N/Ns	---	A - 20
	2	N/Ns - 30	---	---	M - 20
	3	---	---	---	N/Ns - 20
Schriftl. Prüfung in Stunden	1	---	N/Ns - 3 oder A/M	A/M - 2 (lat. Text)	---
	2	---	---	N/Ns - 2 (engl./franz. Text)	---

A = Alte Geschichte
N = Neuere Geschichte
M = Mittelalterliche Geschichte
Ns = Neueste Geschichte

Bei allen Prüfungen werden die fremdsprachlichen Kenntnisse überprüft.

1) In der Regel kann eine der Prüfungen durch Bayerische Landesgeschichte ersetzt werden, in München auch durch Osteuropäische Geschichte oder Sozial- und Wirtschaftsgeschichte der entsprechenden Epoche.

2) In der schriftlichen oder mündlichen Prüfung in Bamberg kann Landesgeschichte oder Sozial- und Wirtschaftsgeschichte oder Kirchengeschichte oder Hilfswissenschaften der entsprechenden Epoche gewählt werden.

Erstes Staatsexamen. Die LPO I schreibt für das vertiefte und nicht vertiefte Unterrichtsfach Geschichte sowohl schriftliche als auch mündliche Prüfungsteile vor (Tab. 12). Im Rahmen der Didaktiken einer Fächergruppe (Hauptschule) wird je eine schriftliche (vier Stunden) und eine mündliche geschichtsdidaktische und -wissenschaftliche Prüfung (30 Minuten), verlangt (§ 42(3)). Im Studium der Geschichte innerhalb der Didaktik der Grundschule beschränkt sich die LPO I auf eine mündliche didaktische Prüfung im Umfang von dreißig Minuten (§ 40(3)).

Alle schriftlichen Prüfungsthemen werden vom Bayer. Kultusministerium gestellt, wobei dem Prüfungskandidaten Wahlmöglichkeiten eingeräumt werden. Diese zentrale Themenstellung hat Vorteile, sie wirft jedoch auch erhebliche Probleme auf.

Ein Vorteil liegt ohne Zweifel in der größeren Objektivität und Vergleichbarkeit der von den Prüfungskandidaten erbrachten Leistungen, denn der Prüfer, dessen Thema vom Kultusministerium ausgewählt wurde, erhält entweder als Erstprüfer (in der Geschichtswissenschaft) oder als Zweitprüfer (in der Geschichtsdidaktik) die Klausuren jener Prüflinge, die sein Thema bearbeitet haben, aus allen bayerischen Prüfungsorten zur Korrektur.

Erhebliche Probleme ergeben sich jedoch für den Prüfungskandidaten, weil die Themen über die geographisch nicht begrenzte Gesamtgeschichte streuen. Die von der LPO I geforderte Schwerpunktbildung kommt hauptsächlich der mündlichen Prüfung zugute, nicht jedoch der schriftlichen, es sei denn, der Zufall beschert dem Kandidaten ein Klausurthema aus einem der gewählten Schwerpunktbereiche.

Tabelle 12

Erstes Staatsexamen im vertieften und nicht vertieften Unterrichtsfach Geschichte (LPO I §§ 36, 51, 71)

		Geschichte vertieft		Geschichte nicht vertieft	
		Schriftliche Hausarbeit		Schriftliche Hausarbeit	
Schriftliche Prüfung in Stunden	1	A/M	- 5	A/M	- 4
	2	N/Ns	- 5	N/Ns	- 4
	3	Päd/Psych	- 3	GD	- 3
Mündliche Prüfung in Minuten	1	A	- 20	A + M	- 30
	2	M	- 20	N + Ns	- 30
	3	N	- 20	GD	- 20
	4	Ns	- 20	Päd/Psych	- 30
	5	L	- 20		
	6	GD	- 20		
	7	Päd/Psych	- 30		
Gesamtdauer		15 Stunden 30 Minuten		16 Stunden 50 Minuten	

A = Alte Geschichte
M = Mittelalterliche Geschichte
N = Neuere Geschichte
Ns = Neueste Geschichte
GD = Geschichtsdidaktik

2.2 Der Vorbereitungsdienst

Das Bayerische Lehrerbildungsgesetz bezeichnet die zweite Phase der Lehrerausbildung als Vorbereitungsdienst, der an schulartbezogenen Studienseminaren abzuleisten ist und 24 Monate dauert. Der Vorbereitungsdienst hat die "theoretisch fundierte schulpraktische Ausbildung für die Tätigkeit in den einzelnen Lehrämtern" (§ 5) zur Aufgabe. Die auf Grund des Lehrerbildungsgesetzes erlassene "Ordnung zur Zweiten Staatsprüfung" (LPO II) steckt den rechtlichen Rahmen für das Zweite Staatsexamen ab. Er wird durch die Zulassungs- und Ausbildungsordnungen (ZAL) für die einzelnen Lehrämter inhaltlich und organisatorisch ausgefüllt.

Der Vergleich der Zulassungs- und Ausbildungsordnungen der einzelnen Lehrämter zeigt, daß in ihnen gewisse Traditionen aus der Zeit vor dem neuen Lehrerbildungsgesetz nachwirken. So werden die zukünftigen Lehrer an Grund- und Hauptschulen in der zweiten Phase als "Lehramtsanwärter", die zukünftigen Realschul- und Gymnasiallehrer als "Studienreferendare" bezeichnet. An den Seminarschulen der Grund- und Hauptschule gibt es "Leiter", an denen der Realschule und des Gymnasiums "Vorstände" von Studienseminaren. Ihnen unterstehen im Grund- und Hauptschulbereich die "Seminarrektoren", im Realschul- und Gymnasialbereich die "Seminarleiter". Unterschiede sind auch in der Organisation der zweiten Ausbildungsphase festzustellen.

Das Studienseminar der Lehramtsanwärter für G r u n d - u n d H a u p t s c h u l e n ist in zwei Ausbildungsabschnitte aufgeteilt. In den ersten zwölf Monaten absolvieren sie ein Praktikum bei einem Betreuungslehrer, das neben der Hospitation auch die Erteilung von Unterricht in dessen Anwesenheit vorsieht. Im zweiten Jahr übernimmt der Lehramtsanwärter eigenverantwortlichen Unterricht bis zu 16 Wochenstunden, wobei die Kombination seiner Studienfächer besonders berücksichtigt werden soll. Während des gesamten Vorbereitungsdienstes werden wöchentlich zwei Seminartage durchgeführt, im ersten Halbjahr zusätzlich wöchentlich noch ein dritter.

Alle bayerischen Studienreferendare der R e a l s c h u l e verbringen den ersten Ausbildungsabschnitt (zwölf Monate) an einem Staatsinstitut in München-Pasing, wo sie die Ausbildungsinhalte in Form von Vorlesungen und Seminaren vermittelt erhalten und zur Hospitation im Unterricht Gelegenheit haben. Im zweiten Jahr werden sie einer Seminarschule zugewiesen, in der sie unter Anleitung eines Betreuungslehrers eigenverantwortlichen Unterricht erteilen oder zur Unterrichtsaushilfe herangezogen werden können.

Die Ausbildung der Studienreferendare für das G y m n a s i u m, die zu Fachseminaren zusammengezogen werden, erfolgt in drei Abschnitten. Im ersten Abschnitt (sechs Monate) wird der Referendar über "Hörstunden" in den eigenen Fächern und Hospitationen bei anderen Fächern zu Lehrversuchen und zur Erteilung eines zusammenhängenden Unterrichts (6 bis 10 Wochenstunden) geführt. Den zweiten und dritten Abschnitt (ein ganzes Schuljahr) verbringt er an der Einsatzschule, in der er bis zu zehn Wochenstunden eigenverantwortlichen Unterricht erteilen kann. Im vierten Ausbildungsabschnitt geht er wieder an die Seminarschule zurück, wo er sich auf seine zweite Lehramtsprüfung vorbereitet. Alle vier Ausbildungsteile werden von wöchentlichen Fachsitzungen (ein- bis zweistündig) und allgemeinen Sitzungen (ca. sechs Wochenstunden) begleitet. In den Fachsitzungen werden didaktische und methodische Probleme des Unterrichts, in den allgemeinen Sitzungen die "Inhalte der allgemeinen Bildung" behandelt.

Ausbildungsinhalte. Die Inhalte des Vorbereitungsdienstes gliedern sich in einen mehr allgemeinbildenden und, vor allem für die Referendare an Realschulen und Gymnasien, in einen fachspezifischen Teil. In der allgemeinen Ausbildung stehen Themen der Pädagogik, pädagogischen Psychologie, des Schulrechts, der Schulkunde und der Staatsbürgerlichen Bildung im Mittelpunkt. In der fachspezifischen Ausbildung werden die didaktischen und methodischen Probleme des Fachunterrichts behandelt.

Es fällt auf, daß die fachspezifischen Inhalte nur in der Ausbildungsordnung für die Studienreferendare, nicht jedoch in der für die Lehramtsanwärter ausformuliert sind, während die allgemeinbildenden Inhalte in allen Schularten nahezu identisch sind.

Tabelle 13

Ausbildungsinhalte an den Studienseminaren (ZAL-GH/R/G)

1. *Allgemeine Ausbildung*

1.1. *Pädagogik*

- *Selbstverständnis der Pädagogik*
- *Pädagogische Grenzgebiete*
- *Bildungsziele und didaktische Modelle*
- *Planung und Durchführung von Unterricht*
- *Erziehungsziele und Erziehungsfeld*
- *Schüler- und Elternberatung*
- *Betreuung ausländischer Schüler*

1.2. *Pädagogische Psychologie*

- *Entwicklungspsychologie des Kindheits- und Jugendalters*
- *Psychologie des Lehrens und Lernens*
- *Schülerbeobachtung und -beurteilung*
- *Psychologie des Lehrers*
- *Tiefenpsychologische Aspekte der genannten Themen*

1.3. *Schulkunde*

- *Gliederung des Schulwesens*
- *Oberste Bildungsziele (Artikel 131 Bayer. Verfassung)*
- *Bildungskonzeptionen*
- *Standortbestimmung der Schule in der sozialen, rechtlichen, wirtschaftlichen und politischen Ordnung der Bundesrepublik Deutschland und Bayerns*

1.4. *Schulrecht*

- *Rechtliche Ordnung der Schule*
- *Rechte und Pflichten des Lehrers*

1.5. *Grundfragen der Staatsbürgerlichen Bildung*

- *Begründung und Rechtfertigung öffentlicher Herrschaftsgewalt*
- *Politische Ordnungsform der Bundesrepublik Deutschland und Bayerns*
- *Andere politische Ordnungsideen der Gegenwart*
- *Politischer Prozeß in der Parlamentarischen Demokratie*
- *Ökonomische und soziologische Grundprobleme der Bundesrepublik Deutschland*
- *Besondere Unterrichtsinhalte im Rahmen der politischen Bildung*

2. *Fachspezifische Ausbildung*[1]

- *Einführung in die Unterrichtspraxis*
- *Fachspezifische Unterrichtsverfahren*
- *Bildungswert des Faches*
- *Fachspezifische und fachübergreifende Zusammenarbeit zwischen Lehrern*[2]

---

1) *ZALR (Realschule) § 16, ZALG (Gymnasium) § 18; in der ZALGH (Grund- und Hauptschule) nicht eigens aufgeführt.*
2) *Nur in der ZALG § 18 erwähnt.*

Zweites Staatsexamen. Nach der LPO II besteht die Zweite Staatsprüfung aus vier Bestandteilen: Aus einer schriftlichen Hausarbeit, einer Klausur, einer mündlichen Prüfung und drei Prüfungslehrproben (§ 17).

Tabelle 14

Prüfungsleistungen

1. *Schriftliche Hausarbeit (10./11. - 16./17. Ausbildungsmonat)*

   Pädagogik
   oder
   Pädagogische Psychologie
   oder
   Fachdidaktik

2. *Klausur (nach dem 18. Ausbildungsmonat)*

   Pädagogik, einschließlich
   Pädagogischer Psychologie
   (Vier Stunden Prüfungszeit)
   (Vier Themen zur Auswahl)

3. *Mündliche Prüfung*

   Fachdidaktik (20 Minuten)
   Schulrecht, Schulkunde und
   Staatsbürgerliche Bildung (20 Minuten)

4. *Prüfungslehrproben*

   Drei Lehrproben
   (darunter bei einer Fächerverbindung mit Geschichte je nach Schulart 1-2 Lehrproben in Geschichte)

3. Zusammenfassende Einschätzung

Abschließend soll auf einige Probleme, Widersprüche und Ungereimtheiten hingewiesen werden, die sich aus den gesetzlichen Vorgaben und der Erfahrung ergeben.

- Eine große Diskrepanz besteht zwischen den diffizil ausformulierten umfangreichen Studieninhalten und der dafür eingeplanten Studienzeit im Studium der Geschichtsdidaktik, in dem derselbe umfangreiche Ausbildungskanon je nach Schulart für eine Ausbildungszeit zwischen 4 und 15 SWS gleichermaßen gilt.

- Diesen ausführlichen Vorgaben steht eine viel zu pauschale Beschreibung der geschichtswissenschaftlichen Inhalte gegenüber. Hier wird von den Studierenden praktisch die Kenntnis einer grenzenlosen Universalgeschichte verlangt, die niemand so beherrschen wird, daß er die zentral gestellten Prüfungsthemen mit einem Ergebnis bearbeiten kann, das ihm eine Chance eröffnet, tatsächlich Geschichtslehrer zu werden. Unter den gegebenen Bedingungen wird das schriftliche Erste Staatsexamen weitgehend zu einem Glücksspiel.

- Große Diskrepanzen bestehen auch hinsichtlich der Leistungsnachweise in den einzelnen Studiengängen. So sind in den für sechs Semester berechneten Studiengängen, insbesondere für die Grund-, Haupt- und Realschulen teilweise erheblich mehr Scheine zu erbringen als in dem achtsemestrigen Studium für das Gymnasium. Ein ähnliches Ungleichgewicht besteht auch bei den Praktika. Eine Folge davon ist die Überschreitung der vorgegebenen Studienzeiten um 25,7% bei den Studiengängen der Grund- und Hauptschule und um 22% beim Studiengang der Realschule. Dies sind die höchsten Prozentzahlen von insgesamt elf Studiengängen, die das Bayerische Staatsinstitut für Hochschulplanung und -forschung ermittelt hat.[5]

- Das System der zentralen Themenstellung für das Erste Staatsexamen fördert mehr die Rezeptivität des Studierenden und ein für die Zwecke der Prüfung angeeignetes kurzzeitiges Wissen. Es steht der Schwerpunktbildung und Vertiefung entgegen, ja es bestraft letztlich diejenigen, die sich während ihres Studiums intensiver der geschichtswissenschaftlichen Forschung zuwenden, weil sie damit notgedrungen die Einarbeit in die Gesamtgeschichte vernachlässigen müssen.

- Beim Studiengang des Grund- und Hauptschullehrers ist ein auffälliger Widerspruch zwischen Studium und Berufswirklichkeit festzustellen. Beim Grundschulstudium geht die LPO I von jenem zu Beginn der 70er Jahre eingeführten wissenschaftsorientierten Lehrplankonzept aus, das die Sachkunde in einzelne Unterrichtsfächer aufsplittete. Dieses Konzept ist in der Schulwirklichkeit mittlerweile überholt, in der Lehrerbildung jedoch nicht. Bei der Anstellung des Hauptschullehrers nach der Zweiten Staatsprüfung spielt es derzeit keine Rolle, welches Unterrichtsfach bzw. welche Fächerkombination er studiert hat, wichtig ist nur die "Staatsnote", d.h. die vom Kultusministerium nach dem jährlichen Bedarf festgesetzte Durchschnittsnote aus dem Ersten und Zweiten Examen. Es ist demnach nicht zu verwundern, daß immer mehr Studierende auf Fächer ausweichen, in denen sie sich bessere Chancen für eine gute "Staatsnote" ausrechnen.

- Vergleicht man die Inhalte der beiden Lehrerbildungsphasen, so fällt auf, daß sie sich im fachdidaktischen und pädagogischen Bereich weitgehend decken. Unverständlich bleibt, warum die Staatsbürgerliche Bildung nicht an den Hochschulen, wo die wissenschaftlichen Spezialisten dafür angesiedelt sind, erfolgen soll, sondern in der zweiten Phase, in der sie von "Laien" vermittelt wird. Liegt es daran, daß man hier den Hochschulen weniger Vertrauen entgegenbringt als den Seminarlehrern?

- Als großer Mangel der LPO I werden zunehmend die stark eingeschränkten Möglichkeiten der Fächerkombination im Studium der Realschul- und Gymnasiallehrer empfunden. Sie mögen zwar der organisatorischen und personellen Planung der Schulen dienen, die Studierenden, die nicht Lehrer werden können, führen sie jedenfalls in eine enge Sackgasse. Dies mag auch einer der Gründe für die Flucht vieler Geschichtsstudenten in das Magisterstudium sein.

Anmerkungen

1) Die Tabellen 1 und 2 wurden für diese Publikation erstellt vom Bayerischen Landesamt für Statistik und Datenverarbeitung (Juni 1985).

2) Bayerisches Lehrerbildungsgesetz vom 29.9.1977 (GVBl., S. 507); geändert am 10.8.1979 (GVBl., S. 232). Es trat am 1.10.1978 in Kraft.

3) Ordnung der Ersten Staatsprüfung für ein Lehramt an öffentlichen Schulen (Lehramtsprüfungsordnung I = LPO I) vom 21.12.1979 (KM Bl. I 1980, S. 65).

4) Ordnung der Zweiten Staatsprüfung für ein Lehramt an öffentlichen Schulen (Lehramtsprüfungsordnung II = LPO II) vom 29.4.1981 (KM Bl. I 1981, S. 422).

5) Schule und wir, 1985 H. 1, S. 9.

BERLIN (West) - Praxisorientierte Geschichtslehrerausbildung an der Universität

von Horst GIES

In Berlin (West) ist die Zahl der Lehramtsstudenten von insgesamt 10.234 im Wintersemester 1983/84 auf 9.407 im Wintersemester 1984/85 weiter zurückgegangen. Diese Konsequenz der schlechten Berufsaussichten für Lehrer schlägt sich auch in den Examenszahlen nieder: Während in den letzten Jahren gleichbleibend jährlich etwa 1.200 Lehrer ihre Ausbildung mit dem 2. Staatsexamen abschlossen, hat sich die Zahl der bestandenen 1. Staatsexamina von 1977 (= 1.273) auf 1983 (= 873) deutlich verringert.

Geradezu dramatische Veränderungen zeichnen sich im Geschichtsstudium ab: im Jahre 1985 wollten zwar noch immer etwa 30% aller Geschichtsstudenten Lehrer werden, aber nur noch ein Neuntel der Studienanfänger gaben das Lehramt als Berufsziel an. 1977 lag ihr Anteil noch bei etwa 40%, 1981 war er schon auf etwa 30% gesunken. Bei den Studienanfängern im Fach Geschichte wurde demgegenüber in den letzten Jahren der Magisterstudiengang bevorzugt, obwohl er doch keine besseren Berufschancen eröffnet als der Lehrerstudiengang. Dieser Bedeutungsverlust der Lehrerausbildung wird auch an der Zahl der 1. Staatsexamina im Fach Geschichte sichtbar: Von 1980 bis 1984 hat sie sich in Berlin(West) fast halbiert. Wurden im Studienjahr 1980/81 noch 141 Staatsprüfungen im Fach Geschichte abgenommen (99 StR, 42 L), so sank die Zahl 1981/82 auf 135 (85 StR, 50 L) und 1982/83 auf 108 (74 StR, 34 L), um 1983/84 schließlich bei 74 zu landen.[1]

Die Reform der Lehrerausbildung, die in Berlin (West) wie in anderen Ländern der Bundesrepublik Deutschland seit Beginn der 1970er Jahre betrieben wird, ist bis jetzt (Juni 1985) leider noch nicht zu einem rechtsverbindlichen Abschluß gelangt. Nach mehr als 15 Jahren, in denen 1980 mit der Auflösung der Pädagogischen Hochschule und der Verlagerung der gesamten Lehrerausbildung an die Universitäten sowie dem Erlaß einer Prüfungsordnung für alle Lehrämter 1982 organisatorische und administrative Rahmendaten gesetzt wurden, liegen weder an der Technischen Universität, noch an der Freien Universität, noch an der Hochschule der Künste alle Studienordnungen zur "integrierten" Lehrerausbildung vor, die den Studierenden als Orientierung in ihrer Berufsausbildung dienen könnten. Dieser erstaunliche Befund bedarf der knappen rückblickenden Erläuterung.

1. Rückblick und gesetzliche Rahmenbedingungen

Negative Erfahrungen mit dem Universitätsgesetz von 1969 und der Prüfungspraxis von Hochschullehrern im Ersten Staatsexamen setzten schon frühzeitig in den 1970er Jahren eine Gegenbewegung in Gang, die auch von sozialliberalen Politikern in Regierungsverantwortung vorangetrieben wurde. Der Staat sah sich veranlaßt, seine Verantwortung für die Lehrerausbildung zu betonen und auf das erste Staatsexamen, bekanntlich eine Berufseingangsprüfung für den Öffentlichen Dienst, seinen Einfluß über das dem Schulsenator unterstehende Wissenschaftliche Landesprüfungsamt zu verstärken: Die Tätigkeit der Hochschullehrer in Staatsexamina wurde auf ihre Konformität mit den gesetzlichen Voraussetzungen hin überprüft und im Konflikt korrigiert. In ähnlicher Weise wurde die berufsfeldorientierte Ausbildungspraxis der Pädagogischen Hochschule, soweit sie im Rahmen des Didaktikums an Schulen stattfand, den schulrechtlichen Rahmenbedingungen untergeordnet: Die Angst vor ideologischer Infiltration angesichts des linksradikalen Slogans vom "Marsch durch die Institutionen" war auch hier deutlich zu spüren. So kamen bei der Reform der Lehrerausbildung in Berlin (West) zwei Bewegungen zusammen: das Bedürfnis nach staatlicher Einflußnahme auf Ausbildungsformen und -inhalte sowie die Einengung des Ermessensspielraumes in Bezug auf gesetzliche Normen durch Verwaltungsgerichtsurteile. Das Ergebnis ist eine weitgehend administrativ von außen und von oben bestimmte Studien- und Ausbildungsreform.

Die Novellierung des Berliner Lehrerbildungsgesetzes (LBiG) mußte der Tatsache Rechnung tragen, daß es neben Lehrern für Gesamtschulen auch weiterhin solche für Grund-, Haupt- und Realschulen sowie Gymnasien auszubilden galt.[2] Entsprechend werden die Absolventen des 1. Staatsexamens diesen Ausbildungsschularten zugeordnet (§ 11a). Außerdem blieb es auch für die Absolventen der 2. Staatsprüfung bei den schon im alten LBiG von 1971 vorgesehenen drei Lehrertypen (§ 12,2):

- "Lehrer" (nun allerdings nicht mehr mit "Gesamtunterricht als Pflicht-

fach sowie einem Wahlfach", sondern mit wissenschaftlicher Ausbildung in einem Lernbereich der Grundschule sowie einem Fach);
- "Lehrer - mit fachwissenschaftlicher Ausbildung in 2 Fächern -" (anstelle von "Gesamtunterricht als Pflichtfach" sowie zweier "Wahlfächer");
- "Studienrat" (mit einer deutlichen Verstärkung seiner "berufspraktischen Studien").

Dieser Kreis wurde noch um den "Lehrer an Sonderschulen" erweitert, für den an die Stelle eines Lernbereiches oder eines Faches (auch Geschichte ist möglich) eigene "sonderpädagogische Fachrichtungen" (z.B. Lernbehinderten-, Sprachbehinderten- oder Körperbehindertenpädagogik) traten.

Da in § 5 (2) LBiG in die 1. Phase neben erziehungswissenschaftlichen, fachdidaktischen und fachwissenschaftlichen auch "berufspraktische Studien" für alle Lehrämter einbezogen wurden, die als allgemeine erziehungs- und unterrichtswissenschaftliche sowie als fachdidaktische "Schulpraktika" durchzuführen seien, mußte die Regelstudienzeit auf 7 bzw. 9 Semester erweitert werden, unter Beibehaltung allerdings des 120 bzw. 160 SWS-Volumens. Somit unterscheidet das Berliner LBiG in § 7 (1) drei Ausbildungsarten für Lehrer in der 1. Phase, dem Studium:

I. "In Erziehungswissenschaft einschließlich eines Lernbereiches sowie in einem wissenschaftlichen oder künstlerischen Fach und seiner Didaktik im Verhältnis von etwa 3 : 3" bei 120 SWS;
II. "In Erziehungswissenschaft sowie in 2 fachwissenschaftlichen Fächern und ihrer Didaktik oder in einem wissenschaftlichen und in einem künstlerischen Fach und ihrer Didaktik im Verhältnis von etwa 2 : 3 : 3" bei 160 SWS;
III. "In Erziehungswissenschaft und in 2 wissenschaftlichen Fächern und ihrer Didaktik <u>oder</u> in einem künstlerischen und einem wissenschaftlichen Fach und ihrer Didaktik im Verhältnis von 1 : 4 : 3" bei 160 SWS.

Und in dieser Reihenfolge sind die im Studium so ausgebildeten Lehrer auch in der 2. Phase, dem Vorbereitungsdienst, auf die Schularten und Schulstufen hin orientiert (§ 11a (4) LBiG):

- Der Lehrer zu I. ist in den Klassen 2 bis 6 der Grundschule einsetzbar;
- der Lehrer zu II. ist in den Klassen 2 bis 6 der Grundschule, wenn eines seiner Fächer dort Schulfach ist, sowie in der Haupt-, Real- und Gesamtschule (Sek. I) einsetzbar;
- der Lehrer zu III. ist im Gymnasium sowie der Gesamtschule in Sek. I und Sek. II einsetzbar.

Die <u>Übersicht der Anteile der einzelnen Studienbereiche</u> für diese Lehrertypen in <u>Tabelle 1</u> macht die Unterschiede zum Stufenlehrerkonzept der Hamburger Übereinkunft (s.o. Seite 5) mehr als deutlich:

Tabelle 1

Lehramt		Studienbereiche			
		EWS / LB	Fach / FD	Fach / FD	Summe
I	Verhältnis	3	3		
	SWS	60	60		120
II	Verhältnis	2	3	3	
	SWS	40	60	60	160
III	Verhältnis	1	4	3	
	SWS	20	80	60	160

LB = Lernbereich
EWS = Erziehungswissenschaft und eine andere Sozialwissenschaft
FD = Fachdidaktik
SWS = Wochenstunden pro Semester

Man sieht,

- daß beim Primarstufen- bzw. Grundschullehrer aus 2 Varianten eine wurde und das Fachstudium um 20 SWS auf Kosten der Erziehungswissenschaft und Grundschuldidaktik verstärkt worden ist;
- daß die 3 Varianten des Mittelstufenlehrers auf einen Lehrer mit 2 Fächern à 60 SWS reduziert wurden, dieser aber nicht nur in der Sekundarstufe I, sondern auch in der Primarstufe, d.h. Grundschule einsetzbar ist;
- daß der Oberstufenlehrer mit einem Fach verschwunden ist, der Studienrat mit einem Hauptfach à 80 SWS und einem Nebenfach à 60 SWS nun wieder, wie gehabt, in Sekundarstufe I und Sekundarstufe II eingesetzt werden kann. Sein Anteil des Fachstudiums wurde allerdings um 20 SWS auf Kosten des EWS-Studiums erhöht.

Die Absicht, allen Lehrern eine gleichwertige wissenschaftliche, auf die Unterrichtspraxis bezogene Ausbildung zu ermöglichen, erforderte eine Änderung der Hochschulorganisation. Sie wurde mit dem "Gesetz über die Schaffung der institutionellen Voraussetzungen der integrierten Lehrerausbildung in Berlin" vom 13.12.1974 in Angriff genommen.[3] "Mit dem

Ziel der Errichtung von Gesamthochschulen" (§ 1) sollte danach die Pädagogische Hochschule nach einer Übergangszeit von 3 Jahren aufgelöst und in dic Freie Universität, die Technische Universität und die gleichzeitig aus der Hochschule der Bildenden Künste und der Musikhochschule errichtete Hochschule der Künste integriert werden. Für die FU sah das Gesetz neben dem Fachbereich Erziehungswissenschaften einen Fachbereich "Unterrichtswissenschaften" vor, der die allgemeindidaktischen und fachdidaktischen Bereiche der Lehrerausbildung aufnehmen sollte. Den Fachdidaktikern wurde die zusätzliche Mitgliedschaft in ihrem Fach-Fachbereich zugebilligt (§ 2). An der in der Lehrerausbildung wesentlich weniger frequentierten TU sollte ein neuer Fachbereich "Erziehungs- und Unterrichtswissenschaften" einschließlich der Fachdidaktiken errichtet werden.

Hinter der Gesetzesinitiative stand auch ein Emanzipationsbedürfnis der Pädagogischen Hochschule einerseits und der im Vergleich zum "höheren" Lehramt sich benachteiligt fühlenden Lehrergruppen an Grund-, Haupt- und Realschulen andererseits. Das Berliner Universitätsgesetz von 1969 mit seinen Mitbestimmungsregelungen für die Funktionsgruppen und das Fachhochschulgesetz von 1970, das aus 9 Akademien 3 staatliche Fachhochschulen gemacht hatte, ließen die Struktur der PH (mit Rektoratsverfassung und ohne Promotionsrecht) als überholt erscheinen.[4] Andererseits hatte sich ihr Stellenwert in der Berliner Hochschullandschaft durch eine Erhöhung der Studentenzahl von 1970 = 3.456 auf 1974 = 5.632 bei gleichzeitiger Vermehrung der Professorenstellen von 183 auf 349 deutlich verstärkt.[5] Insofern war die Aussicht auf eine integrierte Lehrerausbildung in Gesamthochschulen geeignet, der PH für die notwendige Übergangszeit bei Zubilligung wenigstens des Promotionsrechtes Stillhalten zu verordnen.

Aber von den Eckdaten des Integrationsgesetzes von 1974 konnte nur der Teil verwirklicht werden, der sich auf die TU bezog. Dort wurden im Fachbereich 22 "Erziehungs- und Unterrichtswissenschaften" alle einschlägigen Bereiche der Lehrerausbildung zusammengefaßt. Die Fachdidaktiker wurden zwar den für die Fachstudien jeweils zuständigen Fachbereichen zugeordnet, ihr eigentlicher Standort ist aber der Fachbereich 22, weil dort die Zuständigkeit für die fachdidaktischen Studienanteile liegt. An der HdK wurde ein Fachbereich "Erziehungs-, Unterrichts- und Sozialwissenschaften" errichtet, und die

Fachdidaktiker wurden den für die Fachstudien der Lehrerausbildung zuständigen Fachbereichen zugeordnet, die auch das fachdidaktische Studium zu regeln haben. An der FU schließlich wurde eine dritte Variante rechtskräftig: Da der Fachbereich "Unterrichtswissenschaften" dort nicht durchsetzbar war, wurde der bestehende Fachbereich "Erziehungswissenschaften" zum Fachbereich "Erziehungs- und Unterrichtswissenschaften" ausgeweitet, aber gleichzeitig ein "Zentralinstitut für Unterrichtswissenschaften und Curriculumentwicklung" errichtet, das für die aus der PH kommenden Unterrichtswissenschaftler und Fachdidaktiker die Ausstattung in Lehre und Forschung bereitstellt und für die Regelung der fachdidaktischen Studienanteile der Lehrerausbildung zuständig ist. Während die allgemeinen Unterrichtswissenschaftler gleichzeitig Mitglied des Fachbereichs "Erziehungs- und Unterrichtswissenschaften" sein können, wurden die speziellen Unterrichtswissenschaftler, d.h. die Fachdidaktiker jeweils ihrem für das Fachstudium zuständigen Fachbereich zugeordnet. Mit der institutionellen Duplizierung der "Unterrichtswissenschaften" und einem Existenzvorbehalt für das Zentralinstitut wurden an der FU allerdings deutliche Zeichen für eine Revision in Richtung auf das TU-Modell gesetzt.[6]

Kein Wunder, daß es nicht drei, sondern sechs Jahre dauerte, bis diese Lösungsvarianten aus den Interessenkämpfen der beteiligten Gruppen und Institutionen hervorgegangen waren: Mit dem 1.4.1980 wurde die Pädagogische Hochschule Berlin aufgelöst und ihr Personal je nach Wahrnehmung des Optionsrechtes auf die drei aufnehmenden Hochschulen übergeleitet, ohne daß diese allerdings den Status von Gesamthochschulen erhalten hätten. Hatte der Gesamthochschulplan des Senats von Berlin 1970 die Umwandlung der Universitäten, Hochschulen und Fachhochschulen in drei Gesamthochschulen vorgesehen (Nord/TU, Süd/FU, HdK), so waren "Integrierte Gesamthochschulen" im Berliner Hochschulgesetz des Jahres 1978, welches das Universitätsgesetz von 1969 ablöste, vorgesehen. Diese Absicht wurde freilich bis heute nicht verwirklicht und dürfte mit großer Wahrscheinlichkeit einer Anpassung des Berliner Hochschulgesetzes an ein novelliertes Hochschulrahmengesetz zum Opfer fallen.[7]

Seit Mai 1978 waren in Berlin zeitweilig bis zu 22 Fachkommissionen am Werk, Empfehlungen für Prüfungs- und Studienordnungen der Lehrerausbildung zu erarbeiten. Sie waren mit jeweils 7 Vertretern der Hochschulen und 7 Beauftragten des Senats besetzt und hatten zunächst "Vorgaben" (v. 19.4.1978) und dann "Grundsätze und Richtlinien" (v. 25.5.78) der Senatsverwaltungen für Schule und Wissenschaft zu beachten. Erst im Dezember 1978 schuf dann das 4. Änderungsgesetz zum Lehrerbildungsgesetz den endgültigen Bezugsrahmen für die Reformarbeit. In dieser Zeit zwischen April und Dezember 1978 wurde nicht nur das Stufenlehrerkonzept des Hamburger Abkommens relativiert, sondern es wurden auch im Bereich der einzelnen Studienanteile gravierende Veränderungen vorgenommen.

Umstritten waren insbesondere die "berufspraktischen Studien", d.h. der Anteil der Fachdidaktik und der Praktika an den einzelnen Lehrerstudiengängen. Der in den "Vorgaben" festgeschriebene 10%-Anteil am Fachstudium für die Fachdidaktik konnte durch einen weiteren Anteil von 4 SWS aus dem Bereich der Grundschulpädagogik aufgebessert werden. Da dieser Bereich aber nur beim "Lehrer" und "Lehrer mit 2 Fächern" zur Verfügung stand, blieb der fachdiaktische Anteil am Studium des "Studienrats" um 2 bzw. 4 SWS hinter dem der beiden anderen Lehrertypen zurück. Überwunden werden konnte auch die merkwürdige Transferideologie, man könne sich beim "Lehrer mit 2 Fächern" auf 1. e i n Unterrichtspraktikum, 2. e i n e n Hauptseminarschein in e i n e r Fachdidaktik und 3. nur e i n e n fachdidaktischen Prüfungsanteil beschränken. Stattdessen wurden für jeden Lehrerstudiengang 3 vierwöchige Schulpraktika (1 Orientierungspraktikum und 2 Unterrichtspraktika) und 2 fachdidaktische bzw. lernbereichsdidaktische Hauptseminare zugestanden.[8] Beim fachdidaktischen Prüfungsanteil wurden für den "Lehrer mit 2 Fächern" Kombinationsmöglichkeiten bei Klausur und mündlicher Prüfung gefunden, die beide Fachdidaktiken zum Zuge kommen lassen. Auch eine fachdidaktische Hausarbeit ist für "Lehrer" und "Lehrer mit 2 Fächern" möglich, jedoch nicht für "Studienräte". Für diesen Lehrertypus konnte überhaupt kein fachdidaktischer Prüfungsteil - weder im schriftlichen noch im mündlichen Bereich - durchgesetzt werden, ja nicht einmal eine im 1. Fach zu schreibende Hausarbeit "mit fachdidaktischem Bezug" wurde ermöglicht. Fazit: Die Gleichwertigkeit der fachdidaktischen Ausbildung aller Lehrer war gegen den vereinten Widerstand der Interessenvertreter der zweiten Ausbildungsphase der Gymnasiallehrer und die Ansprüche der Fachwissenschaftler nicht durchsetzbar.[9]

Obwohl nach der Auflösung der Pädagogischen Hochschule seit dem Sommersemester 1980 die Alt-Studiengänge nur noch abgewickelt wurden, lag für die reformierte Lehrerausbildung noch zwei weitere Jahre keine rechtsverbindliche Zielorientierung vor.[10] Erst die "Verordnung über die Ersten (Wissenschaftlichen und Künstlerisch-Wissenschaftlichen) Staatsprüfungen für die Lehrämter" (1. LehrerPO 1982) vom 18.8.1982 schuf Klarheit über die Anforderungen, die am Ende des Studiums erfüllt werden mußten.[11] An diesen Normen waren die Studienordnungen auszurichten, die nun für die einzelnen Teilstudiengänge

- Erziehungswissenschaft und eine andere zu wählende Sozialwissenschaft (Philosophie, Politologie, Psychologie, Soziologie)
- Fachdidaktik und Grundschulpädagogik
- und die einzelnen Fachwissenschaften

zu erarbeiten waren. "Integrierte" Lehrerausbildung heißt also in Berlin (West): es wird im Studium nicht mehr nach Lehrämtern, d.h. dem Studienziel unterschieden, sondern allein nach der in den einzelnen Teilstudiengängen festgelegten Anzahl von Semesterwochenstunden. Die Anforderungen in den Lehrveranstaltungen sind für alle Lehrämter gleich.

2. Erste Ausbildungsphase

Wegen der Unabgeschlossenheit des Reformprozesses ist eine Beschreibung der Geschichtslehrerausbildung in Berlin (West) nur mit Vorbehalten möglich. Bisher liegt nur die Studienordnung Erziehungs- und Sozialwissenschaften rechtsverbindlich vor, alle anderen sind - mit Ausnahme der des Faches Geschichte an der FU, die noch immer vom Fachbereich Geschichtswissenschaften beraten wird - im Genehmigungsverfahren des Senators für Wissenschaft und Forschung. Trotzdem lassen sich relativ gültige Aussagen deshalb machen, weil Rahmendaten, die das Lehrerbildungsgesetz und die Lehrerprüfungsordnung gesetzt haben, für die einzelnen Teilstudiengänge an FU und TU, wo in Berlin (West) Geschichtslehrer ausgebildet werden können, nur einen geringen Spielraum lassen.

Tabelle 2 gibt eine Übersicht über die einzelnen Elemente der für Geschichtsstudenten in Frage kommenden Lehramtsstudiengänge mit ihrem jeweiligen Semesterwochenstundenanteil.

Tabelle 2

Lehramts-studiengang: Abschlußziel	Teilstudiengänge / Studienanteile in SWS (Semesterwochenstunden)					Gesamt-studien-umfang SWS
	1) Erziehungs- und andere 2) Sozialwissen-schaften	1) Grundschul-päd./Lernber. 2) Fachdidaktik	1) Fach 2) Fachdidaktik	1) Fach 2) Fachdidaktik	Schulprakt. Studien	
Lehrer	1) 12 2) 8 --- 20	1) 36 2) 4 --- 40	1) 54 2) 6 --- 60		1 Orientierungspraktikum 2 Unterrichtspraktika	120
Lehrer - mit fachwissenschaftlicher Ausbildung in zwei Fächern	1) 12 2) 8 --- 20	1) 12 2) 4 + 4 ------ 20	1) 54 2) 6 --- 60	1) 54 2) 6 --- 60	1 Orientierungs-praktikum 2 Unterrichts-praktika	160
Studienrat	1) 12 2) 8 --- 20		1) 72 2) 8 --- 80	1) 54 2) 6 --- 60	1 Orientierungs-praktikum 2 Unterrichts-praktika	160*
Lehrer an Sonderschulen	1) 12 2) 8 --- 20	Sonderpäd. Grundwiss. 1) 16 2) 4 --- 20	1) 54 2) 6 --- 60	Zwei Sonderpäd. fachrichtungen 30 30 ------------ 60	1 Orientierungs-praktikum 2 Unterrichts-praktika	160

* *Wird in einem Fach Kunst oder Musik studiert, so erhöht sich die Summe um 20 SWS künstlerische Ausbildung auf 180 SWS*

Daraus ergibt sich, daß der Studienanteil Erziehungs- und eine andere Sozialwissenschaft für alle Lehramtsstudiengänge gleich ist. Auch bei den Praktika werden in allen Lehramtsstudiengängen gleiche Anforderungen gestellt, die Durchlässigkeit der Studiengänge jedoch durch bestimmte Festlegungen bei der Zuordnung von Ausbildungsschularten und Studienziel eingeschränkt.[12] Tabelle 3 gibt eine Übersicht über die Verteilung der Ausbildungsschularten auf die Lehrertypen in den Schulpraktika.

Tabelle 3

	Orientierungs-praktikum	*Unterrichts-praktikum*	*Unterrichts-praktikum*
Lehrer	*Grundschule*	*Grundschule (Lernbereich)*	*Haupt-, Real- oder Gesamtschule*
Lehrer mit zwei Fächern	*Grund-, Haupt-, Real- oder Gesamtschule*	*Grundschule*	*Haupt-, Real oder Gesamtschule*
Studienrat	*Grund-, Haupt-, Real-, Gesamtschule oder Gymnasium*	*Gymnasium, Gesamtschule m. gymn. Oberstufe*	*Real-, Gesamtschule oder Gymnasium*
Lehrer an Sonderschulen	*Sonderschule*	*Sonderschule*	*Haupt-, Real- oder Gesamtschule*

Ein "Lehrer mit 2 Fächern", der das Orientierungspraktikum in Haupt-, Real- oder Gesamtschule absolviert, kann sich nicht mehr ohne weiteres auf das Abschlußziel "Lehrer" umorientieren. Ein "Studienrat", der das Orientierungspraktikum im Gymnasium absolviert, hat Anrechnungsprobleme zu überwinden, wenn er stattdessen das Abschlußziel "Lehrer mit 2 Fächern" anstrebt. "Studienräte", die das Orientierungspraktikum am Gymnasium durchgeführt haben, dürfen nur noch ein Unterrichtspraktikum am Gymnasium absolvieren, das andere Unterrichtspraktikum müssen sie entweder an der Real- oder Gesamtschule durchführen.

Das Orientierungspraktikum ist Bestandteil des erziehungswissenschaftlichen Studiums und wird im Grundstudium - in der Regel zwischen dem 2. und 4. Semester - abgeleistet. Es kann entweder semesterbegleitend oder als Blockpraktikum während der vorlesungsfreien Zeit durchgeführt werden. Blockpraktika dauern 4 Wochen, wobei der Praktikant wöchentlich mindestens 12 Zeitstunden oder insgesamt mindestens 50 Zeitstunden in der Schule anwesend sein muß. Semesterbegleitende Praktika sind ebenfalls auf dieses Gesamtvolumen von 50 Zeitstunden hin anzulegen.

Die beiden Unterrichtspraktika finden zu Beginn des Hauptstudiums statt. Es wird empfohlen, sie als Blockpraktika in einem berufspraktischen Semester durchzuführen. Studenten, die nach Bafög gefördert werden, erhalten diese Förderung auch im berufspraktischen Semester, das also in der Regelstudienzeit enthalten ist. Die Unterrichtspraktika sind Bestandteile des fach- bzw. (beim "Lehrer") lernbereichsdidaktischen Studiums, sie werden durch eine zweiwöchige Vor- und eine zweiwöchige Nachbereitungsphase ergänzt und von Hochschullehrern betreut. Mindestens 1 Schulpraktikum muß in der vorlesungsfreien Zeit liegen.

Pro Jahr werden 6 Termine für Blockpraktika und 2 Termine für semesterbegleitende Praktika angeboten. Jeder Hochschullehrer betreut im Semester maximal 12 Studierende pro Praktikum. In der Regel werden zwei Praktikanten möglichst gleichzeitig von einem Mentor an einer Schule betreut. Mentoren erhalten für ihre Tätigkeit in der Lehrerausbildung ein Entgelt, aber keine Stundenermäßigung. Da der Ausbildungsort während der Praktika die Schule ist, unterliegen alle daran Beteiligte, also auch Studenten und Hochschullehrer, den gesetzlichen Rahmenbedingungen der staatlichen Schulaufsicht. Praktikanten sind vom Schulleiter und Mentor weisungsabhängig.

Da der "Lehrer" und der "Lehrer mit 2 Fächern" sowohl Grundschulpädagogik als auch Fachdidaktik studiert, beide außerdem einen fachwissenschaftlichen Anteil von 54 SWS haben, ist hier eine Entscheidung über das Abschlußziel bis zum Ende des Grundstudiums noch veränderbar, wenn - wie gesagt - das Orientierungspraktikum in der Grundschule stattgefunden hat. Der "Lehrer" muß allerdings einen gewissen Zeitverlust in Kauf nehmen, um ein zweites Fachstudium bis zur Zwischenprüfung nachzuholen, wenn sein Studium eines Lernbereichs ihn hierbei nicht entlastet. Da in Berlin (West) die Grundschule sechs Jahrgangsstufen umfaßt, in der 5. und 6. Klasse Geschichtsunterricht erteilt wird, kann ein Student mit dem Abschlußziel "Lehrer" Geschichte als Fach mit einem Lernbereich Deutsch oder Mathematik kombinieren.

Auch im Fall der Alternative "Lehrer mit 2 Fächern" oder "Studienrat" kann die Entscheidung für ein Abschlußziel bis zum Ende des Grundstudiums ohne Zeitverlust verändert werden, wenn - wie gesagt - das Orientierungspraktikum nicht im Gymnasium stattgefunden hat. Der "Studienrat" müßte allerdings insbesondere Grundschulpädagogik, der "Lehrer mit 2 Fächern" seinen fachwissenschaftlichen Anteil bis zum Ende des Studiums intensivieren. Die Anforderungen im Fachstudium sind für alle Lehramtsstudiengänge mit einem Anteil von 54 SWS gleich, beim "Studienrat" kommen in einem Fach bis zum Ende des Studiums noch 18 SWS hinzu. Der "Studienrat" kann "Geschichte" als 60- oder als 80-SWS-Fach studieren, der "Studienrat mit beruflicher Fachrichtung" kann "Geschichte" allerdings nur als 60-SWS-Fach im Zusammenhang mit "Wirtschaftswissenschaft" als 80-SWS-Fach wählen. "Lehrer mit 2 Fächern" können Geschichte mit Erdkunde oder Sozialkunde kombinieren, für "Studienräte" ist dies ausgeschlossen. Der "Lehrer an Sonderschulen" kann ein Geschichtsstudium mit zwei sonderpädagogischen Fachrichtungen kombinieren, eine davon muß Lernbehinderten- oder Geistigbehindertenpädagogik sein.[13] Im übrigen gibt es keine Einschränkungen der Kombination von Geschichte mit anderen Unterrichtsfächern im Studium.

Wie <u>die Studienanteile der einzelnen Teilstudiengänge in den vier Lehramtsstudiengängen auf das gesamte Studium verteilt</u> werden können, zeigt <u>Tabelle 4</u>. Das Modell geht von einer gleichmäßigen Belastung mit 20 SWS, d.h. 10 Lehrveranstaltungen im Semester für jeden Lehrerstudiengang aus. Hierbei handelt es sich um Mindestanforderungen, die die Prüfungsordnung an den jeweiligen Lehramtsstudiengang stellt.

Tabelle 4

	Studienelemente	Studiensemester: Grundstudium 1.	2.	3.	4.		Hauptstudium 5.	6.	7.	8.	SUMME
LEHRER	Erz.u. Soz.-Wiss.	6	4	4	2	Orient.-Prakt.	2	2			20
	Grundschulpäd. / Lernbereich	6	6	6	6	Zwischenpfg.[1] / Unt.-Prakt.	6	6			36
	Fach	8	8	8	10	Zwischenpfg.	10	10			54
	Fachdidaktik		2	2	2	Unter-Prakt.	2	2			10
	SUMME	20	20	20	20		20	20			120
LEHRER MIT ZWEI FÄCHERN	Erz. u. Soz.-Wiss.	2	2	2		Orient.-Prakt.	4	4	4	2	20
	Grundschulpäd.	2		2			2	2	2	2	12
	Fach	8	6	8	8	Zwischenpfg.	6	4	6	8	54
	Fachdidaktik		2	2	2	Unter-Prakt.	2	2			10
	Fach	8	8	6	8	Zwischenpfg.	4	6	6	8	54
	Fachdidaktik		2		2	Unter-Prakt.	2	2	2		10
	SUMME	20	20	20	20		20	20	20	20	160
STUDIENRAT	Erz. u. Soz.-Wiss.	4	4	2	2	Orient-Prakt.		4	2	2	20
	Fach	6	8	8	8	Zwischen-Pfg.	10	10	12	10	72
	Fachdidaktik			2	2	Unter-Prakt.	2			2	8
	Fach	10	6	8	6	Zwischenpfg.	6	6	6	6	54
	Fachdidaktik		2		2	Unter-Prakt.	2				6
	SUMME	20	20	20	20		20	20	20	20	160
LEHRER AN SONDERSCHULEN	Erz. u. Soz. Wiss.	2	2	2	2	Orient-Prakt.	2	2	4	4	20
	Sonderpädag. Grundwissen	2	2	2	2		2	2	2	2	16
	sonderpädag. Fachrichtungen	8	10	6	6	Unter-Prakt.	8	8	6	8	60
	Fach	8	6	8	8	Zwischenpfg.	6	6	6	6	54
	Fachdidaktik			2	2	Unter-Prakt.	2	2	2		10
	SUMME	20	20	20	20		20	20	20	20	160

1 bisher nur an der FU vorgesehen

2.1 Der Teilstudiengang EWS

Der Teilstudiengang "Erziehungs- und eine andere zu wählende Sozialwissenschaft" (EWS) umfaßt für alle Lehrämter 20 SWS und das Orientierungspraktikum als erstes von insgesamt drei Schulpraktika.[14] 12 SWS stehen der Erziehungswissenschaft und 8 SWS entweder der Philosophie, oder der Politologie, oder der Psychologie, oder der Soziologie zur Verfügung, wobei es in all diesen Disziplinen natürlich nur um solche Themen geht, die einen direkten Bezug zur pädagogisch-didaktischen Berufstätigkeit des Lehrers in der Schule haben. Dementsprechend ist das Studienangebot in folgende 5 Bereiche gegliedert:

1. Pädagogisches Handeln und wissenschaftliche Theoriebildung
2. Schule als gesellschaftliche Institution
3. Sozialisation und Erziehung
4. Curriculum und Unterricht
5. Diagnose, Beurteilung und schulische Erziehungshilfe.

Als Beispiele für mögliche Beiträge der einzelnen Wissenschaftsdisziplinen zu diesen 5 Studienbereichen nenne ich:

I. Erziehungswissenschaft:

zu 1:
- a) Wissenschaftstheoretische Ansätze in der Erziehungswissenschaft
- b) Geschichte der Pädagogik
- c) Methoden erziehungswissenschaftlicher Forschung

zu 2:
- a) Schulreformbewegungen
- b) Geschlechtsspezifische Merkmale schulischer Erziehung

zu 3:
- a) Verhältnis von schulischer und außerschulischer Erziehung und Sozialisation
- b) Ziele und Auswirkungen der Erziehungs-, Unterrichts- und Ausbildungsprozesse
- c) Interkulturelle Faktoren in Erziehung und Sozialisation

zu 4:
- a) Modelle der Curriculumreform
- b) Planungsmodelle für Unterricht
- c) Analysemodelle für das didaktische Feld

zu 5:
- a) Möglichkeiten und Probleme der Leistungsbewertung und -beurteilung
- b) Erscheinungsformen von Lernstörungen, Therapiemöglichkeiten
- c) Schullaufbahnberatung

II. Philosophie:

zu 1: Erkenntnis- und wissenschaftstheoretische Grundfragen der europäischen Erziehungsphilosophie

zu 3: Normenproblematik ethisch begründeten Handelns

zu 4: Philosophische Aspekte der Schulfächer

III. Politologie:
- zu 2: Schulreform in der Bundesrepublik Deutschland
- zu 3: Bedingungen demokratischen Bewußtseins und Verhaltens
- zu 4: Politische Bildung in der Schule

IV. Psychologie:
- zu 3: Persönlichkeits- und entwicklungspsychologische Fragestellungen
- zu 4: Lern- und unterrichtspsychologische Fragestellungen
- zu 5: Möglichkeiten und Grenzen psychologischer Diagnostik, Beratung und Therapie in der Schule

V. Soziologie:
- zu 2: Sozialstruktur, sozialer Wandel, Gesellschaftstheorie und ihre Funktion im Ausbildungssystem
- zu 3: Sozialisation in Kindheit, Jugend, Familie und ihr jeweiliger Einfluß auf den Schulerfolg
- zu 4: Das Schulsystem als soziale Organisation

Jeder Lehrerstudent hat aus den 5 Studienbereichen mindestens 3 Studienschwerpunkte zu bilden, und zwar in 2 Studienbereichen unter einer erziehungs- und in einem Studienbereich unter einer sozialwissenschaftlichen Perspektive. Tabelle 5 zeigt das Angebot der Studienbereiche durch die einzelnen Wissenschaftsdisziplinen.

Tabelle 5

		Erz. wiss.	*Philosophie*	*Soziologie*	*Politologie*	*Psychologie*
1	*Päd. Handeln u. wiss. Theoriebildung*	*X*	*X*			
2	*Schule als gesellsch. Institution*	*X*		*X*	*X*	
3	*Sozialisation und Erziehung*	*X*	*X*	*X*	*X*	*X*
4	*Curriculum und Unterricht*	*X*	*X*	*X*	*X*	*X*
5	*Diagnose, Beurteilg. u. schul. Erz.-hilfe*	*X*				*X*

Daraus ist ersichtlich, daß nur die Erziehungswissenschaft alle 5 Studienbereiche anbietet, während die Bereiche "Sozialisation und Erziehung" und "Curriculum und Unterricht" von allen Wissenschaftsdisziplinen berücksichtigt werden. Einer dieser Bereiche, also

"Sozialisation und Erziehung" und "Curriculum und Unterricht", muß im erziehungswissenschaftlichen Studium belegt werden. Da die Prüfungsordnung je einen Leistungsnachweis aus der Erziehungswissenschaft und der gewählten Sozialwissenschaft verlangt, wobei es sich nicht um Einführungsveranstaltungen handeln darf, mindestens eine Lehrveranstaltung zur Vorbereitung und Auswertung des Orientierungspraktikums benötigt wird, ergibt sich eine SWS-Verteilung für den Teilstudiengang "Erziehungs- und eine andere Sozialwissenschaft" wie in Tabelle 6 dargestellt.

Tabelle 6

	Erz.-Wiss.	*gewählte Soz.-Wiss.*	*Summe*
Einführende Lehrveranstaltung	*2*	*2*	*4*
Vorbereitung u. Auswertung d. Orientierungspraktikums	*(2) oder*	*(2)*	*2*
Sozialisation u. Erziehung oder Curriculum u. Unterricht	*4*		*4*
jeweils ein weiterer Studienbereich	*4*	*4*	*8*
Lehrveranstaltung nach Wahl	*(2) oder*	*(2)*	*2*
Summe	*12*	*8*	*20*

Während die FU empfiehlt, die Einführungs- und Pflichtveranstaltungen bis zum 4. Fachsemester, d.h. im Grundstudium abzuschließen, nimmt man in der TU die Aussage des Lehrerbildungsgesetzes, daß sich alle Studien "wechselseitig ergänzen und vertiefen", besonders ernst und möchte einen Hauptseminarschein in Erziehungswissenschaften verlangen, der natürlich nur im Hauptstudium zu erwerben wäre. Eine Zwischenprüfung findet in diesem Teilstudiengang allerdings nicht statt.

Einen Beitrag zur Standortbestimmung soll hier das vierwöchige Orientierungspraktikum leisten. Es will den Lehrerstudenten schon zu einem recht frühen Zeitpunkt seiner Ausbildung zur intensiven und persönlichen Auseinandersetzung mit der antizipierten Berufsrolle anregen. Außerdem ermöglichen die berufsfeldorientierten Studien im Orientierungspraktikum eine Rückkopplung mit der wissenschaftlichen Theoriebildung. Dementsprechend steht nicht der Erwerb didaktischer Handlungskompetenz im Vordergrund, sondern die wissenschaftlich zu reflektierende aktive Erkundung der Lern- und Arbeitsbedingungen von Schülern und Lehrern. Dies kann durch Beobachtungen, Befragungen und Literaturstudien zu schulfachübergreifenden Frage- und Problemstellungen geschehen, wie z.B.

- Fördern und Auslesen als Berufsanforderungen des Lehrers,
- Anpassung und Selbstbestimmung im Erziehungs- und Sozialisationsprozeß der Schüler,
- Prozesse sozialer Interaktion und Kommunikation in der Schule.

Das Orientierungspraktikum soll also ein theoriegesichertes Handlungsverständnis für den Lehrerberuf anbahnen und zur Klärung der persönlichen Berufswahlmotive und -entscheidungen des Studierenden beitragen. Dazu dienen Unterrichtshospitationen sowie die Teilnahme an außerunterrichtlichen Veranstaltungen (Elternabende, Klassen- und Schulkonferenzen, Wandertage usw.). Erfahrungen und Erkundungen im Orientierungspraktikum werden in einem "Praktikumsbericht" festgehalten. Die formal-ordnungsgemäße Durchführung des Orientierungspraktikums wird vom Schulleiter, die inhaltlich-erfolgreiche Teilnahme vom Hochschullehrer bescheinigt, der das Begleitseminar durchgeführt hat.

2.2 Der Teilstudiengang Grundschulpädagogik

Geschichtslehrerstudenten, die das "Amt des Lehrers" (an Grundschulen) anstreben, studieren mindestens 36 SWS Grundschulpädagogik mit einem Lernbereich unter Berücksichtigung von Aspekten des Schriftspracherwerbs.[15] Von den fünf didaktischen Schwerpunkten (Deutsch, Mathematik, sozialwissenschaftlich orientierter und technisch-naturwissenschaftlich orientierter Sachunterricht, musisch-ästhetische Erziehung) stehen für ihn allerdings nur Kombinationen mit Deutsch und ohne sozialwissenschaftlich orientiertem Sachunterricht zur Auswahl, also: Deutsch und entweder Mathematik oder technisch-naturwissenschaftlich orientierter Sachunterricht; wer einen Lernbereich "Deutsch und musisch-ästhetische

Erziehung" studieren will, absolviert den künstlerischen Teil an der HdK, während die anderen Teilstudiengänge einschließlich des Fachstudiums Geschichte an der FU oder TU stattfinden.

Jeder der beiden didaktischen Schwerpunkte des Lernbereichs wird im Umfang von 14 SWS studiert, 2 SWS sind für eine Lehrveranstaltung des Schriftspracherwerbs vorzusehen, in der ein Leistungsnachweis zu erbringen ist. 6 SWS werden der allgemeinen Grundschulpädagogik zugeordnet. Während man an der TU sowohl für den "Lehrer" als auch für den "Lehrer mit zwei Fächern" auf eine Zwischenprüfung nach dem ersten Studienabschnitt im grundschulpädagogischen Teilstudiengang verzichten möchte, sieht die von der FU beabsichtigte, aber vom Senator für Wissenschaft und Forschung noch nicht bestätigte Studienordnung für den "Lehrer" eine solche Zwischenprüfung vor. Im dritten Studienabschnitt sind zwei Hauptseminare mit jeweils inhaltlichem Bezug zum einen und zum anderen didaktischen Schwerpunkt zu absolvieren.

Die Gliederung des Studiums des "Lehrers" in "Grundschulpädagogik mit einem Lernbereich" wird in Tabelle 7 dargestellt.

Tabelle 7

	Allgem. Grundschulpäd.	*Lernbereichsdid. (2 did. Schwerp.)*	*Schrift-sprach-erwerb*	*SWS*	*Summe*
Einführungsbereich	*4 - 6*	*16 - 18*	*2 - 0*	*20 - 26*	
		Unterrichtspr.			
Vertiefungsbereich	*0 - 2*	*10 - 12*	*0 - 2*	*10 - 16*	
SWS-Summe	*6*	*28*	*2*	*36*	

Inhalte des grundschulpädagogischen Studiums sind Theorien und Prinzipien der Grundschuldidaktik sowie allgemeine Aufgaben der Grundschule. In den beiden didaktischen Schwerpunkten des Lernbereichs geht es jeweils insbesondere um Unterrichtstheorien und Unterrichtsgegenstände, Voraussetzungen des Lehrens und Lernens sowie die Organisation von Lernprozessen. Hier wird auch das Unterrichtspraktikum im gewählten Lernbereich der Grundschule vorbereitet. Deshalb sind pro didaktischem Schwerpunkt vorher mindestens ein Leistungsnachweis und ein weiterer Schein aus der allgemeinen Grundschulpädagogik zu erbringen (Version TU). An der FU will man sechs Leistungsnachweise im Einführungsbereich verlangen: je zwei in beiden didaktischen Schwerpunkten plus zwei in der allgemeinen Grundschulpädagogik.

Geschichtslehrerstudenten, die das Abschlußziel "Lehrer mit fachwissenschaftlicher Ausbildung in zwei Fächern" anstreben, studieren 12 SWS Grundschulpädagogik mit einem didaktischen Schwerpunkt eines Lernbereichs. Da sie ihre beiden Unterrichtspraktika in ihren Fächern durchführen müssen, gliedert sich das Studium in Grundschulpädagogik der "Lehrer mit zwei Fächern" wie in Tabelle 8 dargestellt.

Tabelle 8

	Allgemeine Grundschulpädagogik	*Lernbereichsdidaktik (1 did. Schwerpunkt)*	*SWS-Summe*
Einführungsbereich	2	4-6	6-8
Vertiefungsbereich	2	2-4	4-6
SWS-Summe	4	8	12

Die FU will im Einführungsbereich drei Leistungsnachweise, davon zwei aus dem didaktischen Schwerpunkt verlangen, an der TU beabsichtigt man, sich auf Teilnahmescheine zu beschränken. Im Vertiefungsbereich ist in dem gewählten didaktischen Schwerpunkt ein Hauptseminarschein zu erwerben.

2.3 Das Fachstudium in Geschichte

Das Fachstudium in Geschichte ist nicht auf das jeweilige Abschlußziel hin bezogen, sondern findet integrativ statt und wird nur nach dem Gesamtumfang 54- bzw. 72-SWS unterschieden.[16] "Lehrer", "Lehrer mit zwei Fächern", aber auch "Studienräte", die Geschichte als zweites Fach studieren, müssen insgesamt 54 SWS nachweisen, "Studienräte" mit Geschichte als erstem Fach 72 SWS. In beiden Studiengängen liegt zwischen dem Grundstudium und dem Hauptstudium, in der Regel am Ende des 4. Studiensemesters, eine Zwischenprüfung. Vorausgesetzt werden ausreichende Sprachkenntnisse in Latein und einer neuen Fremdsprache (an der FU möchte man eine weitere Fremdsprache verlangen, ohne daß die Prüfungsordnung dies zwingend vorschreibt). Bis zum Ende des Grundstudiums müssen laut Prüfungsordnung in beiden Studiengängen eine Lehrveranstaltung in Geschichte des Altertums, des Mittelalters, der Frühen Neuzeit und des 19./20. Jahrhunderts nachgewiesen werden. Die Verteilung des zur Verfügung stehenden SWS-Volumens in beiden Studiengängen auf die einzelnen Bereiche der Geschichtswissenschaft im Grundstudium könnte demnach so aussehen, wie in Tabelle 9 dargestellt (je nach Akzentuierung der anderen Teilstudiengänge besteht ein Spielraum zwischen 26 und 36 SWS insgesamt).

Tabelle 9

Grundstudium Geschichte (54- und 72-SWS-Studiengang)

	Pflicht	Wahlpflicht	Wahl	SWS-Summe
Studieneinführung Quelleninterpretation Theorie/Methodologie	2			2
Altertum	2		4	6-8
Mittelalter	2	2	4	6-8
Neuzeit	2		4	6-8
19./20. Jahrh.	2		4	6-8
Vor- und Frühgeschichte	2			
Summe	12	2	16	30

Da dem "Lehrer" für sein Fachstudium nach Zwischenprüfung und dem empfohlenen berufspraktischen Semester nur noch zwei Semester Regelstudienzeit zur Verfügung stehen, sollte er allerdings sein Fachstudium im Grundstudium auf 34 SWS erhöhen, so daß nur noch weitere 20 SWS für das Hauptstudium verbleiben. Während sich an der TU eine Studienordnung abzeichnet, die im Grundstudium den Akzent auf die Vermittlung von Grundwissen durch obligatorische Vorlesungen, Übungen und Tutorien im Gesamtumfang von 34 SWS legt, möchte man an der FU den Pflichtbereich ausschließlich mit Proseminaren und Grundkursen bestreiten, hier allerdings über die Anforderungen der Prüfungsordnung hinaus sechs Leistungsscheine (3 in Alter und Mittelalterlicher Geschichte, 3 in der Geschichte der Neuzeit) verlangen.

In der Zwischenprüfung muß der Studierende nachweisen, ob er ein Thema jeweils aus der Alten, der Mittelalterlichen und der Neuzeitlichen Geschichte in den größeren historischen Zusammenhang einordnen kann. Dazu gehören Vertrautheit mit Fakten, Quellen und Forschungsstand. Die mündliche Prüfung dauert in jedem Bereich etwa zehn Minuten. Die Zwischenprüfung wird - wie an der FU bisher schon praktiziert - in allen drei Bereichen benotet und kann - insgesamt oder in einem Teilgebiet - wiederholt werden. Im Hauptstudium ist bis zur Prüfungsmeldung im 54-SWS-Studiengang ein Hauptseminarschein in Geschichte des Altertums oder des Mittelalters und ein weiterer Hauptseminarschein in Geschichte der Neuzeit zu erwerben. Im 72-SWS-Studiengang kommen zu dem Hauptseminarschein in Alter oder Mittelalterlicher Geschichte noch zwei Hauptseminarscheine aus der Geschichte der Neuzeit hinzu.

Unter diesen Prämissen könnte sich der schon skizzierte Studiengang im Hauptstudium so fortsetzen wie in Tabelle 10 (54 SWS) und Tabelle 11 (72 SWS) dargestellt (beim Hauptstudium besteht je nach Akzentuierung in den anderen Teilstudiengängen eine Variationsbreite von 18-26 SWS im 54-SWS-Studiengang und 36-46 SWS im 72-SWS-Studiengang):

Tabelle 10

Hauptstudium Geschichte (54-SWS-Studiengang)

	Pflicht	*Wahlpflicht*	*Wahl*	*SWS-Summe*
Theorie/Method. Histor.Hilfswiss. Histor.Landeskunde Nachbardisziplinen		2	2-4	4-6
Altertum	2		2-4	4-6
Mittelalter		2	2-4	4-6
Neuzeit	2		2-4	4-6
19./20. Jahrh.		2	2-4	4-6
SUMME	4	6	16	24

Tabelle 11

Hauptstudium Geschichte (72-SWS-Studiengang)

	Pflicht	Wahlpflicht	Wahl	SWS-Summe
Theorie/Method. Hist.Hilfswiss. Hist.Landeskunde Nachbardisziplinen		2	2-8	4-10
Altertum	2	4	2-4	6-8
Mittelalter		4	2-4	6-8
Neuzeit	2	4	2-4	6-8
19./20. Jahrh.	2	4	2-4	6-8
SUMME	6	18	18	42

Die Zulassungsvoraussetzungen zum Ersten Staatsexamen sehen eine alternative Schwerpunktsetzung in Alter oder Mittelalterlicher Geschichte vor. Demnach wird in beiden Studiengängen eine Spezialisierung auf Neuere und Alte oder Neuere und Mittelalterliche Geschichte im Hauptstudium ermöglicht. An der FU werden jedoch in beiden Studiengängen Lehrveranstaltungen in Alter, Mittelalterlicher und Neuerer Geschichte auch im Hauptstudium empfohlen. Ein Unterschied zwischen Freier und Technischer Universität zeichnet sich insofern ab, als an der TU testierte Vorlesungen als Obligatoria gelten sollen, während man an der FU nur Seminarveranstaltungen mit Leistungsnachweis (regelmäßige Anwesenheit, aktive Beteiligung, schriftliche Hausarbeit oder Referat oder Klausur) als solche anerkennen will. Studentische Leistungen in Lehrveranstaltungen werden an der TU nicht benotet, an der FU nur auf Wunsch des Studierenden.

Die konkreten Studieninhalte werden weitgehend von den detaillierten Anforderungen der Prüfungsordnung für das 1. Staatsexamen bestimmt (s.u. S. 108). Wegen der umfassenderen personellen Ausstattung ist die

FU allerdings besser in der Lage als die TU, die ganze Breite der inhaltlichen Möglichkeiten im Fachstudium Geschichte anzubieten.

2.4 Der fachdidaktische Teilstudiengang

Dreh- und Angelpunkt des fachdidaktischen Teilstudienganges ist das Unterrichtspraktikum.[17] Der "Lehrer" und der "Lehrer mit 2 Fächern" studieren jeweils pro Fach 10 SWS Fachdidaktik, der "Studienrat" in einem Fach 8, im anderen Fach 6 SWS Fachdidaktik. Von diesem relativ schmalen Deputat sind in jedem Fall 4 SWS zur Vorbereitung des jeweiligen Unterrichtspraktikums zu veranschlagen und 2 SWS für ein bei der Meldung zum Staatsexamen nachzuweisendes fachdidaktisches Hauptseminar, das erst nach erfolgreicher Teilnahme am Unterrichtspraktikum belegt werden kann und der vertieften Erarbeitung eines fachdidaktischen Problembereichs dient. "Wegen der Verpflichtung der Universität gegenüber Schule und Schülern, eine ausreichende Vorbereitung auf das Unterrichtspraktikum zu gewährleisten", möchte die TU im ersten Studienabschnitt 6 SWS Pflichtlehrveranstaltungen ansetzen.

Danach ergibt sich eine Gliederung des Studiums in der Didaktik jedes studierten Faches für die einzelnen Abschlußziele, wie sie in Tabelle 12 dargestellt ist.

Tabelle 12

	Einführungsbereich			*Vertiefungsbereich*		*SWS Summe*
	Pflicht	*Wahlpflicht*		*Pflicht*	*Wahlpflicht*	
Lehrer	*4*	*2*	*Unt.prakt.*	*2*	*2*	*10*
Lehrer mit 2 Fächern	*4*	*0-2*	*Unt.prakt.*	*2*	*2 4*	*10*
Studienrat	*4*		*Unt.prakt.*	*2*	*0-2*	*8/6*
Lehrer an Sonderschulen	*4*	*0-2*	*Unt.prakt.*	*2*	*2-4*	*10*

Ziel des Studiums in Fachdidaktik ist es, die theoretischen und praktischen Voraussetzungen zu schaffen, die dazu befähigen, um auf der Grundlage des jeweiligen fachwissenschaftlichen Erkenntnisstandes und der gesellschaftlichen Bedeutung der Lerninhalte sowie unter Berücksichtigung der Verständnisebene der Schüler und des Bildungsauftrages der Schule Fachunterricht zu analysieren, zu planen, unter Betreuung durchzuführen und auszuwerten. Inhalte des Studiums sind nicht nur Planungs- und Analyseverfahren für Unterricht, sondern auch Lehr- und Lernprozeßterminanten; curriculare Konzeptionen; Ziele, Inhalte sowie fachspezifische Methoden und Medien; Differenzierungs-, Forschungs-, Diagnose- und Beurteilungsmöglichkeiten im Fachunterricht sowie dessen geschichtliche Entwicklung.

Die beiden fachdidaktischen Pflichtlehrveranstaltungen im Grundstudium sind: Einführung in die Dimensionen und Probleme der Fachdidaktik (Literaturkurs) und danach, d.h. unmittelbar vor dem Praktikum, ein Seminar zur Analyse, Planung und Auswertung von Fachunterricht, das in der Regel bei dem Hochschullehrer belegt wird, der auch das Unterrichtspraktikum betreut.

Das vierwöchige Unterrichtspraktikum, das von einer jeweils 14-tägigen Vor- und Nachbereitungsphase umrahmt wird, will den Studierenden durch Beteiligung an und relativ selbständiger Gestaltung von Geschichtsunterricht Handlungserfahrungen vermitteln. Sie sollen insbesondere lernen,

- die Implikationszusammenhänge fachdidaktischer Entscheidungen zu erfassen;
- beobachtete und eigene Praxiserfahrungen mit kritischer Distanz nach unterrichtswissenschaftlichen Kriterien produktiv zu verarbeiten;
- in eigenen Unterrichtsversuchen persönliche Fähigkeiten auf der Grundlage sorgfältiger Planung zu erproben.

Durch dieses intensiv vorbereitete und betreute berufsfeldbezogene Probehandeln wird den Studierenden Gelegenheit gegeben, zugleich erste didaktische Kompetenz zu erwerben und die eigene Studien- und Berufswahl zu prüfen.

Die Vorbereitungsphase dient dem Praktikanten dazu, die speziellen schulischen Rahmenbedingungen seiner Unterrichtsversuche zu erkunden und diesen Unterricht in all seinen Teilbereichen vorzubereiten. Hochschullehrer an der Universität und Mentor an der Schule stehen dabei anleitend und beratend zur Verfügung. Im schulpraktischen Teil des Unterrichtspraktikums sind 8-12 Unterrichtsstunden schriftlich zu planen und - wenn möglich - in zwei Jahrgangsstufen durchzuführen. Mindestens 6 Unterrichtsversuche sollen eine zusammenhängende Thematik umfassen. Außerdem sind 12-16 Unterrichtsstunden bei Kommilitonen, Mentor und anderen Lehrern der Praktikumsschule in möglichst unterschiedlichen Klassenstufen zu hospitieren. Insgesamt muß der Praktikant mindestens 50 Zeitstunden in der Schule anwesend sein. Die Aufgabe von Mentor und Hochschullehrer besteht insbesondere darin, den Praktikanten bei der Vorbereitung seiner Unterrichtsversuche zu betreuen, ihn zu realitätsbezogenen Experimenten zu ermutigen und ihn bei der Analyse seiner Erfahrungen zu unterstützen. Der Mentor ist verpflichtet, bei allen Unterrichtsversuchen des Praktikanten anwesend zu sein, der Hochschullehrer kommt zu drei Unterrichtsbesuchen mit anschließendem Beratungsgespräch. Die Nachbereitungsphase dient der Auswertung der in der Schule gemachten Erfahrungen. Daraus entsteht ein Praktikumsbericht, der spätestens zwei Monate später dem Hochschullehrer und der Schule vorzulegen ist. Er enthält allgemeine Ausführungen zum Ablauf des Praktikums, die Darstellung der für die eigenen Unterrichtsversuche relevanten Planungselemente, alle Unterrichtsentwürfe und kritischen Nachbetrachtungen zum Verlauf dieser Unterrichtsversuche. Auf der Grundlage der gemachten Erfahrungen wird schließlich mit Hilfe wissenschaftlicher Literatur ein spezieller Problembereich des Geschichtsunterrichts theoretisch aufgearbeitet.

Die ergänzenden Lehrveranstaltungen im geschichtsdidaktischen Teilstudiengang werden vom Studenten nach Interesse zur Erweiterung und Vertiefung seines Studiums aus dem Angebot frei ausgewählt. Dies können Überblicksvorlesungen, Übungen zu handwerklichen Fähigkeiten oder Seminare zu mehr theoretischen Themen sein. Wegen der Mittlerfunktion jeder Fachdidaktik zwischen Fach- und Erziehungswissenschaft kommen hier auch interdisziplinär angelegte Lehrveranstaltungen in Frage. Leistungsnachweise einschließlich der Bestätigung der erfolgreichen Teilnahme am Praktikum, das übrigens wiederholt werden kann, werden im fachdidaktischen Teilstudiengang nicht benotet.

2.5 Das erste Staatsexamen

Die Anforderungen im Ersten Staatsexamen an die einzelnen Lehramtskandidaten sind sehr unterschiedlich: "Lehrer" und "Studienräte" haben vier Prüfungsteile zu bewältigen, bei "Lehrern mit 2 Fächern" und "Lehrern an Sonderschulen" besteht die Erste Staatsprüfung dagegen aus fünf Prüfungsteilen.[18] Allen gemeinsam ist eine 60-minütige Prüfung in Erziehungswissenschaft und der gewählten anderen Sozialwissenschaft. Diese Teilprüfung kann schon nach dem 6. Studiensemester abgelegt, d.h. vorgezogen werden. Alle Lehramtskandidaten müssen vor der Meldung zur Prüfung eine wissenschaftliche Hausarbeit schreiben, für die vier Monate Bearbeitungszeit nach Ausgabe des Themas zur Verfügung gestellt wird. Hierfür ist nur der "Studienrat" auf sein 1. Prüfungsfach festgelegt, während für alle anderen Lehrämter als Wissenschaftsdisziplin, in der die Hausarbeit geschrieben wird, zur Auswahl steht: Erziehungs- bzw. Sozialwissenschaft, Grundschulpädagogik, Fachdidaktik oder Fach. Wählt der "Lehrer" für die Hausarbeit allerdings ein anderes Gebiet als Grundschulpädagogik, so muß er die Klausur in Grundschulpädagogik schreiben. Das Thema der Hausarbeit wird nach einem Vorschlag eines Hochschullehrers, der vom Prüfungskandidaten genannt worden ist, vom Prüfungsamt gestellt und soll "nach Möglichkeit" einen "Bezug zu Unterricht, Erziehung und Schule" haben. Für alle Lehramtskandidaten, die ein 54-SWS-Geschichtsstudium absolviert haben, ist weiterhin die Anforderung gleich, eine 4-stündige Klausur und eine 1-stündige mündliche Prüfung in diesem Fach einzubringen. Ist Geschichte im Lehramtsstudium des "Studienrats" als 1. Fach, das heißt mit 72 SWS, studiert worden, so sind zwei Klausuren und eine mündliche Prüfung zu absolvieren. Es gibt aber auch 54-SWS-Fächer, in denen zwei Klausuren geschrieben werden müssen (z.B. in Deutsch und allen Fremdsprachen).

Prüfungsthemen dürfen sich in den einzelnen Prüfungsteilen nicht wiederholen, in den mündlichen Prüfungen dürfen die Wahlgebiete, die vom Kandidaten genannt worden sind und in denen gründliche Kenntnisse nachgewiesen werden müssen, nicht allein Gegenstand des Prüfungsgesprächs sein. Für jeden Prüfungsteil wird vom Prüfungsamt eine 4er-Kommission aus zwei Hochschullehrern und zwei Vertretern der Schulaufsicht zusammengestellt, von denen einer in der Regel ein Schulpraktiker und der zweite, den das Prüfungsamt stellt, der Kommissionsvorsitzende ist, der bei Stimmengleichheit in der Beurteilung der Prüfungsleistung das ausschlaggebende Votum hat. Einer der beiden Hochschullehrer kann vom Kandidaten gewählt werden. Die wissenschaftliche Hausarbeit wird in die Kommission einbezogen, zu deren Prüfungsteil das Thema gehört.

Die einzelnen Prüfungsleistungen werden durch die jeweilige 4er-Kommission in der üblichen Notenskala von 1-6 bewertet. Für jeden Prüfungsteil ist eine zusammenfassende Note zu ermitteln; ist sie nicht mindestens mit 4,0 ausgefallen, muß nach sechs Monaten eine Teilwiederholungsprüfung abgelegt werden. Bei der Feststellung des Gesamtergebnisses des Ersten Staatsexamens sind die einzelnen Prüfungsteile bei den verschiedenen Lehrämtern unterschiedlich gewichtet. Beim "Lehrer mit 2 Fächern" sieht die Akzentuierung folgendermaßen aus: Hausarbeit = 16,7%, Erziehungs-/Sozialwissenschaft = 16,7%, Grundschulpädagogik und Fachdidaktik oder beide Fachdidaktiken = 16,7%, Fach = 25%. Beim "Studienrat", der weder einen grundschulpädagogischen noch fachdidaktischen Prüfungsteil hat, sieht das Verhältnis so aus: Hausarbeit = 16,7%, EWS = 16,7%, 1. Fach = 41,7%, 2. Fach = 25%.

Die Prüfungsinhalte in den einzelnen Wissenschaftsdisziplinen sind in der Prüfungsverordnung relativ genau festgelegt. Unterschieden wird nach Überblickswissen, Fähigkeiten, Kenntnissen und gründlichen Kenntnissen. <u>In Erziehungswissenschaft und der gewählten anderen Sozialwissenschaft</u> sind gründliche Kenntnisse in zwei Wahlgebieten nachzuweisen, die aus je einem unterschiedlichen Studiengebiet pro Disziplin zu nehmen sind. Entsprechend den fünf Studienbereichen stehen fünf Prüfungsbereiche zur Auswahl.

In <u>Grundschulpädagogik</u> müssen Kenntnisse und gründliche Kenntnisse jeweils an grundschulspezifischen Inhalten unter Berücksichtigung besonderer Fragestellungen eines didaktischen Schwerpunktes nachgewiesen werden, z.B. Ziele und Inhalte von Grundschulunterricht unter besonderer Berücksichtigung des Erstlese- und Erstschreibunterrichts, Unterrichtsverfahren und -medien im mathematischen Anfangsunterricht, Lehr- und Lernbedingungen in technisch-naturwissenschaftlichem Unterricht, curriculare Konzeptionen für die musisch-ästhetische Erziehung. Weitere Wahlgebiete sind: Unterrichtsplanungs- und Analysemodelle, Diagnose- und Beurteilungsproblematik, Differenzierungs- und Förderungsmaßnahmen, Unterricht als Erfahrungs- und Handlungsfeld. Hieraus sind vom Kandidaten, der "Lehrer mit 2 Fächern" werden will, also Grundschulpädagogik unter Berücksichtigung eines didaktischen Schwerpunktes eines Lernbereiches studiert hat, drei verschiedene Wahlgebiete zu nennen, in zweien hat er Kenntnisse und im dritten gründliche Kenntnisse nachzuweisen. Die mündliche Prüfung in Grundschulpädagogik dauert 30 Minuten. Wer das Abschlußziel "Lehrer" anstrebt, also Grundschulpädagogik mit einem Lernbereich unter Berücksichtigung von Aspekten des Schriftspracherwerbs studiert hat, muß in beiden didaktischen Schwerpunkten seines gewählten Lernbereichs gründliche Kenntnisse in je einem der genannten Wahlgebiete nachweisen. Außerdem werden Kenntnisse in je einem anderen Wahlgebiet in beiden didaktischen Schwerpunkten sowie von Aspekten des Schriftspracherwerbs verlangt. Auch hier dauert die mündliche Prüfung in Grundschulpädagogik 30 Minuten.

Mit dieser mündlichen Prüfung verbunden ist eine ebenfalls 30-minütige Prüfung in Fachdidaktik. Auch hierfür kann der Kandidat für das Amt des "Lehrers" und des "Lehrers mit 2 Fächern" zwei Wahlgebiete benennen, in denen er gründliche Kenntnisse nachzuweisen hat. Hierfür stehen zur Auswahl:

1. Curriculare Konzeptionen
2. Unterrichtsplanungs- und Analysemodelle
3. Lehr- und Lernbedingungen
4. Ziele, Inhalte und Lehrpläne
5. Unterrichtsverfahren und -medien
6. Diagnose von Lernprozessen und Beurteilungsproblematik
7. Differenzierung und Förderung
8. Unterricht als Erfahrungs- und Handlungsfeld.

Auch andere Themen sind möglich, sie müssen den genannten aber in Art und Umfang entsprechen. Zur Geschichte des jeweiligen Schulfaches, seiner Stellung im Lehrangebot der Schule und zum Verhältnis der jeweiligen Fachdidaktik zu ihren Bezugswissenschaften wird Überblickswissen erwartet.

Die Examensinhalte der Fachprüfung in Geschichte orientieren sich an den beiden Prüfungsbereichen Altertum oder Mittelalter und Neuzeit. Fähigkeiten sind in den Bereichen Quellenkritik und Quelleninterpretation, angemessene Verarbeitung der Fachliteratur sowie Darstellung historischer Sachverhalte auch in ihrem jeweiligen Kontext und Gegenwartsbezug nachzuweisen. Kenntnisse beziehen sich auf Theorie und Methodologie der Geschichtswissenschaft sowie auf historisches Fundamentalwissen von den altorientalischen Hochkulturen bis zu politischen Ideen und

Systemen der Gegenwart. Gründliche Kenntnisse müssen in Wahlgebieten nachgewiesen werden, und zwar sind für jeden der beiden Prüfungsbereiche zwei Wahlgebiete zu benennen. Wahlgebiete setzen sich wiederum aus Teilgebieten zusammen, und zwar sind das Epochen und epochenübergreifende Sachgebiete. Die Prüfungsordnung nennt folgende 6 Teilgebiete:

Altertum:	1.	Altorientalische und griechische Geschichte
	2.	Römische Geschichte
Mittelalter:	3.	Frühes und hohes Mittelalter
	4.	Spätes Mittelalter
Neuzeit:	5.	Frühe Neuzeit
	6.	19. und 20. Jahrhundert.

Hinzu kommen folgende 7 Sachgebiete:

1. Politische Geschichte
2. Verfassungs- und Rechtsgeschichte
3. Wirtschafts- und Sozialgeschichte
4. Religions- und Kirchengeschichte
5. Geistesgeschichte
6. Technikgeschichte
7. Landes- und Regionalgeschichte.

Jeder Prüfling gibt zu jedem seiner beiden Prüfungsbereiche zwei Wahlgebiete an, die sich wiederum aus einem epochalen Thema und einem Problemzusammenhang eines Sachgebietes zusammensetzen. In der Neuzeit soll ein Wahlgebiet der Geschichte eines außerdeutschen Landes gewidmet sein. In der 60-minütigen Prüfung in Geschichte müssen gründliche Kenntnisse also z.B. an folgenden Themen nachgewiesen werden:

1. Aufstieg und Niedergang der griechischen Polis
2. Römische Kaiserzeit
3. Das Zeitalter des französischen Absolutismus'
4. Die Geschichte der Judenemanzipation und des Antisemitismus' in Deutschland.

Aus den vom Prüfungskandidaten zu benennenden Wahlgebieten sind auch die Themen der Hausarbeit und der Aufsichtsarbeiten zu entnehmen. Wahlgebiete, die für Hausarbeit oder Klausur schon genannt worden sind, stehen für die mündliche Prüfung allerdings nicht mehr zur Verfügung. Als Klausur ist eine Quelleninterpretation vorgesehen. Während sich die Prüfung nach einem 54-SWS-Geschichtsstudium auf das historische Faktenwissen in jedem Wahlgebiet beschränkt, wird in 72-SWS-Geschichtsstudium, also beim "Studienrat" mit Geschichte als 1. Fach, zusätzlich noch historiographisches Hintergrundwissen zum Prüfungsgegenstand erwartet. Hier ist nicht eine, wie beim Studienanteil von 54 SWS, sondern es sind zwei Klausuren, in alter oder mittelalterlicher und in neuzeitlicher Geschichte, zu schreiben.

Eine Gegenüberstellung der Prüfungsteile aller Lehrertypen mit einem Geschichtsstudium kommt zu folgendem Ergebnis, wobei von den identischen Teilen Hausarbeit und mündliche Prüfung in Erziehungs- und der anderen gewählten Sozialwissenschaft abgesehen wird:

Der "Lehrer" schreibt zwei Klausuren à 4 Stunden (eine entweder in Grundschulpädagogik oder Fachdidaktik und eine zweite aus einem Wahlgebiet der Geschichte), und er hat zwei mündliche Prüfungen à 60 Minuten (30 Minuten Grundschulpädagogik, 30 Minuten Fachdidaktik; 30 Minuten Alte oder Mittelalterliche Geschichte, 30 Minuten Neuzeit) zu absolvieren.

Der "Lehrer mit 2 Fächern" schreibt drei Klausuren à 4 Stunden (1. Variante: Eine entweder in Grundschulpädagogik oder einer Fachdidaktik nach Wahl, eine zweite in einem Wahlgebiet der Geschichte, eine dritte im anderen Fach. 2. Variante: Eine in einer Fachdidaktik nach Wahl, eine zweite in einem Wahlgebiet der Geschichte, eine dritte im anderen Fach), und er hat drei mündliche Prüfungen à 60 Minuten (nach der 1. Variante: 30 Minuten Alte oder Mittelalterliche Geschichte, 30 Minuten Neuzeit; 60 Minuten im anderen Fach. Nach der 2. Variante: 30 Minuten in Geschichtsdidaktik, 30 Minuten in der anderen Fachdidaktik; 30 Minuten Alte oder Mittelalterliche Geschichte, 30 Minuten Neuzeit; 60 Minuten im anderen Fach) zu bewältigen.

Der "Lehrer an Sonderschulen" schreibt drei Klausuren à 4 Stunden (eine in der sonderpädagogischen Grundwissenschaft, eine zweite in einer sonderpädagogischen Fachrichtung nach Wahl, eine dritte in einem Wahlgebiet der Geschichte), und er hat drei mündliche Prüfungen à 60 Minuten (30 Minuten sonderpädagogische Grundwissenschaft, 30 Minuten Geschichtsdidaktik; 60 Minuten in zwei sonderpädagogischen Fachrichtungen nach Wahl; 30 Minuten in Alter oder Mittelalterlicher Geschichte, 30 Minuten Neuzeit) zu bewältigen.

Der "Studienrat" schreibt drei Klausuren à 4 Stunden (zwei im 1. Fach, die 3. im 2. Fach), und er hat zwei mündliche Prüfungen à 60 Minuten (30 Minuten Alte oder Mittelalterliche Geschichte, 30 Minuten Neuzeit; 60 Minuten im 2. Fach) zu absolvieren.

Dieser Vergleich macht deutlich, daß Absolventen mit dem Studienziel "Studienrat", weil sie weder in Grundschulpädagogik noch in Fachdidaktik geprüft werden, gegenüber dem "Lehrer mit 2 Fächern" eine 60minütige mündliche Prüfung weniger zu bewältigen haben.

3. Zweite Ausbildungsphase

Mit dem erfolgreichen Abschluß des Studiums im Ersten Staatsexamen erwirbt der Student ein Anrecht, als Lehramtsanwärter zur "Schulpraktischen Ausbildung" zugelassen zu werden.[19] Dieser "Vorbereitungsdienst" dauert 18 Monate und ist in drei Halbjahre gegliedert. Die Zulassung erfolgt zweimal jährlich (Mai und November) auf Antrag nach einem komplizierten Verfahren, um Angebot (Ausbildungskapazität der Schulen) und Nachfrage (Ausbildungsunterricht der Lehramtsanwärter) in Einklang zu bringen. Bei jedem Termin sind vorab 10% der Ausbildungsplätze auf "Fälle außergewöhnlicher Härte", vom Rest 65% nach Qualifikation und 35% nach Dauer der Wartezeit zu verteilen. Die Wartezeit der Bewerber darf nicht mehr als 30 Monate dauern. Unter Berufung in das Beamtenverhältnis auf Widerruf wird jeder Bewerber je nach Abschluß des 1. Staatsexamens in die Laufbahn des "Lehreranwärters" oder des "Studienreferendars" eingruppiert. Entsprechend findet die Ausbildung getrennt nach diesen beiden Laufbahnen statt. Jeweils nach dem 1. und 2. Ausbildungshalbjahr besteht für den Lehramtsanwärter die Möglichkeit, das Schulpraktische Seminar zu wechseln. Es gibt insgesamt in Berlin (West) mehr als 40 Schulpraktische Seminare mit jeweils maximal 55 Lehramtsanwärtern.

Die Ausbildungsordnung, seit Dezember 1980 in Kraft, gilt ebenso wie die Prüfungsordnung für das zweite Staatsexamen vom Dezember 1981 für alle Lehrämter gleichermaßen. Unterschiede in den Anforderungen gibt es nur im Anteil des Ausbildungsunterrichts und beim Volumen der Seminarveranstaltungen. Der Ausbildungsunterricht umfaßt beim Lehreranwärter 12 Wochenstunden, beim Studienreferendar 10 Wochenstunden, die Ausbildung im Schulpraktischen Seminar beträgt beim Studienreferendar dagegen zugunsten der beiden fachdidaktischen Anteile 13 Wochenstunden gegenüber 11 Wochenstunden für den Lehreranwärter. Die Verteilung der insgesamt jeweils 23 Wochenstunden (WS) auf die einzelnen Ausbildungsbereiche wird in Tabelle 13 dargestellt.

Tabelle 13

	Lehreranwärter	*Studienreferendar*
Allgemeines Seminar	3	3
Fachseminar 1	3	4
Fachseminar 2	3	4
Ergänzungskurse	2	2
Ausbildungsunterricht	12	10
WS-Summe	23	23

Die Unterrichtsstunden sollen sich gleichmäßig pro Fach auf Hospitationen, Unterricht unter Anleitung und selbständigen Unterricht verteilen. Ziel der Ausbildung in der 2. Phase ist es, "die Lehramtsanwärter mit den Anforderungen der Schul- und Unterrichtspraxis vertraut (zu) machen und sie zu selbständiger Arbeit in Unterricht und Erziehung (zu) befähigen."

Die Ausbildung im Allgemeinen Seminar, das vom Leiter des Schulpraktischen Seminars geleitet wird, dient der "Entwicklung einer theoriebezogenen Handlungsfähigkeit" für alle Aufgaben in Unterricht und Erziehung. Dementsprechend wiederholen sich viele Themen, die schon in der 1. Phase der Ausbildung zu behandeln waren; allerdings ist nun "von konkreten Sachverhalten auszugehen". Im einzelnen soll der Lehramtsanwärter lernen,

- Unterricht zu planen, organisatorisch vorzubereiten und durchzuführen;
- fremden und eigenen Unterricht zu analysieren;
- mit Schülern und Schülergruppen umzugehen und "im Gesamtrahmen der Schule mitzuarbeiten";
- konkrete Erziehungsprobleme in Zusammenarbeit mit schulischen und außerschulischen Einrichtungen zu bewältigen;
- pädagogische Forschungen und Entwicklungen im Bildungswesen zu verfolgen.

Die Lehramtsanwärter sind außerdem in die Aufgaben der politischen Bildung einzuführen und in Ergänzungskursen mit den schulrechtlichen Rahmenbedingungen vertraut zu machen. Hierzu können Fachleute als Dozenten herangezogen werden, für Übungen zum Lehrerverhaltenstraining steht in Berlin eine "Zentrale Einrichtung für Lehrerverhaltenstraining und Unterrichtsdokumentation" (ZLU) zur Verfügung.

Inhaltlich und organisatorisch werden diese Rahmenvorgaben in den einzelnen Seminaren natürlich unterschiedlich gefüllt. In der Regel wird das erste Ausbildungshalbjahr berufseinführend vom Seminarleiter gestaltet, im zweiten Ausbildungshalbjahr erarbeiten die Lehramtsanwärter entsprechend ihren individuellen Interessen Schwerpunktthemen (Referate) und im dritten Ausbildungshalbjahr, in dem auch die Hausarbeit angefertigt wird, besteht die Möglichkeit zur Orientierung über Probleme und Institutionen im schulischen Berufsfeld mit Hilfe von Spezialvorträgen oder Erkundungen bzw. Exkursionen.

Gegenstand der Fachseminare sind die Möglichkeiten der Unterrichtsgestaltung im jeweiligen Fach. Die Ausbildung bezieht sich hier auf die Planung und Erprobung von Unterrichtseinheiten sowie auf die Unterrichtsbeobachtung und -analyse. Soweit hierbei auf fachdidaktische Kategorien,

Theorien und Planungsmodelle zurückgegriffen wird, kann ebenfalls auf Grundlagen aufgebaut werden, die schon im Studium gelegt wurden. Jeder Fachseminarleiter betreut etwa zehn Lehramtsanwärter. Die inhaltliche und organisatorische Ausgestaltung der Fachseminare ist nicht reglementiert. Sie wird weitgehend bestimmt von den konkreten Unterrichtsanforderungen der Lehramtsanwärter und der Vorbereitung der Hausarbeit. Auch Kriterien einer sachgerechten Unterrichtsanalyse und -bewertung werden sowohl in den Seminarveranstaltungen wie den Unterrichtsbesuchen thematisiert.

Der Ausbildungsunterricht der Lehramtsanwärter ist - je nach individuellem Ausbildungsstand - auf Hospitationen, Unterricht unter Anleitung eines erfahrenen Kollegen und selbständigen Unterricht zu verteilen. Das Lehrerbildungsgesetz schreibt vor, daß für

- "Lehrer" Unterricht der Klassen 2-6 der Grundschule,
- "Lehrer mit 2 Fächern" Unterricht in der Haupt-, Real- oder Gesamtschule und
- "Studienräte" Unterricht im Gymnasium und der Gesamtschule

"zur Ausbildung geeignet ist". Lehreranwärter sollen schon im 1. Ausbildungshalbjahr 4, höchstens 10 Wochenstunden selbständig unterrichten, Studienreferendare dagegen erst im 2. Halbjahr 4, höchstens 8. Da es in Berlin je nach Schulart und -stufe die Unterrichtsfächer Geschichte, Geschichte/Sozialkunde, Gesellschaftskunde, Politische Weltkunde, Weltkunde und Soziologie gibt, sind Absolventen sowohl des Geschichts- als auch des Politologie-Studiums in allen diesen Fächern einsetzbar. Dementsprechend werden sie auch in der 2. Phase von einem Fachseminarleiter ausgebildet.

Jedem Lehramtsstudenten steht an seiner Ausbildungsschule nicht nur ein "anleitender Lehrer" zur Verfügung, der ihm für Übungsunterricht seine Klasse oder Lerngruppe zur Verfügung stellt, sondern auch ein Mentor, der ihm helfen soll, sich in die vielfältigen Formen des Tätigkeitsbereichs Schule einzuarbeiten. Als eine Art Moderator und Ausbildungsberater koordiniert er die Belastungen des Lehramtsanwärters je nach individuellen und situativen Bedingungen.

Während der Ausbildungszeit werden die Lehramtsanwärter ein erstes Mal nach Abschluß des 2. Ausbildungshalbjahres von ihren beiden Fachseminarleitern, vom Schulleiter und vom Leiter des Schulpraktischen Seminars beurteilt. Diese Gutachten über Eignung, Fähigkeiten, Kenntnisse und Leistungen enden in einer Note und sind dem Lehramtsanwärter zur

Kenntnis zu geben. Der Schulleiter kann sich auf eigene Beobachtungen und Unterrichtsbesuche sowie die Erfahrungen der anleitenden Lehrer und des Mentors stützen, der Fachseminarleiter auf seine Unterrichtsbesuche und Seminarveranstaltungen, der Leiter des Schulpraktischen Seminars hat die Gutachten des Schulleiters und der Fachseminarleiter zu berücksichtigen. In gleicher Weise werden kurz vor Ende der Ausbildungszeit von den beiden Fachseminarleitern und dem Schulleiter sog. Endgutachten angefertigt, deren Noten vom Seminarleiter zusammen mit dessen eigener Beurteilung zu einer Gesamtnote zusammengefaßt werden, die als Vorzensur neben den Benotungen für die schriftliche Prüfungsarbeit, die mündliche Prüfung sowie die beiden Lehrproben ebenfalls zu 1/5 in das Gesamtergebnis der Zweiten Staatsprüfung einfließt.

Im Zweiten Staatsexamen muß der Prüfungskandidat nachweisen, ob er für das von ihm angestrebte Lehramt "geeignet" ist. Er hat insbesondere zu zeigen, ob er

- in seinen Fächern erfolgreich unterrichten und diesen Unterricht sachgerecht analysieren und bewerten kann;
- über Grundkenntnisse in Allgemeiner Didaktik, Pädagogischer Psychologie, Soziologie der Erziehung und Politischer Bildung verfügt sowie Grundzüge der Schulkunde kennt;
- gründliche Kenntnisse in der Didaktik seiner Fächer besitzt.

Die Prüfung besteht aus einem schriftlichen, einem unterrichtspraktischen und einem mündlichen Teil. Das Thema der schriftlichen Arbeit wird auf Vorschlag des Fachseminarleiters, der Wünsche des Prüfungskandidaten berücksichtigt, 7-5 Monate vor Ende der Ausbildung gestellt. Es soll aus der Unterrichts- und Erziehungspraxis des Kandidaten erwachsen und thematisch so klar begrenzt sein, daß 50 Textseiten Umfang nicht überschritten werden. Drei Bereiche stehen zur Auswahl:

1. Darstellung der Planung, Durchführung und Analyse einer Unterrichtseinheit konzentriert auf einen inhaltlichen, intentionalen, methodischen oder medialen Schwerpunkt;
2. Untersuchung einer Variablen des Unterrichts;
3. Untersuchung eines pädagogischen Sachverhalts oder Problems.

Beispiele für Examensarbeiten hierzu sind:

1. Erprobung der didaktischen Konzeption des Lehrbuches "Fragen an die Geschichte" im Rahmen einer Stundenfolge über die Entstehung der USA (8. Kl.)
2. Vorbereitung, Durchführung und Auswertung eines Museumsbesuches im Rahmen einer Unterrichtsreihe über die Gesellschaft des Deutschen Kaiserreiches (9. Kl.)
3. Der Einsatz von Lernspielen im Fach Gesellschaftskunde und seine Auswirkungen auf das Lernverhalten im Nachmittagsunterricht der 7. Jahrgangsstufe einer Gesamtschule.

Die Note für die Hausarbeit wird von demjenigen Mitglied der Prüfungskommision, welches das Thema gestellt hat, in einem Gutachten vorgeschlagen. Der Prüfungsausschuß, dem ein Vertreter der Senatsschulverwaltung als Vorsitzender, der Leiter des Schulpraktischen Seminars, zwei Fachseminarleiter, der Schulleiter und ein Vertreter der Lehrerschaft angehören, legt sie zwischen der Lehrprobe und dem Analysegespräch endgültig fest. Unterrichtspraktische und mündliche Prüfung finden an einem Tag statt. Der Prüfungskandidat für das Amt des Lehrers hat zunächst eine Unterrichtsstunde in einem Fach und im vorfachlichen Unterricht, die Kandidaten für die Ämter "Lehrer mit 2 Fächern" bzw. "Studienrat" haben in ihren beiden Fächern je eine Unterrichtsstunde zu halten. "Studienräte" halten eine Stunde der unterrichtspraktischen Prüfung in der Mittelstufe, die andere in der Oberstufe. Die Unterrichtsthemen werden dem Prüfungskandidaten drei Tage vor der Prüfung genannt. Die mündliche Prüfung dauert 60 Minuten und erstreckt sich auf die Gegenstände des allgemeinen Seminars und der beiden Fachseminare. Die Aufgaben sollen auf den Theorie-Praxis-Bezug zielen, Problembezug haben und eine bewertbare Darstellung ermöglichen. Eine mündliche Prüfung kann mit Einverständnis des Kandidaten entfallen, wenn die Vornote sowie die Noten in der Hausarbeit und den beiden Lehrproben mindestens "gut" lauten.

Mit dem Bestehen der Zweiten Staatsprüfung erwirbt der Lehramtsanwärter die Befähigung zur Anstellung in dem Amt, für das er ausgebildet wurde. Nur der Anwärter auf die Studienratslaufbahn ist berechtigt, die Bezeichnung "Assessor des Lehramtes" zu führen. Eine Einstellungsgarantie aber gibt es für keinen Lehramtsanwärter, der die Zweite Staatsprüfung bestanden hat.

4. Fazit

Zusammenfassend und rückblickend ist zur Reform der Lehrerausbildung in Berlin (West) festzustellen: Das Ergebnis ist von dem Ziel der lehramts unabhängigen Professionalisierung in der integrierten Ausbildung an Gesamthochschulen weit entfernt. Die von oben, d.h. administrativ über das Lehrerbildungsgesetz, das Berliner Hochschulgesetz, die Prüfungsordnungen des 1. und 2. Staatsexamens in Gang gesetzte Ausbildungsreform für

Lehrer hat trotzdem sowohl in der 1. wie in der 2. Phase wesentliche Veränderungen gebracht:

- In der 1. Phase machen alle Lehramtsstudenten, also auch die zukünftigen Studienräte, drei Schulpraktika, wovon insbesondere die beiden 4-wöchigen Unterrichtspraktika berufspraktische Erfahrungen ermöglichen;
- der Anteil des fachwissenschaftlichen Studiums für die "Lehrer" und "Lehrer mit 2 Fächern" hat sich mehr als verdoppelt;
- in der 2. Phase absolvieren alle Lehramtsanwärter, also auch die zukünftigen "Lehrer" und "Lehrer mit 2 Fächern", einen Vorbereitungsdienst (das Wort "Referendariat" wird allerdings für sie im Hinblick auf die Gymnasiallehrer vermieden).

Die Reform der Lehrerausbildung hat dazu geführt, daß Fachdidaktik als eigenständige Disziplin an den Universitäten institutionell verankert wurde. Da die Magister-Studiengänge an TU und FU jedoch keinen fachdidaktischen Anteil aufweisen, ist eine Durchlässigkeit des Lehramts- und Magister-Studiums leider nicht gegeben. Fachdidaktik ist ausschließlich auf Lehr- und Lernprozesse in der Schule hin orientiert, ein in der Geschichtsdidaktik vorhandenes weiteres Selbstverständnis, das auch außerschulische Vermittlungsprozesse von Geschichte berücksichtigt, die Entstehung und Veränderung von Geschichtsbewußtsein z.B. in Massenmedien, Museen und Ausstellungen, wird durch die Prüfungs- und Studienordnungen nicht unterstützt. Das ist deshalb vor allem bedauerlich, weil gerade in den Berufsfeldern, die für Magister in Frage kommen, Vermittlungskompetenz erwartet wird.

Eine "Entrümpelung" der fachwissenschaftlichen Studiengänge (P. Glotz zur Zeit, als er Wissenschaftssenator in Berlin war) zeichnet sich nicht ab, so daß die Einbeziehung professionalisierender Elemente in das Studium der zukünftigen Gymnasiallehrer sowie die Erhöhung fachlicher Kompetenz der zukünftigen Grund-, Haupt- und Realschullehrer eine Mehrbelastung der Anforderungen an die Studierenden bedeutet. Der alte Studiengang des "Studienrats" sah keine Pflichtveranstaltungen in Fachdidaktik vor, der neue dagegen 8 SWS im ersten und 6 SWS im zweiten Fach. Hinzu kommt die Ablösung der beiden Hospitationspraktika durch ein Orientierungs- und zwei Unterrichtspraktika. Dagegen fällt die leichte Reduzierung des Fachstudiums kaum ins Gewicht. Beim "Lehrer" und "Lehrer mit zwei Fächern" ist das 25-SWS-Fachstudium auf 54 SWS erweitert worden, während das erziehungs- und sozialwissenschaftliche Studium von 30 auf 20 SWS eingeschränkt wurde. Wie schwer sich die Historiker mit der neuen Situation tun, zeigt sich z.B. daran, daß man am Fachbereich Geschichtswissenschaften der FU noch 1985 um eine neue Studienordnung für Lehrerstudenten bemüht war. Da in der Vergangenheit schon die durchschnittliche Studiendauer 12-13 Semester betrug, kann mit Sicherheit vorausgesagt werden, daß Lehrerstudenten zukünftig keine Chance haben werden, die Regelstudienzeit einzuhalten.

Daß die zukünftigen Gymnasiallehrer eine 60-minütige mündliche Prüfung weniger im Ersten Staatsexamen haben als die späteren Lehrer an Grund-, Haupt- und Realschulen, ist nicht nur ungerecht, sondern auch unklug im Hinblick auf die damit verbundene Steuerung der Wahl des Abschlußzieles der Lehramtsstudenten. Es ist nicht einzusehen, warum "Studienräte" die Ergebnisse ihres Studiums in beiden Fachdidaktiken nicht in zwei miteinander verbundenen mündlichen Prüfungen à 30 Minuten nachweisen sollen. Dadurch würden die Anforderungen im Ersten Staatsexamen aller Lehrämter wieder ausgeglichen.

Daß Lehramtsanwärter, die Geschichte studiert haben, sozialkundliche und "Politologen" historische Themen zu unterrichten haben, ist kaum als sachangemessen zu bezeichnen. Das kann nur zu Dilettantismus oder Überforderung führen. Hier wäre entweder eine Trennung der Unterrichtsfächer in Geschichte und Sozialkunde zu fordern, oder "Politologen" müßten zur Fortbildung in Geschichte und "Historiker" in Politikwissenschaft verpflichtet werden. Bei der Vielfalt der in Berlin (West) und anderswo zu unterrichtenden Integrationsfächer auch in der gymnasialen Oberstufe bleibt das Kopplungsverbot von Geschichte mit Sozialkunde und Erdkunde als Studien- bzw. Prüfungsfächer beim "Studienrat" unverständlich. Es wurde übrigens neu eingeführt - ein Zeichen für eine Entflechtung der entsprechenden Schulfächer?

Eine Koordination der Ausbildungsinhalte der 1. und 2. Phase - etwa mit der Akzentuierung auf Reflexionswissen im Studium und Handlungswissen im Vorbereitungsdienst - hat in Berlin (West) leider nicht stattgefunden. Das wäre leicht gewesen, ist doch die Schulpraxis für den Lehrerstudenten nur Erfahrungs- und Erprobungsfeld, während sie dem Lehramtsanwärter zunehmend eigenverantwortliches und selbständiges Handeln abverlangt. Aber vielleicht ist es möglich, durch eine Verbesserung der Kontakte zwischen Ausbildern der 1. und 2. Phase die Aussage des Berliner Lehrerbildungsgesetzes zu realisieren: "Beide Ausbildungsphasen sind mit dem Ziel wissenschaftlich fundierter Berufsausbildung eng aufeinander bezogen."[20]

Anmerkungen

1) Vgl. Statistisches Landesamt Berlin (Hg.), Die Studenten an den Hochschulen in Berlin (West) - Berliner Statistik, Sonderhefte 323, 328, 329, 331, 337, 349, 351, 356. Statistisches Landesamt Berlin (Hg.), Prüfungen an Hochschulen in Berlin (West) 1977-1983 - Berliner Statistik, Sonderhefte 340, 341 und 357. Tätigkeitsberichte des Wissenschaftlichen Landesprüfungsamtes im Amtsblatt für Berlin: 32. Jg. (1982), S. 1218; 33. Jg. (1983), S. 682; 34. Jg. (1984), S. 779 und 35. Jg. (1985), S. 1091.

2) Das Lehrerbildungsgesetz (LBiG) vom 16.10.1958 wurde mehrfach geändert, die tiefgreifendste Novellierung der Fassung vom 25.1.1971 (GVBl. S. 341) fand mit dem 4. Änderungsgesetz vom 12.12.1978 (GVBl. S. 2361) statt. Vgl. im übrigen LBiG in der Fassung vom 13.2. 1985 (GVBl. S. 434).

3) Gesetz über die Schaffung der institutionellen Voraussetzungen der integrierten Lehrerausbildung in Berlin vom 13.12.1974 (GVBl. S. 2826).

4) Gesetz über die Pädagogische Hochschule Berlin vom 13.11.1958 (GVBl. S. 1073) in der Fassung vom 12.1.1967 (GVBl. S. 91), mehrfach geändert, zuletzt am 22.12.1970 (GVBl. S. 2075); Universitätsgesetz vom 16.7.1969 (GVBl. S. 909); Fachhochschulgesetz vom 27.11. 1970 (GVBl. S. 1915); Gesetz über die Hochschule der Künste vom 13.12.1974 (GVBl. S. 2882).

5) Vgl. Berliner Hochschulen in der Reform, hrsg. v. Senator für Wissenschaft und Kunst: Die Entwicklung der Berliner Hochschulen seit 1969, S. 52.

6) Gesetz über die Hochschulen im Land Berlin (Berliner Hochschulgesetz - BerlHG) in der Fassung vom 30.7.1982 (GVBl. S. 1549), zuletzt geändert durch das 3. Änderungsgesetz des BerlHG vom 4.4. 1984 (GVBl. S. 540).

7) Vgl. Hochschulentwicklungsplan I des Landes Berlin (Beschluß des Senats von Berlin vom 20.8.1974), hrsg. vom Senator für Wissenschaft und Kunst, Oktober 1974.

8) Zunächst war für alle Lehrerstudiengänge neben dem allgemeinen Orientierungspraktikum nur ein schulfachbezogenes Unterrichtspraktikum vorgesehen. Eine Neufassung der Senats-"Vorgaben" vom 19.12. 1979 gestand dann neben dem Orientierungspraktikum für jeden Lehrerstudiengang auch zwei vierwöchige schulfachbezogene Unterrichtspraktika zu - Ausnahme: das zweite Unterrichtspraktikum des "Studienrats" sollte nur zwei Wochen dauern. Doch auch dieses Ungleichgewicht konnte in den weiteren Beratungen verändert, d.h. ausgeglichen werden.

9) Unter Hinweis auf die "berufspraktische Ausbildung, die nach dem Abschluß des Studiums in der konkreten Berufserfahrung (der 2. Phase) erfolgt" wurde von einem Vertreter der Gymnasiallehrer in der Fachkommission (FK) Geschichte versucht, die bisherigen Hospitationspraktika der Gymnasiallehrerausbildung zu erhalten "mit der Möglichkeit (für die Studierenden), einige wenige Unterrichtsversuche selbst zu übernehmen". Ein Vertreter der universi-

tären Fachausbildung stellte in der FK Geschichte berufspraktische Studien überhaupt in Frage u.a. mit dem Argument, dadurch würden "kontinuierliche fachwissenschaftliche Studien willkürlich zerissen". Er ging von der Prämisse aus, Lehrer müßten erst Fachwissen erwerben, bevor sie das Vermittlungshandwerk erlernen könnten und bekam für seinen Vorschlag, lieber das Referendariat auf zwei Jahre zu verlängern, in der FK Geschichte eine Mehrheit von 9 zu 3 Stimmen bei zwei Enthaltungen.

10) Zur Lehrerausbildung in Berlin (West) nach altem Recht vgl.: VO über die Erste Staatsprüfung für die Ämter des Lehrers und des Lehrers mit zwei Wahlfächern (1. LehrerPO) vom 24.10.1968 (GVBl. S. 1512); VO über die Erste Staatsprüfung für die Ämter des Lehrers und des Lehrers - mit fachwissenschaftlicher Ausbildung in zwei Fächern - (1. Lehrer-PO-Übergangsregelung) vom 7.5.1979 (GVBl. S. 1185); VO über die Erste (wissenschaftliche) Staatsprüfung für das Amt des Studienrats (1. WissPO - Übergangsregelung) vom 25.3. 1980 (GVBl. S. 768).

11) Verordnung über die Ersten (Wissenschaftlichen und Künstlerisch-Wissenschaftlichen) Staatsprüfungen für die Lehrämter (1. LehrerPO 1982) vom 18.8.1982 (GVBl. S. 1649); VO zur Änderung der 1. LehrerPO vom 17.12.1984 (GVBl. S. 1840).

12) Vgl. § 4 der Verordnung des Senators für Schulwesen, Familie und Sport über die schulpraktische Ausbildung für ein Lehramt während des Studiums (Praktikumsordnung) vom 24.1.1983 (GVBl. S. 310).

13) Alle diese Festlegungen im Hinblick auf das Studium finden sich in der 1. LehrerPO 1982 (Anm. 10).

14) Studienordnung für den Teilstudiengang Erziehungswissenschaft und eine andere zu wählende Sozialwissenschaft (Philosophie, Politologie, Psychologie, Soziologie) aller Lehramtsstudiengänge an der Freien Universität Berlin vom 24.4.1984, bestätigt vom Senator für Wissenschaft und Forschung am 19.6.1984 (Amtsblatt der FU Berlin 12/1984); für die TU vgl. die Studienordnung für den Teilstudiengang Erziehungswissenschaft und eine andere Sozialwissenschaft in allen Lehramtsstudiengängen an der TU Berlin (Beschluß des Fachbereichsrates FB 22 - 69 vom 2.5.1984, bestätigt vom Akademischen Senat der TU mit Beschluß 15/334 vom 25.7.1984).

15) Studienordnung (der FU Berlin) für die unterrichtswissenschaftlichen Teilstudiengänge Fachdidaktik und Grundschulpädagogik im Rahmen der Lehrerausbildung; Zwischenprüfung für den Teilstudiengang Grundschulpädagogik im Rahmen der Lehrerausbildung (Institutsratsbeschlüsse des Zentralinstituts für Unterrichtswissenschaften und Curriculumentwicklung vom 9.1.1984 und 2.4.1984, bestätigt durch Beschluß des Akademischen Senats der FU vom 16.5.1984); für die TU Berlin vgl. die Studienordnung für den Teilstudiengang Grundschulpädagogik an der TU Berlin (Beschluß des Fachbereichsrates FB 22 - 69/8 vom 2.5.1984, bestätigt vom Akademischen Senat der TU am 25.7.1984 - 15/334).

16) Eine Studienordnung für das Fachstudium in Geschichte für die Lehrämter gibt es an der FU noch nicht, Entwürfe sind im Fachbereich 13 (Geschichtswissenschaften) noch in der Beratung, als erstes Ergebnis liegt lediglich vor die Ordnung für den Abschluß des Grundstudiums im Fach Geschichte (Zwischenprüfungsordnung) an der FU

Berlin (Beschluß des Fachbereichsrates FB 13 vom 14.11.1984). Sie löste die "Regelung für die Hauptseminarprüfung (Zwischenprüfung) des Faches Geschichte" in der Fassung vom 9.12.1981 ab. Für die TU-Berlin liegt eine vom Fachbereich verabschiedete Teilstudienordnung Geschichte vor, die mit Beschluß vom 25.7.1984 vom Akademischen Senat der TU (15/334) bestätigt wurde.
Erste Hinweise, wie eine vom Senator für Wissenschaft und Forschung bestätigte Studienordnung auch im Fach Geschichte aussehen wird, enthält die Studien- und Zwischenprüfungsordnung für die Teilstudiengänge Sozialkunde (an der FU) im Rahmen der Lehrerausbildung vom 28.9.1984, bestätigt vom Senator für Wissenschaft und Forschung am 15.10.1984 (Amtsblatt der FU Berlin Nr. 13/1984 vom 28.12.1984).

17) Studienordnungen der FU und TU zu den fachdidaktischen Studienanteilen: vgl. Anm. 14.

18) Vgl. hierzu die 1. LehrerPO 1982 (Anm. 10).

19) Ich danke insbesondere Frau Brigitte Dehne und Herrn Hanfried Weitz, beide Fachseminarleiter in der zweiten Ausbildungsphase in Berlin, für die bereitwillig gegebenen Auskünfte.
Im übrigen vgl. die Verordnung über die Zulassung zum Vorbereitungsdienst für ein Lehramt (ZulVO) vom 6.9.1979 (GVBl. S. 1702); die Ausbildungskapazität für den Vorbereitungsdienst an den Schulpraktischen Seminaren wird jährlich neu festgelegt (vgl. z.B. Amtsblatt für Berlin Nr. 14 vom 22.2.1985, S. 509); Verordnung über die schulpraktische Ausbildung im Anschluß an die Erste Staatsprüfung (AusbO) vom 3.12.1980 (GVBl. S. 2625); Verordnung über die Zweite Staatsprüfung für die Lehrämter (2. LehrerPO) vom 14.12.1981 (GVBl. 1982, S. 1).

20) Interessant ist in dieser Hinsicht auch ein am Fachbereich Politische Wissenschaft der FU angelaufener Modellversuch zur Koordination von 1. und 2. Ausbildungsphase, dessen wissenschaftliche Begleituntersuchung auch die Übertragbarkeit auf andere Fächer im Auge hat.

BREMEN
Reformstudium ohne Perspektive? Thesen und Skizzen zur Bremer Geschichtslehrerausbildung

Von Erwin FABER und Wilfried WAGNER

Vorbemerkung: Die Bremer Lehrerausbildung befindet sich mitten in einer hochschulpolitischen Umbruchphase, denn die verheerenden Berufsaussichten bremischer Lehramtsabsolventen haben inzwischen gravierende Rückwirkungen auf Ausbildungskonzeptionen und Kapazitätsverordnungen gezeitigt: In solcher Situation steht seit nunmehr drei Jahren eine Neuordnung des Geschichtslehrerstudiums an. Daher können wir uns nicht allein auf eine gegenwärtige Situationsaufnahme mit ihren bildungspolitischen Verkürzungen und Beschränkungen einlassen, sondern wollen einige thesenhafte Skizzen zur Geschichtslehrerausbildung im Kontext der gesamten Bremer Reformentwicklung präsentieren. Wir verstehen unseren Beitrag jedoch nicht als "offiziellen" Länderbeitrag, sondern als engagierte Stellungnahme vor dem Hintergrund der eigenen Lehrerfahrungen an der Universität Bremen.[1]

1. Zum Reformansatz: Projektstudium und Praxisbezug in der einphasigen Lehrerbildung

Die Einsetzung des Projektstudiums - als neue Form der Organisation und Strukturierung von Lehrveranstaltungen - war das wichtigste und strittigste Kennzeichen des Bremer Reformmodells: Im Gegensatz zum traditionellen Studium, in dem die üblichen Veranstaltungsformen unvermittelt nebeneinander herliefen, trat die Konzeption des Projektstudiums mit dem erklärten Anspruch auf, die einzelnen Veranstaltungen im Rahmen des Projekts zu integrieren, d.h. sie als Elemente eines komplexen Zusammenhangs zu betrachten, der sich durch das Projekt selbst herstellte. Um sich als solches auszuweisen, mußte ein Projekt nach universitärer Vorstellung insbesondere drei leitenden Kriterien genügen:

- die Thematik und die daraus abgeleitete Organisation der wissenschaftlichen Arbeit des Projekts sollte als gesellschaftlich wesentliche Aufgabe begründet sein;
- das Projekt sollte aus den Bedingungen und Anforderungen der künfti-

gen beruflichen Praxis bestimmt werden und während des Studiums die experimentelle Realisierung wissenschaftlich kontrollierter Berufspraxis beinhalten;
- das Projekt sollte die Integration fachspezifischer Arbeitsvorhaben mit unterschiedlichen methodischen Ansätzen anstreben und insoweit interdisziplinäre Kooperation bei der Problemstellung möglich machen.

Diese zentralen Problemstellungen und Anforderungen sollten die Arbeit in allen Veranstaltungen des Projekts durchgehend bestimmen. Kennzeichnend für die vorherrschende Arbeitsform, in der sich die Lehr- und Lernarbeit vollziehen sollte, waren: die Arbeit in Kleingruppen nach den Prinzipien des "forschenden Lernens" sowie die integrativen Projektbeziehungen zwischen den einzelnen Arbeitsvorhaben und Plenumsveranstaltungen. Die Zielsetzungen, Inhalte und Vorgehensweisen sollten von den beteiligten Studenten, Tutoren und Hochschullehrern - meist in Form eines einsemestrigen Vorprojekts - diskursiv bestimmt und über die Ergebnisse der mehrsemestrigen Arbeitsvorhaben in Form eines Projektabschlußberichts Rechenschaft abgelegt werden. Der Berufspraxisbezug speziell in der Lehrerbildung sollte durch die integrative Eingangsphase aller Lehrerstudiengänge sowie durch die projektintegrative und schulpraktische Vorbereitung, Durchführung und Auswertung von Unterrichtseinheiten hergestellt werden.[2]

Berufspraxisbezug bedeutete also nicht nur: Projektveranstaltungen an berufspraktischen Problemen zu orientieren; vielmehr sollte sich die Berufspraxis in jeder Phase des Ausbildungsgangs jeweils konkret auf den Unterricht als organisierendes, strukturierendes und integrierendes Moment beziehen. Damit wurde zugleich die Forderung nach einer einheitlichen und einphasigen Lehrerausbildung erhoben: Demgemäß sollten die in der nachstehenden Skizze aufgezeigten Ausbildungsphasen einschließlich des jeweiligen Berufspraxisbezugs der ersten 8 Semester in allen Stufenschwerpunkten gleichlang und gleichrangig bleiben. Diese einphasige Ausbildung sollte nach universitären Vorstellungen bis zum Wintersemester 79/80 in sukzessiver Zusammenarbeit mit den zuständigen Institutionen vorbereitet werden. Dazu wurde im Entwurf eines Lehrerausbildungsgesetzes der Universität die Integration von Studienseminar und Schulpraktischem Institut zum Wissenschaftlichen Institut für Schulpraxis vorgeschlagen. Mit der Errichtung des Wissenschaftlichen Instituts sollte der Vorbereitungsdienst gemeinsam von diesem Institut und der Universität durchgeführt werden, bis bei Realisation der Einphasigkeit das Wissenschaftliche Institut für Schulpraxis ganz in die Universität integriert werden sollte. Diese Vorstellungen haben sich bisher nicht erfüllt.

Abb. 1: Skizze zum ursprünglichen Lehrerbildungsmodell der Universität Bremen[3]

Sem.	Ausbildungsabschnitt	Praxisbezug (als kontinuierlicher Prozeß)
1.	Orientierungs-/ Eingangsphase	Erkundungen (im schulischen und außerschulischen Bereich) ca. 4-8 Wochen
2.	1. Projekt (Arbeitsvorhaben, Kurse etc.)	Einzelne Erkundungen und Hospitationen in der Schule unter spezifischen Gesichtspunkten
3.	jeweils Erwerb von:	
4.	Erziehungs- u. gesellschaftswissenschaftlichen und fachwissenschaftlich-didaktischen Qualifikationen	Vorbereitung und Durchführung der 1. Unterrichtseinheit (ca. 4-6 Wochen) u. Auswertung
5.	2. Projekt (fachwissenschaftlich-didaktisches Projekt)	
6.	Vertiefung der o.g. Qualifikationen	Planung und Durchführung der 2. Unterrichtseinheit (ca. 4-8 Wochen) und Auswertung
7.	Curriculare Forschungs- und	
8.	Entwicklungsphase	Planung stufenbezogener und gegenstandsbezogener Teilcurricula
9.	Klinische Phase	Unterrichtstätigkeit (Berufspraxis auf Probe) ca. 40 Wochen
10.		
11.	Abschlußphase	Auswertung der Unterrichtserfahrungen

2. Gesetzliche Regelungen: Stufenlehrerprinzip in der (zweiphasigen) Lehrerausbildung

Die Bremer Ausbildungsreform wird durch "Gesetz über die Ausbildung für das Lehramt an öffentlichen Schulen im Lande Bremen" (vom 2. Juli 1974) geregelt.[4] Der inhaltliche und organisatorische Aufbau des Lehramtsstudiums an der Universität Bremen wird darüber hinaus durch Prüfungs- und Studienordnungen festgelegt: "Ordnung der Ersten Staatsprüfung für das Lehramt an öffentlichen Schulen" (vom 9. Juli 1979)[5] und "Studienordnung der Universität Bremen für den Studiengang Lehramt an öffentlichen Schulen/Allgemeiner Teil" (vom 7. Juni 1982).[6] Der fächerbezogene Teil befindet sich derzeit noch immer in der Diskussion, so auch die Studienordnung für das Fach Geschichte.

Die kontroverse Entwicklung der Ausbildungs- und Prüfungsordnungen kann hier im einzelnen nicht nachgezeichnet werden; vielmehr seien nur einige prinzipielle Regelungen herausgestellt: Die Lehrerausbildung gliedert sich in zwei Phasen - in Studium und Vorbereitungsdienst. Das Studium an der Universität wird mit der Ersten Staatsprüfung für das Lehramt an öffentlichen Schulen nach frühestens 8 Semestern abgeschlossen. Der Vorbereitungsdienst wird am neugegründeten Wissenschaftlichen Institut für Schulpraxis (früher: Studienseminar und Schulpraktisches Institut) absolviert und nach 18 Monaten mit der Zweiten Staatsprüfung für das Lehramt an öffentlichen Schulen abgeschlossen.[7] Nach dem Lehrerausbildungsgesetz ist zwar eine Fortentwicklung auf eine einphasige Ausbildung vorgesehen, doch scheint dieser gesetzliche Anspruch politisch längst aufgegeben. Dagegen ist als wesentliche Neuerung gegenüber der herkömmlichen Lehrerausbildung das Stufenlehrerprinzip eingeführt worden, d.h. die Ausbildung erfolgt nicht mehr nach Schularten, sondern nach den stufenbezogenen Schwerpunkten Primarstufe, Sekundarstufe I, Sekundarstufe II (und Sekundarstufe II mit beruflicher Fachrichtung). Das Stufenlehrerprinzip beinhaltet zugleich die Ausbildung für ein einheitliches Lehramt an öffentlichen Schulen.

Das Lehramtsstudium an der Universität Bremen umfaßt die Ausbildung in zwei Schulfächern bzw. Fachwissenschaften sowie in Erziehungs- und Gesellschaftswissenschaften. Eine Unterscheidung in Haupt- und Nebenfach gibt es bisher in Bremen nicht. Dadurch wird die Wahl der Fächerkombination erheblich erweitert; jedoch sind nicht alle angebotenen Studienfächer in allen Schulstufen gleichermaßen vertreten: So kann das Fach Geschichte im Schwerpunkt Primarstufe nicht als eigenständiges Unterrichtsfach, sondern nur innerhalb des Lernbereichs "Sachunterricht" geprüft und unterrichtet werden. Der Lernbereich Sachunterricht umfaßt die Fächer (Biblische) Geschichte, Biologie, Erdkunde, Gemeinschaftskunde und Physik. Derzeit existiert aber noch immer keine verbindliche Studienordnung für den Schwerpunkt Primarstufe. Dagegen kann das Fach Geschichte in den Sekundarstufen I und II in erstaunlich vielfältiger Kombination mit einem weiteren Unterrichtsfach studiert werden (z.B. Geschichte und Sport). Lediglich von der Fächerkombination Geschichte und Gemeinschaftskunde/Politik wird ausdrücklich abgeraten.[8] Für den Stufenschwerpunkt Sekundarstufe II mit beruflicher Fachrichtung ist die Kombination eines Unterrichtsfaches, z.B. Geschichte, mit dem Studium einer beruflichen Fachrichtung (Elektrotechnik, Ernährungs- und Hauswirtschaftwissenschaft, Sozialwissenschaft/Sozialpädagogik) vorgesehen. Die Zulassung ist z.Zt. jedoch nur für Fachhochschulabsolventen der entsprechenden Fachrichtungen möglich.

Das Studium der Erziehungs- und Gesellschaftswissenschaften verweist auf konzeptionelle und organisatorische Besonderheiten: Die EGW-Ausbildung ist eingebunden in die Konzeption des Projektstudiums und wird daher nicht als herkömmliches Fachstudium absolviert, sondern von allen "lehrerausbildenden" Fachbereichen gleichermaßen getragen. Ursprünglich war die EGW-Ausbildung als integrierter Bestandteil der Projekte gesehen worden und deshalb mußten alle Projekte EGW-Studienanteile enthalten. Nachdem aber die fächerübergreifenden Projekte zunehmend durch reine Fach- oder Studiengangsprojekte abgelöst wurden, ist auch das EGW-Studium inzwischen grundlegend reorganisiert worden. Das Studium ist jetzt in mehrere aufeinander abgestimmte Studieneinheiten gegliedert, deren Inhalte im "Rahmencurriculum EGW"[9] festgelegt sind: Integrierte Eingangsphase Lehrerbildung, Unterrichtsplanung/Unterrichtsanalyse, Sozialisationsprozesse, Bedingungen und Probleme von Unterricht I sowie Curriculum und Didaktik I. Diese Studieneinheiten sind für Lehramtsstudenten verbindlich; von den folgenden Studieneinheiten sollen mindestens drei weitere gewählt werden: Erziehungs-, Wissenschafts- und Gesellschaftstheorie; Bildungssysteme, Bildungsreform, Bildungsrecht; Sozialisationstheorien, Sozialisationsforschung, Sozialpsychologie; Bedingungen und Probleme von Unterricht II; Curriculum und Didaktik II sowie Verfahren erziehungswissenschaftlicher Forschung. Das EGW-Studium kann sowohl in fachbezogenen EGW-Veranstaltungen im Rahmen von Projekten nebst Vorbereitung der Unterrichtseinheit als auch in selbständigen EGW-Veranstaltungen durchgeführt werden. Diese sinnvolle Bestimmung zeitigt jedoch in der Ausbildungspraxis einige anhaltende Schwierigkeiten zwischen Fachwissenschaften und Erziehungs- und Gesellschaftswissenschaften.[10]

Abb. 2: Studienverlaufsmodell für Lehramtsstudiengänge an der Universität Bremen (gem. Studienordnung vom Juni 1982)[11]

Sem.	Fach A (60 SWS)	Erziehungs- u. Gesellschaftswissenschaften (28 SWS)	Fach B (60 SWS)	SWS
1.	X	Eingangsphase Lehrerbildung (8 SWS)	Grundkurse, Einführung, Pflichtveranstaltung	12/14
2.	Fachveranstaltung	Projekt A (ca. 8 SWS); Grundlagenveranstaltung	Fachveranstaltungen	12/20
3.	Fachveranstaltung	Projekt A: Planung, Durchführung, Auswertung von Unterricht; Grundlagenveranstaltung	Fachveranstaltungen	12/20
4.	Fachveranstaltung	Projekt A: Planung, Durchführung, Auswertung von Unterricht; Grundlagenveranstaltung	Fachveranstaltungen	12/20
5.	Fachveranstaltungen	EGW-Veranstaltung	Projekt B (ca. 8 SWS); Fachveranstaltung	12/20
6.	Fachveranstaltungen	EGW-Veranstaltung	Projekt B: Planung, Durchführung, Auswertung von stufenbezogenem Unterricht; Fachveranstaltung	12/20
7.	Fachveranstaltungen	EGW-Veranstaltung	Projekt B: Planung, Durchführung, Auswertung von stufenbezogenem Unterricht; Fachveranstaltung	12/20
8.	Fachveranstaltungen	X; Examenskolloquium; X	Fachveranstaltungen	12/16
9.	Erste Staatsprüfung für das Lehramt			

Aufbau und Verlauf des Projektstudiums werden durch die Studienordnung der Universität festgelegt: Danach gliedert sich das Studium in eine Eingangsphase und zwei Projektstudienphasen. Die Eingangsphase Lehrerbildung (EL) soll gezielt in die Bedingungen des Lehramtsstudiums an der Universität einführen, die Studenten mit der Berufspraxis und der Realität pädagogischer Institutionen bekanntmachen. Dabei sollen erste Kenntnisse über die gesellschaftlichen Rahmenbedingungen von Unterricht und Ausbildung, über die Beziehung von Wissenschaft und Unterricht sowie über die Bedingungen pädagogischer Berufspraxis und die Berufschancen der Lehrerstudenten vermittelt werden. Die Eingangsphase umfaßt erziehungswissenschaftliche, praxisbezogene und studiengangsspezifische Fragestellungen und Lehrveranstaltungen entsprechend der Rahmenkonzeption Integrierte Eingangsphase Lehrerbildung (IEL). Wie aus dem Verlaufsmodell ersichtlich, unterteilt sich danach das Studium in zwei Projektstudienphasen (2. bis 4. Semester, 5. bis 8. Semester). Beide Projektstudienphasen beinhalten jeweils die Planung, Durchführung und Auswertung einer Unterrichtseinheit. Die Unterrichtsvorhaben können seit einigen Jahren erst nach schulbehördlichem Genehmigungsverfahren in den Schulen des Landes Bremen durchgeführt werden.[12] Nach der ersten Projektstudienphase muß die Entscheidung für einen bestimmten Stufenschwerpunkt getroffen werden, da die zweite Unterrichtseinheit für den Schwerpunkt ausgewiesen sein muß, in dem das Staatsexamen abgelegt werden soll. Neben dem Studium im Projekt, das innerhalb einer Projektstudienphase nur auf eines der beiden gewählten Fächer bezogen ist, besuchen die Lehramtsstudenten weitere Veranstaltungen in dem anderen, jeweils nicht im Projekt studierten Unterrichtsfach. Nach der zweiten Projektstudienphase kann mit der Meldung zur Ersten Staatsprüfung die schriftliche Hausarbeit angefertigt werden. Die Prüfungsanforderungen und Prüfungsmodalitäten müssen hier nicht unbedingt genannt sein, denn nach Anpassung der Bremer Lehramtsprüfung an die von der Kultusministerkonferenz beschlossenen Richtlinien sollen sie eine bundesweite Anerkennung der bremischen Lehramtsabschlüsse "sichern" helfen.

3. Eine zeitbedingte Besonderheit: Geschichte im integrativen Studiengang Arbeitslehre/Politik

Das Geschichtslehrerstudium in Bremen war bislang eingebunden in den Studiengang Arbeitslehre/Politik, und nach den Prüfungsbestimmungen für Geschichte im AL/P-Studiengang wird im Prinzip immer noch bei Lehramtsprüfungen verfahren. Doch nicht allein aus diesem Grunde wird hier die Studiengangskonzeption skizziert; vielmehr sind es die bildungspolitischen Divergenzen über die inhaltliche Bestimmung des Faches Geschichte im Rahmen dieses Studiengangs, die aber noch fortwirken und daher eine retrospektive Betrachtung nahelegen: Die Bremer Konzeption Arbeitslehre/Politik hatte einen ihrer Ursprünge in einer "radikalen" gesellschaftspolitischen Einschätzung der vorliegenden Arbeitslehre-Konzeptionen, insbesondere des in der "Berliner Schule" entwickelten Strukturgitters.[13] Demgemäß sollten laut Studienordnung (vom Januar 1974)[14] im Studiengang Arbeitslehre/Politik Lehrer für den berufsvorbereitenden und politischen Unterricht in der Schule ausgebildet werden. Deren Aufgabe sollte sein: die Schüler auf ihre spätere Stellung als Lohnabhängige im Produktions- und Reproduktionsprozeß sowie im politischen Entscheidungsprozeß vorzubereiten. Politische Herrschaft, ökonomische Entwicklung und technischer Fortschritt sollten in ihrem jeweiligen historischen Zusammenhang und unter konkreten Gegenwartsbedingungen gesehen werden. Dazu wurde die Integration der bisher getrennten Wissensgebiete Politik, Geschichte, Ökonomie, Geographie und Technik angestrebt und in einem Studiengang zusammengefaßt:

Abb. 3: Strukturübersicht zum Studiengang Arbeitslehre/Politik (nach Studienschwerpunkten, Spezialisierungen, Schulfächern und Lernbereichen)[15]

	Schulfach		
Studienschwerpunkt - Spezialisierung	*Sek.stufe II*	*Sek.stufe I*	*Primarstufe*
Geographie	*Erdkunde*	*Erdkunde*	*Sachunterricht*
Geschichte	*Geschichte*	*Geschichte*	*Sachunterricht*
Ökonomie	*Wirtschafts-lehre*	*Arbeitslehre*	*Wirtschaft/ Technik*
-Hauswirtschaft		*Hauswirtschaft*	*Wirtschaft/ Technik*
Politik	*Gemeinschafts-kunde*	*Gemeinschafts-kunde*	*Sachunterricht*
Technik		*Technisches Werken*	*Wirtschaft/ Technik*
-Textilarbeit/ Textiltechno-logie		*Textiles Gestalten*	*Wirtschaft/ Technik*

Die Strukturübersicht verdeutlicht die überaus komplexe Fächer- und Organisationsstruktur dieses Studiengangs und verweist zugleich auf schwierige Integrationsprobleme: Nach der Studienordnung sollte die Integration der Studieninhalte vor allem dadurch ermöglicht werden, daß

- erstens die zentralen Fragestellungen der Lehrveranstaltungen in den einzelnen Fachgebieten sich an den Zielen der Lehrerausbildung orientieren sollten;
- zweitens die Projekte schwerpunktübergreifend angelegt und durchgeführt werden sollten; sowie
- drittens die Integration und Differenzierung auf jeder Stufe des Studiengangs angestrebt werden sollten.[16]

Dazu gliederte sich der Studiengang in einen sog. Integrationsbereich und in fünf Schwerpunkte (Politik, Ökonomie, Geschichte, Geographie und Technik). Der Integrationsbereich umfaßte gemeinsame Probleme der Politik, Ökonomie, Geschichte, Geographie und Technik, die unter dem leitenden Gesichtspunkt der Vorbereitung auf die Arbeitswelt und der existenzbestimmenden Lohnarbeit studiert werden sollten. In diesem obligatorischen Kernbereich des Arbeitslehre/Politik-Studiums sollten folgende Kenntnisse erworben werden: die ökonomischen Grundlagen der Produktion, die Entwicklung der technischen Arbeitsmittel und die Veränderungen der Qualifikationsstrukturen in der industriellen Produktion, die Arbeitsplatzstrukturen und Arbeitsorganisation, die Organisation kollektiver Interessen, die politischen und ökonomischen Grundlagen des Ausbildungswesens, die Funktion des Staates unter besonderer Berücksichtigung der Wirtschaftspolitik sowie die Geschichte der Lohnarbeit und der durch Lohnarbeit geprägten Gesellschaftsformationen.[17] Ergänzend und vertiefend sollte das Studium in den einzelnen Schwerpunkten an die zentralen Fragestellungen des Integrationsbereichs anknüpfen. Für den Schwerpunkt Geschichte bedeutete das: Fragestellungen, Arbeitsgebiete und Methoden im Bereich Geschichte sollten den historischen Prozeß als Voraussetzung der gegenwärtigen und zukünftigen Gesellschaft erklären. Im Mittelpunkt standen Veränderungen technischer, ökonomischer, politischer und bewußtseinsmäßiger Strukturen im Zusammenhang mit der Entwicklung des gesellschaftlichen Arbeitsprozesses. Daher wurde im Schwerpunkt Geschichte vorwiegend an sozialgeschichtlichen Fragestellungen gearbeitet; Forschung und Lehrveranstaltungen richteten sich somit auf den Wandel sozialer und politischer Strukturen in ihrer Wechselwirkung mit wirtschafts-, technik- und sozialgeschichtlichen Bedingungsfaktoren, ebenso auf Probleme des Übergangs zwischen verschiedenen Gesellschafts- und Herrschaftsstrukturen. Dazu waren nach der Studienordnung sieben Arbeitsgebiete vorgesehen, in denen die Studenten selbständig wissenschaftlich arbeiten und vertiefte Kenntnisse erwerben sollten:

- "Funktion technischer Arbeitsmittel im gesellschaftlichen Interaktionsprozeß des Menschen mit der Natur,
- Funktion historischer Macht- und Herrschaftsstrukturen,
- Funktion sozialer und sozialrevolutionärer Bewegungen sowie der historischen Revolutionen,
- Entwicklung und Verfall von Imperialismus und Kolonialherrschaft,
- vorkoloniale Strukturen und Befreiungsbewegungen in der Dritten Welt,

- Entstehung und Entwicklung des öffentlichen Bildungswesens,
- die gesellschaftliche Funktion der Wissenschaft in Wechselwirkung mit der Geschichte des menschlichen Denkens."[18]

Entsprechend verlangten die sog. "Prüfungsvoraussetzungen und Prüfungsanforderungen für das Fach Geschichte im Studiengang Arbeitslehre/Politik"[19] umfassende Kenntnisse innerhalb der Bereiche: historische Gesellschafts- und Herrschaftsstrukturen, z.B. antiker Staaten, des europäischen Feudalismus, bürgerlicher und sozialistischer Staaten, im Imperialismus; sowie soziale und sozialrevolutionäre Bewegungen, z.B. soziale Bewegungen in Altertum, Mittelalter und Neuzeit, insbesondere Arbeiterbewegungen, bürgerliche und sozialistische Revolutionen sowie Befreiungsbewegungen in der sog. "Dritten Welt". Der sozialgeschichtliche Studienschwerpunkt wurde auch durch die weiteren Prüfungsanforderungen betont: Technik und sozioökonomische Entwicklungen in vorindustriellen Gesellschaften, Technik und sozioökonomische Entwicklungen unter den Bedingungen industrieller Produktion, sowie Geschichte der gesellschaftlichen Organisation der Arbeit. Auch erziehungswissenschaftliche Fragestellungen wurden von folgenden Ansatzpunkten in den Schwerpunkt Geschichte integriert: Entstehung und Entwicklung des öffentlichen Bildungswesens, gesellschaftliche Entwicklung und Wissenschaftsprozeß, kulturelle Entwicklungsphasen und ihre sozioökonomischen Bedingungen, schließlich auch didaktische Konzeptionen des Geschichtsunterrichts in ihrem historischen und politischen Zusammenhang sowie didaktische Modelle mit besonderer Kenntnis stufenspezifischer Anforderungen für die Planung und Organisation von Unterricht. Diese Kenntnisse wurden in interdisziplinären Projekten erworben, deren zentrales Anliegen die Erarbeitung und Durchführung von Unterrichtseinheiten war.

Wenn sich dieser Studiengang nicht durchsetzen konnte, so mögen dafür auch hochschuldidaktische Gründe maßgebend sein; die fachwissenschaftlichen und bildungspolitischen Integrationsprobleme der verschiedenen zur Arbeitslehre vereinten Wissenschaften und Unterrichtsfächer schleppte jedoch die Bremer Konzeption aus der inner- wie außeruniversitär geführten Debatte von Anfang an mit und scheiterte schließlich daran: Die Arbeitslehre-Konzeption verfiel ebenso der bildungspolitischen Kritik wie die "Hessischen Rahmenrichtlinien". Hinzu kamen Probleme der Anerkennungspraxis und Verwendbarkeit der im Studiengang Arbeitslehre/Politik erworbenen Lehrbefähigungen und führten schließlich dazu, daß mit der Auflösung des alten Studiengangs Arbeitslehre/Politik die Geschichtslehrerausbildung im reorganisierten Fachbereich grundlegend reformiert werden soll. Dazu heißt es in einem Abschlußbericht des letzten Fachbereichssprechers (W. Wagner) an die zuständige Planungskommission: "Es sei jedoch schon jetzt darauf hingewiesen, daß sich der ursprüngliche Anspruch des Studiengangs Arbeitslehre/Politik und die mit der Einrichtung verknüpften Hoffnungen auf seine Durchsetzbarkeit im Schulsystem und auf die Herausbildung von Hochschulcurricula anstelle der traditionellen Studiengänge in Geschichte, Politik, Geographie und Arbeitslehre im engeren Sinne (Ökonomie/Technik/Textil/Hauswirtschaft) nicht verwirklicht haben, z.T. durch Planungsbrüche, die nicht von der Universität zu vertreten sind (Zulassungsverordnung, Kapazitätsverordnung, Staatsvertrag). Die Studiengangskommissionen in den verschiedenen Zusammensetzungen mußten immer wieder aufgelöst werden. Das fächerübergreifende Projektstudium konnte zwar bisher noch sichergestellt werden. Doch hat der Fachbereichsrat zunehmend feststellen müssen, daß die Projektkonstruktion oft nur in einer reinen Addition von Lehrveranstaltungen verwandter Thematik bei der Redaktion des Vorlesungsverzeichnisses besteht. Es ist nicht zu übersehen, daß sich die traditionellen Schulfächer und die Prüfungsordnungen hierfür normierend auf Lehrangebote und die 'heimlichen Studienordnungen' der Studenten ausgewirkt haben, insbesondere seit dem Scheitern der Rahmenrichtlinien für Gesellschaftslehre in Hessen. Das Lehrangebot ist für Studenten nicht immer durchschaubar. Das Konzept des Studiengangs und die tatsächliche Situation wird von den Hochschullehrern innerhalb der Universität und nach außen nicht einheitlich, sondern eher verwirrend unterschiedlich, aber durchweg skeptisch bis sehr negativ dargestellt. Auch dies trägt dazu bei, daß Studenten sich nicht mit dem Studiengang Arbeitslehre/Politik identifizieren, sondern mit dem jeweiligen Schulfach. Um die durchaus erkennbaren und von der systematischen Nähe der Fächer Politik, Geschichte und Geographie gegebenen Kooperationserfahrungen weiter aufzuarbeiten, ist ein Integrationsausschuß eingesetzt worden. Damit ist auch ein Vorschlag gemacht, wie zukünftig Integrationsaufgaben wahrgenommen werden sollen."[20]

4. Revision der Reform: Neue Geschichtsstudiengänge im reorganisierten Fachbereich

Mit der Auflösung des alten Studiengangs Arbeitslehre/Politik steht seit nunmehr drei Jahren eine Neuordnung des Geschichtsstudiums an: Die konzeptionellen Divergenzen müssen vor dem hochschulpolitischen Hintergrund gänzlich reorganisierter Fachbereichsstrukturen gesehen werden. Dazu heißt es im letzten Forschungsbericht: "Mit dem Erlaß des Bremischen Hochschulgesetzes und der damit verbundenen grundlegenden Änderung der Fachbereichsstrukturen wurden erstmals die Fächer Soziologie, Geographie und Geschichte in einem Fachbereich vereint. Die drei Fächer sind in jeweils eigenen disziplinären Studiengängen organisiert. Die jeweilige fachliche Ausdifferenzierung greift die Entwicklung der drei Fachdisziplinen in der Bundesrepublik und auf internationaler Ebene auf - jedoch unter Ausnutzung der gegebenen Kooperationsmöglichkeiten in der Forschung und Lehre."[21]

Während im neuen Studiengang Geographie zunächst eine Studienordnung für die Lehrerausbildung erarbeitet wurde und gegenwärtig ein Diplomstudiengang konzipiert wird, hat die Planungskommission Geschichte den im Hochschulgesamtplan vorgesehenen Diplomstudiengang Geschichte mit der Begründung aufgegeben, "daß dieser neuer Abschluß, der im Fach Geschichte lediglich seit einigen Jahren an der Universität Bayreuth besteht, noch nicht eingeführt ist und daß eine Vorreiterrolle Bremens in diese Richtung kaum Aussicht auf Erfolg haben dürfte".[22] Statt dessen wird derzeit ein Magisterstudium als Alternative zum Lehramtsstudiengang Geschichte konzipiert. Die Notwendigkeit eines Magisterstudiums wird aus der Feststellung hergeleitet, daß der Bedarf für Lehramtsstudenten - eben das herkömmliche Berufsbild für Geschichtsstudenten - zur Zeit "abgedeckt" sei und in absehbarer Zukunft nicht wesentlich ansteigen werde. Der Magisterstudiengang Geschichte ist erklärtermaßen so konzipiert, daß er wesentliche Strukturmerkmale des Lehramtsstudiengangs beibehält (Projekte, Grundkurse, Kernsequenzen), so daß bei einer Vertiefung der schulpraktischen Bestandteile und einer Einbeziehung der Veranstaltungen in Erziehungs- und Gesellschaftswissenschaften auch der Abschluß eines Lehrerstudiums möglich sein soll. Doch geht aus der neuen Studienordnung noch nicht hervor, welches Berufsfeld der Magisterabschluß anstrebt und in diesem Sinne gelingt bislang nur eine "negative" Zielbestimmung: "Die Magisterprüfung ... erlaubt denjenigen Studenten, die nicht den Lehrerberuf anstreben, einen ordnungsgemäßen Abschluß ihres Studiums an der Universität Bremen."[23]

Der gleichzeitig konzipierte Lehramtsstudiengang Geschichte bedarf noch der Beschlußfassung durch die akademischen Gremien, ebenso der Zustimmung des Wissenschaftssenators, und kann daher nur den derzeitigen Diskussionsstand widerspiegeln: Befragt man den neuen Studienentwurf[24] nach dem Bremer Reformansatz, insbesondere nach den hier interessierenden fachspezifischen Studienzielen und inhalten sowie nach den fachwissenschaftlichen und fachdidaktischen Studienanteilen, so hält die neue Studienordnung formal an Grundelementen des Bremer Reformstudiums fest, d.h. das Geschichtsstudium ist projektorganisiert, interdisziplinär, stufenbezogen und praxisorientiert. Demgemäß besteht das Projekt in der ersten Studienphase aus einer sog. Kernsequenz bzw. Einzelveranstaltungen und einer Unterrichtseinheit; es reicht jetzt über zwei Semester und umfaßt mindestens 16 Semesterwochenstunden (Fachveranstaltungen, Unterrichtseinheit, evtl. Tutorien). Dagegen setzt das Lehrprojekt in der zweiten Studienphase historische und methodische Grundkenntnisse voraus, versteht sich interdisziplinär und ist stärker forschungsorientiert angelegt. Allerdings muß das Projektstudium nunmehr mit einem verkürzten "Interdisziplinaritätsbegriff" auskommen, wenn es in der Studienordnung heißt: "Der Anspruch auf Interdisziplinarität ist auch dann gewährleistet, wenn Veranstaltungen der Fachdisziplinen Alte, Mittelalterliche und Neuere Geschichte, Technik-, Sozial- und Wirtschaftsgeschichte miteinander kombiniert werden."[25] Hier zeigen sich sehr deutlich die angesprochenen Integrationsprobleme des neuen Studiengangs Geschichte im Fachbereich "Geographie, Geschichte, Soziologie". Gerade diese Fächerkombination hätte mit Blick auf die angestrebten Schulfächer eine integrative bzw. neuerdings: kooperative Verzahnung nahegelegt.

Mit der Fixierung der Studienziele und Studieninhalte verstärkt sich der Eindruck einer disziplinär orientierten und epochenspezifisch angelegten Studienordnung: "Das Studium dient dem Erwerb der notwendigen fachwissenschaftlichen Kenntnisse für die Durchführung des Geschichtsunterrichts. Lehre und Studium richten sich daher an der Fachentwicklung und den Anforderungen der gesellschaftlichen und beruflichen Praxisfelder der Geschichte aus. Im einzelnen sollen die Studenten während des Studiums folgende Kenntnisse und Fähigkeiten erwerben:

- Fundierte Kenntnisse der Allgemeinen Geschichte mit Vertiefung und Spezialwissen in einer Anzahl von selbstgewählten Schwerpunkten aus verschiedenen historischen Epochen und Bereichen.
- Die Fähigkeit, die historische Bedingtheit der Gegenwart zu erklären und andersgeartete historische Strukturen und Gesellschaften in ihrer Eigenart zu erfassen.
- Kenntnis der geschichtswissenschaftlichen Methoden und der didaktischen Umsetzung von Geschichte. Die Fähigkeit, die Komplexität historischer Erscheinungen auch unter Einbeziehung von Methoden, Theorien und Erkenntnissen der Nachbarwissenschaften zu erkennen."[26]

Die Beschreibung von Studieninhalten nach problemorientierten Arbeitsfeldern statt nach Geschichtsepochen und -räumen war ein Ergebnis der Bremer Studienreform und, wie bereits gezeigt, in der alten Studienordnung Arbeitslehre/Politik durchaus realisiert worden. Dies ist jetzt jedoch durch den neuen Entwurf erheblich relativiert worden, wobei die politische Geschichte im Vergleich zur alten Studienordnung wieder stärkeres Gewicht erlangt: So ist z.B. in dem weiter unten stehenden Themenkatalog die Rede von der "Genese der europäischen Nationalstaaten"; warum nicht auch vom "Nationalismus"? Und weiter heißt es: "Deutsche Geschichte von der Reichsgründung bis zum Ende des 2. Weltkrieges"; warum nicht explizit im europäischen und weltgeschichtlichen Kontext? Dabei hätte auch die sog. Sonderwegsproblematik eingebettet werden können. Und von Imperialismus und Kolonialismus ist jetzt gar nicht mehr die Rede: dies verwundert gerade bei Bremens kolonialer Vergangenheit. Statt dessen spricht diese Studienordnung von der "Geschichte Norddeutschlands mit besonderer Berücksichtigung des Bremer Raumes". Eine regionale Sozialgeschichte, auch als Methode der modernen Geschichtswissenschaft, hätte als Historische Sozialwissenschaft den interdisziplinären Bogen zu den Nachbardisziplinen Geographie und Soziologie spannen können. In der regionalen Alltagsgeschichte läge überdies ein Bezugspunkt zur Fachdidaktik, die sich mit der Erforschung von Alltagsbewußtsein zu befassen hätte. Doch darauf verzichten die Studieninhalte offensichtlich; jedenfalls erwecken die thematischen Disparitäten den Eindruck, als ob die "Spiegelstriche" in erster Linie einzelne Forschungsschwerpunkte und Interessensgebiete der jeweiligen Hochschullehrer widerspiegelten:

"Der zeitliche Rahmen spannt sich von den antiken Hochkulturen bis zur unmittelbaren Gegenwart. Arbeitsgebiete stellen in diesem Zusammenhang beispielsweise dar:

- Die politische Entwicklung der griechischen Stadtstaaten und des Imperium Romanum.
- Wirtschafts- und Sozialordnung des frühen Mittelalters.
- Technologische Entwicklung des Spätmittelalters und der frühen Neuzeit.
- Die Genese der europäischen Nationalstaaten.
- Die politische, gesellschaftliche und kulturelle Entwicklung seit der französischen Revolution (z.B. in Frankreich, Italien, in den Niederlanden, Belgien, Großbritannien und Nordamerika).
- Die industrielle Revolution in ihren wirtschaftlichen und sozialen Auswirkungen einschl. der Geschichte der Arbeiterbewegung.
- Geschichte Norddeutschlands mit besonderer Berücksichtigung des Bremer Raumes.
- Deutsche Geschichte von der Reichsgründung bis zum Ende des 2. Weltkrieges.
- Zeitgeschichte, insbesondere der Bundesrepublik Deutschland, der DDR, Osteuropas, des außereuropäischen Raumes (z.B. Afrikas und Südostasiens).

Zu den Studieninhalten zählen auch Fragen der Theorie und Methodik von Geschichte, insbesondere auf dem Feld der Grundwissenschaften (z.B. die Epigraphik, die Urkundenlehre, die Aktenkunde). Die Fachdidaktik thematisiert Umsetzungsprobleme von Geschichte in Schule und Gesellschaft."[27]

Mit dem letztgenannten Punkt wird das Verhältnis von Fachwissenschaft, Fachdidaktik und Erziehungs- und Gesellschaftswissenschaften angesprochen: Der im Studiengangsentwurf angelegte Dissens mit den Erziehungs- und Gesellschaftswissenschaften nimmt sich jedoch vergleichsweise weniger gravierend aus, denn hier geht es um offenstehende Abstimmungsprobleme zwischen fachspezifischen Einführungsveranstaltungen und der obligatorischen Eingangsphase Lehrerbildung sowie um Anrechnungsprobleme von EGW-Projektstudien für fachspezifische Studienanteile. Die Diskussion um das Verhältnis von Fachwissenschaft, Fachdidaktik und allgemeiner Didaktik im Rahmen der Erziehungs- und Gesellschaftswissenschaften ist zwar wissenschaftstheoretisch wie hochschulpolitisch noch nicht entschieden, gleichwohl geht unseres Erachtens die Auseinandersetzung insgesamt weniger darum, ob die Fachdidaktik von einer allgemeinen Didaktik abzuleiten und somit nur eine fachspezifische Konkretion der allgemeinen Didaktik sei, oder ob als erste Bezugswissenschaft jeweils die Fachwissenschaft in Frage komme und von dorther zu begründen sei.[28] Die Fachdidaktik ist als Teildisziplin der Geschichtswissenschaft unbestritten, und die vorliegende Studienordnung bringt dies auch zum Ausdruck. Doch die Realisation der fachdidaktischen Studienanteile bereitet dem neuen Studiengang Geschichte erhebliche Probleme, wie eine jüngste offizielle Stellungnahme zeigt: "Zur Fachdidaktik innerhalb der Lehre sind alle Hochschullehrer des Studiengangs verpflichtet. Ferner ist Fachdidaktik explizit in der Stellenbeschreibung des Kollegen Schwarzwälder festgelegt. Die fachdidaktischen Anteile, die benötigt werden, sollen auf der Planungssitzung der Historiker, auf der jeweils das Semesterprogramm festgelegt wird, abgesichert werden. Es ist dies ein Verfahren, wie es im Augenblick praktiziert wird, aber durchaus verbesserungswürdig ist. Es ist daran zu erinnern, daß wir rechtlich nur ganz bedingt die Möglichkeit haben, Fachdidaktik einzuklagen und auf Absprache angewiesen sind."[29] Und daher ist auch in dem Bremer Geschichtslehrerstudium eine starke fachwissenschaftliche Priorität festzustellen. Die meisten Hochschullehrer bilden Geschichtslehrer wie Historiker aus und dementsprechend begreifen sie sich überwiegend als Fachwissenschaftler, die sich allzu gern von didaktischen Aufgabenstellungen dispensieren. Dies bestätigt ein Blick in die Forschungsberichte und Veranstaltungsverzeichnisse - und dies hat faktisch durchweg zur Folge, daß die Fachdidaktik in der Studien- und Prüfungspraxis zu einer fachsystematischen Abbilddidaktik, schlimmer noch: zu einer bloßen "Vermittlungstechnologie" verkommt und damit die postulierte Handlungskompetenz des zukünftigen Lehrers verfehlt.

5. Nachbetrachtung: Studienpraxis als Professionalisierung für die Lehrerarbeitslosigkeit ?

Die Geschichtslehrerausbildung steht für die krisenhafte Entwicklung der Bremer Lehrerausbildung schlechthin: Der integrative und interdisziplinäre Ansatz des Geschichtslehrerstudiums im Rahmen des Studiengangs Arbeitslehre/Politik scheiterte an bildungspolitischen Widerständen und an der überregionalen Anerkennungspraxis bremischer Lehramtsabschlüsse. Mit der sich seither abzeichnenden disziplinären und desintegrativen Geschichtslehrerausbildung scheint eine weitere "Professionalisierung" für die Lehrerarbeitslosigkeit vorgezeichnet: Unter dem Einfluß der bremischen Finanzkrise und der geradezu skandalösen Einstellungspraxis[30] ist inzwischen die inneruniversitäre Diskussion um "Grundsätze für Lehre, Studium und Prüfungen"[31] aufgenommen worden, die für künftige Entwicklungen ein neugefaßtes "Bremer Ausbildungsprofil" sichern und weiteren Tendenzen zur Desintegration der Ausbildungs- und Prüfungspraxis entgegenwirken sollen.[32] Schwerpunkte der Diskussion sind: Studierbarkeit des Lehrangebots, Sicherung und Weiterentwicklung von Eingangs- und Orientierungsphasen, verbesserte Studienberatung und erweiterter Praxisbezug des Studiums, insbesondere durch Projekte und Projektpropädeutika, Praktika und Erkundungen, schließlich individuelle Schwerpunktsetzungen im Hauptstudium und Flexibilisierung des Studienverlaufs als Konsequenz daraus, daß Lehrerstudenten derzeit auch weitgehend Risiko und Verantwortung für die Berufswahl und Berufschancen übernehmen müssen. Doch damit allein wäre es nicht getan: "Generell kann eine umfassende und zukunftsorientierte Neugestaltung der Lehrerausbildung an der Universität Bremen nur gelingen, wenn alle an dieser Ausbildung Beteiligten die aktuellen Probleme ernst nehmen. Das Warten auf bessere Zeiten bzw. Abfinden mit einem wie auch immer gearteten Status quo wären die denkbar schlechtesten Reaktionsmuster für Wissenschaftler. Hierzu zählt sicher auch der gemeinschaftliche Kampf gegen eine einseitige Wissenschaftspolitik, die technischen und naturwissenschaftlichen Fächern unkritisch die Priorität einräumt und den übrigen Wissenschaftsdisziplinen lediglich eine Statistenrolle zubilligt."[33]

Anmerkungen

1) Anlage und Diktion dieses Beitrages folgen im wesentlichen unserer Diskussionsvorlage (vom 19. März 1985), der zugleich ein umfangreicher Dokumentationsteil zur "Entwicklung der Geschichtslehrerausbildung in Bremen" beigefügt war. Diese Dokumentation steht Interessenten zur Verfügung.

2) Vgl. dazu die programmatischen Einführungen und Fortschreibungen in: Studienführer der Universität Bremen [wechselnde Ausgaben], Hrsg. Universität Bremen, Unidruck, Bremen 1971/72 ff.; vgl. auch die Jahresberichte zur Lehrerausbildung an der Universität Bremen [wechselnde Titel], Hrsg. Zentrale Lehrerbildungskommission der Universität Bremen, Unidruck, Bremen 1976 ff.

3) Die Skizze wurde in modifizierter Form entnommen aus: Studienführer der Universität Bremen, Hrsg. Universität Bremen, Unidruck, Bremen 1973/74, S. 132.

4) Gesetz über die Ausbildung für das Lehramt an öffentlichen Schulen im Lande Bremen [BremLAG] vom 2. Juli 1974, Gesetzblatt der Freien Hansestadt Bremen, Nr. 34, 1974, S. 279 ff.

5) Ordnung der Ersten Staatsprüfung für das Lehramt an öffentlichen Schulen [PO] vom 9. Juli 1979, Gesetzblatt der Freien Hansestadt Bremen, Nr. 30, 1979, S. 259 ff.; sowie Verordnung zur Änderung der Ersten Staatsprüfung für das Lehramt an öffentlichen Schulen vom 31. Mai 1983, Gesetzblatt der Freien Hansestadt Bremen, Nr. 33, 1983, S. 399 f.

6) Studienordnung der Universität Bremen für den Studiengang Lehramt an öffentlichen Schulen [Allgemeiner Teil] vom 7. Juni 1982, Amtsblatt der Freien Hansestadt Bremen, Nr. 40, 1982, S. 193 ff.

7) Vorläufige Ordnung für die Ausbildung im Vorbereitungsdienst für das Lehramt an öffentlichen Schulen [Ausbildungsordnung] vom 25. März 1975, Amtsblatt der Freien Hansestadt Bremen, Nr. 31, 1975, S. 321 ff.; sowie Ordnung der Zweiten Staatsprüfung für das Lehramt an öffentlichen Schulen vom 27. Februar 1978, Gesetzblatt der Freien Hansestadt Bremen, Nr. 13, 1978, S. 81 ff.

8) Vgl. Festlegung der Unterrichtsfächer, Lernbereiche, sonderpädagogischen Fachrichtungen, berufsbildenden Fachrichtungen und pädagogischen Spezialqualifikationen (Fächer) vom 21. März 1983, Amtsblatt der Freien Hansestadt Bremen, Nr. 28, 1983, S. 358.

9) Rahmencurriculum für das Studium der Erziehungs- und Gesellschaftswissenschaften in der Lehrerbildung (Beschluß der Zentralen Lehrerbildungskommission der Universität Bremen vom 10. Mai 1978), abgedruckt in: Das Studium für ein Lehramt (Materialien zur Studienberatung, Heft 1, Hrsg. Zentrales Büro für Studienberatung der Hochschulen der Freien Hansestadt Bremen), Unidruck, Bremen [7]1984, S. 45 ff.

10) Vgl. zum Verhältnis von Fachwissenschaft, Fachdidaktik und Erziehungs- und Gesellschaftswissenschaften, S. 138 f.

11) Das Verlaufsmodell wurde in modifizierter und aktualisierter Form entnommen aus: Das Lehrerstudium in Bremen (Materialien zur Studienberatung, Sonderheft, Hrsg. Organisationseinheit Lehrerbildung der Universität Bremen und Zentrales Büro für Studienberatung der Hochschulen der Freien Hansestadt Bremen), Unidruck, Bremen [2]1980, S. 9.

12) Ordnung für Schulpraktische Studien (Beschluß des Ausbildungsausschusses des Landesamts für Schulpraxis und Lehrerprüfungen vom 1. Juni 1979; Beschluß des Akademischen Senats der Universität Bremen vom 4. Juli 1979), abgedruckt in: Das Studium für ein Lehramt

(Materialien zur Studienberatung, Heft 1, Hrsg. Zentrales Büro für Studienberatung der Hochschulen der Freien Hansestadt Bremen), Unidruck, Bremen ^{7}1984, S. 50 ff.

13) Vgl. Dieter Mützelburg: Planung eines Studiengangs "Arbeitslehre und Politik" für den "berufsvorbereitenden und politischen Unterricht", in: Elin-Birgit Berndt u.a.: Erziehung der Erzieher: Das Bremer Reformmodell. Ein Lehrstück zur Bildungspolitik, Reinbek 1972, S. 138.

14) Vgl. Studienordnung für den Studiengang Arbeitslehre/Politik (Beschluß der Studiengangskommission Arbeitslehre/Politik der Universität Bremen vom 30. Januar 1974), abgedruckt in: Materialien zur Studienberatung, Reihe I, Hrsg. Informationsabteilung der Universität Bremen, Unidruck, Bremen 1974, S. 1 ff.

15) Die Strukturübersicht wurde in leicht modifizierter Form entnommen aus: Forschungsbericht 2 (1976-1977), Hrsg. Rektor der Universität Bremen, Unidruck, Bremen 1979, S. 1.

16) Vgl. Studienordnung Arbeitslehre/Politik, S. 3.

17) Ebd., S. 11 ff.

18) Ebd., S. 14.

19) Prüfungsvoraussetzungen und Prüfungsanforderungen für das Fach Geschichte im Studiengang Arbeitslehre/Politik vom 12. April 1979, Amtsblatt der Freien Hansestadt Bremen, Nr. 13, 1980, S. 181 ff., abgedruckt in: Arbeitslehre/Politik (Materialien zur Studienberatung, Heft 3, Hrsg. Zentrales Büro für Studienberatung der Hochschulen der Freien Hansestadt Bremen), Unidruck, Bremen 1979, S. 10 ff.

20) Wilfried Wagner [Sprecher des Fachbereichs 1 (Arbeitslehre/Politiku.a.)]: Bericht des Fachbereichssprechers an die EPK [Zentrale Kommission für Struktur, Haushalt und Entwicklungsplanung der Universität Bremen] vom 11. November 1981, Masch.-Schr., Bremen 1981, S. 2f.

21) Forschungsbericht 4 (1980-1982), Bd. 1: Die Situation der Forschung an der Universität Bremen, Hrsg. Rektor der Universität Bremen, Unidruck, Bremen [1984], S. 58.

22) Darstellung des Magisterstudienganges im Fach Geschichte gemäß den Richtlinien der EPK [Zentrale Kommission für Struktur, Haushalt und Entwicklungsplanung der Universität Bremen] vom 2. Dezember 1981, Masch.-Schr., Bremen [1984], S. 1.

23) [Entwurf einer] Studienordnung für das Magisterstudium Geschichte (Beschluß der Planungskommission Geschichte der Universität Bremen vom 3. Mai 1985), Masch.-Schr., Bremen 1985, S. 1.

24) Vgl. [Entwurf einer] Studienordnung für den Lehramtsstudiengang Geschichte (Beschluß der Studiengangskommission Geschichte der Universität Bremen vom 27. November 1984), Masch.-Schr., Bremen 1984, S. 1 ff.

25) Ebd., S. 6.

26) Ebd., S. 1.

27) Ebd., S. 2 f.

28) Vgl. zur inneruniversitären Diskussion Leo Roth: Erziehungs-/Gesellschaftswissenschaft - Fachdidaktik - Fachwissenschaft in der Lehrerausbildung, in: Zehn Jahre Universität Bremen. Keine Festschrift (Diskurs - Bremer Beiträge zu Wissenschaft und Gesellschaft, Heft 7, Hrsg. Rektor der Universität Bremen), Unidruck, Bremen 1982, S. 230 ff.

29) Stellungnahme des Studiengangs Geschichte vom 5. August 1985 zur Anfrage der Zentralen Lehrerbildungskommission der Universität Bremen vom 6. März 1985, Masch.-Schr., Bremen 1985, S. 1.

30) Vgl. dazu den Situationsbericht im hiesigen "Weser-Kurier" (unter der Überschrift "Keine Chance für neue Lehrer"): " 'In dieser Legislaturperiode besteht keine Aussicht, den bedarfsdeckenden Unterricht einzuschränken oder abzuschaffen.' Das hat Bildungssenator Horst Werner Franke jetzt während einer Personalversammlung der Bremer Lehrerreferendare erklärt. Die Lehramtsanwärter wenden sich schon seit längerem dagegen, daß durch ihren Einsatz als normale Lehrkräfte derzeit über 100 Planstellen eingespart und damit die Beschäftigungschancen der angehenden Lehrer noch zusätzlich verschlechtert werden. Franke zeigte zwar Verständnis für die Forderung der Referendare und räumte ein, daß der bedarfsdeckende Unterricht 'die Qualität der Lehrerausbildung beeinträchtigt'. Wegen der angespannten Lage der öffentlichen Finanzen könne aber vor den Bürgerschaftswahlen 1987 nicht am generellen Einstellungsstopp im öffentlichen Dienst gerüttelt werden, sagte der Senator. Im übrigen wandte sich Franke gegen das 'Gerede' von einem angeblichen Lehrerüberhang. In Wirklichkeit gäbe es nämlich in vielen Bereichen des Bremer Schulwesens einen erheblichen Lehrermangel. Auch aus diesem Grunde, so der Senator, sei eine Verringerung des bedarfsdeckenden Unterrichts um etwa eine Wochenstunde erst in einigen Jahren diskutabel. Massiv kritisierten mehrere Referendare die Sparpolitik des Senats. Es sei ein Skandal, so hieß es, wenn Bremer Großbetrieben Subventionen in Millionenhöhe ohne Arbeitsplatzgarantie gewährt würden, während zugleich durch den Einstellungsstopp die Arbeitsmarktlage in Bremen zusätzlich verschlechtert werde" (WK, Nr. 149, 1. Juli 1985, S. 10).

31) Grundsätze für Lehre, Studium und Prüfungen an der Universität Bremen (Beschlußvorlage des Rektors für die Sitzung des Akademischen Senats der Universität Bremen vom 30. Januar 1985), Masch.-Schr., Bremen 1985; sowie veränderte Fassung der AS-Arbeitsgruppe "Grundsätze für Lehre und Studium" vom 18. April 1985, abgedruckt in: Jahresbericht zur Lehrerausbildung 1984, Hrsg. Zentrale Lehrerbildungskommission der Universität Bremen, Unidruck, Bremen 1985, S. 54 ff.

32) Vgl. dazu Wilfried Wagner [Vorsitzender der Zentralen Kommission für Lehre, Studium und Prüfungen]: Artikel "Gesetzestext allein kann Prüfungen nicht regeln" (Bericht zur Neufassung der Diplomprüfungsordnung für die Sitzung des Akademischen Senats vom 19. Dezember 1979), in: Bremer Universitäts-Zeitung, Nr. 1, 17. Januar 1980, S. 5 f.

33) Jahresbericht zur Lehrerausbildung 1984, Hrsg. Zentrale Lehrerbildungskommission der Universität Bremen, Unidruck, Bremen 1985, S. 12.

6. Quellen- und Literaturverzeichnis

Allgemeine Bestimmungen für die Prüfungsvoraussetzungen und Prüfungsanforderungen gemäß § 5 Abs. 1 und § 2 Abs. 6 PO i.V.m. § 26 Abs. 6 BremLAG vom 2. Juli 1974, Amtsblatt der Freien Hansestadt Bremen, Nr. 13, 1980, S. 163 ff.

Arbeitslehre/Politik (Materialien zur Studienberatung, Heft 3, Hrsg. Zentrales Büro für Studienberatung der Hochschulen der Freien Hansestadt Bremen), Unidruck, Bremen 1979 (enthält die sog. Prüfungsvoraussetzungen und Prüfungsanforderungen für das Fach Geschichte im Studiengang Arbeitslehre/Politik).

Arning, Friedhelm u.a.: Projekte in der Bremer Lehrerausbildung. Evaluation ausgewählter Studienprojekte 1979-1980 (Studie im Auftrag der Zentralen Lehrerbildungskommission der Universität Bremen), Unidruck, Bremen 1981.

Arning, Friedhelm u.a.: Wenn Lehrerstudenten keine Lehrer werden sollen ... Erwartungen von Erstsemestern der Bremer Lehrerbildung (Ergebnisse einer Befragung im Auftrag der Zentralen Lehrerbildungskommission der Universität Bremen), Unidruck, Bremen 1982.

Beck, Johannes u.a. (Hrsg.): Ansichten pädagogischer Berufspraxis. Eine Bremer Einführung in das Lehrerstudium, Frankfurt/M. 1973.

Berndt, Elin-Birgit u.a.: Erziehung der Erzieher. Das Bremer Reformmodell. Ein Lehrstück zur Bildungspolitik, Reinbek 1972.

Bestimmungen über Formen, Beurteilungen und prüfungsähnliche Bedingungen für abgeschichtete Prüfungsteile in Form von ausbildungsbegleitenden Leistungskontrollen vom 7. Dez. 1981, Amtsblatt der Freien Hansestadt Bremen, Nr. 12, 1982, S. 57 f.

Bremisches Hochschulgesetz [BremHG] vom 14. Nov. 1977, Gesetzblatt der Freien Hansestadt Bremen, Nr. 39, 1977, S. 317 ff.; Neufassung des BremHG vom 25. Mai 1982, Gesetzblatt der Freien Hansestadt Bremen, Nr. 34, 1982, S. 183 ff.

Darstellung des Magisterstudienganges im Fach Geschichte gemäß den Richtlinien der EPK [Zentrale Kommission für Struktur, Haushalt und Entwicklungsplanung der Universität Bremen] vom 2. Dez. 1981, Masch.-Schr., Bremen [1984].

Drechsel, Wiltrud / Voigt, Bodo: Projektstudium in Bremen. Erfahrungen und Vorschläge, Unidruck, Bremen 1979.

Drechsel, Wiltrud / Voigt, Bodo: Projektstudium in der Lehrerausbildung. Erfahrungen und Vorschläge, in: Zehn Jahre Universität Bremen. Keine Festschrift (Diskurs - Bremer Beiträge zu Wissenschaft und Gesellschaft, Heft 7, Hrsg. Rektor der Universität Bremen), Unidruck, Bremen 1982, S. 180 ff.

[Entwurf einer] Studienordnung für das Magisterstudium Geschichte (Beschluß der Planungskommission Geschichte der Universität Bremen vom 3. Mai 1985), Masch.-Schr., Bremen 1985.

[Entwurf einer] Studienordnung für den Kernbereich Primarstufe (Beschluß der Planungskommission Primarstufe der Universität Bremen vom 3. Nov. 1982), abgedruckt in: Das Studium für ein Lehramt (Materialien zur Studienberatung, Heft 1, Hrsg. Zentrales Büro für Studienberatung der Hochschulen der Freien Hansestadt Bremen), Unidruck, Bremen [7]1984, S. 29 ff.

[Entwurf einer] Studienordnung für den Lehramtsstudiengang Geschichte (Beschluß der Studiengangskommission Geschichte der Universität Bremen vom 27. Nov. 1984), Masch.-Schr., Bremen 1984.

Festlegung der Unterrichtsfächer, Lernbereiche, sonderpädagogischen Fachrichtungen, berufsbildenden Fachrichtungen und pädagogischen Spezialqualifikationen (Fächer) vom 21. März 1983, Amtsblatt der Freien Hansestadt Bremen, Nr. 28, 1983, S. 357 ff.

Fichten, Wolfgang /Jaeckel, Klaus / Stinshoff, Richard (Hrsg.): Projektstudium und Praxisbezug, Frankfurt/New York 1978.

Franke, Horst-Werner: Bremer Modell: Wissenschaftlicher Standard und Reform. Die Universitätspolitik des Senators für Wissenschaft und Kunst, Bremen 1980.

Gesetz über die Ausbildung für das Lehramt an öffentlichen Schulen im Lande Bremen [BremLAG] vom 2. Juli 1974, Gesetzblatt der Freien Hansestadt Bremen, Nr. 34, 1974, S. 279 ff.

Grundsätze für ein Magisterstudium an der Universität Bremen (Beschluß des Akademischen Senats der Universität Bremen vom 12. Sept. 1984), Masch.-Schr., Bremen 1984.

Grundsätze für Lehre, Studium und Prüfungen an der Universität Bremen (Beschlußvorlage des Rektors für die Sitzung des Akademischen Senats der Universität Bremen vom 30. Jan. 1985), Masch.-Schr., Bremen 1985; sowie veränderte Fassung der AS-Arbeitsgruppe "Grundsätze für Lehre und Studium" vom 18. April 1985, abgedruckt in: Jahresbericht zur Lehrerausbildung 1984, Hrsg. Zentrale Lehrerbildungskommission der Universität Bremen, Unidruck, Bremen 1985, S. 54 ff.

Jahresberichte zur Lehrerausbildung an der Universität Bremen [wechselnde Titel], Hrsg. Zentrale Lehrerbildungskommission der Universität Bremen, Unidruck, Bremen 1976 ff.

Kaiser, Annemarie / Kaiser, Franz-Josef (Hrsg.): Projektstudium und Projektarbeit in der Schule, Bad Heilbrunn 1977.

Keppler, Monika: Der schöne Schein des Gesetzes: Bremisches Lehrerausbildungsgesetz - Text und Praxis, in: Zehn Jahre Universität Bremen. Keine Festschrift (Diskurs - Bremer Beiträge zu Wissenschaft und Gesellschaft, Heft 7, Hrsg. Rektor der Universität Bremen), Unidruck, Bremen 1982, S. 212 ff.

Klink, Job-Günther (Hrsg.): Modelle der Eingangsphase in der Lehrerausbildung, Ratingen 1976.

Kriterienkatalog zur gutachterlichen Erfassung ausbildungsbegleitender Leistungskontrollen durch Fachleiter (Beschluß des Ausbildungsausschusses des Landesamts für Schulpraxis vom 16. Nov. 1979); sowie Kriterienkatalog zur gutachterlichen Erfassung ausbildungsbegleitender Leistungskontrollen durch die Schule (Erlaß des Senators für Bildung vom 28. Juli 1978), abgedruckt in: Informationen für Referendare für das Lehramt an öffentlichen Schulen, Hrsg. Wissenschaftliches Institut für Schulpraxis der Freien Hansestadt Bremen, Eigendruck, Bremen [1984], S. 25 f.

Lehrerarbeitslosigkeit und Lehrerausbildung. Ein Workshop der Zentralen Lehrerbildungskommission der Universität Bremen vom 27. bis 30. Nov. 1984, Unidruck, Bremen 1985 (im Erscheinen).

Das Lehrerstudium in Bremen (Materialien zur Studienberatung, Sonderheft, Hrsg. Organisationseinheit Lehrerbildung der Universität Bremen und Zentrales Büro für Studienberatung der Hochschulen der Freien Hansestadt Bremen), Unidruck, Bremen ^{2}1980.

Mützelburg, Dieter: Planung eines Studiengangs "Arbeitslehre und Politik" für den "berufsvorbereitenden und politischen Unterricht", in: Elin-Birgit Berndt u.a.: Erziehung der Erzieher: Das Bremer Reformmodell. Ein Lehrstück zur Bildungspolitik, Reinbek 1972, S. 124 ff.

Ordnung der Ersten Staatsprüfung für das Lehramt an öffentlichen Schulen [PO] vom 9. Juli 1979, Gesetzblatt der Freien Hansestadt Bremen, Nr. 30, 1979, S. 259 ff.

Ordnung der Zweiten Staatsprüfung für das Lehramt an öffentlichen Schulen vom 27. Febr. 1978, Gesetzblatt der Freien Hansestadt Bremen, Nr. 13, 1978, S. 81 ff.

Ordnung für Schulpraktische Studien (Beschluß des Ausbildungsausschusses des Landesamts für Schulpraxis und Lehrerprüfungen vom 1. Juni 1979; Beschluß des Akademischen Senats der Universität Bremen vom 4. Juli 1979), abgedruckt in: Das Studium für ein Lehramt (Materialien zur Studienberatung, Heft 1, Hrsg. Zentrales Büro für Studienberatung der Hochschulen der Freien Hansestadt Bremen), Unidruck, Bremen ^{7}1984, S. 50 ff.

Ott, Manfred: Lehrerausbildung im Bereich Arbeitslehre, Diss., Masch.-Schr., Bremen 1980.

Preuß-Kippenberg, Ingrid: Umfrage zur Lehrerfort- und Lehrerweiterbildung im Lande Bremen, Hrsg. Organisationseinheit Lehrerbildung der Universität Bremen, Unidruck, Bremen 1980.

Prüfungsvoraussetzungen und Prüfungsanforderungen für das Fach Geschichte im Studiengang Arbeitslehre/Politik vom 12. April 1979, Amtsblatt der Freien Hansestadt Bremen, Nr. 13, 1980, S. 181 ff.

Prüfungsvoraussetzungen und Prüfungsanforderungen für den Prüfungsgegenstand Erziehungswissenschaft unter Einbeziehung der Gesellschaftswissenschaften vom 12. April 1979, Amtsblatt der Freien Hansestadt Bremen, Nr. 13, 1980, S. 165 ff.

Rahmencurriculum für das Studium der Erziehungs- und Gesellschaftswissenschaften in der Lehrerbildung (Beschluß der Zentralen Lehrerbildungskommission der Universität Bremen vom 10. Mai 1978), abgedruckt in: Das Studium für ein Lehramt (Materialien zur Studienberatung, Heft 1, Hrsg. Zentrales Büro für Studienberatung der Hochschulen der Freien Hansestadt Bremen), Unidruck, Bremen [7]1984, S. 45 ff.

Roth, Leo: Erziehungs-/Gesellschaftswissenschaft - Fachdidaktik - Fachwissenschaft in der Lehrerausbildung, in: Zehn Jahre Universität Bremen. Keine Festschrift (Diskurs - Bremer Beiträge zu Wissenschaft und Gesellschaft, Heft 7, Hrsg. Rektor der Universität Bremen), Unidruck, Bremen 1982, S. 230 ff.

Sackgasse Lehrerstudium? Lehrerbedarf und Lehrerarbeitslosigkeit bis 1990. Zusammenfassung, Materialien und Beiträge einer Expertenanhörung am 26. Juni 1980 in der Universität Bremen, Hrsg. Deutscher Gewerkschaftsbund (Kreis Bremen), Gewerkschaft Erziehung und Wissenschaft (Landesverband Bremen), Universität Bremen, Allgemeiner Studentenausschuß der Universität Bremen, Unidruck, Bremen 1980.

Stellungnahme des Studiengangs Geschichte vom 5. Aug. 1985 zur Anfrage der Zentralen Lehrerbildungskommission der Universität Bremen vom 6. März 1985, Masch.-Schr., Bremen 1985.

Studienführer der Universität Bremen [wechselnde Ausgaben], Hrsg. Universität Bremen, Unidruck, Bremen 1971/72 ff.

Studienordnung der Universität Bremen für den Studiengang Lehramt an öffentlichen Schulen [Allgemeiner Teil] vom 7. Juni 1982, Amtsblatt der Freien Hansestadt Bremen, Nr. 40, 1982, S. 193 ff.

Studienordnung für den Studiengang Arbeitslehre/Politik (Beschluß der Studiengangskommission Arbeitslehre/Politik der Universität Bremen vom 30. Jan. 1974), abgedruckt in: Materialien zur Studienberatung, Reihe I, Hrsg. Informationsabteilung der Universität Bremen, Unidruck, Bremen 1974.

Das Studium für ein Lehramt (Materialien zur Studienberatung, Heft 1, Hrsg. Zentrales Büro für Studienberatung der Hochschulen der Freien Hansestadt Bremen), Unidruck, Bremen [7]1984 (enthält die geltenden Ausbildungs- und Prüfungsbestimmungen zur Lehrerausbildung an der Universität Bremen).

Thesen zur gegenwärtigen Situation in der Lehrerausbildung an der Universität Bremen und den möglichen Einspareffekten durch Reduktion von Studienplätzen (Arbeitspapier des Dezernats 1: Zentrale Angelegenheiten von Lehre und Forschung in Zusammenarbeit mit dem Konrektor für Lehre der Universität Bremen), Masch.-Schr., Bremen 1985.

Ubbelohde, Reiner: Prüfungsreform in Bremen als Institutionalisierung des Mißtrauens zwischen Staat und Hochschule, in: Zehn Jahre Universität Bremen. Keine Festschrift (Diskurs - Bremer Beiträge zu Wissenschaft und Gesellschaft, Heft 7, Hrsg. Rektor der Universität Bremen), Unidruck, Bremen 1982, S. 204 ff.

[Universität Bremen]: Forschungsbericht 2 (1976-1977), Hrsg. Rektor der Universität Bremen, Unidruck, Bremen 1979; sowie Forschungsbericht 4 (1980-1982), Bd. 1: Die Situation der Forschung an der Universität Bremen, Hrsg. Rektor der Universität Bremen, Unidruck, Bremen [1984].

[Universität Bremen]: Rechenschaftsbericht des Rektors der Universität Bremen (Berichtszeitraum: 1. Sept. 1982 - 31. Aug. 1983), Unidruck, Bremen [1984].

[Universität Bremen]: Zehn Jahre Universität Bremen. Keine Festschrift (Diskurs - Bremer Beiträge zu Wissenschaft und Gesellschaft, Heft 7, Hrsg. Rektor der Universität Bremen), Unidruck, Bremen 1982.

Verordnung zur Änderung der Ersten Staatsprüfung für das Lehramt an öffentlichen Schulen vom 31. Mai 1983, Gesetzblatt der Freien Hansestadt Bremen, Nr. 33, 1983, S. 399 f.

Vollmer, Helmut u.a.: Projektorientierung des Studiums. Erfahrungen, Möglichkeiten, Grenzen, Unidruck, Bremen 1975.

Vorläufige Ordnung für die Ausbildung im Vorbereitungsdienst für das Lehramt an öffentlichen Schulen [Ausbildungsordnung] vom 25. März 1975, Amtsblatt der Freien Hansestadt Bremen, Nr. 31, 1975, S. 321 ff.

Vring, Thomas v.d.: Hochschulreform in Bremen. Bericht des Rektors über Gründung und Aufbau der Universität Bremen während seiner Amtszeit von 1970 bis 1974, Frankfurt/Köln 1975.

Wagner, Wilfried [Sprecher des Fachbereichs 1 (Arbeitslehre/Politik u.a.)]: Bericht des Fachbereichssprechers an die EPK [Zentrale Kommission für Struktur, Haushalt und Entwicklungsplanung der Universität Bremen] vom 11. Nov. 1981, Masch.-Schr., Bremen 1981.

Wagner, Wilfried [Vorsitzender der Zentralen Kommission für Lehre, Studium und Prüfungen]: Artikel "Gesetzestext allein kann Prüfungen nicht regeln" (Bericht zur Neufassung der Diplomprüfungsordnung für die Sitzung des Akademischen Senats der Universität Bremen vom 19. Dez. 1979), in: Bremer Universitäts-Zeitung, Nr. 1, 17. Jan. 1980, S. 5 f.

Historie - kein Brotstudium
Zur Geschichtslehrerausbildung in der Freien und Hansestadt HAMBURG

Von Bodo von BORRIES

1. Rahmenbedingungen

Seit dem 1. Juni 1982 gilt im Bundesland Hamburg eine neue Prüfungsordnung für die 1. Staatsexamina, die eine Reihe von wesentlichen Verbesserungen bringt und klassischen Reformforderungen der Lehrerausbildung folgt:

- Sämtliche Lehrämter setzen jetzt ein wissenschaftliches Studium an der Universität von mindestens acht Semestern und zwei Examenssemestern voraus, sind also gleich lang und gleichrangig, "voll akademisch" und institutionell gemeinsam.
- Sämtliche Lehrämter sind nicht nach Schulformen, sondern nach Altersgruppen organisiert ("reine Stufenlehrerbildung"). Unterschieden werden "Lehramt an Sonderschulen", "Lehramt an der Grund- und Mittelstufe", "Lehramt an der Oberstufe - Allgemeinbildende Schulen " und "Lehramt an der Oberstufe - Berufliche Schulen". Die Präambel des Schulgesetzes vom Oktober 1977 schreibt Weiterentwicklung des Schulwesens in Richtung auf ein "integriertes System", aber auch Beachtung des "Elternwillens" vor. Die Gesamtschule ist Regelschule.
- Sämtliche Lehrämter sind nach dem "Fachlehrerprinzip" organisiert, in allen Lehrämtern kann das Fach "Geschichte" gewählt werden. "Sozialwissenschaften" bedeuten regelmäßig ein davon unterschiedenes Fach. Beide können jedoch in der Grund- und Mittelstufe nicht miteinander kombiniert werden.
- Sämtlichen Lehrämtern gemeinsam ist ein gleich großer (und vorwiegend identischer) Sockel von "Erziehungswissenschaft" im Umfang von einem Viertel des Studiums oder 40 Semesterwochenstunden. Auch die fachspezifische Ausbildung ist mit ebenfalls einem Viertel pro Fach ungefähr gleich, erhöht sich jedoch im Falle der "Oberstufe - Allgemeinbildende Schulen" auf drei Achtel (60 Stunden).
- Für sämtliche Lehrämter ist die Fachdidaktik - als ein Teil der Erziehungswissenschaften gerechnet - institutionell gut abgesichert; sie macht

knapp die Hälfte der pädagogischen Pflichtveranstaltungen aus und wird obligatorisch mit dem gleichen Gewicht in die erziehungswissenschaftliche Prüfung eingebracht. Auch die "Hausarbeit" kann bei fast allen Lehrämtern (Ausnahme Sonderschule) in der Fachdiaktik verfaßt werden (Oberstufe allgemeinbildend nur auf Antrag).

- Sämtliche Lehrämter werden im zweiten Staatsexamen nach einer gemeinsamen Prüfungsordnung vom 3. Juli 1973 geprüft. Die weitere Angleichung wird um so leichter sein, als die gleichlangen Referendariate schon seit Jahren in einem "Gesamtseminar" abgeleistet werden.

Hamburg hat schon früher eine gewisse Vorreiterrolle gespielt, z.B. schon früh die Volks- und Realschullehrer nach (dem kleinen) A 13 (ohne Beförderungsmöglichkeit) besoldet. Hat es doch schon in der Weimarer Republik und dann wieder in der frühen Bundesrepublik die Volksschullehrer an der Universität ausgebildet und frühzeitig die Fachdidaktik in engem Kontakt zur Erziehungswissenschaft ausgebaut. Im Hamburger Modell werden nicht - wie in den meisten Bundesländern - Stellen für "Geschichte und ihre Didaktik" im Fachbereich "Geschichte" ausgebracht, sondern Stellen für "Erziehungswissenschaft unter besonderer Berücksichtigung der Didaktik der Geschichte" im Fachbereich "Erziehungswissenschaft". Das bedeutet dann für die Stelleninhaber auch fehlende Lehrberechtigung in Geschichte und gewährte Lehrberechtigung in allgemeiner Erziehungswissenschaft, z.B. allgemeine Didaktik, Unterrichtsforschung, Medienpädagogik oder Schul- und Erziehungsgeschichte.

Man sollte denken, daß mit der neuen Prüfungsordnung so gut wie alle Forderungen aus der bildungsreformerischen Tradition der siebziger Jahre erfüllt seien, daß die "Progressiven" in Hamburg voll zufrieden seien. Das ist jedoch keineswegs der Fall. Es gibt vielmehr eine Reihe gravierender Einschränkungen, die nicht bloße Schönheitsfehler sind, sondern eine weitgehende Entwertung des Erreichten bedeuten.

1. Die "reine Stufenlehrerausbildung" versteckt nur oberflächlich, daß sich unter neuen Bezeichnungen genau die alten schulformspezifischen Lehrämter erhalten und jeweils ihre Besonderheiten bewahrt haben. Das Sonderschullehramt mit bloß einem Fach bleibt neben dem Normalschulwesen bestehen, wird nicht zur Zusatzqualifikation als "Sonderschülerlehrer für Normalschulen" weiterentwickelt. Das "Lehramt Grund- und Mittelstufe" setzt genau den V/R-Lehrer (Volks- und

Realschulen) fort, kann aber auch an Gesamtschule und Mittelstufe des Gymnasiums eingesetzt werden, was im Interesse der Behörde die Flexibilität erhöht. Das "Lehramt Oberstufe - Allgemeinbildende Schulen" schließt ausdrücklich die Mittelstufe (5.-10. Klasse) ein, stellt also den klassischen Gymnasiallehrer dar. Hier wird nur halb soviel Erziehungswissenschaft studiert, weil das Viertel Grundschulpädagogik entfällt; dafür wird jedes Fach von einem Viertel auf drei Achtel ausgeweitet. Die alte Abstufung zwischen Erziehungsspezialist und Fachvertreter bleibt mithin erhalten. Das "Lehramt Oberstufe - Berufliche Schulen" faßt zwar "Gewerbelehrer" und "Diplomhandelslehrer" zusammen, beläßt aber sonst alles beim Alten, z.B. durch das doppelte Gewicht der "Fachrichtung des beruflichen Schulwesens" (80 Stunden) gegenüber dem "Unterrichtsfach" und durch die starke Ausrichtung des Viertels "Erziehungswissenschaft" auf "Berufspädagogik". Allgemeinbildendes und berufliches Schulwesen bleiben hübsch getrennt.

2. Die Prüfungsordnungen sind hochabstrakte Papiere und geben über Problembewußtsein der Lehrenden, Gepflogenheiten des Prüfungsamtes und Praxis der Studiengestaltung so gut wie keine Auskunft. Sie dürften für das tatsächliche Verhalten in Studium und Lehre weniger relevant sein als z.B. der Seminarklatsch. Auch wenn man die Konkretisierungsebenen "Studienordnung" und "Studienplan" - für diese Vermittlungsstufen sind Papiere teils in Arbeit, teils beschlossen, aber noch nicht genehmigt - sowie "Lehrangebot" und "Studienberatung" einbezieht, ändert sich die Lage nur wenig. Bei geisteswissenschaftlichen (und sozialwissenschaftlichen) Studien bleibt die Gestaltung höchst individuell und äußerst personenabhängig. Scharf gesagt: es ist wichtiger, bei welchem Hauptprüfer ein Kandidat die Prüfung ablegt als nach welcher Prüfungsordnung. Daß auch gravierende Verstöße gegen gültige Ordnungen üblich sind und inoffiziell geduldet werden, ist ein offenes Geheimnis. Das gilt z.B. für die vorzeitige Erteilung von Hausarbeitsthemen, für die Mitteilung von Benotungen im Verfahren und für die Enge des vereinbarten Wahlgebietes (z.B. Identität von Schwerpunkt und Klausurthema). Bei solcher hochgradigen Individualisierung des Verfahrens kommen Transparenz und Gerechtigkeit zu kurz. Vor allem aber ist an Reformierbarkeit durch einen bloßen Verwaltungsakt nicht im Traum zu denken.

3. Dennoch wäre eine entsprechende Prüfungsordnung um 1970 ein gewaltiger Fortschritt gewesen. Jetzt kommt sie zu spät, zumal sie erst ab 1987 voll greifen wird und sich erst ab 1989 auch auf die zweiten Staatsexamina auswirken kann. Wenig ist gleichgültiger als die Gestaltung einer Prüfungsordnung zu einem Zeitpunkt, wo das Ablegen dieser Prüfung kaum das Papier wert ist, auf dem das Dokument gedruckt ist. Die in Hamburg nahezu totale Arbeitslosigkeit für die selbstproduzierten Junglehrer entwertet die Reform fast völlig. Im Jahr 1983/84 (Winter und Sommersemester) haben 857 Kandidaten ein erstes Staatsexamen bestanden, davon 131 im Fach Geschichte. Keineswegs alle können den Vorbereitungddienst antreten (Numerus Clausus). Eine vergleichbare Zahl von 874 hat zweites Staatsexamen gemacht; die Gesamtzahl ist nicht fachspezifisch aufgeschlüsselt. 115 Lehrer sollen 1985 eingestellt werden; hier dürften kaum Historiker angefordert werden, da der Überhang als besonders groß gilt, das Fach in vielen Schulformen mit Politik zusammengelegt ist und z.B. in der Hauptschule zu über 80% von fachfremden Kräften (meist den Klassenleitern) unterrichtet wird. Auch die wenigen Glücklichen (im Mittel sind jährlich 200 Neueinstellungen geplant) sind an sich überflüssig und nur zur Milderung der Arbeitslosigkeit und der "Vergreisung" in den Kollegien bestimmt. Bis gegen 2000 n.Chr. übertrifft in Hamburg mutmaßlich der Schülerrückgang das natürliche Ausscheiden von Lehrern aus Altersgründen so stark, daß selbst bei Null-Einstellungen pädagogische Verbesserungen wie kleinere Klassen und Abordnungen zur Fortbildung verwirklicht werden könnten. Wenn die wirkliche Funktion des Geschichtslehrerstudiums eine Art "Sozialarbeit mit Arbeitslosen" und "Entlastung der Arbeitslosenstatistik" ist - wofür es Gründe gibt -, dann sind Prüfungsordnungen bloß Spielmaterial, nicht aber ernsthafter Analysegegenstand.

4. Die Studenten haben diese Situation übrigens ganz deutlich erkannt und fliehen aus der Lehrerausbildung. Diese Entwicklung besteht schon lange und trifft die "Geschichte" als notorisch aussichtsloses Fach besonders intensiv. Während 1983/84 131 Kandidaten ein 1. Staatsexamen in "Geschichte" bestanden, waren es vier Jahre früher (1979/80) noch 171. Der Rückgang betraf besonders stark das gymnasiale Lehramt mit 81 statt 123 erfolgreichen Absolventen, also einem Rückgang auf

unter zwei Drittel.

Das Bild wird wesentlich dramatischer, wenn man auf die Studentenzahlen und die Studienanfänger schaut. Im Sommer 1984 gab es in Hamburg 1.080 Lehrerstudenten mit dem Fach Geschichte, aber bereits 765 Magisterstudenten (einschließlich Alte Geschichte sowie Sozial- und Wirtschaftsgeschichte). Zusätzlich sind noch 810 Magisterstudenten in historischen Fächern (Kunstgeschichte, Volkskunde, Vor- und Frühgeschichte, Archäologie, Völkerkunde) zu beachten, die - als Lehramtskandidaten - wahrscheinlich Geschichte studieren würden und auf dem Arbeitsmarkt als M.A. hart mit den reinen "Historikern" konkurrieren werden. Insgesamt dürften im engeren historischen Bereich die Magisterstudenten bereits die Lehrerstudenten übertreffen. Bei den Studienanfängern ist das noch weit deutlicher. Im Winter 1983/84 und Sommer 1984 begannen 141 Lehramtsanfänger mit dem Fach "Geschichte", aber 260 Magisteranfänger mit Geschichte, Alte Geschichte, Sozial- und Wirtschaftsgeschichte sowie 131 Magisteranfänger in Kunstgeschichte, Volkskunde, Vor- und Frühgeschichte, Archäologie und Völkerkunde. Hier gab es also schon mehr als doppelt soviele Magisterkandidaten als Lehrerkandidaten.

Vier Jahre früher waren die Verhältnisse noch völlig anders. 1979/80 gab es noch 1.296 Lehramtsstudenten der Geschichte gegen 263 Magisterstudenten, allerdings schon 131 Magisteranfänger zu 224 Lehramtsanfänger. Der Umschichtungsprozeß hatte also schon begonnen. Im Sommer 1976 lag die Gesamtzahl der Lehrerstudenten bei 1.534, der Magister (und der damals statistisch noch nicht isolierten Promovenden) bei 185. In den beiden Semestern 1975/76 begannen 351 ein Lehramtsstudium in Geschichte und nur 59 ein Magisterstudium. In acht Jahren sind die Lehramtsanfänger auf fast ein Drittel geschrumpft, die Magisteranfänger auf über das Vierfache gewachsen, die Gesamtzahlen folgen langsamer (Tabelle 1).

Tabelle 1

Geschichtsstudenten an der Universität Hamburg (Statistik des Planungsstabes der Universität)

	Erstsemester Winter 83/84 u. Sommer 84	Insgesamt Sommer 84	Erstsemester Winter 79/80 u. Sommer 80	Insgesamt Sommer 80	Erstsemester Winter 75/76 u. Sommer 76	Insgesamt Sommer 76
Lehrämter mit Fach "Geschichte"	141	1.080	224	1.296	351	1.534
Magister mit Fächern "Mittlere und Neuere Geschichte", "Alte Geschichte", Sozial- und Wirtschaftsgeschichte"	260	765	131	263	59	185*
Magister mit Fächern "Volkskunde", Vor- und Frühgeschichte", "Archäologie", "Völkerkunde"	92	460	121	258	112	211*
Magister mit Fach "Kunstgeschichte"	39	350	76	262	86	230*
* Einschließlich Promotionsstudenten						
Lehramt Grund- und Mittelstufe sowie Sonderschule	39	220	48	246	109	346
Lehramt Oberstufe - Allgemeinbildende Schulen bzw. Höheres Lehramt	85	784	150	938	232	1.105
Lehramt Oberstufe - Berufliche Schulen	17	76	22	103	10	83
Unbekannt			4	9		

Was sind die Konsequenzen dieses grundlegenden Wandels?

- In der Erziehungswissenschaft und im Studienseminar werden die Kapazitäten frei und abgebaut. Dagegen bleibt die Fachwissenschaft ausgelastet und wird teilweise noch ausgeweitet. Einige frühere "Orchideenfächer" (z.B. Islamwissenschaft, Völkerkunde, Vor- und Frühgeschichte, Sozial- und Wirtschaftsgeschichte) werden tendenziell zu "Massenfächern".
- Die Geschichtsdidaktik scheidet (wieder) aus der Ausbildung der Historiker aus; das gilt insbesondere für das Hamburger Modell ihrer Zuordnung zur Erziehungswissenschaft, das sich auf diesem kuriosen Umweg selbst abschafft. Unbeschadet der Wichtigkeit, die Fachdidaktik gerade auch für die Praxisfelder möglicher Berufstätigkeit von Magistern im Fach "Geschichte" und anderen historischen Fächern besitzt, sieht keine der Magisterordnungen verbindlich ein Studium der Geschichtsdidaktik vor (Möglichkeit im Rahmen eines Nebenfaches "Erziehungswissenschaft").
- 1983/84 haben 16 Magister mit Hauptfach Geschichte und 23 mit Nebenfach abgeschlossen; 1979/80 waren es nur sechs im Hauptfach und zehn im Nebenfach. Angesichts der Flut von künftigen Magistern, die allerdings das Prüfungsamt noch lange nicht voll erreicht hat, werden die Berufsaussichten des M.A., die immer schlecht waren, weiter radikal sinken. Vieles spricht dafür, daß sie bald sogar noch katastrophaler als die der Junglehrer sein werden, weil Junglehrer die Magister voll substituieren können, nicht aber umgekehrt. Der Fachbereich Geschichte selbst rät daher - mit wenig Erfolg? -, mindestens die Möglichkeit des Staatsexamens offenzuhalten.
- Das Studium der Geschichte verliert den letzten Berufs- und Praxisbezug. Schon immer ist die Aufgabe der Lehrerausbildung (besonders für die Haupt- und Realschule) von vielen Professoren nur widerwillig oder randständig wahrgenommen worden. Jetzt braucht über gesellschaftliche Verwendungen überhaupt nicht mehr nachgedacht zu werden. Denn einerseits gibt es deren für Magister beliebig viele, andererseits können sie gewiß nicht alle intensiv verfolgt werden; das gilt trotz bewundernswerten Einsatzes und überraschender Findigkeit einzelner Professoren und Lehrbeauftragten. Im ganzen kann sich die Lehre wieder auf das besinnen, was die meisten Professoren eigentlich immer bevorzugt haben:

eine Ausbildung der Geschichtsstudenten nach dem Modell des Archivars oder des Geschichtsforschers, also nach dem Vorbild der eigenen Erfahrungen und Interessen der Lehrenden.

2. Das Studium der Geschichtswissenschaft

Ausgangspunkt der Überlegungen soll hier das Lehramt "Oberstufe - Allgemeinbildende Schulen" sein, also das von 40 Semesterwochenstunden auf 60 Semesterwochenstunden erweiterte fachwissenschaftliche Studium. Der Fachbereich Geschichte läßt nämlich deutlich anklingen, daß er im Grunde nur diesen Studiengang für eine verantwortbare wissenschaftliche Ausbildung hält, die übrigen Lehrämter dagegen eine ihm aufgenötigte, eigentlich eher illegitime Verkürzung. Auch wird dieses Lehramt weit häufiger gewählt als alle anderen zusammen. Die Lehrerprüfungsordnung sieht für die "Oberstufe - Allgemeinbildende Schulen" einen schriftlichen (fünfstündige Klausur und gegebenenfalls Hausarbeit) und einen mündlichen Prüfungsteil (60 Minuten, 2 Hochschullehrer, zwei Staatskommissare) vor und bestimmt als Zulassungsvoraussetzungen und Prüfungsanforderungen:

"I. Zulassungsvoraussetzungen

1. *Kenntnis zweier Fremdsprachen, darunter Latein (Latinum).*
2. *Teilnahme an je einer einführenden Veranstaltung und an je einer Vorlesung in Alter, Mittlerer und Neuerer Geschichte, erfolgreiche Teilnahme an einer Übung.*
3. *Erfolgreiche Teilnahme an je einem Hauptseminar in Alter, Mittlerer und Neuerer Geschichte.*
4. *Erfolgreiche Teilnahme an einführenden Veranstaltungen in Politischer Wissenschaft und an einführenden Veranstaltungen in Geographie, Soziologie oder Volkswirtschaftslehre.*

II. Prüfungsanforderungen

1. *Fähigkeiten, historische Quellen zu interpretieren. Fähigkeit, Verhältnisse und Ereignisse der Vergangenheit in ihren historischen Zusammenhängen sehen und analysieren zu können. Dabei sind grundlegende Verhältnisse, Ereignisse und Prozesse der Weltgeschichte einzubeziehen, soweit sie mit den Gebieten nach II. 2 und 3 zusammenhängen.*
2. *Vertiefte Kenntnis je eines umfassenden Gebietes der Alten und der Mittlerem Geschichte.*

3. *Vertiefte Kenntnis zweier umfassender Gebiete aus zeitlich verschiedenen Abschnitten der Neueren Geschichte, davon eines aus der Geschichte des 20. Jahrhunderts.*
4. *Kenntnis wesentlicher Entwicklungen in der deutschen Geschichte seit 1945 sowie wichtiger Bedingungen und Zusammenhänge der internationalen Politik seit dem Zweiten Weltkrieg.*

Die mündliche Prüfung der vertieften Kenntnisse nach II. 2 beschränkt sich auf das nicht durch die Arbeit unter Aufsicht erfaßte Gebiet. Auf die mündliche Prüfung der vertieften Kenntnisse nach II. 2 in dem durch die Hausarbeit erfaßten Gebiet kann verzichtet werden.

Wer die Hausarbeit über ein Thema der Neueren Geschichte schreibt, fertigt die Arbeit unter Aufsicht über ein Thema der Alten oder der Mittleren Geschichte an.

Wer die Hausarbeit über ein Thema der Alten oder der Mittleren Geschichte schreibt, fertigt die Arbeit unter Aufsicht über ein Thema der Neueren Geschichte an.

Wer die Hausarbeit nicht im Fach Geschichte schreibt, fertigt die Arbeit unter Aufsicht über ein Thema der Alten oder der Mittleren Geschichte an.

III. Arbeit unter Aufsicht

Bearbeitung eines historischen Themas oder Analyse und Interpretation einer historischen Quelle."

Auffällig ist:

- Am Latinum wird festgehalten, statt Ablösungsmöglichkeiten durch eine weitere moderne oder klassische Fremdsprache (Malaiisch, Chinesisch, Kirchenslavisch) oder Statistik vorzusehen.
- Die Ordnung klebt an der traditionellen Gliederung in fragwürdige Epochen (Alte, Mittlere, Neuere Geschichte) bei völliger Vernachlässigung regionaler und sektoraler Gliederungen. So ist etwa die außereuropäische Geschichte wie die Sozial- und Wirtschaftsgeschichte aus dem Pflichtbereich völlig ausgeschaltet.
- Die Neuere und Neueste Geschichte ist verstärkt betont, die Vor- und Frühgeschichte gänzlich ausgelassen.
- Gerade im 20. Jahrhundert wird die deutsche Geschichte krass privilegiert, während der Terminus "Weltgeschichte" überaus wolkig und unverbindlich eingeflochten ist.
- Auf die Verwendung des Wortes "Überblick" oder eines bedeutungsgleichen Wortes wird bewußt verzichtet, dagegen ist der methodisch-prozeßhafte Aspekt ("Interpretieren", "Analysieren", "in Zusammenhänge

sehen") demonstrativ hervorgehoben.

- Geschichte wird in sozialwissenschaftlichen Nachbarfächern (Politik sowie Geographie, Soziologie oder Volkswirtschaftslehre) fundiert - bei gleichzeitigem Verzicht auf Theoriefragen und Erkenntniskritik.
- Eine Vermittlungs- und Arbeitsform, die zeitweilig stark umstritten war, die Vorlesung, wird in der Prüfungsordnung verbindlich gemacht.
- Wie in den meisten aber keineswegs allen Fächern ist für die "einführenden Veranstaltungen" nur die (unkontrollierbare) "Teilnahme", nicht "erfolgreiche Teilnahme" vorgeschrieben. Das bürdet (schein-liberal) dem Fachbereich die rechtlich und faktisch schwierige Durchsetzung des Erwerbs von Grundfertigkeiten auf.

Man könnte im ganzen vielleicht einen Kompromiß zwischen eher konservativen Tendenzen und Machtgruppen (Latinum, traditionelle Gliederung, Nationalgeschichte, Vorlesung) und eher reformbereiten Richtungen (Neueste Geschichte, Verzicht auf Kontrolle, Methodenanwendung, Sozialwissenschaft) sehen. Doch scheint eine solche Interpretation nach den Erfahrungen der letzten Jahre zu oberflächlich. Über jeden einzelnen Punkt müßte mit aufgelockerten Fronten lange neu verhandelt werden.

Die Ausfüllung durch den Fachbereich ist nur in wenigen Punkten interessant, z.B. in der Teilung (d.h. Doppelung) des Proseminars Neuere Geschichte zu insgesamt 8 Semesterwochenstunden (davon 4 Tutorenstunden). Gleichwohl bleibt der Fachbereich in seinen Vorschriften und Empfehlungen ganz erheblich unter der Richtgröße von 60 Semesterwochenstunden für acht Semester, d.h. er läßt den Studierenden einen beträchtlichen Spielraum (oder Zeit fürs Nachholen des Latinums) von ca. 20%.

Für das "Lehramt an Grund- und Mittelstufe" sowie "an Sonderschulen" reduziert die Prüfungsordnung das Studium von drei Achteln auf ein Viertel der acht Semester (plus Examenszeit), was 40 Semesterstundenwochen entspricht. Auch hier wird schriftlich (Hausarbeit oder Klausur) und mündlich (jedoch nur 40 Minuten, ein Hochschullehrer, zwei Staatskommissare) geprüft.

Die Zulassungsvoraussetzungen und Prüfungsanforderungen lauten:

"I. Zulassungsvoraussetzungen

1. *Teilnahme an je einer einführenden Veranstaltung und an je einer Vorlesung in Alter, Mittlerer und Neuerer Geschichte.*

2. *Erfolgreiche Teilnahme an einem Hauptseminar in Alter Geschichte oder in Mittlerer Geschichte sowie an einem Hauptseminar in Neuerer Geschichte oder in Mittlerer Geschichte.*
3. *Erfolgreiche Teilnahme an einführenden Veranstaltungen in Politischer Wissenschaft oder in Soziologie oder in Volkswirtschaftslehre.*

II. Prüfungsanforderungen

1. *Fähigkeit, historische Quellen zu interpretieren. Fähigkeit, Verhältnisse und Ereignisse der Vergangenheit in ihren historischen Zusammenhängen sehen und analysieren zu können. Dabei sind grundlegende Verhältnisse, Ereignisse und Prozesse der Weltgeschichte einzubeziehen, soweit sie mit den Gebieten nach II. 2 und 3 zusammenhängen.*
2. *Kenntnis eines umfassenden Gebietes der Alten oder der Mittleren Geschichte.*
3. *Kenntnis zweier umfassender Gebiete aus zeitlich verschiedenen Abschnitten der Neueren Geschichte.*
4. *Kenntnis der grundlegenden Entwicklungen in der deutschen Geschichte seit 1945.*

Wird in der Arbeit unter Aufsicht eine Aufgabe aus der Alten oder der Mittleren Geschichte bearbeitet, so wird auf die mündliche Prüfung der Kenntnis eines umfassenden Gebietes der Alten oder der Mittleren Geschichte verzichtet.

III. Arbeit unter Aufsicht

Bearbeitung eines historischen Themas oder Analyse und Interpretation einer historischen Quelle."

Für das "Lehramt an der Oberstufe - Berufliche Schulen" gibt es von diesen Regelungen nur geringfügige Abweichungen: Die "Sozial- und Wirtschaftsgeschichte" wird hier ausdrücklich verlangt. Ihr sind ein zusätzliches Proseminar und eine zusätzliche Vorlesung gewidmet, auch in Hauptseminaren und Prüfungsschwerpunkten müssen sozial- und wirtschaftsgeschichtliche Themen berücksichtigt sein.

Gewicht hat vor allem der Verzicht auf die Fremdsprachen (u.a. das Latinum) und die Halbierung der Anforderungen in den sozialwissenschaftlichen Nachbarfächern. Dennoch ist offenbar die Differenz zwischen Pflichtveranstaltungen und theoretischem Planungsrahmen für Grund- und Mittelstufe, Sonderschule und berufliche Schule wesentlich geringer als für das "quasi-gymnasiale" Lehramt. Das wird sich vor allem in dem relativ geringeren Gewicht der Übungen auswirken, jener kaum bzw. nicht von der Prüfungsordnung vorgesehenen Zwischenform, in der sich nach Auskunft des Fachbereichs ein wesentlicher Teil des Studiums praktisch abspielt.

Die Studenten verschiedener Lehrämter und die Magisterkandidaten besuchen durchweg die gleichen Veranstaltungen (wenn einmal von der Latinum-Frage abgesehen wird). Der Magisterstudiengang sieht zudem im großen und ganzen die gleichen Pflicht-Leistungsnachweise vor, allerdings geringfügig ergänzt. Selbst die Dauer der Klausuren und mündlichen Prüfungen ist weitgehend angeglichen. Insgesamt muß die fachwissenschaftliche Ausbildung als identisch gelten. Die Studiengänge sind also insofern voll gegenseitig durchlässig. Allenfalls Probleme der Zulassung (Immatrikulation) können auftauchen.

Abgesehen von den organisatorischen Regelungen und obligatorischen Veranstaltungen finden sich Angaben über Ziele und Konzepte des Faches Geschichte auch beim Fachbereich nur sehr spärlich. Das Fach wird definiert: "Das Studium der Geschichte hat das Ziel, historische Tatsachen und Zusammenhänge zu erkennen und zu erklären. Gegenstand der Geschichte als Wissenschaft sind Auswahl und Interpretation des geschichtlichen Materials (der Quellen) sowie Analyse und Darstellung historischer Prozesse. Die Geschichtswissenschaft hat keinen verbindlichen Kanon der Gegenstände und Methoden; kennzeichnend ist vielmehr ihr thematischer und methodischer Pluralismus." (Studienplan, Entwurf, S. 1). Als Studienziele werden aufgelistet:

> *"Insgesamt soll das Studium dazu dienen,*
> - *die Entstehung gegenwärtiger sowie vergangener politischer, sozialer , wirtschaftlicher und kultureller Verhältnisse und Denkweisen kennenzulernen und nach ihrer Relevanz für die Gegenwart zu fragen;*
> - *Einsichten in die Verlaufsformen und Wirkungen geschichtlicher Prozesse zu gewinnen;*
> - *sich der Zeit- und Situationsbedingtheit der Beschäftigung mit Geschichte (z.B. in der Geschichtsschreibung oder in politischen Stellungnahmen) bewußt zu werden;*
> - *sich nach Möglichkeit mit der Theoriediskussion des Faches vertraut zu machen.*
>
> *Während des Studiums im Fach Geschichte sollen die Studierenden die Fähigkeiten und Kenntnisse erwerben,*
> - *sich den jeweiligen Forschungsstand zu geschichtswissenschaftlichen Themen selbständig anzueignen;*
> - *Geschichtsquellen, -darstellungen und -deutungen zu analysieren und zu beurteilen;*
> - *selbständig geschichtliche Sachverhalte und Probleme wissenschaftlichen Anforderungen gemäß mündlich und schriftlich darzulegen."*

Wieweit allerdings die faktische Studienorganisation geeignet ist, diese Ziele einzulösen, muß offen bleiben. Bestimmend ist der Eindruck der Freiheit - für Lehrende wie für Studenten - einerseits, der Beliebigkeit andererseits. Ein Beleg dafür ist u.a. die gleitende Zwischenprüfung, d.h. die automatische Bescheinigung bei Vorlage der Proseminarscheine und der Fremdsprachenanforderungen. Aus empirischer Unterrichtsforschung ist zur Genüge bekannt, daß diese Grundeinstellung als "Lehrmethode" irgendwelchen Alternativen weder global überlegen noch global unterlegen ist. Allerdings ist bekannt, wen die Methode bevorzugt und fördert, nämlich starkmotivierte, hochbegabte, kumulativ vorauseilende und selbstbewußte Lerner, und wen sie benachteiligt und hindert, nämlich z.B. Leistungsschwächere, Unterschichtsangehörige, Frauen und Ängstliche.

Die "Philosophie" der sogenannten Humboldtschen Universität schlägt voll durch. Wider besseres Wissen werden Bibliotheksbenutzung, Lesefreude, Arbeitstechnik, Planungsfähigkeit usw. bereits selbstverständlich vorausgesetzt, nicht ausdrücklich eingeübt (was ja in der Tat schwierig und zeitraubend ist). Selbst die wichtigsten technischen Fähigkeiten (Bibliographieren, Zitieren, Exzerpieren, Referieren, Gliedern, Argumentieren usw.) werden zwar angesprochen, aber nicht öfter wiederholt und in Leistungskontrollen erzwungen. So geschieht es gewissermaßen naturwüchsig, daß die einen früher oder später exzellent und optimistisch werden (oder oftmals schon zu Beginn sind), die anderen sachlich und emotional niemals Boden unter die Füße bekommen. Viele von ihnen brechen das Studium ohne Examen ab; wahrscheinlich über die Hälfte, aber genaue Zahlen sind nicht bekannt.

3. Das Studium der Erziehungswissenschaft (einschließlich Fachdidaktik)

Die "Erziehungswissenschaft" umfaßt in allen Lehrämtern ein Viertel der Ausbildung, also etwa 40 Semesterwochenstunden, und wird stets schriftlich (Hausarbeit oder Klausur) und mündlich (40 Minuten, ein Hochschullehrer, zwei Staatskommissare) geprüft. Doch ist zu beachten, daß für das Lehramt "Grund- und Mittelstufe" als weiteres Prüfungsfach "Grundschulpädagogik", für das Lehramt "Sonderschulen" jeweils zwei "sonderpädagogische Fachrichtungen" für Behinderungsarten (je 40 Stunden) danebentreten. Abgesehen davon gibt es in den Bestimmungen noch gewisse schulstufen- und schulartbezogene Zuspitzungen, besonders für die beruflichen Schulen. Dennoch genügt es, hier als Beispiel die Zulassungsvoraussetzungen und Prüfungsanforderungen für "Oberstufe - Allgemeinbildende Schulen" zu zitieren:

"I. Zulassungsvoraussetzungen

1. *Teilnahme an vier einführenden und erfolgreiche Teilnahme an zwei weiterführenden Veranstaltungen zu verschiedenen Gebieten der Erziehungswissenschaft ohne Fachdidaktik, unter Berücksichtigung der Schulpädagogik, der Pädagogischen Psychologie und des Praxisbezuges.*
2. *Teilnahme an je einer einführenden und erfolgreiche Teilnahme an je einer weiterführenden Veranstaltung zur Didaktik der studierten Unterrichtsfächer auf der Mittel- und Oberstufe.*
3. *Erfolgreiche Teilnahme an je einem vierwöchigen oder einem studienbegleitenden einsemestrigen Schulpraktikum auf der Mittelstufe und auf der Oberstufe Allgemeinbildender Schulen. Erfolgreiche Teilnahme an einem vierwöchigen Sozialpraktikum oder an einem vierwöchigen Praktikum in einem industriellen oder gewerblichen Betrieb.*

(...)

II. Prüfungsanforderungen

1. *Grundkenntnisse von Gegenständen und Methoden der Erziehungswissenschaft, aus der Geschichte der Erzieher und des Unterrichts, über rechtliche und organisatorische Grundlagen des Schulwesens, in der Didaktik der studierten Unterrichtsfächer.*
2. *Vertiefte Kenntnisse in zwei Gebieten der Erziehungswissenschaft (außer Fachdiaktik). Fähigkeit, Gegenstände und Probleme dieser Gebiete an geeigneten Beispielen unter verschiedenen Aspekten darzustellen, zu analysieren und zu beurteilen.*
3. *Vertiefte Kenntnisse in je einem Gebiet der Didaktik der studierten Unterrichtsfächer oder in zwei Gebieten der Didaktik eines der studierten Unterrichtsfächer. Fähigkeit, Gegenstände und Probleme dieser Gebiete an geeigneten Beispielen unter verschiedenen Aspekten darzustellen, zu analysieren, zu beurteilen und auf den Unterricht der Mittelstufe und der Oberstufe Allgemeinbildender Schulen zu beziehen.*

(...)

III. Arbeit unter Aufsicht

Bearbeitung eines pädagogischen Themas oder der Untersuchung ausgewählter Texte oder Materialien zu einem pädagogischen Thema."

Wesentliche Züge sind:

- der Ausbau der Praktika und die ausdrückliche Forderung "praxisbezogener Lehrveranstaltungen" sowie die besondere Verankerung von Schulpädagogik und Pädagogischer Psychologie;

- die ungefähre Gleichberechtigung zwischen allgemeiner Erziehungswissenschaft und Fachdidaktik, die sich in den Prüfungsanforderungen ausdrückt und im Verfahren an der Teilung zwischen schriftlicher und mündlicher Prüfung festmacht;
- das mithin relativ schmale Studium der allgemeinen Erziehungswissenschaft (nachdem der Fachbereich die Anforderungen der Fachdidaktik auf 16 Pflichstunden für 2 Fächer präzisiert hat, bleiben für alle anderen pädagogischen Themen im günstigsten Fall 24 Semesterwochenstunden);
- der Verzicht auf "erfolgreiche Teilnahme" in den einführenden Veranstaltungen, mithin bei der Mehrzahl der Pflichtveranstaltungen (im Gegensatz z.B. zur Grundschulpädagogik und Sonderpädagogik).

Die Studienordnung des Fachbereichs Erziehungswissenschaft (beschlossen, aber noch nicht genehmigt) hat eine Fülle von Einzelbestimmungen getroffen, die hier nicht erläutert werden können. In der allgemeinen Erziehungswissenschaft ist die Auswahl - bei über 120 Professoren - riesig und fast beliebig. Wichtig ist, daß jeder Fachdidaktik ausdrücklich acht Pflichtstunden zugeteilt sind, die jedoch vom jeweiligen Fach verschieden aufgeteilt werden können. Die Geschichtsdidaktiker haben sich - wie die sozialwissenschaftlichen Nachbarfächer - für das Modell "Didaktisches Seminar I Geschichte" (4-stündig) und "Didaktisches Seminar II Geschichte" (4stündig) entschieden. Eine verbindliche Zuordnung bestimmter Lernziele oder gar Themen zu den beiden Veranstaltungen wurde dabei aber nicht vorgenommen. Jeder Lehrende verantwortet selbst nach Gewissen und Kompetenz vor der Prüfungsordnung, den Studenten, dem Studienseminar und dem Forschungsstand, was er bringt und wie er es einteilt. Das gilt insbesondere auch für Praxisbegriff und Praxisbezug; Unterricht jedenfalls ist nicht der einzig mögliche Praxisbereich.

Erprobt wurden z.B. Sequenzen wie "stärkerer Theoriebezug in I, mehr Praxisbegegnung in II", "allgemeine Grundlagen in I, spezielle Anwendung und Zuspitzung in II", "Unterrichtsplanung in I, Durchführung und Auswertung in II", "Beobachtung, Analyse und Beurteilung von Unterricht in I, fachdidaktische Experimente in II". Beide Stufen müsen aber keineswegs so eng zusammenhängen; auch selbständige Einzelthemen bzw. -probleme sind üblich. Ein Überblick läßt sich am besten durch einen Auszug aus den Vorlesungsverzeichnissen geben. Einigkeit besteht darin, daß Teilnahmebescheinigungen nicht ohne größere schriftliche Arbeiten erteilt werden, und zwar auch nicht in den "einführenden Veranstaltungen".

Fachdidaktik wird von den Hamburger Kollegen weit ausgelegt, d.h. keineswegs allein auf Schule und Geschichtsunterricht bezogen, geschweige denn mit Geschichtsmethodik gleichgesetzt. Stärker geschichtstheoretische und curriculumtheoretische Schwerpunktsetzungen sind ebenso Inhalt fachdidaktischer Seminare wie Friedenspädagogik oder antifaschistische Erziehung. Auch außerschulische Vermittlungsformen (Analyse von Film und Fernsehen, Romanen und Sachbüchern, Museen und fachfremden Schulbüchern) und lebensweltliche Anwendungsformen von Geschichte (Legitimation, Triebabfuhr, Unterhaltung, Aufklärung) werden ausdrücklich zum Gegenstand von Lehrveranstaltungen gemacht. Selbstverständlich bietet die gegenwärtige Massenarbeitslosigkeit von Junglehrern und die Perspektivlosigkeit der Berufsausübung gute Gründe, diese Ausweitungstendenzen noch entschieden über das bisher Übliche hinauszutreiben.

4. Der Vorbereitungsdienst

Die zweite Phase der Lehrerausbildung dauert für alle Lehrämter laufbahnmäßig zwei Jahre, ist aber seit dem großen Lehrermangel noch immer (bis September 1985) ausnahmsweise auf 18 Monate verkürzt. Sie wird in einem Gesamtseminar absolviert, innerhalb dessen sich jedoch deutlich die getrennten Strukturen früherer Zeit abzeichnet: Abteilung 1: Grund-, Haupt- und Realschulen (einschließlich Sonderschulen), Abteilung 2: Gymnasien, Abteilung 3: Berufliche Schulen. Zwischen den Abteilungen gibt es kaum fachliche Zusammenarbeit und inhaltlichen Austausch. Zudem stehen vorerst noch keine Eingangsqualifikationen nach Prüfungsordnung von 1982 zur Verfügung, da deren regelhafte Anwendung erst nach einem vollen Studiendurchgang 1987 vorgesehen ist. Dennoch ist schon seit langem eine gemeinsame "Verordnung über den Vorbereitungsdienst und die Zweite Staatsprüfung für Lehrämter an Hamburger Schulen" vom 3. Juli 1973 in Kraft.

Das Ausbildungsziel ist in § 6 geregelt: "(1) Der Vorbereitungsdienst dient der schulpraktischen Ausbildung für das jeweilige Lehramt. (2) Der Referendar soll auf der Grundlage seines Studiums mit der Praxis der Erziehung und des Unterrichts so vertraut gemacht werden, daß er zu selbständiger und erfolgreicher Arbeit in der Schule fähig ist." Die

Ausbildung findet vornehmlich in Hauptseminaren, Fachseminaren und Schulen statt. Dementsprechend gehören Hauptseminar-, Fachseminar- und Schulleiter sowie zuständiger Fachlehrer auch dem Prüfungsausschuß an. Die früher ebenfalls bedeutsamen Gruppenseminare nach Schulstufen sind mittlerweile abgeschafft.

Nach § 14 ist Zweck der Zweiten Staatsprüfung: "In der Zweiten Staatsprüfung wird festgestellt, ob der Referendar zur selbständigen Erfüllung der Erziehungs- und Unterrichtsaufgaben in der Schule befähigt ist." Prüfungsteile sind "zwei Lehrproben", "die schriftliche Hausarbeit" und die "mündliche Prüfung" (§ 18). "Die Hausarbeit soll dem Referendar Gelegenheit geben, einzelne Gegenstände aus seiner Unterrichts- und Erziehungsarbeit selbständig, methodisch einwandfrei, klar und folgerichtig darzustellen und zu beurteilen. Die Hausarbeit soll in der Regel etwa 30 Schreibmaschinenseiten umfassen." (§ 20, Abs. 1) Üblich ist also Planung, Durchführung und Auswertung einer Unterrichtsreihe. "In der mündlichen Prüfung sind Kenntnisse nachzuweisen in: 1. Didaktik und Methodik der Schulstufen und der Unterrichtsfächer entsprechend den Ausbildungsschwerpunkten des Referendars, 2. allgemeine Fragen der Erziehungs- und Unterrichtspraxis, 3. rechtliche und organisatorische Voraussetzungen der Arbeit in der Schule." (§ 21, Abs. 1)

Alle diese Bestimmungen sind weder präzise noch originell oder überraschend. Jeglicher fachspezifische Hinweise fehlt - ganz im Gegensatz zur ersten Staatsprüfung. Offenbar nimmt die Prüfungsordnung für die erste Staatsprüfung in den wesentlichen Punkten auch die Studienordnungen vorweg, die ja maßgeblich von der Universität gestaltet werden. Da der Staat bzw. die Behörde die ganze Organisation der zweiten Phase selbst in der Hand hat, besteht kein Bedarf daran, über die Prüfungsordnung Einzelheiten zu regeln und Prozesse zu kontrollieren. Auch innerhalb des Gesamtseminars gibt es keinerlei verbindliche fachspezifische Papiere. Die Überlegungen sind einerseits jeweils schulformspezifisch getrennt (Abteilung 1, Abteilung 2, Abteilung 3), andererseits reine Empfehlungen oder steckengebliebene Entwürfe. Doch wird zur Zeit mit Hochdruck an verbindlichen internen Regelungen gearbeitet.

Tabelle 2

Staatliches Studienseminar für die Lehrämter an Hamburger Schulen
Abteilung 2 - Gymnasien

MERKMALE DER LEHRERTÄTIGKEIT

Beschreibung von Einzelaspekten (A) und Darstellung ihres Funktionszusammenhangs (B) (...)

Darstellung des Funktionszusammenhanges der Merkmale

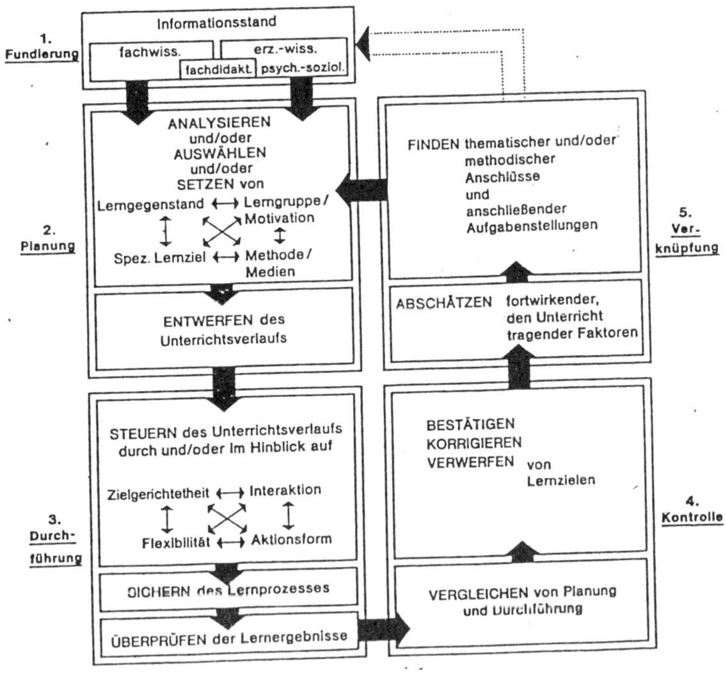

⟷ = unter Beachtung ihrer Interdependenz

Eine Eigentümlichkeit liegt darin, daß Hauptschule, Realschule, Gesamtschule, Sonderschule und berufliche Schulen in Hamburg durchgehend ein Fach für Geschichte und Politik ausweisen, wobei die Bezeichnung schwankt (Gesamtschule: Politik, Haupt- und Realschule 7/8: Geschichte, 9/10: Politik/Sozialkunde, Hauptschule seit 1984: Geschichte/Politik). Dagegen wird von der Universität nebeneinander "Geschichte" und "Politik" (seit 1982 "Sozialwissenschaften") gelehrt und im ersten Staatsexamen geprüft. Obwohl die Ordnung der zweiten Staatsprüfung keine ausdrückliche Ausbildung auf bestehende Richtlinien hin vorsieht, ist das Problem der Abteilung 1 des Studienseminars doch sehr bewußt. In einem internen Protokoll heißt es: "Die Ref. müssen sich die Inhalte des nicht studierten Faches autodidaktisch aneignen." Und "Wegen der Anerkennung in anderen Bundesländern sollte die Fachbezeichnung bei der Lehrprobe immer dem studierten Unterrichtsfach entsprechen."

Die Frage der Integration, Kooperation oder Isolation von Geschichte und Politik kann hier nicht erörtert werden. Höchst problematisch ist es jedoch, in der Schule Integration vorzuschreiben und in der Lehrerausbildung teils (erste Phase) kaum Rücksicht darauf zu nehmen, teils (zweite Phase) Schnellpresse und Etikettenschwindel zu betreiben. Auch dies ist wieder ein Beispiel für progressiv gemeinte, in der Durchführung dilettantische und problematische Maßnahmen. Diese Bemerkung richtet sich natürlich nicht gegen die Kollegen Ausbilder in der zweiten Phase, die unter institutionell vorgegebenen Bedingungen das Beste zu machen versuchen. Das Problem ist aber ein gutes Beispiel für die Tatsache, daß zwischen erster und zweiter Phase nicht nur keinerlei organisatorische Verbindung besteht, sondern auch praktisch kein Informationsaustausch.

Im (nicht weiter verfolgten) Entwurf "Rahmenplan für die Fachseminare <u>Geschichte im Studienseminar Abteilung 1</u>" heißt es über die Bereiche der fachspezifischen Ausbildung:

"- *Rahmenbedingungen*
  (Stellung des Fachs im Fächerkanon der Schulen, Richtlinien und Lehrpläne, Situation der konkreten Schule, Voraussetzungen in der konkreten Lerngruppe)

- *Intentionen*
  (Dimensionen, Abstraktionsniveaus, Hierarchien; Operationalisierungsprobleme)

- *Thematik*

  (Reflexion des Zusammenhangs zwischen fachwissenschaftlichem Inhalt, Intentionen und Thematik)

- *Methodik*

  (Lehrgänge: Strukturierung von Unterrichtsabläufen; Möglichkeiten des Unterrichtsbeginns, Erarbeitungsverfahren, Verfahren der Ergebnissicherung, Übungsformen, Verfahren zur Lern- und Leistungskontrolle; Sozialformen; Gesprächsformen. Historische Exkursionen. Projekte)

- *Medien und ihre Funktion im Unterricht*

  (Schulbücher. Texte: Quellen und Darstellungen; Bilder, Hörspiele, Filme; gegenständliche Quellen; Geschichtskarten: Wandkarten, Atlanten; grafische Darstellungen/statistische Daten; Zeitleisten)

- *Kriterien zur Beobachtung und Analyse von Geschichtsunterricht.*

Weil im Fachunterricht auch Erziehung stattfindet, müssen im Fachseminar neben den fachspezifischen mit gleicher Intensität fachübergreifende Fähigkeiten des Lehrers thematisiert, reflektiert und ausgebildet werden wie z.B.:

- *das Verhältnis von Beziehungs- und Inhaltsebene zu reflektieren,*

- *von der Unterrichtsplanung abzuweichen und auf unvorhergesehene Beiträge, Situationen, Konflikte und persönliche Schwierigkeiten der Schüler einzugehen,*

- *Planungs- und Handlungsentscheidungen für die Schüler transparent zu machen und sie in Entscheidungsprozesse einzubeziehen,*

- *Leistungen zu bewerten und die Bewertungen vor den Schülern zu legitimieren,*

- *die Schüler zu selbständigem Arbeiten (individuell und in Gruppen) anzuleiten,*

- *Gespräche zu führen und die Schüler zur Gesprächsführung anzuleiten.*

Weiterhin sind auch fachübergreifende, für den Geschichtsunterricht relevante Techniken einzuüben wie z.B.

- *Informationen präzise vorzutragen und Arbeitsanweisungen klar zu formulieren,*

- *technische Hilfsmittel (Tafel, Overheadprojektor, Wandkarten, Wandbilder, Diaskop, Epidiaskop, Tonbandgeräte, Videorecorder) sinnvoll einzusetzen,*

- *Exkursionen zu organisieren."*

In der Abteilung 2 gibt es verschiedene "graue Papiere", die mehr Informations- und Beratungs- als Verpflichtungs- und Vereinheitlichungs-Charakter besitzen. Als Beispiel sei ein Dokument vom 30.10.1980 wiedergegeben:

"Orientierungsrahmen für die Fachseminare Geschichte/Sozialkunde/ Gemeinschaftskunde

Ausbildungsfragen

Arbeitsplan und -formen des Seminars; Seminarlektüre
Ausbildung in der Schule; Hospitationen
Hausarbeit; Examenslehrprobe; mündliche Prüfung
Lehrerfortbildung
Kritik der Seminararbeit

Rahmenbedingungen für den Unterricht

Politische Erziehung in der Schule: soziales Bezugsfeld, Rechtsverhältnisse, Mitbestimmungsmöglichkeiten

Historisch-politischer Unterricht im Rahmen des Fächerkanons; Stundenplan

Kontinuität und Diskontinuität, Kooperation und Integration des Geschichts- und Politikunterrichts

Lehrpläne: Zielsetzungen, Spielräume, Kritik

Lehrbücher, Bibliotheken; technische Ausstattung

Leistungskontrolle und -bewertung: Test, Klassenarbeit, schriftliche und mündliche Noten, Jahreszensur, Reifeprüfung

Didaktische Konzeptionen des historischen und politischen Unterrichts

Didaktische Analyse

Lerngruppe
Motivation
Stoffauswahl
Sachanalyse
Medienanalyse
Lernziele
Operationalisierung

Unterrichtsorganisation

Lehrgang: Projekt: Planspiel:
Vorbereitung und Aufarbeitung der Einzelstunde durch den Lehrer

Unterrichtsverfahren

Informationsaufnahme: Lesetechnik und Verstehen von Texten (Darstellungen und Quellen); Erzählung; Lehrervortrag; Referat; Ton- und Bildquelle; Karte; Tabelle, Diagramm; Schaubild; Exkursion und Erkundung; Interview

Informationsverarbeitung: fragend-entwickelnder Unterricht; Gruppen- und Stillarbeit; Rollenspiel; Diskussion; Debatte; Produktions- und Aktionsmöglichkeiten

Ergebnissicherung und deren Erarbeitung: Tafel, Overheadprojektor; Protokoll; Heftführung; Hausaufgabe"

5. Perspektive

Zu Beginn des Fazits muß ganz hart gesagt werden, daß gegenwärtig schon der Terminus "Geschichtslehrerausbildung" irreführend ist. Zur Zeit werden keine Geschichtslehrer mehr produziert, sondern Arbeitslose. Auch von diesen sind die Mehrzahl keine potentiellen Geschichtslehrer mehr, sondern potentielle Museumsreferenten, Zeitungsredakteure, Verlagslektoren und Sachbuchautoren. Struktur und Inhalt, Verfahren und Auswirkung der Ausbildung sind unter diesen Umständen im Sinne der früheren Aufgaben gleichgültig geworden. Bisherige Nebenfunktionen machen jetzt den eigentlichen Kern aus. Der Zusammenhang von Ausbildungssystem und Beschäftigungssystem hat sich aufgelöst. Hier handelt es sich um einen fundamentalen sozial- und bildungsgeschichtlichen Vorgang, der aber für das Fach Geschichte besonders gravierende Ausmaße und Folgen hat. "Historie" hat in der Gesellschaft - das haben die jahrelangen Lernzieldiskussionen des Faches schließlich eindeutig ergeben - keine direkte Anwendung. Schüler haben es schon immer genau gewußt: "Geschichte gehört zur allgemeinen Bildung, aber dient nicht dem beruflichen Vorankommen." Anders ausgedrückt: "Geschichte besitzt nur einen Gebrauchswert, keinen Tauschwert." Was auf der Ebene der Schule richtig ist, gilt in gleicher Schärfe auch für die Stufe der Hochschule. Das ist an sich eine Binsenweisheit und hätte - gerade bei historischer Analyse - immer bekannt sein können. Der Vollerwerbs-Historiker ist ein junges Phänomen. Über die Jahrhunderte waren die Historiker sonst hauptberuflich Feldherrn, Staatsmänner, Rentiers, Juristen, Publizisten, Parteipropagandisten. Die Geschichte diente jeweils der Legitimation, der Polemik, der Schmeichelei, der Begründung von Rechtsansprüchen usw., nicht zuletzt dem Unterhaltungsbedürfnis. Viel zu selbstverständlich haben die Historiker und die Hochschulprofessoren sich daran gewöhnt, in "machtgeschützter Innerlichkeit" als selbstverständlich anzusehen, daß der Staat - auf dem Umweg über die Schulpflicht und die Stundentafeln - den an sich "nutzlosen" Historikern Brotberufe garantieren müsse.

Selbst solange diese "selbstverständliche Vereinbarung" funktionierte, wurde ihre Kehrseite oft übersehen: Der Geschichtsunterricht diente direkt der bedingungslosen Legitimation des politischen Systems und der fraglosen Loyalitätssicherung bis hin zu Selbstopfer und Verbrechen. Solange Historiker aus dem Bildungs- und Kleinbürgertum rekrutiert wurden und selbst fraglos in Traditionen der Staatsverherrlichung sozialisiert waren, wurde das nicht wahrgenommen oder freudig akzeptiert. Erst in den letzten Jahrzehnten scheint die Selbstverständlichkeit der Legitimierungsfunktion gelitten zu haben. Aber die Empfindlichkeit weiter Kreise gegen den Terminus "Ideologiekritik" ist ein guter Beleg, wie schwer man sich von liebgewordenen "quasinaturalen" Vorstellungen trennt. Außerdem ist der Trend, z.B. in den Kultusministerien, längst rückläufig zugunsten von Legitimation und gegen Ideologiekritik.

Zur Zeit zeigt sich (erstmalig?) in Geschichtswerkstätten, Schulprojekten, Gewerkschaftsgruppen, Stadtteilinitiativen usw. eine relativ starke alternative Geschichtskultur. Aber eine Aussicht, mit solchen Vorhaben an die Fleischtöpfe des Staates zu kommen, besteht nicht. Abgesehen von den glücklichen Dauerstelleninhaber an Schule und Hochschule kommt Geschichte als Hauptberuf kaum noch in Frage. Alle Bemühungen um Verbesserung, Diversifizierung und Praxisbezug der Magisterausbildung, wie sie an zahlreichen Hochschulen stattfinden, werden daran nichts ändern. Sie treiben - angesichts der winzigen Stellenzahl - nur in gegenseitiger Konkurrenz die Anforderungen der Abnehmer auf immer aberwitzigere Niveaus.

Der Zusammenbruch von Geschichte als Hauptberuf stellt normale Bedingungen wieder her. Wer Geschichte betreiben will, muß erst seinen Lebensunterhalt gesichert haben. Das gilt für Forscher nicht weniger als für Studierende und Amateure. Leider klingt es zynisch, wenn ausgerechnet ein Dauerstelleninhaber das feststellt. Aber es ist nötig: Historische Einsichten kann man so wenig essen wie historische Bücher, und man kann sie in einer profitorientierten Marktwirtschaft nur sehr schwer absetzen, besonders wenn sie auch nur ansatzweise systemkritisch sind.

Dennoch ergreifen insgesamt eher mehr als weniger Abiturienten das Studium der Geschichte (1975/76: 410 Anfänger, 1983/84: 413 Anfänger). Empirische Analysen der Studienmotivation und der Berufsvorstellungen sind mir nicht bekannt - weder für Hamburg noch überregional. Der Verdacht, daß es sich vorwiegend um Niedrigmotivierte, Schwachbegabte handele, die in anderen Studiengängen nicht unterkommen könnten, überzeugt angesichts eines zeitweilig auf 1,9 gestiegenen Numerus Clausus durchaus nicht. Die Vermutung zahlreicher Parkstudien zum Warten auf andere Studiengänge oder Ausbildungsplätze läßt sich in einzelnen Fällen belegen, so wenn eine Studentin mit blendendem Hauptseminarreferat ganz glücklich schreibt, sie brauche den Schein nicht mehr, da sie endlich einen Platz in der Kinderpflegeschule erhalten habe. Als Gesamtinterpretation ist aber auch das unzureichend.

Natürlich kann man einwenden, eine Arbeitsplatzgarantie gebe es in keinem Studienfach mehr, so daß Studenten daran nicht denken könnten und wollten. Doch bleibt diese Argumentation vordergründig. Kommt es doch darauf an, wie viele vermarktungsfähige Teilqualifikationen man in einem Studium erwirbt, die man später auch unterhalb von BAT IIa oder A 13 strategisch ausspielen kann. Und da sieht es für Historiker gewiß erheblich schlechter aus als für Betriebswirte oder Chemiker. Ob Studenten allerdings zu Studienbeginn so kalkulieren, ist unbekannt. Eher scheint es wahrscheinlich, daß sie bereits recht viele Erfahrungen mit "Aushilfs- und Teilzeitjobs" haben, aus denen sie in etwa wissen, wie wenig spezielles Wissen und Können man in erreichbaren Stellen braucht und wie aussichtslos das Erreichen höherer Positionen bleibt. Tatsächlich scheint der Großteil geisteswissenschaftlicher Studenten sich teilweise oder ganz selbst finanziell über Wasser zu halten. Sie bilden dort einen grauen Arbeitsmarkt, der erheblich zum Abbau früherer Dauerstellen und zur Unterbietung tariflicher Löhne beiträgt.

Vieles spricht also dafür, daß tatsächlich vorwiegend aus Sachinteresse Geschichte studiert wird, ein Fach, von dem man mehr oder weniger weiß und akzeptiert, daß es nicht in einen Brotberuf führt. Vereinfachend kann man diejenigen weglassen, die Historie aus Phantasielosigkeit wählen oder sich davon unter beharrlicher Verdrängung unübersehbarer Tatsachen eine Karriere versprechen. Dieses "Sachinteresse" mag gewiß erhebliche "abenteuerliche" und "ästhetische" Anteile haben, in seinem Kern müssen aber "Selbstfindung" und "Gesellschaftserkenntnis" vermutet werden. Anthropologisches Interesse, Gesellschaftsanalyse und -kritik sowie Individualität und Personwerdung spielen offenbar zusammen; die Identitätsfrage ist mutmaßliches Hauptmotiv des Geschichtsstudiums. Das ist übrigens keineswegs ein neuer Trend, nur sagte man früher "Bildung", und A 13 waren im Hintergrund zusätzlich sicher.

Sinngebungsfragen werden zweifellos jetzt im Studium intensiver thematisiert als vor einigen Jahren. Auch die Positionsnahme ist offener und subjektiver: es wird öfter "Ich" gesagt und seltener auf "die Wissenschaft allgemein" rekurriert. In einem geschichtsdidaktischen Seminar bei mir wurde z.B. ganz plötzlich der Sinn des Lebens diskutiert. Von der Freudschen Formel "Arbeiten und Lieben" ging es in intensivem und sensiblem Gespräch über Reichs "Arbeiten, Lieben und Erkennen" zu einer eigenen Fassung "Arbeiten, Lieben, Erkennen und Mitbestimmen". In einem anderen Seminar wurde sehr ernsthaft, kontrovers und selbstreflexiv debattiert, ob wir nicht auch selbst - unbewußt und wider Willen - Rassisten seien. Das sind nur zwei Beispiele für viele. Könnte es nicht sein, daß gerade die Grundbedürfnisse "Erkennen und Mitbestimmen" die Massen ins Geschichtsstudium treiben, nicht mehr das ohnehin wenig aussichtsreiche "Arbeiten und Verdienen"?

Freilich hat das noch kaum Rückwirkungen auf Studienaufbau und Studiengestaltung gehabt. An sich müßte ja der Wahl- und Angebotscharakter von Lehrveranstaltungen gestärkt werden. Wenn jemand auf eigenes Risiko und Bedürfnis eine Sache ohne praktischen und beruflichen Nutzeffekt studiert, wäre es absurd, von ihm Pflichtveranstaltungen zu verlangen. Umgekehrt müßten die gesellschaftlichen und individuellen Identitätsprobleme sich in den Lehrveranstaltungsangeboten deutlich abbilden. Man sollte z.B. Geschichte der Frauen und Kinder, der Arbeit und Arbeitslosigkeit, der Friedens- und Alternativbewegungen, der Kolonien und Unterentwicklung usw. auf ganz vorderen Plätzen vermuten. Dort finden sie sich auch in den außeruniversitären Werkstätten, nicht jedoch in der akademischen Zunft (obwohl sich dort wenigstens in Hamburg vieles gebessert hat und weiter bessert).

Neu einschätzen müßte man auch das Ausscheiden aus dem Studium ohne formelles Examen. Bei der Entwertung des Prüfungszeugnisses auf nahezu Null sollte man nicht mehr vom "Studienabbruch" sprechen. Da in den Arbeitsmarkt meist nur noch ein Seiteneinsteigen möglich ist, sollte man vielmehr vom gestuften und informellen Berufsübergang sprechen und diesen begrüßen. Nebenjobs und Erwerbschancen gehen an Wichtigkeit den Universitätsveranstaltungen vor. Daß der psychische und soziale Stellenwert der Universität im Leben der Studenten im Vergleich zur letzten Generation stark gesunken ist - zugunsten von Erwerb, Wohngemeinschaft und Freizeit - scheint mir unverkennbar und keineswegs nur negativ. Das letzte Bein sollte erst dann aus der Universität abgezogen werden, wenn man fachlich und menschlich auch allein weiter kommt (z.B. mit Projekten und Lektüre). In diese Richtung sollte zunehmend beraten werden, nicht bloß auf ein glattes Examen hin.

Unter diesen Bedingungen ist es besonders unangenehm, daß keine relevanten Untersuchungen über "Studienabbrecher" vorliegen. Nicht einmal die Menge ist bekannt, doch liegt sie zweifellos sehr hoch, vielleicht über der Hälfte. Viel wichtiger aber wären Aussagen über die Motivation, über die Einschätzung von Fach und Studium und über die ökonomische Perspektive zum Zeitpunkt des Ausscheidens. Tausende von frustrierten Beinahe-Historikern mit Pensions-Ressentiment wären zweifellos ein Schaden; aber Tausende von geschichtsbewußten, methodenkompetenten Menschen in anderen Tätigkeiten wären ein großer Gewinn. Es schadet ja gewiß auch der Kindererziehung nicht, wenn viele Väter und Mütter ein paar Semester Pädagogik studiert haben.

Sehr bedauerlich ist allerdings die Stellung der Geschichtsdidaktik in dieser Entwicklung. Da Fachdidaktik ausdrücklich nur in den Lehrerprüfungsordnungen vorgesehen ist, fällt sie mit dem Rückgang der Lehramtskandidaten automatisch zurück und verliert freiwerdenden Kapazitäten umgehend (so in Hamburg bereits die letzte Assistentenstelle). Wie viele der offiziellen Magisterstudenten dann doch - wegen der besseren Berufsaussichten - Staatsexamen machen wollen und tatsächlich Fachdidaktik in Anspruch nehmen, kann zur Zeit nicht beurteilt werden. Der Fachbereich Geschichte empfiehlt dies Vorgehen explizit. Vielleicht kommen hier beträchtliche außerplanmäßige Belastungen auf die Fachdidaktiker zu.

Viel gravierender ist allerdings das Fehlen der Fachdidaktik im Magisterstudiengang selbst. Dafür gibt es keinerlei sinnvollen Grund, wenn man nicht "Geschichtsdidaktik" eng als Wissenschaft vom schulischen Geschichtsunterricht auslegt. Im Gegenteil: Für eine Reihe der gerade jetzt in der Phase der Arbeitslosigkeit zentralen Gegenstände und Fragestellungen sind die Fachdidaktiker eher Spezialisten als die Normalhistoriker. Das gilt z.B. für Geschichtsvermittlung durch Massenmedien (Film- und Fernsehanalyse, Zeitungen, Zeitschriften, Romane, Sachbücher), für Geschichtslernen und Geschichtsbewußtsein in ihrer lebenspraktischen Bedeutung für die Individuen und die Gesellschaft, für die psychologische Seite von Lernen und Identität, vielfach auch für Geschichtstheorie und Erkenntnislogik.

Bildungspolitisch und hochschulpolitisch müßte es ein vorrangiges Ziel sein, die Fachdidaktik auch in den Magisterstudiengängen zu verankern. Diese Forderung ist sachlich begründet und ganz unabhängig davon, ob sie in der augenblicklichen Sparphase angesichts des Prestiges der Erziehungswissenschaft in der Öffentlichkeit und gegen die Fachegoismen der Normal-Historiker durchgesetzt werden kann. Freilich muß die Fachdidaktik einen Anspruch, den sie erhebt, auch einlösen können. Nur wenn wir es schaffen, historische Kommunikation und Identitätsbildung auf vielen praxisnahen Anwendungsfeldern mediengerecht zu analysieren, psychologisch aufzuhellen, fachwissenschaftlich zu beraten und lernortspezifisch zu fördern, können wir in der augenblicklichen Notlage auf eine produktive Zukunft unserer Wissenschaft hoffen.

Quellenangaben

Schulgesetz der Freien und Hansestadt Bremen vom 10. Oktober 1977, in: Hamburgisches Gesetz- und Verordnungsblatt, Nr. 45 vom 24. Oktober 1977, S. 297-307.

Verordnung über die Erste Staatsprüfung für Lehrämter an Hamburger Schulen vom 18. Mai 1982, in: Hamburgisches Gesetz- und Verordnungsblatt Nr. 26 vom 28. Mai 1982, S. 143-185.

Verordnung über den Vorbereitungsdienst und die Zweite Staatsprüfung für Lehrämter an Hamburger Schulen vom 3. Juli 1973, in: Hamburgisches Gesetz- und Veordnungblatt Nr. 34 vom 16. Juli 1973, S. 255-260.

Studienordnungen des Fachbereiches Geschichtswissenschaft (hektographierte Entwürfe).

Studienordnungen des Fachbereiches Erziehungswissenschaft (hektographierte ungenehmigte Beschlüsse).

Staatsexamensstatistiken des Lehrerprüfungsamtes (verwaltungsintern).

Belegstatistiken des Planungsstabes der Universität Hamburg (verwaltungsintern).

Auskünfte und Dokumente der Fachbereiche Geschichtswissenschaft und Erziehungswissenschaft, des Lehrerprüfungsamtes und des Prüfungsamtes 1 der Universität, des Studienseminars sowie mehrerer Professoren, Fachleiter, Studenten und Referendare.

HESSEN
Geschichtslehrerausbildung auf Reformkurs ?

Von Jochen HUHN

1. Einleitung

Diskussionen um die Gestaltung der Lehrerausbildung wurden und werden vorrangig von zwei Fragen bestimmt: von der Frage nach dem Verhältnis von Theorie und Praxis und von der Frage nach dem Verhältnis von fachwissenschaftlicher und erziehungswissenschaftlicher Ausbildung. Für das Studium der Geschichtslehrer ergibt sich daraus die Frage, wie das Verhältnis von fachwissenschaftlicher und didaktischer Ausbildung aussehen soll. Von diesen Fragen her wird im folgenden die Geschichtslehrerausbildung in Hessen in ihren Rahmenbedingungen und - soweit möglich - in ihrer Praxis so dargestellt, daß erkennbar wird, welches Verständnis von Fach- und Didaktikstudium zugrunde liegt, welche Bedeutung dem erziehungswissenschaftlichen Studium zugemessen wird und welche Konzeption die Verbindung von Theorie und Praxis bestimmt.

Dabei ist die derzeitige hessische Situation der Lehrerausbildung im Zusammenhang mit den zwei säkularen Tendenzen der deutschen Lehrerausbildung zu sehen: mit der Tendenz zur stärkeren Betonung der wissenschaftlichen Komponente im Grund- und Hauptschulbereich und mit der Verstärkung des Praxisbezugs im Gymnasialbereich in der ersten Phase. War die Volksschullehrerausbildung ursprünglich überwiegend praxisorientiert, so hatten mit den Reformen der zwanziger Jahre die Erziehungswissenschaften Eingang in die Studienpläne gefunden. Seit den fünfziger Jahren nahm in Hessen die Bedeutung des wissenschaftlichen Studiums der Unterrichtsfächer zu. Dieses Studium stand traditionell im Mittelpunkt der Ausbildung der Gymnasiallehrer, deren Vorbereitung auf Unterricht fast nur in der zweiten Phase erfolgte. Hier ist an den hessischen Universitäten eine - aufs Ganze gesehen vorsichtige - Hereinnahme eines Praxisbezugs in das Studium zu beobachten, die sich in der Ausweitung des bislang sehr dürftigen erziehungswissenschaftlichen Anteils und in der Einführung von Praktika und didaktischen Studien zeigt.

Es ist zur Zeit nicht zu erkennen, ob diese Tendenzen sich fortsetzen oder sich - zumindest teilweise - umkehren. Die gegenwärtige Lehrerausbildung in Hessen zeigt in ihrer Vielfalt unterschiedliche Stadien innerhalb der skizzierten Entwicklung.

2. Rückblick und Rahmenbedingungen

Nach einer Zwischenphase, in der für die Volksschule Lehrer in Kurzlehrgängen ausgebildet wurden, knüpfte die Lehrerausbildung in Hessen Ende der vierziger Jahre an die Situation der Weimarer Zeit an. Für die Gymnasiallehrerausbildung blieb die traditionelle Zweiteilung erhalten: Fachstudium mit der Auflage, etwas Pädagogik und Philosophie zu studieren, in der ersten Phase, praktische Ausbildung im Referendariat. Für die Ausbildung der Volks- und Mittelschullehrer wurden zwei "Pädagogische Institute" eingerichtet, in Jugendheim bei Darmstadt und in Weilburg an der Lahn. An ihnen wurde in einem Sechs-Semester-Studium für den Unterricht in allen Fächern ausgebildet. Schwerpunkte des Studiums waren die Erziehungswissenschaften, methodische Vorbereitung auf den Unterricht in mehreren Fächern und ein Wahlfach. Geschichte konnte als Wahlfach gewählt werden. In der zweiten Phase wurde von den "Junglehrern" praktisch vollverantwortlich unterrichtet (eine Stunde Ermäßigung, also 29 Wochenstunden), mit gelegentlichen Unterrichtsbesuchen des Schulrats und meist einer Junglehrerarbeitsgemeinschaft im Monat. Nach drei bis fünf Jahren wurde in der Regel die Zweite Prüfung abgelegt. Beide Prüfungen berechtigten für das Lehramt an Volks- und an Mittelschulen.

Ende der fünziger Jahre wurde die Ausbildung für diese Lehrämter an die Universität verlegt. 1958 wurden in Gießen und 1960 in Frankfurt mit der Universität verbundene "Hochschulen für Erziehung" eingerichtet, die später in "Abteilungen für Erziehungswissenschaften" umbenannt wurden. An diesen Einrichtungen studierten die Studenten ein Wahlfach und zwei "Didaktikfächer".

1969 wurde das heute noch gültige "Gesetz über das Lehramt an öffentlichen Schulen" verabschiedet, in dem für alle Lehrämter (Grundschule, Haupt- und Realschule, Gymnasium, berufliche Schule und Sonderschule) das Studium an einer wissenschaftlichen oder künstlerischen Hochschule vorgeschrieben wurde. Mit dem Hessischen Hochschulgesetz und dem Hessischen Universitätsgesetz von 1970 und mit der "Verordnung über die Bildung der Fachbereiche an den Universitäten" vom 13.3.1971 erfolgte die Integration der Abteilungen für Erziehungswissenschaften in die Universitäten Gießen und Frankfurt in der Weise, daß die Fächer der Abteilungen für Erziehungswissenschaften jeweils den entsprechenden neugebildeten Fachbereichen der beiden Universitäten zugeordnet wurden.

Heute werden an allen fünf hessischen Universitäten Lehrer ausgebildet: an der Technischen Hochschule Darmstadt Gymnasial- und Berufsschullehrer, an den Universitäten Frankfurt und Gießen Grund-, Haupt- und Realschullehrer, Gymnasiallehrer, Sonderschul- und Berufsschullehrer, an der Universität Marburg Gymnasiallehrer und an der Gesamthochschule Kassel Lehrer für die Primarstufe, Sekundarstufe I und II sowie Berufsschullehrer.

Die Ausbildung der Sonder- und Berufsschullehrer wird im folgenden nicht berücksichtigt. Im Studium für das Lehramt an Berufsschulen kann in Darmstadt und Frankfurt Geschichte als Wahlfach gewählt werden, wobei das Studium zeitlich ungefähr dem der Haupt- und Realschulstudenten entspricht, die Prüfungsordnung allerdings nur Geschichte von der Frühen Neuzeit bis zur Gegenwart vorsieht. In Kassel kann Geschichte von Berufsschulstudenten als Schwerpunkt im Wahlfach Gesellschaftslehre gewählt werden. Das Studium entspricht dem für die Sekundarstufe I. Grundständige Sonderschulstudiengänge gibt es in Frankfurt und Gießen. In ihnen kann Geschichte als Wahlfach gewählt werden und entspricht damit dem Geschichtsstudium für das Lehramt an Haupt- und Realschulen.

Für das Fach Geschichte ist die Gießener von der Frankfurter Lösung zu unterscheiden. In Gießen studierten und studieren die künftigen Haupt- und Realschullehrer Geschichte fachwissenschaftlich an den alten universitären historischen Seminaren, Geschichtsdidaktik am neu eingerichteten Seminar für Didaktik der Geschichte. In Frankfurt absolvieren sie ihr fachwissenschaftliches und ihr didaktisches Geschichtsstudium am Seminar für Didaktik der Geschichte, wobei sie aber auch Veranstaltungen an den historischen Seminaren besuchen können.

Für die künftigen Gymnasiallehrer änderte sich durch die Integration zunächst nichts, allerdings wurde und wird von der Möglichkeit Gebrauch gemacht, an didaktischen Veranstaltungen der Seminare für Didaktik der Geschichte freiwillig teilzunehmen. Während für die künftigen Grund-, Haupt- und Realschullehrer das Studium der "Pädagogischen Grundwissenschaften" weiterhin ungefähr ein Drittel des Gesamtvolumens ausmachte, blieb es für die Gymnasialstudenten bei dem geringen Anteil philosophisch-pädagogischer Studien. Für die Grundschul- und die Haupt- und Realschulstudenten wurde 1969 als Folgerung aus der didaktischen Diskussion dieser Jahre das Zwei-Fächer-Studium - wie im gymnasialen Bereich - eingeführt, nicht jedoch das achtsemestrige Studium auch für diese Lehrämter, für das sich damals nicht nur die streikenden Studenten einsetzten. Es blieb bei sechs Semestern. In der Tendenz des Lehramtsgesetzes lag jedoch eine Überwindung der vertikalen Aufteilung des Schulwesens, wie sich auch in § 4 zeigt, der den Einsatz von Lehrern auf der gleichen Schulstufe eines anderen Schultyps vorsieht, z.B. von Haupt- und Realschullehrern im Gymnasium bis zum zehnten Jahrgang.

Einen weiteren Schritt zur Angleichung der verschiedenen Lehramtsstudiengänge stellte die Aufnahme obligatorischer Schulpraktika in die Prüfungsordnung für Gymnasiallehrer dar (Änderungsverordnung vom 2. Juni 1978).

Die an den alten Universitäten also letztlich nicht aufgehobene Trennung des Lehrerstudiums nach Schularten wurde bei der Gründung der Gesamthochschule Kassel im Jahre 1972 aufgegeben (Gesetz über ihre Errichtung aus dem Jahre 1970). An ihr studieren Lehrerstudenten für eine Schulstufe. (Eine Ausnahme sind die künftigen Berufsschullehrer, die aber nach dem Lehramtsgesetz auch an Haupt- und Realschulen und an Gymnasien unterrichten dürfen.) Für alle Lehrerstudenten sind seit der Gründung in Kassel das Zwei-Fächer-Studium (mit didaktischen Anteilen), das "Erziehungs- und Gesellschaftswissenschaftliche Kernstudium" und zwei Praktika obligatorisch. Da die Studenten für die Sekundarstufe II (Lehramt für die Mittel- und Oberstufe) aber acht Semester studieren, ist der prozentuale Anteil des Kernstudiums bei ihnen geringer als bei den Studenten für die Primarstufe (Lehramt für die Grundstufe) und die Sekundarstufe I (Lehramt für die Mittelstufe), bei denen es ein Drittel ihres Gesamtstudiums einnimmt.

Das Lehramtsgesetz von 1969 ist für alle Lehrerstudiengänge gültig (mit einer auf Kassel bezogenen Erweiterung vom 17. Dezember 1973), für Kassel wurden aber 1974 besondere Prüfungsordnungen erlassen. Bei der Darstellung der Geschichtslehrerausbildung in der ersten Phase ist deshalb immer zwischen diesen beiden Varianten zu unterscheiden.

Geschichtslehrerausbildung in Hessen - Übersicht

1. Phase	Univ. Darmstadt	Univ. Frankfurt	Univ. Gießen	Univ. Marburg	Gesamthochschule Kassel
	für Gymnasium	für Grund-, Haupt-, Realschule, Gymnasium	für Grund-, Haupt-, Realschule, Gymnasium	für Gymnasium	für Primarstufe, Sek. I und Sek. II
Fachdidaktik	freiwillig	für Gymnasialstudenten freiwillig, sonst obligatorisch	wie Frankfurt	freiwillig	für alle obligatorisch
Praktikum	für alle Lehrämter zwei Praktika obligatorisch				
2. Phase	18 Mon. Referendariat	(3 Mon. Einführung, 12 Mon. Intensiv, 3 Mon. Vorbereitung auf Prüfung)			
	Studienseminare:	GHRS, Gymnasien, Gesamtseminare; erziehungs- und gesellschaftswissenschaftliche Ausbildung und fachdidaktische Ausbildung mindestens 6 Wochenstunden (1 Tag und 1 Nachmittag pro Woche)			

3. Erste Phase der Lehrerausbildung

Gesetzliche Grundlage für die Lehrerausbildung in Hessen ist also das Lehramtsgesetz von 1969. Auf dieses Gesetz beziehen sich die Prüfungsordnungen des Ministers, die wiederum den Rahmen für die Studienordnungen der einzelnen Universitäten festlegen. In letzteren sind Einzelheiten der Studienpraxis am ehesten zu erkennen. Ihr Status ist unterschiedlich, zum Teil sind sie vom Minister genehmigt, zum Teil erst von den Fachbereichen beschlossen. Schlüsse auf die Praxis sind jedoch nur begrenzt zulässig, da Veränderungen der Studienpraxis nicht immer sofort zu einer Änderung der Studienordnung führen.

Zur Prüfungspraxis: Prüfungsthemen für die wissenschaftliche Hausarbeit, die Klausuren und die mündlichen Prüfungen werden von den Prüfern gestellt. In der mündlichen Prüfung wird der Kandidat von zwei Prüfern geprüft. Im Gymnasialbereich sind dies in der Regel zwei Professoren des Faches, gelegentlich ein Vertreter der Schulpraxis, Didaktik soll mitgeprüft werden. Im Grund-, Haupt- und Realschulbereich ist Didaktik Bestandteil der Prüfung, wer sie prüft, hängt von der - unterschiedlichen - Stellenbeschreibung in Gießen und Frankfurt ab. In Frankfurt sind auch hier gelegentlich Vertreter der Schulpraxis beteiligt. In Kassel werden die Prüfungen für alle Lehrämter von zwei Professoren abgenommen. Didaktik ist Bestandteil der Prüfung. Wegen der geringen Anzahl der Didaktikerstellen nimmt jedoch nicht an jeder Prüfung ein Didaktiker teil. In der mündlichen Prüfung prüft jeder Prüfer die Hälfte der zur Verfügung stehenden Zeit, während der andere Prüfer protokolliert. Der Vorsitzende des Prüfungsamtes (oder sein Vertreter) kann an den Prüfungen teilnehmen, ist aber zeitlich nicht in der Lage, dies bei jeder Prüfung zu tun.

3.1 Geschichtslehrerausbildung an den Universitäten in Darmstadt, Frankfurt, Gießen und Marburg

3.1.1 Lehramt an Gymnasien

Grundlage ist die Prüfungsordnung vom 1. Dezember 1969. Die Prüfung besteht aus einer einstündigen mündlichen Prüfung, einer Klausur und, falls Geschichte als Erstes Unterrichtsfach gewählt wird, der wissenschaftlichen Hausarbeit. Für Erziehungswissenschaften ist lediglich eine dreißigminütige mündliche Prüfung vorgesehen. Die Ordnung ist wesentlich offener gehalten als die Prüfungsordnung für die Lehrämter an Grund-, Haupt- und Realschulen. Leistungsnachweise werden nicht erwähnt.

Die Universitäten haben bei der Gestaltung der gymnasialen Studiengänge also viel Freiraum. Dennoch ist aus den Studienordnungen eine gewisse Übereinstimmung zu entnehmen. In allen wird das Studium der Alten, Mittleren und Neuen Geschichte gefordert und außerdem auf Beachtung der sektoralen (Sozial- und Wirtschaftsgeschichte, politische Geschichte etc.) und regionalen Differenzierungen im Geschichtsstudium verwiesen. Alle verlangen je ein Proseminar als Einführung in die drei traditionellen großen Epochen sowie mindestens ein Seminar pro Epoche und hilfswissenschaftliche Übungen. Im Hauptstudium wird die erfolgreiche Teilnahme an mindestens einem Seminar für jede Epoche gefordert, Neue Geschichte zum Teil noch aufgeteilt in Frühe Neuzeit und Neueste Geschichte (Marburg), und einem (Darmstadt) bzw. zwei zusätzlichen Geschichtsseminaren (Gießen, Frankfurt).

An der Technischen Hochschule Darmstadt enthält die Studienordnung zudem im Grund- und Hauptstudium einen Wahlpflichtbereich Sozialwissenschaften, in dem der Geschichtsstudent mindestens einen Seminarschein und einen Teilnahmeschein erwerben muß. In Gießen wird lediglich eine Vorlesung oder Übung nach Wahl, ohne Leistungsnachweis, in den historischen Hilfswissenschaften oder Nachbarwissenschaften (Archäologie, Kunstgeschichte, Soziologie, Politologie, Jurisprudenz, Wirtschaftswissenschaften) empfohlen.

In der Regel werden für das Geschichtsstudium Latein, Englisch und eine weitere moderne Fremdsprache verlangt (in Frankfurt Latein und zwei moderne Fremdsprachen, in Marburg Latein und mindestens eine weitere Fremdsprache). Zwischenprüfungen sind in Darmstadt und Gießen vorgeschrieben, in Marburg besteht sie aus einer Bescheinigung des Dekans über die erfolgreiche Teilnahme an den obligatorischen Veranstaltungen des Grundstudiums.

Fachdidaktik ist in der Prüfungsordnung für das Lehramt an Gymnasien nicht erwähnt. Sie wird jedoch an den vier Universitäten angeboten und kann zusätzlich studiert werden. Das Angebot erfolgt in Darmstadt durch einen Oberstudienrat im Hochschuldienst, der aber für fachwissenschaftliche Aufgaben eingestellt wurde, in Marburg durch drei Gymnasiallehrer im Lehrauftrag mit je zwei Semesterwochenstunden, in Frankfurt und Gießen durch die Seminare für Didaktik der Geschichte. Ist es dadurch in den beiden letztgenannten Universitäten reichhaltiger, so bedürfte es doch einer genaueren Untersuchung, um festzustellen, ob es - als freiwillige Zusatzleistung - in nennenswertem Umfang wahrgenommen wird. Prüfungsrelevant ist das Studium der Geschichtsdidaktik nicht. In den Studienordnungen der vier Universitäten wird jedoch auf geschichtsdidaktische Veranstaltungen empfehlend verwiesen.

Mit der Einführung der Praktika auch für die künftigen Gymnasiallehrer ist jedoch ein erster Schritt zur Verankerung der Fachdidaktik im Studium getan. Die zwei Praktika sollen "integrierender Bestandteil des Gesamtstudiengangs" sein und im Zusammenhang mit den erziehungswissenschaftlichen, fachdidaktischen und fachwissenschaftlichen Studien stehen (Erlaß vom 21.3.1979). Das erste, vorwiegend als erziehungswissenschaftliches Praktikum angelegt, wird von Erziehungswissenschaftlern betreut, das zweite, fachdidaktische Praktikum von Fachvertretern. Zu den Praktika, in denen die Studenten unter Anleitung eines Lehrers als Mentor und eines Betreuers von der Universität hospitieren und selber unterrichten, gehören vor- und nachbereitende Veranstaltungen. Die Studenten werden im Praktikum in Darmstadt und Frankfurt von je einem Oberstudienrat im Hochschuldienst betreut, in Gießen durch das Seminar für Didaktik der Geschichte und in Marburg von den drei Gymnasiallehrern im Lehrauftrag. Der Erlaß des Ministers legt fest, daß das erziehungswissenschaftliche Praktikum als Blockpraktikum in den Semesterferien durchzuführen sei, das zweite, fachdidaktische in der gleichen Form oder semesterbegleitend. Darmstadt hat sich für das letztere entschieden, Frankfurt und Gießen in der Regel für die Blockform auch des zweiten Praktikums, in Marburg sind im fachdidaktischen Praktikum beide Formen gleichberechtigt. Die Prüfungsordnung legt für die Blockpraktika eine Dauer von in der Regel fünf Wochen fest mit Vorbereitungs- und Auswertungsveranstaltungen von zusammen sechs Semesterwochenstunden. Sechs Semesterwochenstunden werden auch für das semesterbegleitende Praktikum gefordert.

Die Aussagen der Prüfungsordnung von 1969 zum erziehungswissenschaftlichen Studium für das Lehramt an Gymnasien sind sehr knapp gehalten. Der Bewerber soll "nachweisen, daß er sich mit erziehungswissenschaftlichen Fragen auseinandergesetzt hat und seine Fachgebiete von den pädagogischen Erkenntnissen der Gegenwart her zu betrachten versteht. Falls der Bewerber neben den erziehungswissenschaftlichen auch philosophische und politische Studien betrieben hat, kann einer dieser Bereiche in der Prüfung auf Antrag... in angemessenem Umfang berücksichtigt werden." (§ 4) Mit dieser Umschreibung konnte auch der alte Zustand des philosophisch-pädagogischen Begleitstudium fortgeführt werden. Inzwischen ist jedoch ein Ausbau des erziehungswissenschaftlichen Studiums zu beobachten. So fordert der Frankfurter Studienordnungsentwurf zwanzig Semesterwochenstunden, die Marburger Studienordnung vierzehn Semesterwochenstunden, fünf Leistungsnachweise und zusätzlich eine pädagogische Hausarbeit.

3.1.2 Lehramt an Haupt- und Realschulen

Wie bereits erwähnt, werden nur an zwei der alten Universitäten Haupt- und Realschullehrer ausgebildet, nämlich in Frankfurt und Gießen. Die Prüfungsordnung von 1969 legte erheblich mehr Einzelheiten fest, als beim Lehramt an Gymnasien. Die wissenschaftliche Hausarbeit kann in einem der beiden Fächer aber auch - im Gegensatz zum Examen für das Lehramt an Gymnasien - in den Pädagogischen Grundwissenschaften geschrieben werden. Außerdem findet eine mündliche Prüfung statt, die in den beiden Fächern nicht länger als 45 Minuten, in den Pädagogischen Grundwissenschaften nicht länger als 30 Minuten dauern soll. In einer der zwei zu wählenden Pädagogischen Grundwissenschaften kann die mündliche Prüfung durch eine vierstündige Klausur ersetzt werden. Eine Klausur wird in der Prüfung nicht gefordert. Eine Zwischenprüfung ist nicht vorgesehen.

Für das Fachstudium fordert die Prüfungsordnung Nachweise über die Teilnahme an je zwei Übungen im fachwissenschaftlichen und im fachdidaktischen Bereich. Daraus ergeben sich für die Studienordnung mit Proseminaren und Übungen sieben Leistungsnachweise. An beiden Universitäten ist für Haupt- und Realschullehrer das Studium der Neuesten Geschichte sowie der Mittleren oder der Alten Geschichte verbindlich, in Gießen durch Studienordnung festgelegt, in Frankfurt durch die Praxis der Studienberatung. Für das fachwissenschaftliche Studium der Studenten für das Lehramt an Haupt- und Realschulen gelten prinzipiell die gleichen inhaltlichen Anforderungen wie für die Gymnasialstudenten mit Einschränkungen, die sich aus der Tatsache ergeben, daß die Studienzeit um zwei Semester und das ausgedehntere erziehungswissenschaftliche Studium verkürzt wird.

Die Prüfungsordnung fordert das Studium der Fachdidaktik und bestimmt Fachdidaktik als Teil der mündlichen Prüfung. An beiden Universitäten werden von den Seminaren für Didaktik der Geschichte geschichtsdidaktische Veranstaltungen (Vorlesungen, Proseminare und Seminare) angeboten, die aufeinander aufbauen. Da in Frankfurt auch die fachwissenschaftlichen Anteile des Studiums am Seminar für Didaktik der Geschichte studiert werden können, ist hier die Didaktik oft in die fachwissenschaftlichen Veranstaltungen integriert. Daneben gibt es aber immer spezielle didaktische Veranstaltungen.

Bezüglich der Sprachkenntnisse fordert die Gießener Studienordnung: Es "werden diejenigen Sprachkenntnisse, die für die erfolgreiche Mitarbeit an besuchten Lehrveranstaltungen erforderlich sind, vorausgesetzt" (S. 3), womit auch die Frankfurter Praxis beschrieben ist.

In Frankfurt werden für das Studium der Geschichtsdidaktik im Grundstudium vier Semesterwochenstunden für Vorlesungen, zwei Proseminare mit zusammen sechs Semesterwochenstunden (eines davon mit Hospitationen) und zwei Übungen mit zusammen vier Semesterwochenstunden verlangt, im Hauptstudium zwei Seminare (vier Semesterwochenstunden), zwei Übungen (vier Semesterwochenstunden) und drei fachwissenschaftliche Seminare mit didaktischen Anteilen (sechs Semesterwochenstunden). Gießen fordert im Grundstudium drei Proseminare mit zusammen acht Semesterwochenstunden und im Hauptsstudium zwei Seminare (vier Semesterwochenstunden). Von den insgesamt sieben geforderten Leistungsnachweisen sind in Gießen drei für die Fachdidaktik vorgesehen. In Frankfurt ist die Trennung in fachwissenschaftliche und didaktische Scheine wegen der "gemischten" Veranstaltungen schwieriger. Es können mindestens drei fachdiaktische Leistungsnachweise angesetzt werden. (Nicht in jeder der genannten Veranstaltungen muß ein Leistungsnachweis erworben werden.)

Die Praktika unterscheiden sich nicht von denen der künftigen Gymnasiallehrer (s.o. unter 3.1.1), jedoch werden sie von allen Mitarbeitern der jeweiligen Seminare für Didaktik der Geschichte betreut.

Das Studium der Pädagogischen Grundwissenschaften umfaßt laut Prüfungsordnung ein Drittel des Gesamtstudiums (vier Leistungsnachweise und 36 Semesterwochenstunden wie bei jedem der beiden Fächer). Die vier Grundwissenschaften, Pädagogik, Pädagogische Psychologie, Soziologie der Erziehung und Politische Bildung, werden in den betreffenden Fachbereichen bei Erziehungswissenschaftlern, Psychologen, Soziologen und Politologen studiert. In allen vier Bereichen ist ein Leistungsnachweis für Anfänger zu erbringen, in zweien noch einer für Fortgeschrittene, womit diese als Prüfungsschwerpunkte gewählt werden. In Frankfurt legt die Studienordnung fest, daß aus den Bereichen Pädagogik und Pädagogische Psychologie einerseits und Soziologie der Erziehung und Politische Bildung andererseits je einer als Prüfungsschwerpunkt zu wählen ist.

3.1.3 Lehramt an Grundschulen

Die Prüfungsordnung für das Lehramt an Grundschulen weist auch je ein Drittel des Gesamtvolumens dem Studium der Pädagogischen Grundwissenschaften und der beiden Fächer zu. Eines der beiden Fächer wird als sogenanntes Langfach studiert, d.h., der Student erwirbt hier auch die Lehrbefähigung bis Klasse 10. Das Studium dieses Faches gleicht dem der Haupt- und Realschulstudenten. Geschichte kann als Langfach gewählt werden.

Im anderen, dem eigentlichen Grundschulfach, wird der Nachweis über die Teilnahme an "zwei Übungen in der allgemeinen Didaktik der Grundschule sowie an je einer Übung für Fortgeschrittene in der Didaktik der Grundstufeninhalte" zweier Unterrichtsfächer (Wahldidaktiken) verlangt (Prüfungsordnung vom 5. November 1969, § 2, Abs. 4). Deutsch oder Mathematik müssen unter den gewählten Fächern sein.

Für das Geschichtsstudium als Wahldidaktik fordert die Frankfurter Studienordnung im Grundstudium den Besuch einer didaktischen und einer landesgeschichtlichen Vorlesung (zusammen vier Semesterwochenstunden) und zweier didaktischer Proseminare (zusammen vier Semesterwochenstunden) und im Hauptstudium die Teilnahme an zwei didaktischen Seminaren, die Gießener Studienordnung im Grundstudium eine didaktische Vorlesung (zwei Semesterwochenstunden) und zwei didaktische Proseminare (zusammen sechs Semesterwochenstunden) und im Hauptstudium eine didaktische Vorlesung (zwei Semesterwochenstunden), ein didaktisches Proseminar (zwei Semesterwochenstunden) und ein didaktisches Seminar oder eine didaktische Vorlesung (zwei Semesterwochenstunden).

3.2 Geschichtslehrerausbildung an der Gesamthochschule Kassel

3.2.1 Gemeinsame Grundlage

Im März 1974 wurden vom Hessischen Kultusminister zwei Prüfungsordnungen erlassen, mit denen die Ausbildung der Stufenlehrer an der Gesamthochschule Kassel geregelt wurde, die "Verordnung über die Erste Staatsprüfung für das Lehramt für die Grundstufe und für das Lehramt für die Mittelstufe" und die "Verordnung für das Lehramt für die Mittelstufe und die Oberstufe".

Für alle drei Lehrämter ist das Studium prinzipiell gleich angelegt, mit der einen Ausnahme, daß beim Studium für das Lehramt für die Mittelstufe und die Oberstufe (Sekundarstufe II) die Zahl der Semesterwochenstunden für das erziehungs- und gesellschaftswissenschaftliche Kernstudium 32 beträgt (bei 64 Semesterwochenstunden für jedes Fach) und für die Grundstufen- und Sekundarstufen I-Studenten 40 Semesterwochenstunden (bei 40 Semesterwochenstunden für jedes

Fach). Die Prüfungsordnung sieht noch für alle drei Lehrämter 36 Semesterwochenstunden Kernstudium vor. Inzwischen wurde das jedoch durch Erlaß geändert.

Bis auf Unterschiede in den Listen der Studienfächer und in der Dauer des Studiums (acht Semester für Sekundarstufe II, sechs Semester für Sekundarstufe I und Grundstufe) sind die Prüfungsordnungen nahezu identisch. Laut Prüfungsordnung können alle Lehrerstudenten die wissenschaftliche Hausarbeit zum Examen in ihrem ersten Fach oder im Kernstudium schreiben, alle haben in den beiden anderen Fächern bzw. im zweiten Fach und im Kernstudium eine vierstündige Examensklausur zu schreiben, und alle haben in beiden Fächern und im Kernstudium je eine 60-minütige mündliche Prüfung zu absolvieren, die sich in den Fächern auf Fachwissenschaft und Fachdidaktik beziehen soll. (Wegen der geringen Zahl der Fachdidaktiker ist die Einlösung dieser Forderung in der Realität aber problematisch.)

Die Prüfungsordnung schreibt für das erste Fach im Studium für die Sekundarstufe II acht Leistungsnachweise vor, von denen sich drei auf die Didaktik erstrecken sollen, für das zweite Fach und für die beiden Fächer der Sekundarstufen I- und Grundstufenstudenten je sechs Leistungsnachweise, davon zwei didaktische, und für das Kernstudium auch sechs Leistungsnachweise.

An der Gestaltung des erziehungs- und gesellschaftswissenschaftlichen Kernstudiums sind dieselben Disziplinen beteiligt wie in Frankfurt und Gießen. Es ist nach vier thematischen Schwerpunkten geordnet: Politisch-Gesellschaftliches System, Sozialisation/Soziales Lernen, Schule und Betrieb, Curriculum und Unterricht. Die Anforderungen sind für Studenten aller drei Lehrämter vom Umfang her gleich, inhaltlich gibt es zum Teil stufenspezifische Differenzierungen.

Da sich für die Grundstufenstudenten wegen des Studienganges Sachunterricht eine etwas andere Situation ergibt, soll zunächst die Ausbildung der Lehrer für die Sekundarstufe I und für die Sekundarstufe II dargestellt werden.

3.2.2 Lehramt für die Mittelstufe und Lehramt für die Mittelstufe und für die Oberstufe

In der Prüfungsordnung ist Geschichte nicht unter den Fächern aufgeführt, sondern Gesellschaftslehre. Die ursprüngliche Absicht war, in Kassel Lehrer für die Schulfächer Gesellschaftslehre und Gemeinschaftskunde durch ein integratives Studium der Disziplinen Geographie, Geschichte, Politologie und Soziologie auszubilden. Das erwies sich jedoch aus mehreren Gründen als nicht praktikabel, so daß jetzt - nach der vom Fachbereich 1983 beschlossenen Studienordnung - der Student in Gesellschaftslehre sich für Geographie, Geschichte oder Sozialkunde als Fach entscheiden muß mit der Verpflichtung, ein Drittel seines Studiums in den anderen beiden Fächern zu studieren. Methodische und inhaltliche Kenntnisse aus den anderen beteiligten Disziplinen stellen eine notwendige Ergänzung für das Studium des eigenen Faches dar. Ziel ist, für den Unterricht in einem der drei Fächer zu qualifizieren und den Studenten einen ersten Zugang zu den anderen beiden Fächern des Bereichs der politischen Bildung zu verschaffen. Die Kompetenz für den Unterricht im Gesamtbereich kann nur - aufbauend auf diesen ersten Kenntnissen in den beiden nicht voll studierten Fächern - in der Lehrerfortbildung nach dem Zweiten Staatsexamen erworben werden.

Prinzipiell sollen Geschichtsstudenten für alle drei Lehrämter die gleiche fachwissenschaftliche und didaktische Kompetenz erwerben, jedoch graduell abgestuft entsprechend dem unterschiedlichen Ausmaß der für das Fach zur Verfügung stehenden Studienzeit. Sekundarstufen I- und Sekundarstufen II-Studenten nehmen an denselben fachwissenschaftlichen und fachdidaktischen Veranstaltungen teil (und auch Grundstufenstudenten, für die jedoch außerdem spezielle didaktische Veranstaltungen angeboten werden).

Im Unterschied zum Geschichtsstudium im Magisterstudiengang, in dem Latein, Englisch und eine weitere moderne Fremdsprache gefordert werden, müssen Studenten für die Lehrämter der Sekundarstufe I und der Sekundarstufe II Kenntnisse in Englisch und einer weiteren Fremdsprache nachweisen. Die Studienordnung sieht zum Abschluß des Grundstudiums, in der Regel nach dem dritten Semester, eine obligatorische Studienberatung vor.

Wie an den anderen Universitäten sind Alte, Mittlere und Neue Geschichte zu studieren. Das Studium der Alten Geschichte ist jedoch nur begrenzt möglich, weil das Lehrangebot bislang nur durch Lehraufträge erfolgen konnte. Epochenspezifische Proseminare sind Voraussetzung für die Teilnahme an Seminaren. Als Mindestforderung gilt für Sekundarstufen II-Studenten im Hauptstudium der Besuch von drei Geschichtsseminaren, für die Sekundarstufen I-Studenten von zwei Geschichtsseminaren. Die Studenten müssen im Geschichtsstudium drei Schwerpunkte wählen, einen aus dem 19. und 20. Jahrhundert und einen weiteren aus der Alten oder Mittleren Geschichte.

Für die Fachdidaktik werden ein Proseminar und zwei Seminare für Sekundarstufen II-Studenten, ein Proseminar und ein Seminar für Sekundarstufen I-Studenten verlangt. Die Leistungsnachweise für die Seminare können auch in fachlich-didaktischen Seminaren erworben werden, die, von einem Fachwissenschaftler und einem Didaktiker veranstaltet, beide Aspekte integrieren. Neben diesen, für die Prüfung als Mindestforderung verbindlichen Veranstaltungen können weitere didaktische Seminare und didaktische Vorlesungen besucht werden.

Das semesterbegleitende fachdidaktische Praktikum ist Teil des Didaktikstudiums. (Das erste, mehr erziehungswissenschaftlich ausgerichtete Praktikum wird als Block in den Semesterferien durchgeführt.) Zum fachdidaktischen Praktikum gehört eine vorbereitende und eine auswertende Veranstaltung. Der Leistungsnachweis für das Praktikum zählt jedoch nicht bei den Scheinen für das Fach mit.

Im Grundstudium ist in den anderen Disziplinen (Geographie, Soziologie, Politologie) oder in disziplinenübergreifenden Veranstaltungen ein Leistungsnachweis zu erwerben, im Hauptstudium sind es zwei (Sekundarstufe II) bzw. einer (Sekundarstufe I).

3.2.3 Lehramt für die Grundstufe

Grundstufenstudenten wählen auch in Kassel ein Langfach, in dem sie die Lehrbefähigung auch für die Sekundarstufe I erwerben. Hier kann Geschichte nicht gewählt werden. Als anderes Fach wählen sie einen Lernbereich der Grundschule. Ein Lernbereich ist Sachunterricht, der in der Schule den Bereich der alten Heimatkunde und des Werkens umfaßt.

Der Studiengang Sachunterricht an der Gesamthochschule Kassel gliedert sich in drei Schwerpunkte: den naturwissenschaftlichen, den technischen und den sozialwissenschaftlichen. Die Studenten schreiben sich für Sachunterricht ein, erhalten im ersten Semester in vier Veranstaltungen eine Einführung in die drei Schwerpunkte und in die Gesamtproblematik des Sachunterrichts und sollen sich nach diesem Semester für einen Schwerpunkt entscheiden. Im weiteren Verlauf des Studiums müssen sie noch an vier weiteren integrativen Seminaren zum Sachunterricht teilnehmen. Dabei ist ein Leistungsnachweis zu erwerben. Die restlichen Veranstaltungen (20 Semesterwochenstunden) sind für den gewählten Schwerpunkt reserviert.

Sachunterrichtsstudenten mit sozialwissenschaftlichem Schwerpunkt sind gehalten, im Bereich Gesellschaftslehre wie die Studenten für Sekundarstufe I und Sekundarstufe II einen fachlichen Schwerpunkt zu wählen. Sie studieren die Fachwissenschaft in denselben Veranstaltungen wie diese. In Geschichte besuchen sie ein Proseminar für Mittlere und eines für Neuere Geschichte. Im Hauptstudium wählen sie ein bis zwei Schwerpunkte. Sie erwerben mindestens drei fachwissenschaftliche Leistungsnachweise.

Zwei Leistungsnachweise sind in didaktischen Veranstaltungen zu erwerben. Dies können für Geschichtsstudenten stufenübergreifende geschichtsdidaktische Veranstaltungen sein oder Seminare zur Didaktik des sozialwissenschaftlichen Bereichs im Sachunterricht.

Für die Praktika gilt das unter 3.1.1 Gesagte.

4. Zweite Phase der Lehrerausbildung

Die zweite Phase der Lehrerausbildung in Hessen wird geregelt

- durch die "Verordnung über die Zulassung zum Vorbereitungsdienst für die Lehrämter vom 10. Dezember 1975",
- durch die "Verordnung über die pädagogische Ausbildung und die Zweite Staatsprüfung für die Lehrämter vom 9. Mai 1977" und
- durch die "Verordnung über die Richtlinien für die pädagogische Ausbildung für die Lehrämter vom 2. Juni 1982".

1983 wurde aufgrund der Richtlinien der erste Teil der "Ausbildungspläne für die pädagogische Ausbildung für die Lehrämter" vom Kultusminister herausgegeben, der auch die Richtlinien für den "Lernbereich Gesellschaftslehre" enthält, die in Aussagen für die Fächer Erdkunde, Geschichte und Sozialkunde aufgeteilt sind.

Hierzu eine Erläuterung: Das Schulverwaltungsgesetz vom 28. Juni 1961 in der Fassung vom 4. April 1978 bestimmt, daß in den Unterrichtsfächern die spezifischen Methoden und Lernziele zu berücksichtigen seien (§ 3, Abs. 1), daß Unterrichtsfächer zusammengefaßt werden könnten (§ 3, Abs. 2) und daß im Lernbereich Gesellschaftslehre die Fächer Geschichte, Erdkunde und Sozialkunde zusammengefaßt würden. Dazu wird ausgeführt: "Historische, geographische, rechts-, wirtschafts- und sozialwissenschaftliche Unterrichtsschwerpunkte sind ausgewogen zu berücksichtigen. Durch entsprechende geschichtliche Themenstellung sollen die Schüler befähigt werden, die Entwicklung von Staat und Gesellschaft, von Zivilisation und Kultur zu erkennen und zu würdigen." (§ 3, Abs. 3) Rechtlich gesehen kann also Gesellschaftslehre als Lernbereich integriert unterrichtet werden, wenn die Berücksichtigung der Fachspezifika gesichert ist. - Diese Akzentuierung ist ein Ergebnis der Auseinandersetzungen um die Hessischen Rahmenrichtlinien Gesellschaftslehre. Durchgängig eingeführt ist Gesellschaftslehre in dieser Weise vorwiegend in den wenigen integrierten Gesamtschulen. In den anderen Schulen werden die drei Fächer unterrichtet. Die "Rahmenrichtlinien Gesellschaftslehre für die Sekundarstufe I" vom August 1982 weisen Geschichte, Erdkunde und Sozialkunde als "Unterrichtsfächer" aus. Die Stundentafel vom 28.5.1976 sieht für Geschichte von Klasse 7 bis 10 zwei Wochenstunden vor. Jedoch schlagen die Rahmenrichtlinien Gesellschaftslehre vor, auch im 5./6. Schuljahr historisches Lernen zu fördern (S. 38) und geben bei den geographischen und sozialkundlichen Themenbereichen für diese beiden Schuljahre dafür inhaltliche Anregungen.

Im "Gesetz über die gymnasiale Oberstufe" vom 11. Juni 1982 ist Geschichte neben Gemeinschaftskunde sowohl als Unterrichtsfach als auch als mögliches Leistungsfach aufgeführt.

In der zweiten Phase der Lehrerausbildung wurden fachdidaktische Seminare für Gesellschaftslehre nur im Grund-, Haupt- und Realschulbereich eingerichtet, aber auch dort nicht überall, im Gymnasialbereich generell für die drei Fächer gesonderte fachdidaktische Seminare.

Die Ausbildungspläne legen für die Ausbildung in der zweiten Phase ein einheitliches Konzept zugrunde, das stufenspezifisch variiert werden soll. Der Plan für Geschichte differenziert bei der Beschreibung der Ziele und Inhalte der Referendarausbildung nicht nach Schularten oder Schulstufen. Er enthält verhältnismäßig allgemeine Aussagen über Zielsetzungen des Geschichtsunterrichts und Stichworte zu allgemeindidaktischen und geschichtsdidaktischen Problemen.

Es gibt in der Verordnung über die pädagogische Ausbildung vier Typen von Studienseminaren, das Studienseminar für das Lehramt an Grundschulen, für das Lehramt an Hauptschulen und Realschulen und für das Lehramt an Sonderschulen (GHRS-Seminar), das Studienseminar für das Lehramt an Gymnasien, das - hier nur am Rande zu erwähnende - Studienseminar für das Lehramt an beruflichen Schulen und das Gesamtseminar, an dem Referendare aller oder mehrerer Lehrämter gemeinsam ausgebildet werden. Bislang wurde dieser letztgenannte Typus nicht eingerichtet. Jedes Studienseminar hat einen Leiter, einen stellvertretenden Leiter und die Ausbildungsleiter, die entweder den erziehungs- und gesellschaftlichen Schwerpunkt haben oder einen fachdidaktischen. Außerdem gibt es nebenamtliche Ausbilder: Ausbildungsbeauftragte, Mentoren und sonstige Mitarbeiter für zeitlich und sachlich begrenzte Ausbildungsaufgaben.

Das Referendariat dauert 18 Monate und gliedert sich in drei Phasen: Einführungsphase (3 Monate), Intensivphase (12 Monate), Vorbereitungsphase für die Prüfung (3 Monate). Der Referendar ist in der Einführungsphase zu zehn Wochenstunden Hospitation und Unterricht unter Anleitung verpflichtet, in der Intensivphase zu zwölf Wochenstunden eigenverantwortlichem Unterricht sowie zu vier Wochenstunden Hospitation und Unterricht unter Anleitung. Die pädagogische Ausbildung geschieht in Seminarveranstaltungen mit erziehungs- und gesellschaftswissenschaftlichem Schwerpunkt und in Seminarveranstaltungen mit fachdidaktischem Schwerpunkt. Für die Seminare sind mindestens sechs Wochenstunden vorgesehen, ein Tag und ein Nachmittag werden dafür freigehalten. Die erziehungs- und gesellschaftswissenschaftliche Ausbildung, die fachdidaktische Ausbildung und die unterrichtspraktische Tätigkeit sollen aufeinander bezogen werden. Die Ausbildung erstreckt sich auf die Fächer bzw. Lernbereiche, in denen die Erste Staatsprüfung abgelegt wurde, in der Regel zwei, auf Antrag auch mehr als zwei Fächer. Die Beurteilung erfolgt über den Ausbildungsstand am Ende der Intensivphase durch die pädagogische Prüfungsarbeit, durch Prüfungslehrproben und durch das Prüfungsgespräch.

Es gibt Kontakte zwischen Ausbildern in der ersten und zweiten Phase, die aber nicht fest institutionalisiert sind, sondern von einzelnen Personen oder Einrichtungen (Studienseminare, Universitäten) ausgehen. Das schließt nicht aus, daß sie über eine längere Zeit hinweg bestehen. An den meisten hessischen Universitäten existiert zeitweise auch eine Kooperation zwischen Lehrern an den Schulen und Hochschullehrern in der Lehrerfortbildung.

5. Zusammenfassung

Die Situation der Geschichtslehrerausbildung in Hessen stellt sich in Hinsicht auf die beiden Ausgangsfragen uneinheitlich dar. Die Basis für diese Aussage sind Gesetze, Prüfungs- und Studienordnungen. Die Praxis der konkreten inhaltlichen Gestaltung dürfte noch mehr Unterschiede zeigen, die dann allerdings nur Variationen in der Ausfüllung dieser Ordnungen sind.

Allein im Studium für das Lehramt an Haupt- und Realschulen bzw. für die Sekundarstufe I ist festzustellen, daß der Ausbau der fachwissenschaftlichen Komponente (prinzipiell gleiche Anforderungen wie an die gymnasialen Lehrer bei graduellen Unterschieden) durchgeführt wurde, ohne daß auf die fachdidaktischen und erziehungswissenschaftlichen Bestandteile des Studiengangs verzichtet wurde. Gerade die fachdidaktische Ausbildung dürfte durch die Intensivierung des fachwissenschaftlichen Studiums gewonnen haben.

Im Gymnasialbereich stagniert der Ausbau der fachdidaktischen und der erziehungswissenschaftlichen Komponenten. Zwar sind die Praktika und die begleitenden fachdidaktischen Veranstaltungen in die Prüfungsordnung aufgenommen worden, darüber hinaus aber sind fachdidaktische Studien auf ein sehr spärliches zusätzliches Randangebot beschränkt. Auch die Ausweitung der erziehungswissenschaftlichen Studien ist bislang nur durch Studienordnungen, nicht durch die Prüfungsordnung abgesichert. - Das gilt jedoch nicht für die Gesamthochschule Kassel, an der die künftigen Gymnasiallehrer - bei einem erweiterten fachwissenschaftlichen Studium - die gleiche erziehungswissenschaftliche und fachdidaktische Ausbildung erhalten wie die künftigen Haupt- und Realschullehrer.

Im Grundschulbereich wird an der Vereinigung der fachwissenschaftlichen, fachdidaktischen und erziehungswissenschaftlichen Komponente an den drei betreffenden Universitäten unterschiedlich gearbeitet, besonders unter Berücksichtigung des in der Grundschule bestimmenden und wünschenswerten Klassenlehrerprinzips.

Quellenangaben

1. Gesetze und Verordnungen

(GVBl. = Gesetz und Verordnungsblatt für das Land Hessen
Abl. = Amtsblatt des Hess. Kultusministers, seit 1984: und des Hess. Ministers für Wissenschaft und Kunst)

Gesetz über das Lehramt an öffentlichen Schulen. Vom 13. November 1958, GVBl. I 1958, S. 172-174 (Hochschulen für Erziehung, Einrichtung der H.f.E. in Gießen).

Gesetz über die Errichtung einer Hochschule für Erziehung an der Johann Wolfgang Goethe-Universität in Frankfurt (Main). Vom 12. Mai 1960. GVBl. I 1960, S. 45 (Einrichtung der Hochschule für Erziehung in Frankfurt).

Verordnung über die Erste Staatsprüfung für das Lehramt an Volks- und Realschulen. Vom 2. November 1962. GVBl. I 1962, S. 507-518.

Verordnung über die pädagogische Ausbildung und Prüfung für das Lehramt an Gymnasien. Vom 5. April 1963. GVBl. I 1963, S. 37-43.

Verordnung über die Art und Dauer der praktischen Berufsausbildung für das Lehramt an Berufsschulen, Berufsfachschulen, Fachschulen und Höheren Fachschulen. Vom 10. September 1965. GVBl. I 1965, S. 185-186; GVBl. II, 322-27.

Verordnung über die Erste Staatsprüfung und die Erweiterungsprüfung für das Lehramt an Volks- und Realschulen. Vom 23. September 1965. GVBl. I 1965, S. 215-221.

Verordnung zur Änderung der Verordnung über die Erste Staatsprüfung und die Erweiterung sowie der Verordnung über die Pädagogische Ausbildung und die Zweite Staatsprüfung für das Lehramt an Volks- und Realschulen. Vom 30. September 1966. GVBl. I 1966, S. 308-309 (Änderung in "Lehramt an Grundschulen, Hauptschulen und Realschulen").
Verordnungen über die Erste Staatsprüfung für das Lehramt an beruflichen Schulen gewerblich-technischer Fachrichtung. Vom 25. Juli 1968. GVBl. I 1968, S. 211-217; GVBl. II, 322-46.

Gesetz über das Lehramt an öffentlichen Schulen. Vom 13. November 1958. In der Fassung vom 30. Mai 1969. GVBl. I 1969, S. 101-108; GVBl. II, 322-10.

Verordnung über die pädagogische Ausbildung und die Zweite Staatsprüfung für das Lehramt an Volks- und Realschulen. Vom 2. November 1965. GVBl. I, 1965, S. 291-296.

Verordnung über die Erste Staatsprüfung für das Lehramt an Grundschulen. Vom 5. November 1969. GVBl. I, 1969, S. 207-214.

Verordnung über die Erste Staatsprüfung für das Lehramt an Hauptschulen und Realschulen. Vom 10. November 1969. GVBl. I 1969, S. 214-220; GVBl. II, 322-49.

Verordnung über die Erste Staatsprüfung für das Lehramt an Gymnasien. Vom 1. Dezember 1969. GVBl. I 1969, S. 283-291; GVBl. II, 322-50.

Verordnung über die pädagogische Ausbildung und die Zweite Staatsprüfung für das Lehramt an Grundschulen, für das Lehramt an Hauptschulen und Realschulen und für das Lehramt an Sonderschulen. Vom 9. Oktober 1970. GVBl. I 1970, S. 683-688.

Verordnung über die Bildung der Fachbereiche an den Universitäten. Vom 12. März 1971. GVBl. I 1971, S. 74-80.

Verordnung über die Erste Staatsprüfung für das Lehramt an Sonderschulen. Vom 7. Juni 1971. GVBl. I, 1971, S. 157-162; GVBl. II, 322-56.

Verordnung über die erste Staatsprüfung für das Lehramt für die Grundstufe und für das Lehramt für die Mittelstufe. Vom 22. März 1974. GVBl. I 1974, S. 181-188; GVBl. II. 322-68.

Verordnung über die Erste Staatsprüfung für das Lehramt für die Mittelstufe und die Oberstufe. Vom 22. März 1974. GVBl. I 1974, S. 188-190.

Verordnung über die Erste Staatsprüfung für das Lehramt an beruflichen Schulen gewerblich-technischer Fachrichtung an der Gesamthochschule Kassel. Vom 28. Mai 1974. GVBl. I 1974, S. 281-283; GVBl. II, 322-17.

Verordnung über die Zulassung zum Vorbereitungsdienst für die Lehrämter. Vom 10. Dezember 1975. GVBl. I. 1975, S. 318-320; GVBl. II, 322-79.

Stundentafel für die Mittelstufe (Klassen 5-10). Vom 28.5.1976. Abl. Jg. 29 (1976), S. 301-303.

Verordnung über die pädagogische Ausbildung und die Zweite Staatsprüfung für die Lehrämter. Vom 9. Mai 1977. GVBl. I 1977, S. 184-193, GVBl. II, 322-83.

Gesetz über die Unterhaltung und Verwaltung der öffentlichen Schulen und die Schulaufsicht (Schulverwaltungsgesetz). Vom 28. Juni 1961. In der Fassung vom 4. April 1978. GVBl. I 1978, S. 232-246 (GVBl. I 1961, S. 87-98) GVBl. II, 72-11.

Verordnung zur Änderung der Verordnungen über die Ersten Staatsprüfungen für die Lehrämter. Vom 2. Juni 1978. GVBl. I 1978, S. 413-416 (Einführung der Praktika in das Studium für alle Lehrämter).

Hessisches Hochschulgesetz. Vom 6. Juni 1978. GVBl. I 1978, S. 319-348.
Gesetz über die Universitäten des Landes Hessen. Vom 6. Juni 1978, GVBl. I 1978, S. 348-370.

Rahmenordnung für die Schulpraktischen Studien in Hessen. Erlaß vom 21. März 1979. Abl. Jg. 32 (1979), S. 196-197.

Verordnung über die Richtlinien für die pädagogische Ausbildung für die Lehrämter. Vom 7. Juni 1982. GVBl. I 1982, S. 151-156; GVBl. II, 322-94.

Gesetz über die gymnasiale Oberstufe und zur Änderung anderer Vorschriften. Vom 11. Juni 1982. GVBl. I 1982, S. 140-143.

2. Studienordnungen

Technische Hochschule Darmstadt

Studienordnung für das Fach Geschichte, in: Personal- und Studienplanverzeichnis der Technischen Hochschule Darmstadt 1983/84, S. 77-83.

Johann Wolfgang Goethe-Universität Frankfurt/Main

Studienordnung des Fachbereichs Geschichtswissenschaften der Johann Wolfgang Goethe-Universität, in: Mitteilungsblatt der Johann Wolfgang Goethe-Universität Frankfurt, Nr. 3 (5. Jg.), 6.34.00 Nr. 1, 25.5.1978.

Studienordnung des Fachbereichs Erziehungswissenschaften der Johann Wolfgang Goethe-Universität für das erziehungs- und gesellschaftswissenschaftliche Studium aller Lehrer (Grundwissenschaften, Schwerpunkt Erziehungswissenschaften). 19. Oktober 1976. (Als Manuskript vervielfältigt).

Justus Liebig-Universität Gießen

Studienordnung für das Fach Geschichte mit den Abschlüssen: Lehramt

an Gymnasien, Lehramt an Haupt- und Realschulen, Lehramt an Grundschulen, Lehramt an Sonderschulen. 27. April 1977, in: Mitteilungen der Justus Liebig-Universität Gießen Jg. 1978, Nr. 5, 31.5.1978.
Unter: 6.70.08 Nr. 1.

Philipps-Universität Marburg

Studienordnung für den Teilstudiengang Geschichte mit dem Abschluß Erste Staatsprüfung für das Lehramt an Gymnasien an der Philipps-Universität Marburg. Veröffentlicht im Abl. Jg. 38 (1985), S. 207-211.

Studienordnung für das erziehungswissenschaftliche Studium für das Lehramt an Gymnasien (ESL) an der Philipps-Universität in Marburg in der Fassung vom 18. Januar 1984, in: Kommentiertes Verzeichnis der Lehrveranstaltungen. Sommersemester 1985. Fachbereich 21 (Institut für Erziehungswissenschaft)

Gesamthochschule Kassel

Studienordnung für das Studienfach Gesellschaftslehre verbunden mit der Befähigung zum Unterrichten in einem der Schulfächer Geographie, Geschichte oder Sozialkunde mit dem Abschluß Erstes Staatsexamen für die Lehrämter für die Mittelstufe und für die Mittel- und Oberstufe. 16.3.1983 (als Manuskript vervielfältigt).

3. Sonstige Literatur

Ausbildungspläne für die pädagogische Ausbildung für die Lehrämter. Teil I, hrsg. vom Hessischen Kultusminister, Luisenplatz 10, 6200 Wiesbaden, Wiesbaden, Wiesbaden 1983.

Rahmenpläne, Gymnasiale Oberstufe. Aufgabenfeld II, 4. Geschichte, hrsg. vom Hessischen Kultusminister, Wiesbaden 1983 (zu beziehen über Verlag Moritz Diesterweg, Hochstr. 31, 6000 Frankfurt/Main 1).

Rahmenrichtlinien. Sekundarstufe I. Gesellschaftslehre. Unterrichtspraktischer Teil, hrsg. vom Hessischen Kultusminister, Luisenplatz 10, 6200 Wiesbaden 1982.

Zur Situation der Schulpraktika und Schulpraktischen Studien. Bericht über die Grundsatztagung in Wetzlar vom 6.-8.2.1984. Hrsg. v. E. Jeuthe unter Mitwirkung von G. Kühnhold und W. Lortz. Pfungstadt o.J.

NIEDERSACHSEN
Geschichtslehrerausbildung vor der Reform ?[1]

Von Horst KUSS

Seit 1983 liegen in Niedersachsen die Ergebnisse der vom Wissenschaftsministerium eingesetzten Studienreformkommissionen vor.[2] Sie haben "Empfehlungen" erarbeitet, die geeignet sind, Inhalte und Zielsetzungen aller wissenschaftlichen Studiengänge zu verändern.[3] Wenn nach den vorliegenden Entwürfen in Zukunft alle Lehramtsstudiengänge neben den erziehungs- und fachwissenschaftlichen auch fachdidaktische Inhalte einschließen sollten, würde damit ein für alle gemeinsamer Grundstock in den Erziehungswissenschaften und der Fachdidaktik geschaffen sein. Die entscheidende Neuerung läge hierbei in der Aufnahme der Fachdidaktik auch in den gymnasialen Studiengang, so daß sich das Prinzip der Berufsbezogenheit in allen Lehramtsstudiengängen durchgesetzt hätte. Für das Studium der Geschichte würde dann die Maxime gelten: "Das Fachstudium soll von didaktischer Reflexion durchdrungen sein."[4] Die Didaktik der Geschichte wäre damit - so die Intention der Fachkommission Geschichte - neben der Geschichtsforschung und der Theorie der Geschichtswissenschaft anerkannt und in das Studium der Geschichte voll integriert.

Gegen diese Entscheidung, die insbesondere für den gymnasialen Studiengang eine spürbare Veränderung darstellt, ist von mehreren Fachwissenschaftlern entschiedener Widerspruch erhoben worden:[5] Zum einen dürften fachdidaktische Studien nicht auf Kosten von fachwissenschaftlichen Studienanteilen eingeführt werden, zum anderen wird der Ort der Geschichtsdidaktik eher im Studienseminar als an der Universität gesehen, wenn nicht überhaupt am wissenschaftlichen Charakter der Fachdidaktik und ihrer Fachvertreter gezweifelt wird.[6] Die "Empfehlungen" der Studienreformkommission Geschichte haben so bald nach ihrem Erscheinen zu heftigen Auseinandersetzungen geführt, in denen sich wissenschaftstheoretische Argumente mit personalpolitischen Ambitionen vermengt haben.[7] Ob die "Empfehlungen zur Neuordnung der Teilstudiengänge Geschichte für die Lehrämter an Gymnasien, Realschulen und Grund- und Hauptschulen" in die Wirklichkeit des Studiums umgesetzt werden, ist bisher noch nicht entschieden. Wo eine solche

Reform ansetzen müßte, soll der folgende Bericht über den gegenwärtigen Stand von Studium und Ausbildung von Geschichtslehrern in Niedersachsen erkennen lassen.

Wie sich die Geschichtslehrerausbildung quantitativ in den letzten fünf Jahren an den Hochschulen und Universitäten Niedersachsens entwickelt hat, ist an den folgenden statistischen Übersichten erkennbar (Quelle für alle vier Statistiken: Mitteilungen des Wissenschaftlichen Landesprüfungsamtes für Lehrämter in Göttingen vom 7.3. und 11.3.1985):

Tabelle 1

Prüfungen im Fach Geschichte: Lehramt an Gymnasien

	Niedersachsen insgesamt	*Braunschweig*	*Göttingen*	*Hannover*	*Oldenburg **	*Osnabrück*
WS 80/81	*109*	*23*	*54*	*32*	-	-
SS 81	*101*	*12*	*56*	*33*	-	-
WS 81/82	*115*	*20*	*46*	*38*	*11*	-
SS 82	*92*	*24*	*30*	*37*	-	*1*
WS 82/83	*89*	*15*	*31*	*28*	*15*	-
SS 83	*81*	*20*	*25*	*23*	*9*	*4*
WS 83/84	*83*	*14*	*32*	*32*	-	*5*
SS 84	*76*	*5*	*31*	*25*	*6*	*9*
WS 84/85	*79*	*10*	*33*	*32*	-	*4*

* *Abschlußprüfungen im Rahmen der Einphasigen Lehrerausbildung (ELAB), Schwerpunkt Sek. II. Für SS 82 und WS 83/84 liegt für Oldenburg keine Statistik vor.*

Tabelle 2

Prüfungen im Fach Geschichte: Lehramt an Realschulen

	Niedersachsen insgesamt	Braun-schweig	Göttingen	Hanno-ver	Osna-brück	Vechta*
WS 80/81	12	2	7	3	-	-
SS 81	17	3	10	3	-	1
WS 81/82	20	4	10	3	-	3
SS 82	18	2	10	2	2	2
WS 82/83	20	3	10	1	3	3
SS 83	21	5	5	7	1	3
WS 83/84	21	2	7	2	6	4
SS 84	22	2	13	1	3	3
WS 84/85	19	3	8	5	-	3

* *einschließlich der Sonderregelungen für Osnabrück und Vechta*

Tabelle 3

Prüfungen im Fach Geschichte: Lehramt an Grund- und Hauptschulen

	Nieder-sachsen insges.	Braun-schweig	Göttin-gen	Hanno-ver	Hildes-heim	Lüne-burg	Olden-burg*	Osna-brück	Vechta
WS 80/81	54	8	7	13	5	16	-	1	4
SS 81	44	5	8	8	8	8	-	7	-
WS 81/82	60	6	6	12	13	5	6	6	6
SS 82	50	4	10	11	8	12	-	3	2
WS 82/83	45	4	4	3	9	9	9	2	5
SS 83	45	2	15	2	6	8	7	4	1
WS 83/84	31	2	8	10	5	5	-	1	-
SS 84	31	1	7	5	3	4	10	1	-
WS 84/85	18	3	6	3	2	4	-	-	-

* *Abschlußprüfungen im Rahmen der Einphasigen Lehrerausbildung (ELAB), Schwerpunkt Sek. I. Für SS 82 und WS 83/84 liegt für Oldenburg keine Statistik vor.*

Tabelle 4

Prüfungen im Fach Geschichte: Lehramt an Realschulen - Weiterbildg. von Grund- und Hauptschullehrern zu Realschullehrern

	Nieder-sachsen insges.	Braun-schwetg	Göttin-gen	Hanno-ver	Hildes-heim	Lüne-burg	Olden-burg	Osna-brück	Vechta
WS 80/81	25		4	4	7	7		2	1
SS 81	24		1	3	4	8	5	2	1
WS 81/82	18	2	-	-	4	10	1	-	1
SS 82	7	-	-	1	2	-	3	1	-
WS 82/83	20	6	-	-	5	1	6	-	2
SS 83	8	-	-	1	1	5	1	-	-
WS 83/84	2	-	-	-	-	1	1	-	-
SS 84	2	-	1	-	-	-	1	-	-
WS 84/85	-	-	-	*)	*)	*)	*)	-	-

*) liegt keine Statistik vor.

1. Die gesetzlichen Grundlagen für Studium und Ausbildung

Das Studium eines Lehramtes ist jeweils auf eine Schulart, nicht, wie z.B. in Nordrhein-Westfalen, auf eine Schulstufe bezogen. Dementsprechend wird die Studienabschlußprüfung als Erste Staatsprüfung für das Lehramt an Gymnasien, Realschulen oder an Grund- und Hauptschulen abgelegt. Im einzelnen bestehen folgende Regelungen:[8]

Wer Gymnasiallehrer werden will, muß zwei Unterrichtsfächer, Pädagogik und eins der Fächer Philosophie, Psychologie, Politikwissenschaft oder Soziologie studieren.[9] In all diesen Fächern findet am Ende des Studiums eine mündliche Prüfung statt, die in den Unterrichtsfächern je 60 Minuten, in den beiden anderen je 30 Minuten dauert; der mündlichen Prüfung gehen in den Unterrichtsfächern je 1 oder 2 Klausuren voraus. Die wissenschaftliche Hausarbeit, für die in der Regel eine Frist von vier Monaten angesetzt ist, kann nur in einem der beiden Unterrichtsfächer, nicht in Pädagogik oder im Wahlpflichtfach angefertigt werden, ein deutliches Indiz dafür, daß die pädagogischen und sozialwissenschaftlichen Studien hinter die fachwissenschaftlichen der beiden Hauptfächer gestellt werden. Die Verbindung der Unterrichtsfächer ist nur teilweise freigestellt: Geschichte kann nur mit Deutsch, Englisch, Französisch, Latein, Religion, Musik, Kunst oder auch Mathematik verbunden werden, nicht aber mit Erdkunde, Sozialkunde oder Philosophie, es sei denn, dieses Fach wird als drittes, als Erweiterungsfach, gewählt. Eine Einschränkung der Fächerkombination enthielt schon die erste, nach dem II. Weltkrieg veröffentlichte Prüfungsordnung von 1950, die das Fach Geschichte an die sog. Schulhauptfächer wie Deutsch oder Latein band, anderenfalls sie die Prüfung in drei Fächern verlangte.[10] Offensichtlich war es der Lehrermangel, der 1967 zur Aufhebung dieser Bindung geführt und die freie Kombination zweier beliebiger Fächer ermöglicht hat,[11] bis dann 1980 unter anderen bildungspolitischen Voraussetzungen wieder eine restriktive Regelung eingeführt worden ist. Ein Wandel ist auch in den schulpraktischen Studienanteilen aufgetreten: Während ursprünglich - 1950 - gar kein Schulpraktikum nachgewiesen werden mußte, wurden seit Mitte der 1950er Jahre zwei vierwöchige Praktika - eins an einem Gymnasium, eins an einer anderen Schule verlangt, bis schließlich 1980 diese Forderung auf drei erhöht wurde, und zwar auf ein je vierwöchiges Sozial- oder Betriebspraktikum, eines an einem Gymnasium und ein drittes an einer anderen Schulform.[12] Bemerkenswert ist, daß über die Praktika keine weiteren Bestimmungen erlassen worden sind, daß also z.B. ein Fachpraktikum zwar möglich, aber nicht zwingend ist. Ein Student, der sich der Ersten Staatsprüfung für das Lehramt an Gymnasien unterzieht, muß nachweisen, "daß er durch das Studium die fachlichen Voraussetzungen für das Lehramt erworben hat".[13] Ob eine solche "wissenschaftliche Vorbildung" auch didaktische Kenntnisse und Fähigkeiten beinhaltet, bleibt unausgesprochen.

Wer sich für das Studium des Lehramtes an Grund- und Hauptschulen entschlossen hat, muß zugleich entscheiden, ob sein Studienschwerpunkt der Grund- oder Hauptschule gelten soll; jeweils einbezogen ist die Orientierungsstufe.[14] Von dieser Schwerpunktentscheidung hängt auch die Wahl der Fächer ab, da manche Fächer, wie z.B. Sachunterricht, nur in der Grundschule, andere, wie Geschichte oder Biologie, nur in der Hauptschule vertreten sind. Die staatliche Abschlußprüfung wird in zwei Unterrichtsfächern, in Pädagogik und in Psychologie abgelegt, wobei die Dauer der mündlichen Prüfung in den Unterrichtsfächern und in Pädagogik je etwa 45 Minuten, in Psychologie etwa 30 Minuten umfaßt. In den Unterrichtsfächern wird auch je eine Klausur geschrieben. Die Hausarbeit kann, anders als im Lehramt an Gymnasien, entweder in einem der Unterrichtsfächer oder in Pädagogik oder Psychologie abgefaßt werden. Unterrichtsfächer und Erziehungswissenschaften erscheinen in dieser Regelung, wie überhaupt im ganzen Studiengang, als gleichberechtigt und -gewichtet. Die Wahlmöglichkeit der Unterrichtsfächer ist begrenzt: Geschichte kann nur mit Deutsch, Englisch, Religion, Musik, Sport oder Mathematik verbunden werden, mit Erdkunde oder Sozialkunde dagegen nur als drittem Fach. Die vier regulären Studienfächer - die zwei Unterrichtsfächer, Pädagogik und Psychologie - müssen darüberhinaus noch durch begleitende Studien in Philosophie, Soziologie oder Politikwissenschaft, im Anfangsunterricht und in der Didaktik eines dritten Unterrichtsfaches erweitert werden; sie werden vor dem eigentlichen Examen durch Leistungsnachweise abgeschlossen. Das dritte Unterrichtsfach muß immer in sachlicher Beziehung zu einem der beiden ersten Fächer stehen, wie z.B. Sozialkunde oder Erdkunde zu Geschichte, deren Drittfachkombination verbindlich ist.

Es erscheint sinnvoll, die Frage der Fächerzahl und der Fächerkombination zum Anlaß eines historischen Rückblicks zu nehmen, um daran zu erkennen, wie sich die Ausbildung der Grund- und Hauptschullehrer verändert hat und wie sie sich von der der anderen Lehrämter unterscheidet. Die ersten Studien- und Prüfungsordnungen, mit denen nach dem II. Weltkrieg in Niedersachsen die Ausbildung von Volksschullehrern von neuem begründet worden ist, kannten noch kein besonderes Fachstudium.[15] Sie waren eher darauf angelegt, dem Studierenden eine allgemeine wissenschaftliche Ausbildung zu geben, ihn unterrichtspraktisch zu schulen und seine Persönlichkeit als künftiger Lehrer zu formen. Die staatliche Prüfung bezog sich daher im wesentlichen auf zwei Bereiche: auf die Erziehungswissenschaften (Pädagogik und Psychologie) und auf die "fachliche Unterrrichtslehre", der die Fächer Religion, Deutsch, Rechnen und drei weitere Fächer, wie z.B. Geschichte, Biologie und Musik, zugrunde lagen. Eine entscheidende Änderung trat ein, als 1958 ein Wahlfach eingeführt wurde, in dem vertiefte fachwissenschaftliche und fachdidaktische Studien zu betreiben waren.[16] Dennoch blieb der Anspruch auf eine gewisse Breite der fachlichen Ausbildung dadurch gewahrt, daß neben dem Wahlfach noch vier andere Fachgebiete, die sog. Nachweisfächer, studiert werden mußten. Zehn Jahre später wurde die Zahl der

Nachweisfächer auf zwei verringert,[17] bis diese schließlich 1975 ganz abgeschafft wurden und an ihre Stelle ein zweites, bis zum Examen zu studierendes Unterrichtsfach trat, das als "Weiteres Fach" bezeichnet wurde.[18] Die letzte Änderung geschah wenig später, als das Wahlfach und das Weitere Fach gestrichen und durch den Begriff "1. und 2. Unterrichtsfach" ersetzt wurden.[19] Die ursprünglichen Inhalte und Gewichte des Volksschullehrer-Studiums waren damit erheblich verschoben worden: der pädagogische und allgemeindidaktische Schwerpunkt, der den eigentlichen Bildungsauftrag der Pädagogischen Hochschulen ausgemacht hatte, war zugunsten des Fachlehrerprinzips eingeschränkt worden, eine Entwicklung, die sich letztlich aus der "Akademisierung" des Lehrerberufs ergeben hatte. Andererseits hat die Einführung des Wahlfaches - denn dies ist der entscheidende Wendepunkt - das fachliche Niveau des Lehrers gehoben, gleichzeitig auch die Entwicklung eigener Fachdidaktiken gefördert.

Ähnlich wie im Studium der Grund- und Hauptschullehrer war die schulpraktische Ausbildung künftiger Realschullehrer schon immer fest verankert.[20] Sie umfaßt jetzt - hierin sind die Studiengänge für die beiden Lehrämter gleich - drei Praktika, von denen eines ein Sozial- oder Betriebspraktikum, die anderen beiden Schulpraktika sein müssen; eines der Schulpraktika ist ein Fachpraktikum. Auch die Wahl- und Kombinationsmöglichkeiten der Fächer sind ähnlich geregelt. Prüfungsfächer sind zwei Unterrichtsfächer, Pädagogik und Psychologie, die durch begleitende Studien in Philosophie, Soziologie oder Politik und in einem dritten Unterrichtsfach ergänzt werden müssen. Im 1. und 2. Unterrichtsfach muß in der Abschlußprüfung jeweils eine Klausur geschrieben werden; die mündlichen Prüfungen umfassen in den Unterrichtsfächern je etwa 60 Minuten, in Pädagogik etwa 45 und in Psychologie etwa 30 Minuten.

Die auffallenden Ähnlichkeiten in den Studien- und Prüfungsanforderungen für die Lehrämter an Real- und an Grund- und Hauptschulen erklären sich aus der Geschichte der Realschullehrer-Ausbildung. Denn erst 1957 wurde in Niedersachsen für dieses Lehramt ein eigenständiger Studiengang eingeführt, der für die beiden Unterrichtsfächer ein sechssemestriges Fachstudium an einer Universität und für die Erziehungswissenschaften und die Fachdidaktiken ein darauf aufbauendes zweisemestriges Studium an einer Pädagogischen Hochschule vorsah.[21] Bis dahin rekrutierten sich die Realschullehrer ausschließlich aus solchen Volksschullehrern, die entsprechende fachwissenschaftliche Aufstiegsprüfungen abgelegt hatten.[22] Dieser doppelte Weg zum Realschul-Lehramt war solange üblich, bis 1980 die jetzt geltende Prüfungsordnung die Anforderungen für die Weiterbildung von Grund- und Hauptschullehrern zu Realschullehrern spürbar angehoben hat.[23] Es gibt im Realschul-Studiengang allerdings auch eine Stelle, an der sich dieser von dem für das Lehramt an Grund- und Hauptschulen deutlich unterscheidet: die wissenschaftliche Hausarbeit, die nur im 1. oder 2. Unterrichtsfach geschrieben werden kann.[24] Damit ist nicht nur das Übergewicht der fachwissenschaftlichen Studienanteile gesichert, sondern der ganze Studiengang an den für das Lehramt an Gymnasien herangerückt.

2. Geschichte als Studienfach: Studienregelungen und Studienanforderungen

Geschichte kann an acht Universitäten und wissenschaftlichen Hochschulen Niedersachsens studiert werden, aber nicht überall sind alle Studienabschlüsse möglich. Die Staatsprüfung im Fach Geschichte für das Lehramt an Gymnasien kann in Zukunft nur an den Universitäten Braunschweig, Göttingen, Oldenburg und Osnabrück abgelegt werden, die für das Lehramt an Realschulen nur an den Universitäten Braunschweig, Hannover, Oldenburg und Osnabrück und in Vechta, einer Abteilung der Universität Osnabrück, und die für das Lehramt an Grund- und Hauptschulen ausschließlich in Braunschweig, Hildesheim, Lüneburg, Oldenburg, Osnabrück und Vechta.[25] (Vgl. Tab. 5a) Das heißt: Voll eingerichtet sind alle Studiengänge lediglich an den Universitäten Braunschweig, Oldenburg und Osnabrück, während die Universität Göttingen, die älteste und größte des Landes, nur Geschichtslehrer für die Gymnasien ausbilden soll, und die kleinen Hochschulen Hildesheim und Lüneburg, die bis vor wenigen Jahren (1978) noch Pädagogische Hochschulen waren, auf die Ausbildung von Grund- und Hauptschullehrern sich beschränken müssen. Insgesamt fällt auf, daß, abgesehen von Braunschweig, die lehrerbildenden Studiengänge an den noch jungen Hochschulen des nordwestlichen Niedersachsens konzentriert sind.[26] Allein im Magisterstudiengang kann Geschichte an allen Universitäten des Landes studiert werden.

Obwohl die Studienregelungen an den einzelnen Hochschulen sehr unterschiedlich gestaltet sind, soll im weiteren Bericht versucht werden, zuerst die allen gemeinsamen Bestimmungen zu beschreiben, um dann in einem zweiten Schritt auf die örtlichen Unterschiede einzugehen. Als notwendig erweist sich dabei allerdings eine systematische Trennung nach Lehrämtern. (Vgl. Tab. 5b)

Tabelle 5

a) Geschichte als Studienfach
an Universitäten (U) und Hochschulen (H) in Niedersachsen
(Stand: 1985)

Studiengang	*U Braunschweig*	*U Göttingen*	*U Hannover*	*H Hildesheim*	*H Lüneburg*	*U Oldenburg*	*U Osnabrück*	*U Osnabrück Abt. Vechta*
Magister Artium (MA)	+	+	+			+	+	
LA an Gymnasien 1. oder 2. Unterrichtsfach	+	+	(+)			+	+	
LA an Realschulen 1. oder 2. Unterrichtsfach	+		+			+	+	+
3. Unterrichtsfach								
LA an Grund- und Hauptschulen 1. oder 2. Unterrichtsfach	+			+	+	+	+	+
3. Unterrichtsfach								

(+) = Ge kann nur als Beifach neben Musik/Kunst studiert werden.

b) Geschichte als Studienfach

Studienregelungen und Studienanforderungen

(Stand: 1985)

Studiengang S	*Studiendauer einschl. Prüfungszeit i. Semestern*	*Grundstudium i. Semestern*	*Hauptstudium i. Semestern*	*Studium d. Gesch. in Semesterwochenstd. (SWS)*	*Pflicht. veranst. mit Leistungsnachweis in SWS*	*Anteil der Fachdidaktik in SWS*
LA an Gymnasien 1. u. 2. Fach	*10*	*4*	*4*	*50-70*	*12-18*	*0-12+*
LA an Realschulen 1. u. 2. Fach	*8*	*3-4*	*3-4*	*34-45*	*12-18*	*8-12*
3. Fach	*4*	*-*	*-*	*12-18*	*8-10*	*4- 8*
LA an Grund- u. Hauptsch. 1. u. 2. Fach	*7*	*3*	*3*	*30*	*12*	*10-12*
3. Fach	*4*	*-*	*-*	*10-12*	*6-10*	*4- 8*

(+) = Für die Universitäten Göttingen und Braunschweig gilt der Anteil von 0, für Hannover der von 2, für Oldenburg und Osnabrück der von bis zu 12 SWS.

Für den Studiengang "Lehramt an Gymnasien" wird, mit Einschluß der Prüfungszeit, eine Regelstudienzeit von 10 Semestern angesetzt.[27] Sie wird in ein Grundstudium von 4 (1.-4.) und in ein Hauptstudium von ebenfalls 4 Semestern (5.-8.) aufgeteilt; der Übergang von der ersten zur zweiten Studienphase erfolgt durch eine Zwischenprüfung. Die Zahl der Semesterwochenstunden, die dem Studium der Geschichte zu widmen sind, liegt zwischen 50 und 70, wobei in Oldenburg die geringste Stundenzahl, in Braunschweig die höchste vorgesehen oder empfohlen ist. An allen Universitäten müssen die Studenten zur Einführung in das Studium der Geschichte je ein Proseminar in Alter, Mittelalterlicher und Neuerer oder Neuester Geschichte besuchen, in Braunschweig und Osnabrück zusätzlich eine fremdsprachliche Quellenlektüre mit Übersetzungsklausur (Latein, Französisch oder Englisch), in Oldenburg und Osnabrück ein Proseminar in Didaktik der Geschichte. Dem Grundstudium entsprechend ist auch im Hauptstudium an allen Orten die erfolgreiche Teilnahme an einem Seminar in Alter, Mittelalterlicher und Neuerer oder Neuester Geschichte nachzuweisen. Von dieser Regelung weichen die einzelnen Universitäten jedoch in verschiedener Richtung ab: Braunschweig empfiehlt, an einem vierten Hauptseminar teilzunehmen; Göttingen wünscht darüberhinaus den Besuch von wenigstens zwei Colloquien oder ähnlichen Lehrveranstaltungen; Hannover fordert - nach Ausweis der Studienordnung von 1979 - die zusätzliche Teilnahme an einem fachdidaktischen Seminar; Oldenburg verlangt zwar auch den Nachweis von drei Seminaren, bietet aber epochale bzw. thematische Alternativen, wie Alte oder Mittelalterliche Geschichte, Frühe Neuzeit oder Neuzeit bis 1914, Zeitgeschichte oder Geschichtsdidaktik an; Osnabrück schließlich schreibt die Teilnahme an fünf Seminaren vor, von denen drei, darunter ein fachdidaktisches, mit Erfolg abzuschließen sind. Gleich ist an allen Hochschulen wiederum die Empfehlung, durch den Besuch von Vorlesungen und die Mitarbeit in Seminaren, Übungen oder Colloquien die historischen Kenntnisse zu verbreitern und je nach individueller Schwerpunktbildung zu vertiefen. (Vgl. Tab. 6)

Tabelle 6

	Obligatorische Proseminare im Grundstudium				*Obligatorische Seminare im Hauptstudium*			
Studiengang	*Alte Gesch.*	*Mittelalterl. Gesch.*	*Neuere/ Neueste Gesch.*	*Did. der Gesch.*	*Alte Gesch.*	*Mittelalterl. Gesch.*	*Neuere/ Neueste Gesch.*	*Did. der Gesch.*
LA an Gymnasien 1. u. 2. Fach	*1*	*1*	*1*	*1**	*1*	*1*	*1*	*1***
LA an Realschulen 1. u. 2. Fach	*1****	*1*	*1*		*1*****		*1*	*1*
3. Fach			*1*	*1*			*1*	*1*
LA an Grund- u. Hauptsch. 1. u. 2. Fach	*1*		*1*	*1*		*1*		*1*
3. Fach			*1*	*1*			*1*	*1*

* = *nur in Oldenburg und Osnabrück*

** = *nur in Hannover, Oldenburg und Osnabrück*

*** = *in Hannover, Osnabrück und Vechta sind insgesamt 3 PS obligatorisch, eins davon in Alter oder Mittelalt. Geschichte.*

**** = *in Oldenburg nur 1 fachwiss. Sem. obligatorisch*

Weitgehend gleich sind auch die Prüfungsanforderungen: Die Klausur (Arbeit unter Aufsicht) wird nach Wahl des Kandidaten in einem der Fachgebiete "Alte, Mittelalterliche, Neuere oder Neueste Geschichte" geschrieben; ähnlich ist die mündliche Prüfung unterteilt, zu der auch die Feststellung von Überblickswissen gehört. Oldenburg und Osnabrück beziehen auch geschichtsdidaktische Fragestellungen in die mündliche Prüfung ein. Die Hausarbeit kann nur über ein fachwissenschaftliches Thema angefertigt werden.

Aufbau und Anforderungen im gymnasialen Studiengang "Geschichte" scheinen weitgehend gleich oder vergleichbar zu sein. Dies rührt nicht zuletzt daher, daß die staatliche Prüfungsordnung für alle Lehramtsstudiengänge weitreichende Vorgaben macht, denen sich die einzelnen Hochschulen kaum entziehen können. Eine genauere Prüfung der Studienregelungen und -praxis zeigt jedoch, daß es an den beschriebenen Universitäten spürbare Unterschiede gibt. Diese beziehen sich auf die sprachlichen Voraussetzungen, auf die Leistungsanforderungen in den Proseminaren und Seminaren, auf die Zwischenprüfung und auf die Studieninhalte.

Den größten Wert auf fremdsprachliche Kenntnisse legt die Universität Göttingen, die für ein sinnvolles Studium der Geschichte den Nachweis dreier fremder Sprachen verlangt, des Lateinischen (Kleines Latinum), Englischen und Französischen oder Russischen. Die drei anderen Universitäten beschränken sich darauf, die Kenntnis des Lateinischen und - in der Regel - des Englischen zu fordern, ansonsten die des Französischen zu empfehlen. Welche Studienleistungen notwendig sind, um ein Proseminar oder ein Seminar mit Erfolg abzuschließen, kann auch wieder von Universität zu Universität anders festgelegt sein: Braunschweig verlangt am Ende der Proseminare eine Klausur und in einer dieser drei Übungen zusätzlich eine Hausarbeit, alle anderen Hochschulen sprechen nur von der Verpflichtung, daß jeder Teilnehmer einen begrenzten Arbeitsauftrag für eine Sitzung übernimmt und außerdem eine schriftliche Arbeit anfertigt. Die gleichen Regelungen bestehen für die Hauptseminare, wobei offen bleibt, wieweit sich im einzelnen die Anforderungen an "eine größere selbständige Arbeit" von Seminar zu Seminar unterscheiden. Am meisten weichen die Bedingungen voneinander ab, unter denen die Zwischenprüfung abzulegen ist.[28] Schon die Zulassungsvoraussetzungen sind, analog den Regelungen des Grundstudiums, uneinheitlich, und die Prüfungsanforderungen decken sich nur in Teilen: Überall wird die Zwischenprüfung zwar - in Göttingen nur im 2. Teil - als mündliche Prüfung von ca. 30 Minuten Dauer - in Hannover von etwa 20 Minuten Dauer - durchgeführt, aber dann entweder auf die drei Fachgebiete von Alter, Mittelalterlicher und Neuerer Geschichte (Braunschweig) oder auf zwei vom Studierenden zu wählende epochale oder systematische Schwerpunkte bezogen (Hannover, Oldenburg, Osnabrück). Anders in Göttingen: In einer dreistündigen Klausur sind ein lateinischer Quellentext zur mittelalterlichen Geschichte und ein deutscher oder fremdsprachlicher Text aus der neueren Geschichte zu bearbeiten; in der mündlichen Prüfung werden Elementarkenntnisse in der antiken Geschichte geprüft. Zweifellos hängen diese Unterschiede in den Studienplänen der fünf Universitäten auch damit zusammen, welche Vorstellungen über die wissenschaftstheoretische Begründung von Geschichtswissenschaft und die allgemeinen Ziele eines Geschichtsstudiums an den Historischen Instituten vorherrschen. Ein Blick auf die Studieninhalte wird dies später noch besser erkennen lassen.

Am kürzesten ist der Studiengang für das Lehramt an Grund- und Hauptschulen; er dauert nur 7 Semester.[29] Er ist in ein Grund- und ein Hauptstudium von 2-3 bzw. 3-4 Semestern aufgeteilt, kennt aber, da eine Zwischenprüfung nicht stattfindet, zwischen den beiden Studienabschnitten keine so scharfe Trennung wie etwa im gymnasialen Studienbereich. Eine Ausnahme macht Braunschweig, wo mit Abschluß des 3. Semesters eine 90-minütige Klausur, die an eines der vorausgehenden fachwissenschaftlichen Proseminare angebunden ist, geschrieben werden muß; in gewisser Weise auch Osnabrück: hier steht am Ende des Grundstudiums ein Studienbericht und ein Studienberatungsgespräch. Der Umfang des Fachstudiums beträgt 30 Semesterwochenstunden, in Osnabrück sogar 33, in Oldenburg jedoch nur 26-30.

"Schwerpunkte des Grundstudiums sind Veranstaltungen, die in Probleme, Methoden und Arbeitsweisen der Fachwissenschaft und Fachdidaktik einführen. Studierende im Fach Geschichte sollen sich im Grundstudium die für das Hauptstudium notwendigen Grundfertigkeiten aneignen.

Schwerpunkte des Hauptstudiums sind fachwissenschaftliche und fachdidaktische Veranstaltungen, die der Erarbeitung von Schwerpunktwissen, der Ergänzung von Überblickswissen und dem Erwerb grundlegender unterrichtstheoretischer Kenntnisse in

Verbindung mit schulpraktischen Versuchen dienen. Darüber hinaus soll das Hauptstudium individuelle Zusatz- und Vertiefungsstudien ermöglichen".[30]

Obligatorisch sind im Grundstudium jeweils 2-5 Proseminare, unter denen eines aus der Alten oder Mittelalterlichen Geschichte, eines oder zwei aus der Geschichtsdidaktik, die anderen aus der Neueren oder Neuesten Geschichte belegt werden müssen. Sehr unterschiedlich ist in den einzelnen Hochschulen die Vorstellung darüber, unter welchen Bedingungen die Teilnahme an einem Proseminar als erfolgreich angesehen werden kann: Braunschweig, Göttingen und Hannover enthalten sich einer genauen Beschreibung, Hildesheim spricht von Colloquium, Klausur oder Referat, Lüneburg und Oldenburg verweisen auf die Übernahme kleinerer Arbeiten oder "einer den Anforderungen des Grundstudiums entsprechenden schriftlichen Hausarbeit", Osnabrück verlangt eine schriftliche Arbeit von ca. 10 Seiten und Vechta läßt die Wahl zwischen Referat, Klausur oder Hausarbeit. Schon genauer sind die Leistungsnachweise beschrieben, die im Hauptstudium in den meist 2-3 verbindlichen Seminaren zu erbringen sind: Es ist eine größere, schriftliche Arbeit von 15-20 Seiten, die aus dem Themenbereich des jeweiligen Seminars erwachsen soll; eine dieser Arbeiten muß - außer in Vechta - eine fachdidaktische bzw. ein Unterrichtsentwurf sein. Überhaupt ist der Anteil der fachdidaktischen Inhalte bemerkenswert, nimmt er doch etwa ein Drittel des gesamten historischen Studienganges ein; er liegt dann sogar noch höher, wenn für das Fachspraktikum - laut Prüfungsordnung muß dieses in einem der beiden Unterrichtsfächer gemacht werden - das Fach Geschichte gewählt wird. Neben den obligatorischen Veranstaltungen des Grund- und Hauptstudiums, in denen besondere Leistungen erbracht werden müssen, gibt es in den meisten Hochschulen (Braunschweig, Göttingen, Hildesheim, Lüneburg, Oldenburg, Vechta) noch einen Wahlpflichtbereich für bestimmte epochenbezogene Seminare oder Vorlesungen, so daß bis zu 20 Semesterwochenstunden festgelegt sein können und nur rd. ein Drittel der Studienzeit frei verfügbar bleibt. Außerhalb der normalen Stunden liegt noch die historische Exkursion, die teils empfohlen, teils gefordert wird.

In der schriftlichen Hausarbeit kann ein fachwissenschaftliches oder ein fachdidaktisches Thema bearbeitet werden - in Braunschweig nur ein fachwissenschaftliches -, ebenso in der Klausur. Die mündliche Prüfung erstreckt sich auf zwei (Lüneburg), drei (z.B. Göttingen oder Hannover), vier (Osnabrück) oder fünf Themen (Vechta), unter denen immer ein geschichtsdidaktisches sein muß. Besondere fremdsprachliche Voraussetzungen werden weder für das Studium noch für die Abschlußprüfung verlangt.

Geschichte als 3. Fach müssen die Studenten nehmen, die Erdkunde oder Sozialkunde als Hauptfächer haben.[31] Der Umfang dieses 3. Faches beträgt 10-12 Semesterwochenstunden, von denen etwa die Hälfte der Geschichtsdidaktik zu widmen sind. Inhaltlich soll der Schwerpunkt auf dem Studium der neueren und neuesten Geschichte liegen. Vier Veranstaltungen, nämlich je ein Proseminar und ein Seminar aus der Fachwissenschaft und der Fachdidaktik werden von den meisten Instituten als verbindlich vorgeschrieben. Dieses Kurzstudium der Geschichte - es ist unter den Hochschullehrern in seinem Sinn sehr umstritten - kann im 4. Semester durch einen studienbegleitenden Leistungsnachweis abgeschlossen werden, wobei dieser Nachweis entweder durch eine größere schriftliche Hausarbeit (ca. 20-40 Seiten), eine Klausur oder eine mündliche Prüfung von ca. 30 Minuten Dauer über ein bis zwei didaktische Themen beigebracht wird.

Obwohl es seit 1976 für das Studium der Geschichte mit dem Ziel des Lehramtes an Grund- und Hauptschulen eine Rahmenstudienordnung gibt,[32] sind die konkreten Studienregelungen an den acht Universitäten und Hochschulen durchaus uneinheitlich ausgefallen. Manches davon, was beispielsweise in den Seminaren, Leistungs- und Prüfungsanforderungen als unterschiedlich auftritt, erklärt sich, genau wie im gymnasialen Bereich, aus den individuellen Voraussetzungen der Lehrenden und der Historischen Seminare selbst. Auch dürften fachtheoretische Vorstellungen, vor allem solche über die Relation von Fachwissenschaft und Fachdidaktik, eine Rolle spielen; nicht weniger bedeutsam wird das allgemeine hochschulpolitische und hochschuldidaktische Grundverständnis sein, gerade dann, wenn es um das Verhältnis von Erziehungs- und Fachwissenschaften geht. Auch der Umstand, ob dieser Studiengang als einzelner oder zusammen mit dem Realschul- oder Gymnasialstudiengang eingerichtet ist, bleibt nicht ohne Einfluß auf die Ausgestaltung der Studienwirklichkeit. Erkennbar wird dies letzte an dem dritten Lehramtsstudiengang, dem für Realschulen.

Der Studiengang für das Lehramt an Realschulen, auf eine Regelstudienzeit von 8 Semestern festgelegt, deckt sich in seinen Prüfungsregelungen weitgehend mit denen des Grund- und Hauptschulstudienganges, ist aber in seiner Studienpraxis und seinen Studienanforderungen eher dem gymnasialen vergleichbar.[33] Die Trennung in ein 3-semestriges (in Braunschweig und Göttingen: 4-semestriges) Grund- und in ein 4-semestriges Hauptstudium erfolgt zwar nicht durch eine Zwischenprüfung, die im übrigen freiwillig abgelegt werden kann, sondern durch zwei breit angelegte Leistungsanforderungen: durch den Nachweis der obligatorischen Fremdsprachenkenntnisse (Kleines Latinum und Englisch) und durch den Abschluß der Proseminare und - wie in Osnabrück gefordert, in Göttingen empfohlen wird - durch ein Beratungsgespräch, dem ein Studienbericht zugrunde gelegt werden kann. Bis dahin müssen drei Proseminare, eins zur Alten oder Mittelalterlichen Geschichte, eins zur Neueren Geschichte, eins zur Geschichtsdidaktik, bestanden werden, in Braunschweig, Göttingen und Oldenburg sogar je eines zur Alten und Mittelalterlichen Geschichte, in Osnabrück noch eine lateinische Quellenlektüre und in Braunschweig noch ein zweites fachdidaktisches Proseminar und eine fremdsprachliche Quellenlektüre. Wie auch in den anderen Studiengängen fallen die Anforderungen für den Nachweis der erfolgreichen Teilnahme an den Proseminaren verschieden aus; es sind hier wie dort meistens Referate oder Seminararbeiten, die vorgelegt werden müssen. Nur Braunschweig hat, wie schon im gymnasialen Studium, die Forderung, daß die Proseminare mit einer 90-minütigen Klausur abgeschlossen werden und daß darüberhinaus in einem Proseminar eine schriftliche Hausarbeit verfaßt wird. Die Hauptseminare, von denen drei (in Oldenburg: 2) besucht werden müssen, verlangen entsprechende schriftliche Arbeiten, "in denen der Student die Fähigkeit zu wissenschaftlichem Arbeiten unter Beweis stellt".[34] Sie beziehen sich inhaltlich auf die Alte, Mittelalterliche oder Neuere und Neueste Geschichte und auf die historische Fachdidaktik. Eine besondere Seminar-Regelung hat die Universität Göttingen: Zwischen die Proseminare und Seminare sind "Seminare für fortgeschrittene Anfänger" gelegt, deren Teilnahme freiwillig ist. Sodann folgen "Seminare, besonders für künftige Realschullehrer" und erst dann die Hauptseminare, für deren Besuch das Bestehen der Zwischenprüfung Voraussetzung ist.[35] Das Ausmaß des ganzen fachhistorischen Studienganges liegt zwischen 34 (Oldenburg) und 45 (Braunschweig) Semesterwochen. Didaktik der Geschichte ist integraler Bestandteil und nimmt an die 8-12 Semesterwochenstunden ein. Der Pflicht- oder Wahlpflichtanteil am Studium, eingeschlossen auch solche Veranstaltungen, deren Besuch zwar vorgeschrieben, aber ohne Leistungsnachweis möglich ist, hat eine sehr breite Spannweite: es sind 12-43 Semesterwochenstunden, ein Anzeichen für die offene oder streng planende Haltung des jeweiligen Instituts. Eine Exkursion wird, genau wie im Studiengang für das Lehramt an Grund- und Hauptschulen, teils empfohlen, teils verlangt.

Die Examensarbeit kann, wie oben schon gesagt (S. 201), nur über ein fachwissenschaftliches Thema geschrieben werden, ebenso die Klausur.[36] Die mündliche Prüfung schließt drei (Hannover) bis fünf (Vechta) Themen ein, die aus der Alten oder Mittelalterlichen Geschichte, der Neueren und Neuesten Geschichte und aus der Didaktik der Geschichte stammen müssen. Die historische Fachdidaktik, die schon im Studium etwa ein Viertel ausmacht, ist damit Bestandteil der Abschlußprüfung geworden, wenn auch nur in bescheidenem Umfang.

Für Geschichte als 3. Fach gelten ähnliche Regelungen wie für das Drittfach im Studiengang "Lehramt an Grund- und Hauptschulen": Der inhaltliche Schwerpunkt liegt meistens auf der Neueren und Neuesten Geschichte und auf der Geschichtsdidaktik. Der Nachweis, an zwei Proseminaren und zwei Seminaren dieser historischen Bereiche mit Erfolg teilgenommen zu haben, ist die Regelforderung. Das Studium, auf etwa 12-18 Semesterwochenstunden aufgeteilt, kann im 4. Semester abgeschlossen werden,[37] diesmal jedoch mit zwei studienbegleitenden Leistungsnachweisen - nicht wie im Hauptschulstudiengang mit einem- , und zwar einem in Neuerer Geschichte, einem anderen in Didaktik der Geschichte.

Überblickt man die Studien- und Prüfungsanforderungen, die an den Realschulstudenten gestellt werden, so gleichen sie vielfach denen des gymnasialen Studiengangs. Die Anforderungen in den Fremdsprachenkenntnissen und die Zahl der verbindlichen Veranstaltungen sind nahezu identisch. Das Studium ist deutlich auf die Fachwissenschaften hin ausgerichtet und verweist die Erziehungs- und Sozialwissenschaften auf den 2. Platz. Gerade hier aber liegt der Unterschied zum Studiengang "Lehramt an Grund- und Hauptschulen", aus dem der Lehrer an Realschulen einstmals hervorgegangen war.

3. Geschichte als Studienfach: Inhalte und Ziele

"Geschichtsforschung, Theorie der Geschichtswissenschaft und Didaktik der Geschichte können begriffen werden als Dimensionen der Geschichtswissenschaft, die sich gegenseitig bedingen und einen eng verbundenen Erkenntnis- und Wirkungszusammenhang bilden". Dieser Satz, der am Anfang der Studienordnung des Faches Geschichte an der Universität Osnabrück steht, ist Definition und Programm zugleich.[38] Aber nicht alle Hochschulen des Landes Niedersachsen lassen nach Ausweis ihrer Studienordnungen erkennen, daß sie Forschung, Theorie und Didaktik als Teile der Geschichtswissenschaft verstehen und die Inhalte und Ziele des Studiums danach ausrichten. Vor allem die Universität Göttingen scheint auf einem Primat der fachwissenschaftlichen Inhalte zu bestehen, der geschichtstheoretische Fragestellungen wenig fördert und didaktische völlig ausschließt. Es sind die klassischen Epochen der Alten, Mittleren und Neueren Geschichte, dazu die Spezialgebiete der Osteuropäischen Geschichte, der Historischen Landeskunde und der Historischen Hilfswissenschaften, die das Lehrangebot des Göttinger Historischen Seminars bestimmen, soweit es jedenfalls das Studium der künftigen Gymnasiallehrer und Magister betrifft. Etwas anders ist es in den auslaufenden Studiengängen für das Real- und Hauptschullehramt, die zum Teil oder ganz vom Fachbereich Erziehungswissenschaften betreut werden: Fachdidaktik und ein beaufsichtigtes Fachpraktikum sind in ihnen eingeschlossen. Der gymnasiale Studiengang Geschichte ist dagegen so aufgebaut, daß er für alle drei klassischen Epochen der europäischen Geschichte ein nahezu gleichgewichtetes Studium verlangt, eine Forderung, die sich bis in die staatliche Abschlußprüfung hinein fortsetzt.[39] Es ist nicht zu bezweifeln, daß am Ende eines derartig vertieften Fachstudiums eine methodisch gründliche und fachlich zuverlässige Ausbildung der Geschichtsstudenten steht, die der Göttinger historischen Schule auch heute noch Anerkennung einbringt. Aber zugleich erscheint die Frage berechtigt, ob ein solcher Studienaufbau wirklich die beste Vorbereitung auf die spätere Schultätigkeit sein kann. Denn ein Blick auf den Geschichtsunterricht zeigt zwar, daß in ihm alle Epochen vertreten sind, die älteren aber in so geringem Umfang, nämlich höchstens für ein Schuljahr,[40] daß dies auch Konsequenzen für die inhaltliche Auswahl und die Zielbestimmung des Studiums haben müßte. Eine solche Auswahl, die auch didaktische Reflexionen im Hinblick auf die spätere Tätigkeit der Studenten miteinbezieht, findet jedoch nicht statt. Das Leitbild des Göttinger gymnasialen Studienganges scheint eher das des Historikers, nicht des Geschichtslehrers zu sein.

Auf das Berufsfeld des Lehrers zielt dagegen der Studienplan Geschichte der Universität Osnabrück hin, wenn es in ihm einleitend heißt: "Die Studienordnung orientiert sich an den Aufgaben und Zielen der Geschichtswissenschaft und an dem künftigen Beruf der Studenten als Lehrer".[41] Ausgehend von der Auffassung, daß in der Geschichtswissenschaft der Erkenntnis- und Wirkungszusammenhang von Forschung, Theorie und Didaktik nicht zu trennen ist, werden die Studieninhalte und -ziele aus diesen drei Dimensionen ausgewählt und festgelegt. Die konkreten Inhalte, soweit sie sich in Vorlesungen und Seminaren festmachen lassen, mögen sich dabei gar nicht so sehr von denen an anderen Hochschulen unterscheiden. Ausschlaggebend ist aber etwas anderes: nämlich daß die verschiedenen Inhalte den theoretischen Vorgaben entsprechend gewichtet werden und ihr innerer Zusammenhang nicht verloren geht. "Deshalb ist das Lehrerstudium ein von didaktischer Reflexion durchdrungenes Fachstudium".[42]

Auch an der Universität Oldenburg vollzieht sich das Studium der Geschichte nach einem theoretischen Vorverständnis, das auf Inhalte und Ziele einwirkt.[43] Geschichtswissenschaft wird als historische Sozialwissenschaft begriffen, die sich mit "vergangener und gegenwärtiger politisch-sozialer Wirklichkeit" beschäftigt und die deshalb auch die politisch-wertende Beurteilung in ihre theoretische Reflexion miteinbezieht. In diesem Sinn wird der Geschichtswissenschaft, wie auch dem Geschichtsunterricht, "eine aufklärerische Funktion in der Gesellschaft" zugesprochen. Es entspricht dieser Konzeption von Geschichte als Sozialwissenschaft, wenn der Studienplan vorsieht, daß neben das eigentlich historische Fachstudium noch ergänzende sozialwissenschaftliche Veranstaltungen treten, deren Zweck es ist, Geschichte und Gegenwart zu verbinden. Daß das Studium der Geschichte auf den künftigen Beruf als Geschichtslehrer hinführen soll, ist bei einem so politisch-pädagogischen Entwurf nur folgerichtig.

Ein Vergleich der Studienkonzeptionen der drei Universitäten Göttingen, Osnabrück und Oldenburg läßt erkennen, daß trotz mancher Übereinstimmungen in formalen Regelungen die Studienwirklichkeit auseinanderlaufen kann. Die Ursache der Verschiedenheit liegt zweifellos in den unterschiedlichen, auch gegensätzlichen Auffassungen über Sinn und Zweck der Geschichtswissenschaft. Aber auch die Tradition und das Eigenverständnis einer Hochschule ist von Bedeutung. Die Universität Göttingen - soweit es jedenfalls die Philosophische Fakultät betrifft - hat ihre erste Aufgabe immer in der Forschung, und dann in der Ausbildung von künftigen Wissenschaftlern gesehen; "Lehrerstudenten" passen da eigentlich schlecht hinein.[44] Die Universitäten Osnabrück und Oldenburg sind Gründungen aus den 1960er Jahren und sind aus früheren Pädagogischen Hochschulen erwachsen; die Ausbildung von Lehrern hat immer schon zu ihren Aufgaben gehört. Die Universitäten Braunschweig und Hannover, deren geisteswissenschaftliche Disziplinen ursprünglich am Rande dieser früheren Technischen Hochschulen gestanden haben, besitzen, so scheint es, kein so ausgeprägtes Profil in dieser oder jener Richtung: Die Anlage der historischen Studien Braunschweigs ließe sich eher mit der Göttingens vergleichen, die Hannovers eher mit denen der beiden nordwestdeutschen Universitäten.[45]

Aus zwei Gründen bedarf das Studium der Geschichte für das Lehramt an Grund- und Hauptschulen noch einer besonderen Erwähnung: aus einem organisatorischen und einem inhaltlichen. Denn die Ausbildung dieser Lehrer fand bis 1978 an Pädagogischen Hochschulen statt. In diesem Jahr wurden die Abteilungen der Pädagogischen Hochschule Niedersachsen aufgehoben und entweder als Erziehungswissenschaftliche Fachbereiche in die am Ort bestehenden Universitäten eingegliedert (Braunschweig, Göttingen, Hannover) oder zu neuen Hochschulen erklärt (Hildesheim, Lüneburg), oder sie waren vorher schon zu Keimzellen der neuen Universitäten Osnabrück und Oldenburg geworden. Seitdem gibt es zumindest zwei Grundformen der Studienorganisation: das eigenständige Studium an den beiden Hochschulen Hildesheim und Lüneburg, an der Abteilung Vechta/Osnabrück und an den Erziehungswissenschaftlichen Fachbereichen der drei größeren Universitäten, und das faktisch, wenn auch nicht rechtlich integrierte Studium an den Universitäten Osnabrück und Oldenburg, wo die Studiengänge der drei Lehrämter weitgehend miteinander verzahnt sind. Inhaltlich ist das hervorstechendste Merkmal dieses Studiengangs der hohe Anteil der historischen Fachdidaktik, der meistens ein Drittel ausmacht. Bemerkenswert ist aber auch, daß diesem Fachstudiengang schon seit langem, seit 1976, eine Studienordnung zugrunde liegt, die versucht, die drei Dimensionen der Geschichtswissenschaft in abgestufter Weise zu umfassen.[46] Denn da der Studiengang so kurz ist - er beträgt nicht einmal die Hälfte der gymnasialen Semesterwochenstunden -, sollte der Student wenigstens an einigen Beispielen aus der Geschichte erfahren, wie geschichtliche Kenntnisse entstehen und wie Geschichtsbewußtsein sich entwickelt und wirkt. Ob dieses Ziel immer erreicht wird, und ob dadurch die unvermeidbaren Lücken im historischen Sachverstand ausgeglichen werden können, bleibt eine offene Frage. In seiner Anlage und Zielsetzung hat dieser Studiengang Geschichte sein eigenes Gepräge gefunden, das ihn sowohl vom fachwissenschaftlich bestimmten Studium der künftigen Gymnasiallehrer wie auch von dem des Wahlfaches der älteren Volksschullehrer-Ausbildung abhebt.

4. Geschichte in der 2. Ausbildungsphase

Die Ausbildung des künftigen Geschichtslehrers für den eigenverantwortlichen Unterricht geschieht nach der ersten staatlichen Prüfung in einem Vorbereitungsdienst, der ein Jahr und sechs Monate dauert. Er findet teils in der Schule, teils an einem Seminar statt, an einem Ausbildungsseminar für Grund-, Haupt- und Realschulanwärter, an einem Studienseminar für die Referendare im gymnasialen Schuldienst.[47]
Die Aufgaben des Studienseminars sind die folgenden:

> *"Durch die Ausbildung im Studienseminar soll das an der Hochschule in den Fach- und Erziehungswissenschaften erworbene Wissen unter pädagogischen Gesichtspunkten durchdacht und vertieft werden. Der Referendar soll lernen, die praktische Erziehungs- und Unterrichtsarbeit auf pädagogische Einsicht zu gründen.*
>
> *In enger Verbindung zu den praktischen Erfahrungen, die der Referendar weiterhin in der Schule sammelt, sollen ihm die für seinen Beruf wesentlichen Erkenntnisse der Pädagogik einschließlich der Didaktik, Methodik, der Psychologie und der Soziologie vermittelt werden. Darüberhinaus muß das Studienseminar ihn mit den Aufgaben der politischen Bildung und Erziehung und mit der Stellung der Schule in Staat und Gesellschaft vertraut machen. Der Referendar soll fähig werden, die Aufgaben eines Lehrers und Erziehers selbständig wahrzunehmen".*[48]

Um die "Aufgaben eines Lehrers und Erziehers" selbständig wahrnehmen zu können, übernimmt der Referendar an seiner Stammschule Unterricht in eigener Verantwortung - und zwar bis zu höchstens 12 Wochenstunden in den drei Halbjahren seines Vorbereitungsdienstes, und 20 Wochenstunden zu Ausbildungszwecken, in denen ihn ein erfahrener Lehrer betreut. Während des Unterrichts kann er immer wieder von seinem Fachleiter und seinen Mitreferendaren anhospitiert werden, die mit ihm die gehaltenen Stunden besprechen. Mehrere Lehrproben sind obligatorisch. Die theoretische Ausbildung im Studienseminar bezieht sich auf Pädagogik und Psychologie und auf die Didaktik und Methodik der Unterrichtsfächer. Einen festen Ausbildungsplan, der für ganz Niedersachsen verbindlich wäre, gibt es für das Fach Geschichte nicht. Die Themen der fachdidaktischen Seminarsitzungen - sie finden in der Regel alle vierzehn Tage statt - beinhalten Fragen des historischen Curriculums, der fachspezifischen Methoden und Medien sowie Probleme der Konstruktion von Unterrichtsstunden und -einheiten. Ausgangspunkt der fachdidaktischen Seminare soll die Unterrichtserfahrung der Referendare sein. Die pädagogische Abschlußprüfung findet in drei Stufen statt: **1.** durch die schriftliche Arbeit, deren Thema aus einer Unterrichtseinheit oder aus der allgemeinen Pädagogik genommen werden kann, **2.** durch die Lehrproben in den beiden Fächern und **3.** durch eine mündliche Prüfung von einer Stunde Dauer in Pädagogik und Schulrecht und in der Didaktik der Unterrichtsfächer.

Ganz ähnlich verläuft die Ausbildung der Anwärter für die Grund- und Hauptschule und für die Realschule. Die schulpädagogischen und fachdidaktischen Seminare an den Ausbildungsseminaren sollen, müssen aber nicht schulformbezogen sein. Je nach den örtlichen Gegebenheiten werden demnach die künftigen Lehrer und Realschullehrer gemeinsam oder getrennt ausgebildet. Auch sie müssen in den drei Halbjahren Unterricht erteilen, und zwar 16 Halbjahreswochenstunden als Ausbildungsunterricht mit Hospitationen und 24 Halbjahreswochenstunden als Unterricht in eigener Verantwortung. Da für das 3. Unterrichtsfach auch eine Ausbildung vorgesehen ist, ist die Frequenz der fachdidaktischen Seminarsitzungen etwas geringer als in den Studienseminaren. Die pädagogische Abschlußprüfung enthält ebenfalls die drei Abschnitte von Hausarbeit, Lehrproben und Prüfungsgespräch. Auch hier kann das fachdidaktische Curriculum von Seminar zu Seminar anders aussehen.

Die praktische Ausbildung der Referendare und Anwärter hat drei Schwerpunkte: Unterrichtsbeobachtung, Unterricht unter Aufsicht und

Unterricht in eigener Verantwortung. Für die Qualität der Ausbildung ist wiederum die Qualität der Ausbilder entscheidend. Feste Kriterien für die Auswahl der Fachseminarleiter gibt es nicht, außer dem einen, daß es Lehrer sein sollen, "die sich im Unterricht besonders bewährt haben".[49] Von nicht geringerer Bedeutung ist der Zustand der Schule, an der die Ausbildung stattfindet; denn letztlich sind es die Lehrer, die den Anfänger die erste Unterrichtspraxis erleben lassen. Eine institutionalisierte Verbindung von Studienseminar/Ausbildungsseminar und Hochschule gibt es nicht, allenfalls mittelbar über das Fachpraktikum in der Schule. So findet die didaktische und praktische Ausbildung von Lehrern der Geschichte an zwei Orten statt, die sich wenig kennen, obwohl sie beide dem gleichen Ziel dienen, aus Studierenden der Geschichte Geschichtslehrer werden zu lassen.

5. Zusammenfassung und Ausblick

Studium und Ausbildung von Geschichtslehrern sind an den Universitäten und Hochschulen Niedersachsens, wie der Bericht erkennen läßt, durchaus nicht einheitlich geregelt. Zwar gibt es für alle Studiengänge die jeweils verbindliche Prüfungsordnung, die neben den rechtlichen auch manche inhaltlichen Rahmenbedingungen schafft. Dennoch bleibt die inhaltliche Ausgestaltung des Geschichtsstudiums weitgehend den Hochschulen überlassen, so daß es nicht eine formale gesetzliche Regelung ist, die die Realität des Studiums bestimmt, sondern eher das wissenschaftliche Selbstverständnis des jeweiligen historischen Instituts, das darüber entscheidet, wie Inhalte und Zielsetzungen der historischen Studien aussehen. Ein Vergleich der einzelnen Hochschulen zeigt nicht weniger Verschiedenheiten als Gemeinsamkeiten.

Beim Studium des Lehramts an Gymnasien sind diese Unterschiede vor allem an zwei Punkten festzumachen: an der Zwischenprüfungsordnung, die an der Universität Göttingen einen höheren Leistungsanspruch erhebt als an den anderen Universitäten des Landes, und am Studienanteil der historischen Fachdidaktik, der in Osnabrück und Oldenburg ungleich größer ausfällt als woanders.[50] Grundsätzliche Unterschiede zeigen sich auch im Grad der Professionalisierung des Lehrerstudiums, der an den Universitäten des nordwestlichen Niedersachsens am weitesten ausgeprägt ist, und zwar vermutlich aus dem Grund, daß diese Hochschulen die Ausbildung von Lehrern schon immer als ihre Aufgabe angesehen haben. Selbst im Studiengang für das Lehramt an Grund- und Hauptschulen zeigt ein Vergleich sichtliche Differenzen, die sich - bezeichnenderweise - ebenfalls auf den Übergang von der Stufe des Proseminars in die des Seminars und auf das quantitative Verhältnis von Fachwissenschaft und Fachdidaktik beziehen. Das letzte ist umso erstaunlicher, als das Studium des Grund- und Hauptschullehrers ursprünglich aus einem rein pädagogischen und unterrichtsbezogenen erwachsen ist. Allein im Realschullehrer-Studium sind an den einzelnen Universitäten keine bemerkenswerten Abweichungen zu beobachten, und wenn, dann solche, wie sie auch im Gymnasiallehrer-Studium auftreten.

Die größten Unterschiede zeigen sich im Lehrangebot: in der Fülle der Themen, in der quantitativen Gewichtung der historischen Epochen, im Verhältnis von deutscher, europäischer und außereuropäischer Geschichte, im Anteil von Fachwissenschaft, Theorie und Didaktik der Geschichte. Ein Blick in die Vorlesungsverzeichnisse veranschaulicht, wie anders - in Anzahl und inhaltlicher Schwerpunktbildung - die Studienangebote ausfallen können, wobei nicht nur ein Vergleich der größten und kleinsten Hochschulen des Landes, Göttingen und Vechta, erhellend wirkt, sondern auch der von Hildesheim und Lüneburg, Braunschweig und Oldenburg, Hannover und Osnabrück und aller untereinander. Da es die Inhalte sind, die Geist und Tenor eines Studiums bestimmen, ist mit ihrer Auswahl auch schon eine Vor-Entscheidung über die Ziele und Ergebnisse des Studiums getroffen. Es muß aber nicht immer die Breite und Zahl der historischen Themen sein, die über die Qualität des Studiums entscheidet, wenngleich ein möglichst großes Studienangebot einem schmaleren immer vorzuziehen ist. Noch wichtiger ist ein sinnvoller Aufbau des Studienganges, der mit dem angestrebten Studienziel übereinstimmt. Unter dieser Voraussetzung ist eine Studienordnung, die sich gleichermaßen an den Aufgaben und Zielen der Geschichtswissenschaft wie an dem künftigen Beruf des Studenten als Lehrer orientiert, einer rein fachwissenschaftlich ausgerichteten vorzuziehen.[51] Denn allein schon der Lehrplan des Faches Geschichte an den Schulen erfordert eine derartige curriculare Entscheidung über die Inhalte und Ziele des Studiums.[52]

Tabelle 7

Geschichtsunterricht in Niedersachsen (Stand: 1985)

Stundentafel	*Klassenstufe*								
Schulart	*5*	*6*	*7*	*8*	*9*	*10*	*11*	*12*	*13*
Orientierungsstufe (OS)	*(3)*	*(3)*							
Hauptschule (HS)			*2*	*2*	*2*	2^{+}			
Realschule (RS)			*2*	*2*	*2*	*2*			
Gymnasium (GY)			*2*	*2*	*2*	*2*	3^{++}	*3*	$3/5^{+++}$
Gesamtschule (GS)	*(4)*	*(4)*	*(4)*	*(4)*	*(4)*	*(4)*	3^{++}	*3*	$3/5^{+++}$

(3), (4) = *Geschichte in der OS innerhalb des Faches "Welt- und Umweltkunde", bzw. in der GS innerhalb des Fachbereichs "Gesellschaft"*

2^{+} = *freiwilliges 10. Schuljahr*

3^{++} = *Geschichte wird nur in einem Schulhalbjahr erteilt.*

$3/5^{+++}$ = *Geschichte als Prüfungs- oder Leistungsfach; als Leistungsfach schon ab Klasse 12 5- oder 6-stündig.*

Die Frage nach dem Aufbau und den Inhalten des historischen Fachstudiums beinhaltet auch und vor allem die Frage nach dem Stellenwert der Fachdidaktik. Es ist daher nicht erstaunlich, daß die gegenwärtige Diskussion über die "Empfehlungen" der Studienreformkommission Geschichte genau um dieses Problem geht.[53] Obwohl die Fachkommission Geschichtswissenschaften für die geschichtsdidaktischen Studien nur zwei (!) Pflichtveranstaltungen - ein Proseminar, ein Seminar - empfohlen, also eine sehr moderate Entscheidung getroffen hatte, ist der Widerstand, der insbesondere vom Historischen Seminar der Universität Göttingen ausgeht, nicht geringer ausgefallen. Dies ist umso bemerkenswerter, als die Diskussion um die Bedeutung der Didaktik für ein Geschichtsstudium keineswegs neu ist und selbst vom Verband der Historiker Deutschlands die Einbeziehung fachdidaktischer Studienanteile mehrfach empfohlen worden ist.[54] Neuere Aussagen aus dem niedersächsischen Landesministerium lassen allerdings befürchten, daß die "Empfehlungen" der Studienreformkommission, die Didaktik der Geschichte in alle Studiengänge voll zu integrieren, nicht verwirklicht werden.[55] Es zeichnet sich im Gegenteil eine zweigeteilte Entwicklung ab, wonach die beiden Studiengänge für die Lehrämter an Grund und Hauptschulen und an Realschulen die historische Fachdidaktik in Studium und Prüfung behalten werden, der gymnasiale Studiengang hingegen weitgehend ohne die fachdidaktische Dimension auskommen wird. Offensichtlich liegt einer solchen Entscheidung ein sehr verengter Didaktikbegriff zugrunde, der Didaktik als reine Unterrichtslehre, nicht aber als den kommunikativen Aspekt der Geschichtswissenschaft begreift. Für das Studium der Geschichte im gymnasialen Studiengang kann ein solches Didaktikverständnis die Folge haben, daß diese Dimension der Geschichtswissenschaft nicht zur Kenntnis genommen wird, ja sogar, daß Fachdidaktik als "Gliederung eines Faches" nicht anerkannt wird und ihr daher in der staatlichen Prüfung ein "eigenständiger Bereich" versagt bleibt.[56] "Wer, ungeachtet der Theorie- und Didaktik-Diskussion der letzten zwanzig Jahre, die "Didaktik der Geschichte" aus dem Wissenschaftssystem der Geschichte verbannen will, ... kann diese Konzeption der niedersächsischen Studienreformkommission als Herausforderung einer erneuerten Aufklärung begreifen. Diese Konzeption ist nämlich ... eine zeitgemäße und folgerichtige Erneuerung geschichtstheoretischer Vorstellungen ... und geschichtsdidaktischer Ansätze ..., welche die Göttinger Professoren der Geschichte, Gatterer und Schlözer, vor zweihundert Jahren entwikkelten, ohne jedoch in unserem Fach, wie die Aufklärung überhaupt, dauerhaften Erfolg zu erzielen."[57] Daß die Konzeption der Studienreformkommission als "Herausforderung einer erneuerten Aufklärung", wie Ernst Weymar sie zu Recht genannt hat, positiv aufgenommen wird, ist, gemessen an der curricularen Entwicklung in Schule und Hochschule während der letzten Jahre, nicht zu erwarten. Das Studium der Geschichtslehrer steht in Niedersachsen ganz gewiß vor einer Reform, aber vor einer solchen, die nicht einmal den Mut hat, sich ganz und uneingeschränkt zu den "Empfehlungen" einer Studienreformkommission zu bekennen, die an den Universitäten und Hochschulen des Landes auf weitgehende Zustimmung gestoßen ist. Wohin aber geht dann die Reform?

Anmerkungen

1) Der Bericht gibt, wenn nicht anders vermerkt, den juristischen und faktischen Stand vom Mai 1985 wieder.

2) Vgl. den Artikel "Konzentrierter und schneller studieren. Niedersachsen will die Entrümpelung der Studiengänge durchsetzen" von Kurt Reumann in der Frankfurter Allgemeinen Zeitung vom 17.4.1984.

3) Für das Fach Geschichte vgl. den ausführlichen Bericht von Ernst Weymar, Studienreform in Niedersachsen. "Empfehlungen" zur Neuordnung der Studiengänge im Fach Geschichte an den Wissenschaftlichen Hochschulen, in: Geschichte in Wissenschaft und Unterricht (= GWU) 36, 1985, S. 157-176.

4) Aus der Empfehlung für den Studiengang Geschichte für das Lehramt an Gymnasien, nach E. Weymar, a.a.O., S. 166.

5) Vgl. Hartmut Boockmann, Studienreform als (Sachsen-) Roßkur?, in: GWU 36, 1985, S. 177-185.

6) So schreibt Boockmann, a.a.O., S. 185: "Weder der derzeitige Zustand der Fachdidaktik noch auch das Potential der jetzt zur Verfügung stehenden Fachdidaktiker legen es nahe, dieses Spezialgebiet ... für obligatorisch zu erklären..."

7) Vgl. die abwägende Stellungnahme von Joachim Rohlfes, Geschichtsstudium im Widerstreit, in: GWU 36, 1985, S. 186-197.

8) Da es in Niedersachsen kein Lehrerbildungsgesetz gibt, treten an dessen Stelle die Prüfungsordnungen für die Lehrämter; diese geben zugleich Rahmen und Richtung von Studienordnungen an.

9) Verordnung über die Erste Staatsprüfung f.d. Lehramt an Gymnasien vom 28.1.1983, in: Nds. Gesetz- und Verordnungsblatt 37, 1983, S. 27-34; damit fast identisch: Ordnung der Ersten Staatsprüfung für das Lehramt an Gymnasien vom 19.12.1980, in: Nds. Ministerialblatt 1981, S. 3-10.

10) Ordnung der Wissenschaftlichen Prüfung f.d. Lehramt an höheren Schulen vom 22.5.1950, in: Schulverwaltungsblatt für Niedersachsen (= SVBl.) 2, 1950, Heft 6, S. 1-16.

11) Erlaß zur Wiss. Prüfungsordnung vom 27.7.1967, hier: Merkblatt des Wiss. Prüfungsamtes f.d. Lehramt an höheren Schulen, Göttingen 1969/1971.

12) Ebd., S. 1 bzw. 2; zum heutigen Stand vgl. die o.g. Verordnung von 1983, § 8, Abs. 3.

13) Verordnung von 1983, a.a.O., § 1.

14) Verordnung über die Erste Staatliche Prüfung f.d. Lehramt an Grund- und Hauptschulen vom 28.1.1983, in: Nds. Gesetz- und Verordnungsblatt 37, 1983, S. 11-18; damit fast identisch: Ordnung der ersten staatlichen Prüfung f.d. Lehramt an Grund- und Hauptschulen vom 9.6.1980, in: Nds. Ministerialblatt 1980, S. 904-911.

15) Vgl. Ordnung der ersten Prüfung f.d. Lehramt an Volksschulen vom 24.3.1948, in: Amtsblatt für Niedersachsen 1948, S. 153-156.

16) Ordnung der ersten Prüfung f.d. Lehramt an Volksschulen vom 31.10. 1958, in: Nds. Ministerialblatt 1958, S. 847-849.

17) Prüfungsordnung f.d. Lehramt an Volksschulen vom 26.7.1968, in: SVBl. 20, 1968, S. 235-238.

18) Änderung der Prüfungsordnung f.d. Lehramt an Grund- und Hauptschulen vom 25.4.1975, in: SVBl. 27, 1975, S. 111-113.

19) Dies geschah 1980, vgl. dazu oben Anmerkung 14.

20) Für die beschriebenen Regelungen vgl. die Verordnung über die Erste Staatliche Prüfung f.d. Lehramt an Realschulen vom 28.1.1983, in: Nds. Gesetz- und Verordnungsblatt 1983, S. 19-26.

21) Ausbildung zum Mittelschullehrer, Erlaß vom 7.11.1956, in: SVBl. 8, 1956, S. 269; Ordnung der Prüfung f.d. Lehramt an Mittelschulen vom 15.6.1960, in: SVBl 12, 1960, S. 190-198; Prüfungsordnung f.d. Lehramt an Realschulen vom 26.7.1968, in: SVBl 20, 1968, S. 238-244.

22) Ordnung der Prüfung f.d. Lehramt an Mittelschulen vom 8.8.1950, in: SVBl 2, 1950, Beilage (S. 1-14).

23) Ordnung der ersten staatlichen Prüfung f.d. Lehramt an Realschulen vom 9.6.1980, in: Nds. Ministerialblatt 1980, S. 911-918, hier: § 25 und 26.

24) Diese Bestimmung enthalten alle Prüfungsordnungen seit 1950.

25) Vgl. Studienmöglichkeiten an den Hochschulen in Niedersachsen - Stand: Wintersemester 1984/85 -, hrsg. v. d. Koordinierungsstelle für die Studienberatung in Niedersachsen, Hannover 1984.

26) Die Universitäten Göttingen und Hannover hatten seit langem, z.T. seit 1946, voll ausgebaute Studiengänge f.d. Lehrämter an Grund- und Hauptschulen und an Realschulen. Diese wurden durch Erlaß des Wissenschaftsministeriums zwischen 1983 und 1985 aufgehoben. Es ist zu vermuten, daß diese Entscheidung nicht nur durch bildungs-, sondern noch mehr durch regionalpolitische Überlegungen ausgelöst worden ist. Gegenwärtig können diejenigen Studierenden, die sich vor den Aufhebungserlassen immatrikuliert haben, ihre Studien in Göttingen und Hannover noch abschließen. Es erscheint daher gerechtfertigt, im weiteren Bericht auf die Studiensituation auch dieser Hochschulen einzugehen.

27) Vgl. Verordnung über die Erste Staatsprüfung für das Lehramt an Gymnasien vom 28.1.1983, in: Nds. Gesetz- und Verordnungblatt 1983, S. 27-34, hier: § 3. Die folgenden Ausführungen stützen sich auf ein Merkblatt des Wissenschaftlichen Landesprüfungsamtes für Lehrämter in Göttingen vom Januar 1984 und auf die von den Universitäten bzw. Historischen Seminaren herausgegebenen Studienordnungen und Studieninformationen.

28) Vgl. Kurzinformation Geschichte, Lehramtsstudiengang für Gymnasien, hrsg. v. Historischen Seminar der TU Braunschweig, 1984; Zwischenprüfungsordnung f.d. Studiengang "Lehramt an Gymnasien" an der Univ. Göttingen vom 27.7.1982, in: Nds. MBl. 1982, S. 1676; Änderung der Zwischenprüfungsordnung ..., Universität Hannover vom 23.3.1983, in: Nds. MBl. 1983, S. 315; Informationen zum Studienfach Geschichte, Lehramt an Gymnasien, hrsg. v.d. Zentralen Studienberatung der Universität Oldenburg, 1984/85; Zwischenprüfungsordnung ..., Universität Osnabrück vom 1.9.1982, in: Nds. MBl. 1982, S. 1945.

29) Verordnung über die Erste Staatliche Prüfung für das Lehramt an Grund- und Hauptschulen vom 28.1.1983, in: Nds. Gesetz- u. Verordnungsblatt 1983, S. 11-18, hier: § 3. Die folgenden Ausführungen stützen sich wieder auf Studienordnungen und Studieninformationen, wie sie von den betreffenden Universitäten und Hochschulen herausgegeben worden sind.

30) Studienplan des Faches Geschichte (Lehramt an Grund- und Hauptschulen), Universität Hannover, Fachbereich Erziehungswissenschaften I, 1984, S. 3.

31) Verordnung über die Erste Staatliche Prüfung für das Lehramt an Grund- und Hauptschulen vom 28.1.1983, in: Nds. Gesetz- u. Verordnungsblatt 1983, S. 11-18, hier: § 5, Abs. 2 und § 14.

32) Rahmenstudienordnung für das Fach Geschichte vom 26.6.1976, beschlossen von der Fachgruppe Geschichte an der Pädagogischen Hochschule Niedersachsen.

33) Verordnung über die Erste Staatliche Prüfung für das Lehramt an Realschulen vom 28.1.1983, in: Nds. Gesetz- u. Verordnungsblatt 1983, S. 19-26, hier: § 3. Für das folgende sind die Studienordnungen und Studieninformationen der betreffenden Universitäten und Hochschulen herangezogen worden.

34) Studienordnung im Fach Geschichte f.d. Lehramt an Realschulen, fachwiss. Teil, hrsg. v. Historischen Seminar der TU Braunschweig, 1982, S. 2.

35) Orientierungsheft des Historischen Seminars der Universität Göttingen, 1983, S. 5.

36) Obwohl es in der o.a. Prüfungsordnung (§ 5) heißt, daß die Prüfung in "Fachwissenschaft und Fachdidaktik eines ... Unterrichtsfaches" abgelegt wird, ist die Fachdidaktik nur im 3. Teil des Examens vertreten. Eine Mitteilung des Wissenschaftlichen Landesprüfungsamtes für Lehrämter in Göttingen vom 7.12.1981 sagt: "Das Kultusministerium geht davon aus und wird dies noch im Erlaßwege regeln, daß die Fachdidaktik innerhalb des 1. und 2. Unterrichtsfaches nur in der mündlichen Prüfung einen festen Platz erhält, daß dagegen die schriftliche Hausarbeit und die Arbeiten unter Aufsicht im Regelfall vorwiegend fachwissenschaftlich thematisiert sind". An der Universität Hannover gilt dagegen die Regelung: "Hausarbeit und Arbeiten unter Aufsicht müssen in Fachwissenschaft oder Fachdidaktik eines Unterrichtsfaches (1. oder 2. Fach) geschrieben werden ... Es wird empfohlen, Themen zur Hausarbeit mit fachwissenschaftlichem Schwerpunkt zu wählen", vgl. Mitteilung des Vorsitzenden der Gemeinsamen Kommission für Lehrerausbildung, Univ. Hannover, vom 13.9. 1984, Anlage; und: Merkblatt der Zentralen Studienberatung der Univ. Hannover, Lehramt an Realschulen, September 1984.

37) Verordnung über die Erste Staatliche Prüfung f.d. Lehramt an Realschulen vom 28.1.1983, in: Nds. Gesetz- u. Verordnungsblatt 1983, S. 19-26, hier: § 5, Abs. 1 und § 14.

38) Studienordnung für das Lehramt an Gymnasien, Fach: Geschichte, hrsg. v.d. Gemeinsamen Kommission für Lehrerausbildung, Universität Osnabrück 1982. Der gleiche Text leitet auch die Studienordnungen für die Lehrämter an Real- und an Grund- und Hauptschulen ein. Jetzt auch veröffentlicht in: E. Weymar, Studienreform in Nieder-

sachsen, in: GWU 36, 1985, S. 157-176, hier: S. 160 u. S. 166 f.

39) Vgl. Orientierungsheft des Historischen Seminars der Universität Göttingen, 1983, S. 3: "Die mündliche Prüfung dauert 60 Minuten. In zwei Dritteln der Zeit wird mittlere und neuere Geschichte geprüft". Das 1. Drittel wird von Alter Geschichte ausgefüllt.

40) Rahmenrichtlinien für das Gymnasium, Klasse 7-10. Geschichte, hrsg. vom Nieders. Kultusminister, Hannover 1983. Der Lehrplan in Kl. 7 reicht von der griechischen Antike bis zu den Kreuzzügen; in Klasse 8 werden noch 2 mittelalterliche Themen (Ständegesellschaft, deutsche Ostsiedlung) behandelt, dann setzt die neuere Geschichte ein.

41) Vgl. Anm. 38.

42) Osnabrücker Studienordnung, wie in Anm. 38, S. 2.

43) Studienführer für die Lehramtsstudiengänge im Fach Geschichte im Rahmen der Einphasigen Lehrerausbildung an der Universität Oldenburg, 1978/1981. Nach Mitteilung von Prof. Klaus Saul vom 9.1.1985 ist eine Überarbeitung dieses Studienführers geplant, da die Einphasige Lehrerausbildung ausläuft und in die zweiphasige übergeht. Es ist jedoch zu vermuten, daß die darin ausgedrückten wissenschaftstheoretischen Positionen sich nicht verändern werden. Die folgenden Zitate sind aus dem Oldenburger Studienführer.

44) Diese Einschätzung wird durch eine neuere Aussage eines Göttinger Historikers bestätigt: "Auf diese Weise (wenn nämlich eine neue Studienordnung auch Fachdidaktik zwingend vorschriebe, Zusatz von H.K.) würde nämlich vollends aus dem Geschichts-, Germanistik- oder Anglistik-Studenten der "Lehrerstudent" gemacht werden, ... obwohl er jedenfalls an den großen Universitäten eine Realität einstweilen noch nicht ist", (nach H. Boockmann, Studienreform als (Sachsen-)Roßkur?, in: GWU 36, 1985, S. 185). Ob diese Sicht der Realität stimmt, ist zu bezweifeln.

45) Vgl. Kurzinformation Geschichte, Lehramtsstudiengang für Gymnasien, hrsg. vom Historischen Seminar der TU Braunschweig, 1984; Das Studium der Geschichte am Historischen Seminar der Universität Hannover, August 1979.

46) Vgl. Anmerkung 32. Die Rahmenstudienordnung wurde zur Grundlage der Studienordnungen von Göttingen, Hannover, Hildesheim und Lüneburg.

47) Verordnung über die Ausbildung und Prüfung f.d. Lehramt an höheren Schulen vom 12.9.1962 u. Änderungsverordnungen, in: R. Becker, Ratgeber für Studienreferendare, Hannover 1984, 9. Auflage, S. 63-83; Verordnung über die Ausbildung und die zweite staatliche Prüfung f.d. Lehrämter an Grund- und Hauptschulen, an Realschulen und an Sonderschulen vom 26.1.1977, in: SVBl. 29, 1977, S. 42-49; Aufschlußreich der Bericht von H. Popp, Zur Referendarausbildung im Fach Geschichte, in: GWU 34, 1983, S. 444-455.

48) Verordnung ..., in: R. Becker, a.a.O., S. 67.

49) Verordnung ..., in: SVBl. 29, 1977, S. 44.

50) Vgl. die Tabellen 5 und 6 (Studienregelungen und Studienanforderungen).

51) In diesem Sinn ist die Studienordnung des Faches Geschichte an der Universität Osnabrück die am besten durchdachte und theoretisch begründete. Vgl. oben Anm. 38.

52) Vgl. Tabelle 7, die sich auf folgende Erlasse des Niedersächs. Kultusministeriums stützt: Die Arbeit in der Hauptschule, Erl. v. 6.6.1978, in: Schulverwaltungsblatt für Niedersachsen (= SVBl.) 30, 1978, S. 185-191; Die Arbeit in der Realschule, Erl. v. 6.6.1978, ebd., S. 191-197; Die Arbeit in den Klassen 7-10 des Gymnasiums, Erl. v. 6.6.1978, ebd., S. 197-203; Die Arbeit in der Orientierungsstufe, Erl. v. 1.6.1977, SVBl 29, 1977, S. 164-167; Die Arbeit in der Orientierungsstufe, Erl. v. 2.4.1985, in: SVBl. 37, 1985, S. 78 f; Verordnung über die gymnasiale Oberstufe vom 12.3.1981, in: SVBl. 33, 1981, S. 54-64; Niedersächsisches Schulgesetz vom 6.11.1980, in: Nieders. Gesetz- und Verordnungsblatt 34, 1980, S. 425-459. Zu den Unterrichtszielen und -inhalten vgl. Rahmenrichtlinien für das Gymnasium, Klasse 7-10: Geschichte, hrsg. v. Nds. Kultusminister, Hannover 1983; Entwurf der Rahmenrichtlinien für die Realschule: Geschichte, Hannover 1984 (Az.: 201-82164/16); Entwurf der Rahmenrichtlinien für die Hauptschule: Geschichte, Hannover 1984 (Az.: 201-82163/16); Rahmenrichtlinien für die Orientierungsstufe: Welt- und Umweltkunde (Fächer Erdkunde, Geschichte und Sozialkunde), hrsg. v. Nds. Kultusminister, Hannover 1979; Rahmenrichtlinien für das Gymnasium, Gymnasiale Oberstufe: Geschichte, hrsg. v. Nds. Kultusminister, Hannover 1982.

53) Vgl. oben die Anmerkungen 3-7.

54) Vgl. Geschichtswissenschaft und Geschichtsunterricht. Lageanalyse-Folgerungen-Empfehlungen. Stellungnahme des Verbandes der Historiker Deutschlands im Zusammenwirken mit dem Verband der Geschichtslehrer Deutschlands, in: GWU 23, 1972, S. 1-13, bes. S. 8 f.; Geschichte an Universitäten und Schulen. Materialien-Kommentar-Empfehlungen, hrsg. vom Arbeitskreis f. Hochschuldidaktik im Verband der Historiker Deutschlands, von J. Leuschner, H.-H. Nolte, B. Schwarz, Stuttgart 1973, bes. S. 85 ff.; Erklärungen des Verbandes der Historiker Deutschlands zum Studium des Faches Geschichte an den Hochschulen, in: GWU 27, 1976, S: 223-225, 297-304, 566-569, bes. S. 303.

55) Diese Vermutung gründet sich auf den Entwurf einer Verordnung über die Ersten Staatsprüfungen für Lehrämter, Erlaß vom 7.5.1985, bes. S. 1, 56, 66, 93 f., 114, 129 f. und auf die §§ 8 und 47 der Durchführungsbestimmungen. Schon im April 1984 hat der niedersächs. Wissenschaftsminister erklärt, daß er in Sachen Studienreform kein Oktroi wolle und z.B. den Göttinger Historikern eine Sonderregelung zubilligen werde, vgl. Anm. 2.

56) So in einem Schreiben des Wiss. Landesprüfungsamtes für Lehrämter in Göttingen vom 18.9.1984 betreffend die Stellung der Fachdidaktik in der Ersten Staatsprüfung f.d. Lehramt an Gymnasien im Bereich der Universität Oldenburg. Allerdings werden dann fachdidaktische Fragestellungen "im Sinne einer ergänzenden Akzentuierung fachwissenschaftlicher Sachverhalte" in der Prüfung zugelassen. Ähnlich subsidiär wird die Stellung der Fachdidaktik in dem o.g. Entwurf, S. 114 (Anm. 55), gesehen, wenn für die fachwissenschaftlichen Prüfungsteile des gymnasialen Studienganges lediglich "fachdidaktische

Ergänzungen" in Aussicht gestellt werden.

57) E. Weymar, a.a.O., S. 169 f.

Geschichtslehrerausbildung in NORDRHEIN-WESTFALEN
Stufenlehrer für ein nach Schulformen gegliedertes Schulwesen

Von Karl HÜSER

1. Die Ausgangslage der Lehrerbildung vor den Reformbemühungen

Bis zum Hamburger Abkommen der Kultusminister über die Gründung und Entwicklung der Hauptschule aus dem Jahre 1964 folgte Nordrhein-Westfalen im Grundsatz in der Lehrerausbildung dem Konzept des preussischen Kultusministers Carl Heinrich Becker aus den zwanziger Jahren.

Entsprechend der Gliederung der allgemeinbildenden Schulen in Volks-, Realschulen und Gymnasien der verschiedenen Zweige erfolgte die Ausbildung der Gymnasiallehrer an Universitäten, während die Volksschullehrer an Pädagogischen Akademien ausgebildet wurden. Die Realschullehrer konnten ihre Qualifikation entweder nach dem abgeschlossenen Lehramtsstudium - also als Volksschullehrer - durch Aufbaukurse an den Pädagogischen Akademien erwerben, oder sie erwarben die Lehrbefähigung für zwei Fächer nach einem in der Regel sechssemestrigen Studium an einer Universität. Im Gegensatz zu den Universitätsabsolventen für das Lehramt an Gymnasien und auch an Realschulen gab es für die Absolventen der Pädagogischen Akademien keine klar umrissene zweite Ausbildungsphase.

Die Junglehrerinnen und -lehrer gingen nach einem vier- dann seit Ende der fünfziger Jahre sechssemestrigen Studium sofort mit voller Stundenzahl in den Schuldienst. Der zuständige Schulrat faßte sie dann zu sogenannten Junglehrerarbeitsgemeinschaften zusammen. Neben dem vollen Dienst mußten sie dann innerhalb von fünf Jahren die zweite Lehrerprüfung ablegen.

Die überwiegende Zahl der Volksschulen war konfessionell geprägt, Simultanschulen gab es fast nur in den größeren Städten. Dieser Schulstruktur entsprachen die überwiegend katholisch oder evangelisch ausgerichteten Pädagogischen Akademien. Ziel der Lehrerausbildung war eher der "Volkserzieher" als der wissenschaftlich ausgebildete Lehrer. Die Fachwissenschaften, hier die Geschichte, hatten auf den Akademien nur eine untergeordnete Bedeutung und gehörten nicht zum Pflichtbereich der Abschlußprüfung. In ihrer Forderung nach der Fachlehrerausbildung sprachen die Lehrerverbände abwertend von einer Ausbildung zum "Universaldilettanten".

Als erster Schritt zur Durchführung des eingangs erwähnten Hamburger Abkommens darf die Entkonfessionalisierung der Lehrerbildung bezeichnet werden. Nach nicht immer einfachen Verhandlungen mit den Kirchen erfolgte die Umwandlung und Zusammenlegung der zahlreichen kleinen Akademien zu den drei großen Pädagogischen Hochschulen: Rheinland, Ruhr und Westfalen-Lippe. Der Landtag beschloß 1966 weitgehend einvernehmlich das unter der Federführung des damaligen Kultusministers Paul Mikat (CDU) formulierte Gesetz, durch das die Pädagogischen Hochschulen den Status von Wissenschaftlichen Hochschulen erhielten. Es folgte ein verstärkter Ausbau der Fachwissenschaften. Die zunächst fast völlige Ablösung der Entwicklungspsychologie durch die Lerntheorie um 1970 bedeutete speziell für das Fach Geschichte den Zugang zur Ausbildung von Grundschullehrern.

Inzwischen regierte seit 1966 in Nordrhein-Westfalen eine Koalitionsregierung aus SPD und FDP. Sie führte zunächst einvernehmlich mit der Opposition die Neugliederung der alten Volksschule fort. Die Klassen 1-4 bildeten vom Schuljahr 1968 an als Grundschule eine selbständige für alle Kinder verbindliche Schulform. Unter Angliederung eines 9. Schuljahres entstand aus den Klassen 5-8 die Hauptschule. Nach ihrem Selbstverständnis und nach gesetzlichem Auftrag versteht sie sich als weiterführende Schule neben der Realschule und den Klassen 5-10 des Gymnasiums. Erst jüngst ist die Hauptschule um ein 10. Pflichtschuljahr aufgestockt worden. Je nach der Qualität des Abschlußzeugnisses sind Übergänge in die Oberstufe des Gymnasiums oder der berufsbildenden Vollzeitschulen möglich, die zur Fachhochschulreife und darüber hinaus auch zur allgemeinen Hochschulreife führen. Neben den genannten Schulformen ist inzwischen auch die Gesamtschule als Regelschule gesetzlich eingeführt. Noch nicht geklärt ist die Frage der Zukunft der Klassen 5 und 6, der sogenannten Förderstufe, Nebeneinander bestehen also auch 1985 in Nordrhein-Westfalen verschiedene Schulformen. Der § 4 des Schulverwaltungsgesetzes formuliert:

"Das Schulwesen im Lande Nordrhein-Westfalen ist nach Schulstufen aufgebaut und in Schulformen gegliedert."[1]

Bevor auf das Qualifikationsziel des Geschichtslehrers eingegangen werden kann, ist ein knapper Überblick über die gesetzlichen Grundlagen der Lehrerausbildung in Nordrhein-Westfalen insgesamt geboten. Ambivalenz und Problematik werden dabei sofort offenkundig bei näherer Betrachtung des von Kultusminister Schwier gebrauchten Wortes von der stufenbezogenen aber an Schulformen orientierten Lehrerausbildung.

2. Die gesetzlichen Grundlagen für eine stufenbezogene Lehrerausbildung

Nach heftiger, politisch kontrovers geführter Diskussion verabschiedete der Landtag mit seiner damaligen sozialliberalen Koalitionsmehrheit am 29. Oktober 1974 das "Gesetz über die Ausbildung für Lehrämter an öffentlichen Schulen" (Lehrerausbildungsgesetz-LABG).[2]
Danach gibt es folgende Lehrämter (§ 4):

1. Lehramt für die Primarstufe (P),
2. Lehramt für die Sekundarstufe I (SI),
3. Lehramt für die Sekundarstufe II (SII),
4. Lehramt für die Sonderpädagogik.

Die Lehrerverbände - mit Ausnahme der Standesvertretung der Philologen - begrüßten das Gesetz, weil es erstmals für Lehrer aller Schulformen den gleichen Anteil an erziehungswissenschaftlichen, fachdidaktischen und schulpraktischen Studien vorschrieb. Damit trug es der sowohl vom Verband Bildung und Erziehung (VBE) als auch von der Gewerkschaft Erziehung und Wissenschaft (GEW) oft vorgetragenen Forderung Rechnung nach einer pädagogischen und nicht nur fachwissenschaftlichen Ausbildung aller Lehrer.
Im LABG heißt es dazu wörtlich (§ 2 Absatz 3):

> *"Das Studium umfaßt am Ausbildungsziel orientierte erziehungswissenschaftliche und fachwissenschaftliche Studien. In das erziehungswissenschaftliche Studium sind gesellschaftswissenschaftliche Studien, in das fachwissenschaftliche und erziehungswissenschaftliche Studium sind fachdidaktische und schulpraktische Studien einzubeziehen."*

Aus finanziellen Gründen berücksichtigte das Gesetz allerdings die Forderung der genannten Verbände nicht, die Regelstudienzeit für alle Lehrämter einheitlich auf acht Semester festzusetzen.
Bis heute gelten daher die folgenden Regelstudienzeiten und Semester-Wochenstunden (SWS):

Lehramt: P - 6 Semester/120 SWS
Lehramt: SI - 6 Semester/120 SWS
Lehramt: SII - 8 Semester/160 SWS
Lehramt: Sonderpädagogik - 8 Semester; Geschichte wie S I -

Festgeschrieben sind diese Regelstudienzeiten in der bereits mehrfach geänderten "Ordnung der Ersten Staatsprüfungen für Lehrämter an Schulen" (LPO), auf deren letzte Fassung vom 11. Dezember 1984 ich noch im Einzelnen eingehen muß.

Tabelle 1 - Regelstudienzeit

Studienzeit	*Regelstudiendauer*	*Prüfungszeit*	*Summe*
P	*6 Semester*	*8 Monate*	*3 Jahre 8 Monate*
SI	*6 Semester*	*8 Monate*	*3 Jahre 8 Monate*
SII	*8 Semester*	*12 Monate*	*5 Jahre*

Nach dem erfolgreichen Volksbegehren gegen das Gesetz zur Neugliederung des Schulwesens, das halbherzig durch die Einführung der sogenannten "cooperativen Schule", einer flächendeckenden Einführung von Gesamtschulen als Regelschulen den Weg bereiten sollte, setzte vor allem die F.D.P. im Jahre 1979 eine von GEW und VBE heftig bekämpfte Änderung des LABG durch. Der § 10 Abs. 4 erhielt die folgende Fassung:

"Wer eine Erste Staatsprüfung für das Lehramt der Sekundarstufe II in mindestens einem Fach ablegt, das auch in der Sekundarstufe I unterrichtet wird, kann im Rahmen dieser Prüfung die in der Ersten Staatsprüfung zu erfüllenden Voraussetzungen für den Erwerb der Befähigung zum Lehramt für die Sekundarstufe I nachweisen; hierzu muß er auf das Lehramt für die Sekundarstufe I bezogene erziehungswissenschaftliche und fachdidaktische Prüfungsleistungen erbringen. Das Nähere regelt die Prüfungsordnung."

Durchaus zu Recht sahen die Kritiker dieser Gesetzesänderung vom 13. Juni 1979 hier eine entscheidende Verwässerung des Grundsatzes der Stufenlehrerausbildung zugunsten eines neuen Typs von Gymnasiallehrer. Der Aufwand für die in § 42 LPO in der Fassung vom 22. Juli 1981 festgelegten Prüfungsleistungen zur Erwerbung der Zusatzqualifikation für SI ist verhältnismäßig gering, so daß seither immer mehr Bewerber für das Lehramt SII von dieser Möglichkeit Gebrauch machen.[3]

- In einem Unterrichtsfach ist eine zusätzliche Klausurarbeit "mit vornehmlich fachdidaktischer Aufgabenstellung" zu schreiben; ferner werden die "mündlichen Prüfungen in Erziehungswissenschaft und im anderen Unterrichtsfach um je 15 Minuten verlängert." -

Ohne auf den Komplex näher eingehen zu können, muß noch die organisatorische Neustrukturierung des Hochschulwesens in Nordrhein-Westfalen aufgezeigt werden wegen ihrer Bedeutung für die Lehrerbildung durch die Auflösung der Pädagogischen Hochschulen: Mit Wirkung vom 1. September 1973 wurden in Duisburg, Essen, Paderborn, Siegen und Wuppertal die jeweiligen Abteilungen der Pädagogischen Hochschulen in die neu gegründeten Gesamthochschulen eingegliedert und neben anderen auch zahlreiche für die Lehrerbildung relevante Fächer personell und sachlich ausgebaut und neue Studiengänge eingerichtet. In einem zweiten Schritt erfolgte mit Wirkung vom 1. April 1980 die Zusammenführung der Abteilungen der pädagogischen Hochschulen

in Aachen	mit der TH Aachen,
in Bielefeld	mit der Universität Bielefeld,
in Bonn	mit der Universität Bonn,
in Dortmund	mit der Universität Dortmund,
in Neuss	mit der Universität Düsseldorf,
in Köln	mit der Universität Köln,
in Münster	mit der Universität Münster.[4]

Diese Zusammenführung geschah parteiübergreifend mit dem Anspruch und der Erwartung, die Lehrerausbildung dadurch zu verbessern. Vorgesehen war eine Fach-zu-Fach-Integration der PH-Professoren. Diese Zuordnung ist insbesondere in Aachen, Bonn und Köln noch nicht erfolgt, in Münster erst Anfang 1985. Im Fachbereich 10 (Geschichte) bildet das ehemalige PH-Fach Geschichte seither das "Institut für Didaktik".

Im Zusammenhang mit diesen hochschulinternen Schwierigkeiten kam es zu heftigen Kontroversen um den Stellenwert der Didaktik und der schulpraktischen Studien, die durch die staatliche Finanzkrise seit etwa 1980 noch verschärft wurden. Erst durch die Novellierung der LPO vom 11. Dezember 1984 zog der Kultusminister einen vorläufigen, allerdings kaum befriedigenden Schlußstrich unter die Auseinandersetzung um die Schulpraktischen Studien. Nach dem neu eingeführten § 5a sind sie durchzuführen

a) als "Semesterbegleitende Tagespraktika" und

b) als "Blockpraktika"

im Umfang von 4 Wochen in der vorlesungsfreien Zeit. Für Vorbereitung, Unterrichtsbesuch und Nachbereitung der Praktika zu

a) sind 2 SWS und der Praktika zu

b) sind "höchstens" 4 SWS

anzusetzen. Von einer Vereinheitlichung der Lehrerbildung in diesem Bereich kann indes nicht gesprochen werden. Denn die entscheidende Formulierung im Absatz 2 lautet:

> *"Für schulpraktische Studien sind in jedem Lehramtsstudium vier bis höchstens acht, mindestens aber zwei Semesterwochenstunden anzusetzen."*

Die neuen Studienordnungen sind noch nicht rechtskräftig verabschiedet. Es ist indes zu erwarten, daß die Hochschulen ihren Gestaltungsspielraum in sehr unterschiedlicher Weise nutzen.

Tabelle 2 gibt eine aktuelle Übersicht über die Lehramtsstudiengänge an den verschiedenen Studienorten am Beispiel des Faches Geschichte.

Als sogenannte "Konzentrationsmaßnahmen" hat die Landesregierung nämlich Stellen gestrichen, einzelne Fächer verlagert und ganze Studiengänge aufgehoben.

Tabelle 2: Studienorte und Lehramts- sowie Magisterstudiengänge im Fach Geschichte (Stand: Juli 1985)

Nr.	Hochschule	P[1]	SI	SII	Magister	Bemerkungen
1	Aachen, TH	-	O[2]	X	X	1 P Anteil Geschichte im Lernbereich in der Primarstufe Sachunterricht Gesellschaftslehre
2	Bielefeld, U	X	X	X	X	
3	Bochum, U	-	O	X	X	
4	Bonn, U	-	O	X	X	
5	Dortmund, U	X	X	-	-	2 O Kein SI-Studiengang jedoch Berechtigung zur Abnahme der Erweiterungsprüfung für SI im Rahmen der 1. Staatsprüfung für SII (LABG in der Fassung vom 28.8.1979: § 10 Abs. 4 sowie LPO in der Fassung vom 11.12.1984: § 42).
6	Düsseldorf, U	-	O	X	X	
7	Duisburg, U-GH	-	X	X	X	
8	Essen, U-GH	X	X	X	X	
9	Köln, U	X	X	X	X	
10	Münster, U	X	X	X	X	
11	Paderborn, U-GH	X	X	X	X	
12	Siegen, U-GH	X	X	X	X	
13	Wuppertal, U-GH	X	X	X	X	

3. Das "ordnungsgemäße Studium" und die zu erbringenden Prüfungsleistungen

3.1. Allgemeine Vorschriften zur ersten Ausbildungsphase

Die LPO verteilt die Semesterwochenstunden (SWS) in den Lehramtsstudiengängen S I und S II in folgender Weise auf die Erziehungswissenschaft und die zu wählenden Unterrichtsfächer: - Sonderregelungen für berufliche und sonderpädagogische Fachrichtungen werden nicht berücksichtigt, da eine Kombination mit Geschichte nicht möglich ist.-

Tabelle 3: Studienanteile in SWS für Sekundarstufenlehrer

Studiengang	*Erziehungs-wissenschaft*	*1.Unterrichtsfach*	*2. Unterrichsfach*	*Summe*
S I	*30 SWS*	*45 SWS*	*45 SWS*	*120 SWS*
S II	*32 SWS*	*64 SWS*	*64 SWS*	*160 SWS*

Für den Studiengang P ist das ursprüngliche Fachlehrerprinzip entsprechend den Studiengängen S I und S II zugunsten eines "gemäßigten Klassenlehrerprinzips" aufgegeben worden. Die Unterrichtsfächer Deutsch und Mathematik sind als Pflichfächer vorgeschrieben. Daneben ist ein weiteres Fach oder ein Lernbereich für die Primarstufe zu studieren. Eines der drei Fächer ist als Schwerpunktfach mit größerem Stundenanteil zu wählen. Wird ein Lernbereich gewählt - Geschichte ist ein Teilbereich des Lernbereichs "Sachunterricht Gesellschaftslehre" - muß dieser als Schwerpunkt studiert werden. Die nachfolgende Tabelle 4 geht von einer solchen Wahl aus

Tabelle 4: Stundenanteile in SWS für Primarstufenlehrer

Studiengang	*Erziehungs-wissenschaft*	*Lernbereich -Schwerpunkt-*	*Deutsch*	*Mathematik*	*Summe*
P	*30 SWS*	*45 SWS*	*22,5 SWS*	*22,5 SWS*	*120 SWS*

Alle Lehramtsstudienordnungen haben das Studium mit je etwa der Hälfte der Regel-Semesterwochenstunden zu gliedern.

Das Grundstudium schließt ab mit einer förmlichen Zwischenprüfung in Erziehungswissenschaft und den gewählten Unterrichtsfächern oder durch "studienbegleitende Leistungsnachweise" (LN) in folgender Zahl:

a) In Fächern einschließlich Erziehungswissenschaft mit einem Grundstudium bis zu 16 SWS "mindestens" 2 "höchstens" 3 LN.

b) In Fächern von 17 bis 24 SWS "mindestens" 3 "höchstens" 4 LN.

c) In Fächern mit mehr als 24 SWS "mindestens" 4 "höchstens" 8 LN.

Darüber hinaus sind am Ende des Grundstudiums in bestimmten Fächern besondere Sprachkenntnisse nachzuweisen. Für das Unterrichtsfach Geschichte in S I und S II schreibt die LPO verbindlich vor:

> *"Voraussetzung für das Studium sind Kenntnisse in Englisch und Französisch. Im Rahmen des Lehramtsstudienganges für die Sekundarstufe II sind zusätzlich Lateinkenntnisse (Großes Latinum) nachzuweisen.*
> *Die Studienordnung legt fest, ob Französisch durch eine andere Fremdsprache ersetzt werden kann."*

Bei der Meldung zur Ersten Staatsprüfung sind eine festgelegte Zahl von Leistungsnachweisen (LN) aus dem Hauptstudium vorzulegen. Lediglich in Erziehungswissenschaft kann in allen Studiengängen 1 LN schon im Grundstudium erworben werden. Die LN in Didaktik werden durch ein D gekennzeichnet.

Tabelle 5: Leistungsnachweise

Studiengang	*Erziehungswissenschaft*	*1. Fach (Schwerpunkt)*	*2. Fach*	*3. Fach (nur P)*	*Summe*
P	*2 davon 1D*	*2 davon 1D*	*1D*	*1D*	*6 (4D)*
S I	*2 davon 1D*	*2 davon 1D*	*2 davon 1D*	---	*6 (3D)*
S II	*2 davon 1D*	*3 davon 1D*	*3 davon 1D*	---	*8 (3D)*

Die im 1. Staatsexamen zu erbringenden Prüfungsleistungen sind in ihren Teilbereichen in Tabelle 6 dargestellt. Jede Prüfungskommission besteht aus 2 Lehrenden - davon mindestens 1 Professor - und 1 Vertreter des zuständigen Staatlichen Prüfungsamtes als Leiter.

Tabelle 6: *Prüfungsleistungen im 1. Staatsexamen*

Studiengang		Erz. wiss.	1. Fach (Schwerpunkt)	2. Fach	3. Fach (nur P)
P	H	X oder	X		
	K	X	X	X	X
	M	40/3	40/4	20/2	20/2
S I	H	nur im Ausnahmefall	X		
	K	X	X	X X(FD)	
	M	40/3	40/4	40/4	
S II	H		X		
	K	X	X X	X X	
	M	40/3	60/5	60/5	
zusätzlich bei integrierter S I-Prüfung	K		X	oder X (FD)	
	M	15/2	15/2	oder 15/2	

H = *Hausarbeit (4, höchstens 7 Monate)*

K = *Klausur (4 Stunden, Auswahl aus 2 Themen)*

M = *Mündliche Prüfung in Minuten und Teilgebieten*
(Von den Teilgebieten darf bei P und S I jeweils nur in einem Teilgebiet ein LN im Studium erbracht worden sein, bei S II dürfen nur jeweils zwei LN aus dem Studium vorliegen.)

FD= *Fachdidaktik*

3.2 Die fachspezifischen inhaltlichen Vorschriften im Fach Geschichte für die Lehramtsstudiengänge S I und S II

Erst mit der Novellierung der LPO vom 11. Dezember 1984 hat der Kultusminister die seit Jahren angekündigten inhaltlichen Vorschriften für das ordnungsgemäße Studium des Faches Geschichte erlassen. Sie gliedern sich in vier Bereiche A bis D, die wiederum verschiedene sehr allgemein umschriebene Teilgebiete enthalten. In diesen Teilgebieten können und sollen im Verlauf des Studiums verschiedene Schwerpunkte gebildet werden, die für die Prüfung anzugeben sind.

Tabelle 7: Bereiche und Teilgebiete im Fach Geschichte

Bereich

A Allgemeine Geschichte

Teilgebiet

1 *Alte Geschichte*

2 *Geschichte des Mittelalters*

3 *Geschichte der Neuzeit*

4 *Geschichte der Neuesten Zeit*

5 *Weiteres Teilgebiet nach Maßgabe des Lehrangebots der Hochschule, z.B. Vor- und Frühgeschichte*

B Sektorale Geschichte[1)]

Teilgebiete nach Maßgabe des Lehrangebots der Hochschule, z.B. Sozial- und Wirtschaftsgeschichte, Rechts- und Verfassungsgeschichte, Kirchengeschichte, Landesgeschichte

1) Lehrveranstaltungen dieses Bereichs sind ggf. entsprechenden Teilgebieten des Bereiches A zuzuordnen! Der Student darf jede Lehrveranstaltung nur einmal in Anrechnung bringen.

C Grundlagen der Geschichtswissenschaft

1 *Theorien der Geschichte, Geschichte der Geschichtsschreibung und der Geschichtswissenschaft*

2 *Hilfswissenschaften der Geschichte*

D Didaktik der Geschichte

1 *Theorien der Rezeption und Vermittlung von Geschichte*

2 *Didaktische Analyse fachwissenschaftlicher Gegenstände*

Gleichzeitig wird eine bestimmte Studienstruktur für den Nachweis eines ordnungsgemäßen Studiums im Fach Geschichte vorgegeben. Zur Prüfung müssen sowohl für das Lehramt Sekundarstufe I wie für das Lehramt Sekundarstufe II Studien aus 9 Teilgebieten nachgewiesen werden.

Davon sind aus der Allgemeinen (Bereich A) und der Sektoralen Geschichte (Bereich B) 6 Teilgebiete nachzuweisen. Die vier Epochen (A

1-4) müssen in jedem Fall vertreten sein, und höchstens 2 Teilgebiete dürfen aus der Sektoralen Geschichte eingebracht werden. Hinzu kommen 3 weitere Teilgebiete aus den Bereichen C (Grundlagen der Geschichtswissenschaft) und D (Didaktik der Geschichte).

Bei den Leistungsnachweisen (LN) aus dem Fachstudium Geschichte macht die Prüfungsordnung für beide Lehrämter einen Unterschied: beim S I-Lehramt schreibt sie 2 LN, beim S II-Lehramt 3 LN vor. Hinzu kommen in beiden Fällen noch jeweils ein "qualifizierter Studiennachweis" (QN). Sie sind auf die Bereiche und ihre Teilgebiete wie folgt zu verteilen:

Lehramt S I: *1 LN aus A3 oder A4*
1 LN aus D
1 QN aus A1 oder A2

Lehramt S II: *1 LN aus A1 bis A4*
1 LN aus B
1 LN aus D
1 QN aus A

Um keine zu einseitige Spezialisierung zuzulassen, wird vorgeschrieben, daß nur zwei Varianten möglich sind:
1. LN aus A1 oder A2 - QN aus A3 oder A4
2. LN aus A3 oder A4 - QN aus A1 oder A2

Auch bei den Prüfungsschwerpunkten stellt die Prüfungsordnung unterschiedliche Anforderungen an die beiden Lehrämter: im S I-Lehramt müssen 4, im S II-Lehramt dagegen 5 Schwerpunkte geprüft werden. Sie sind auf die Bereiche und ihre Teilgebiete folgendermaßen verteilt:

Lehramt S I: *zwei Teilgebiete aus der Allgemeinen Geschichte, wovon eines ersetzbar ist durch ein entsprechend epochal gebundenes aus der Sektoralen Geschichte. Das dritte Teilgebiet wird aus Bereich D, das vierte aus den Bereichen A bis D vom Kandidaten gewählt und benannt.*

Lehramt S II: *drei Teilgebiete aus der Allgemeinen Geschichte (darunter A1 oder A2 und A3 oder A4), ein Teilgebiet aus der Sektoralen Geschichte (Bereich B). Das fünfte Teilgebiet kann vom Kandidaten beliebig aus A bis D festgelegt werden.*

Die Geschichtsdidaktik gehört demnach zum Pflichtprüfungsbereich der Lehramtsprüfung S I, während sie in der Lehramtsprüfung S II lediglich zum Wahlbereich gehört.

Aufgrund der vorgestellten novellierten Prüfungsordnung werden zur Zeit an allen Hochschulen neue Studienordnungen erarbeitet. Zumindest an den Universitäten - Gesamthochschulen - hat sich eine weitgehende Verzahnung der beiden Lehramtsstudiengänge insbesondere im fachwissenschaftlichen Studium bewährt. Auch für die neuerrichteten Magisterstudiengänge ist eine solche Verzahnung vorgesehen. Im Hinblick auf die in letzter Zeit oft beschworene Polyvalenz in der Lehrerausbildung möchte ich mich jetzt der Aussage des Wirtschaftswissenschaftlers Rüdiger Falk vom Institut der Deutschen Wirtschaft in Köln anschließen. Falk warnte auf dem Jahreskongreß der Deutschen Gesellschaft für Erziehungswissenschaft vom 26. bis 28. März 1984 eindringlich vor einer Verflachung der pädagogischen Ausbildung zugunsten einer Intensivierung des Fachstudiums. Eine solche Schwerpunktverlagerung des Studiums bringe allzuleicht "Alles-Nichts-Könner" hervor. Deshalb müsse die Devise für eine Reform der Lehrerausbildung nicht lauten "Polyvalenz oder Professionalisierung" sondern "Polyvalenz durch Professionalisierung". Doch kehren wir zunächst noch einmal zum Thema im engeren Sinne, nämlich dem Stellenwert der Geschichte im Lernbereich der Primarstufe: Sachunterricht Gesellschaftslehre zurück.

3.3. Die inhaltlichen Vorschriften für den Studiengang Sachunterricht Gesellschaftslehre der Primarstufe

Die Stellung des Faches Geschichte im Lernbereich Sachunterricht Gesellschaftslehre war in den letzten Jahren lange Zeit heftig umstritten. Die Beteiligung der Geschichte an der Ausbildung der Lehrer für die Grundschule ist überhaupt noch recht jung in der Geschichte der Pädagogischen Hochschulen in Nordrhein-Westfalen. Sie ist erst gegen Ende der 60er Jahre eingeführt worden als Ergebnis der Ablösung der bis dahin herrschenden Entwicklungspsychologie (Roth/Küppers sowie die Verarbeitung dieser "psychologischen Voraussetzungen" in der Geschichtsdidaktik Ebelings) durch die Lerntheorie. Die historische Dimension war in dem Lernfeld "Mensch und Zeit" in den Richtlinien für die Grundschule verankert.

Wie schon gesagt, sollte während der langjährigen Erörterung der inhaltlichen Vorgaben für diesen Lernbereich auf eine Beteiligung des Faches Geschichte fast völlig verzichtet werden. Die vorgegebenen Bereiche und Teilgebiete spiegeln, wie aus Tabelle 9 hervorgeht, noch weitgehend diesen Entwicklungsstand.

Tabelle 9 *Bereiche und Teilgebiete für den Studiengang: Lernbereich Sachunterricht Gesellschaftslehre*

Bereich	*Teilgebiet*
A Die natürliche und gestaltete Umwelt des Kindes	*1 Die natürliche Ausstattung der Erdoberfläche*
	2 Eine Landschaft des Landes NRW in ihrer geographischen, wirtschaftlichen, sozialen u. historischen Struktur
	3 Gestaltung der Umwelt (in verschiedenen Räumen und Zeiten)
	4 Technik als Mittel und Gefährdung der Lebensbewältigung (unter Berücksichtigung der Gefahren des Straßenverkehrs)
B Das soziale und kulturelle Umfeld des Kindes	*1 Gruppe, Familie, Nachbarschaft, Gemeinde und Gesellschaft*
	2 Geschlechtserziehung
	3 Medienerziehung
	4 Unterschiedliche Kulturen (ggf. in Gegenwart und Vergangenheit)
C Das wirtschaftliche und hauswirtschaftliche Umfeld des Kindes	*1 Erzeugung, Verteilung und Verbrauch von Gütern*
	2 Arbeitsteilung in Wirtschaft und Gesellschaft
	3 Arbeit, Freizeit, Lernen, Spielen
	4 Wohnung, Kleidung, Ernährung

D	*Didaktik des Sachunterrichts*	1	*Lernbedürfnisse und Lernbedingungen der Grundschüler im Sachunterricht*
		2	*Prinzipien, Methoden und Medien des Sachunterrichts*
		3	*Unterschiedliche Konzeptionen des Sachunterrichts*
		4	*Unterrichtsplanung und Unterrichtsanalyse im Sachunterricht*

Nach Maßgabe des Lehrangebots der Hochschule kann die Studienordnung weitere Teilgebiete vorsehen, die hinsichtlich ihres Umfangs und ihrer Bedeutung für den Studiengang den genannten entsprechen.

Die Bestimmungen für die Prüfung setzen voraus, daß das Grundstudium die für den Unterricht relevanten Inhalte und die unterschiedlichen methodischen Ansätze der Fächer Geographie, Geschichte und der Disziplinen der Sozialwissenschaften (Soziologie, Politikwissenschaft, Wirtschaftswissenschaft) sowie nach Maßgabe des Lehrangebots der Hochschule wahlweise Hauswirtschaftswissenschaft oder Technik sicherstellt und daß im Hauptstudium die Studien in einem der Fächer Geographie, Geschichte, Hauswirtschaftswissenschaft oder in einer Disziplin der Sozialwissenschaften fortgeführt und fächerübergreifende Studien betrieben werden.

Im Rahmen des Nachweises des ordnungsgemäßen Studiums sind Studien in je zwei Teilgebieten der Bereiche A bis D nachzuweisen. Exkursionen sind nach näherer Bestimmung in der Studienordnung der Hochschule durchzuführen.

Anscheinend oder gar offenkundig ist die Beteiligung des Faches Geschichte als ein möglicher Schwerpunkt des Lernbereichs endgültig beschlossen worden, als die Diskussion um die Inhalte bereits abgeschlossen war. Zur Auflösung der aufgezeigten Diskrepanz ist eine sorgfältige Ausgestaltung der von den einzelnen Hochschulen zu erstellenden Studienordnungen für diesen integrierten Studiengang erforderlich.

4. Die zweite Ausbildungsphase: Der Vorbereitungsdienst

Im § 3 des LABG in der Fassung vom 28. August 1979 heißt es wörtlich:

> "(1) *Der Vorbereitungsdienst für ein Lehramt an öffentlichen Schulen ist an Gesamtseminaren für die Ausbildung und Fortbildung der Lehrer und an den ihnen zugeordneten Schulen abzuleisten.*
>
> (2) *Aufgabe des Vorbereitungsdienstes ist die wissenschaftlich fundierte Ausbildung für die berufspraktische Tätigkeit. Zur Ausbildung im Vorbereitungsdienst gehört selbständige Unterrichtstätigkeit.*
>
> (3) *Die Ausgestaltung des Vorbereitungsdienstes richtet sich nach dem angestrebten Lehramt.*
>
> (4) *Im Vorbereitungsdienst kann der Bewerber einen Schwerpunkt in einer Schulform nach Maßgabe der Ordnung des Vorbereitungsdienstes und der Zweiten Staatsprüfung wählen..."*

Wegen der bereits angesprochenen Finanzkrise in der Staatskasse, der "Lehrerschwemme" und der steckengebliebenen Versuche zur Umgestaltung des Schulwesens in Richtung auf die Gesamtschule, die inzwischen jedoch den Status einer Regelschule erhalten hat, ist der Vorbereitungsdienst in den letzten Jahren immer wieder geändert worden. So erging z.B. am 12. Juni 1984 bereits die "Fünfte Verordnung zur Änderung des Vorbereitungsdienstes und der Zweiten Staatsprüfung für Lehrämter an Schulen". Diese Ordnung selbst datiert auch erst vom 11. Juli 1980.[5]

Als wichtigste Bestimmungen müssen herausgestellt werden:

- Der Vorbereitungsdienst dauert für alle Lehrämter einheitlich vierundzwanzig Monate.
- Die Ausbildung im Gesamtseminar erfolgt in lehramtsbezogenen Ausbildungsgruppen.

Diese führen Hauptseminare mit Fragestellungen zur Pädagogik und allgemeinen Didaktik durch im wöchentlichen Durchschnitt von drei Stunden sowie Fachseminare zu "Gegenstände(n) der Unterrichtspraxis" vornehmlich unter fachdidaktischen Gesichtspunkten im wöchentlichen Durchschnitt von zwei Stunden.

Durch Runderlaß des Kultusministers vom 26. Oktober 1984 sind inzwischen die Gesamtseminare aufgelöst und die "bisherigen Ausbildungsgruppen der Gesamtseminare" mit Wirkung vom 1. Januar 1985 "als Studienseminare für Lehrämter an Schulen errichtet" worden. Seither gibt es also Studienseminare P, Studienseminare S I, Studienseminare S II und Studienseminare SP (Sonderpädagogik).

Die Schulpraktische Ausbildung erfolgt an Ausbildungsschulen in Form von Hospitationen, Unterricht unter Anleitung und selbständigem Unterricht. Der gesamte Ausbildungsunterricht soll zwölf Wochenstunden nicht überschreiten.

Die Zweite Staatsprüfung findet im letzten Ausbildungsjahr während des Vorbereitungsdienstes statt. Sie besteht aus folgenden Teilen: Einer schriftlichen Hausarbeit (Bearbeitungszeit 3 Monate), je einer schriftlichen Planung einer Unterrichtsstunde und deren Durchführung als Unterrichtsprobe im ersten und zweiten Fach und einer mündlichen Prüfung.

Die Ausbildung in der zweiten Phase erfolgt also prinzipiell nach Schulstufen. Sie erfolgt allerdings in den verschiedenen Schulformen und zwar für S I 12 Monate in der als Schwerpunkt gewählten Schulform und je 6 Monate in zwei anderen.
Institutionalisierte Kontakte zwischen Ausbildern der ersten und der zweiten Phase sind mir nicht bekannt.

5. Schlußbemerkung

Insgesamt gesehen befindet sich die Lehrerausbildung in Nordrhein-Westfalen im Jahre 1985 noch im Fluß. Die Lehrer selbst sind weiterhin verschiedenen Laufbahngruppen zugeordnet, nämlich dem gehobenen (P/SI) und dem höheren Dienst (S II).
Im Anfangsstadium befinden sich die Kontaktstudien für Geschichtslehrer in der Unterrichtspraxis und für arbeitslose Kolleginnen und Kollegen. Einen neuen Anstoß in dieser Frage hat jüngst der Landesverband Nordrhein-Westfälischer Geschichtslehrer gegeben.
Die Rahmenbedingungen sind so gestaltet, daß sie eine auch aus didaktischer Sicht erfolgreiche Geschichtslehrerausbildung ermöglichen. Über die Praxis sind noch keine Aussagen möglich.

Quellennachweis

1) Schulverwaltungsgesetz (SchVG) in der Fassung der Bekanntmachung vom 18.1.1985 (GV. NW. S. 155).

2) Gesetz über die Ausbildung für Lehrämter an öffentlichen Schulen (Lehrerausbildungsgesetz LABG), in der Fassung der Bekanntmachung vom 28.8.1979 (GV. NW. S. 586) - geändert durch Gesetz vom 26.6. 1984 (GV. NW. S. 370, 374).

3) Ordnung der Ersten Staatsprüfungen für Lehrämter an Schulen (Lehramtsprüfungsordnung - LPO) vom 22.7.1981 (GV. NW. S. 430); Verordnung zur Änderung der Ordnung der Ersten Staatsprüfungen für Lehrämter an Schulen vom 11.12.1984 (GV. NW. S. 60).

4) Gesetz über die Zusammenführung der Pädagogischen Hochschulen des Landes Nordrhein-Westfalen vom 19.12.1978 (GV. NW. S. 650); vgl. auch die Überleitungsverordnung vom 13.12.1979 (GV. NW. S. 998).

5) Ordnung des Vorbereitungsdienstes und der Zweiten Staatsprüfung für Lehrämter an Schulen (Ordnung des Vorbereitungsdienstes und der Zweiten Staatsprüfung - OVP) vom 11.7.1980 (GV. NW. S. 718) in der Fassung vom 12.6.1984 (GV. NW. S. 342).

RHEINLAND-PFALZ
Geschichtslehrerausbildung in traditionellen Bahnen

Von Erwin SCHAAF

1. Einleitung

1.1 Rückblick auf die Reformbewegung

Die Geschichtslehrerausbildung hat in Rheinland-Pfalz während des zurückliegenden Jahrzehnts eine insgesamt zögernde Reform erfahren. So wie die Dreigliedrigkeit des allgemeinbildenden Schulsystems grundsätzlich beibehalten worden ist, so wurde auch an gesonderten schulartbezogenen Studiengängen festgehalten. Das Mitte der 70er Jahre konzipierte "Trierer Modell" der Lehrerausbildung, das eine enge Verzahnung von Fachwissenschaft, Fachdidaktik und Erziehungswissenschaft sowie von Theorie und Praxis anstrebte und die Ausbildung des Stufenlehrers vorsah[1], hat sich nicht durchgesetzt.

In der universitären Gymnasial- und Realschullehrerausbildung wurde die Dominanz der fachwissenschaftlichen Studienanteile uneingeschränkt gewahrt. Die Fachdidaktik fand zwar Eingang in die Studieninhalte, blieb jedoch auf ein Minimum beschränkt. Allgemein wurde indes das Fachstudium durch ein erziehungswissenschaftliches Basisstudium ergänzt. Fortschrittliche Entwicklung zeigt sich in etwa darin, daß inzwischen Prüfungs- und Studienordnungen erstellt worden sind, die differenzierte Aussagen über Studienziele und Studieninhalte sowie den Aufbau des jeweiligen Studiengangs treffen.

In der Geschichtslehrerausbildung für das Lehramt an Hauptschulen ist mit der Errichtung der Erziehungswissenschaftlichen Hochschule Rheinland-Pfalz (EWH) im Jahre 1969[2], in der die bis dahin bestehenden Pädagogischen Hochschulen zusammengefaßt worden sind, ein gravierender Einschnitt erfolgt. Die herkömmliche Allround-Lehrerausbildung wurde ersetzt durch Fachlehrerausbildung. Entwickelt wurde ein Studiengang, in dem sich fachwissenschaftliche und fachdidaktische, erziehungswissenschaftliche und schulpraktische Anteile ergänzen.

Mitte der 70er Jahre wurde die zweite Phase der Geschichtslehrerausbildung für Grund- und Hauptschulen neu errichteten staatlichen Studienseminaren zugewiesen, die sich jeweils in ein Allgemeines Seminar und Fachseminare gliedern. Damit war formal eine weitgehende Anpassung der Geschichtslehrerausbildung für die verschiedenen Lehrämter erreicht.

Die Ausbildung von Geschichtslehrern für Sonderschulen erfolgte ab 1974 im ersten viersemestrigen Teilabschnitt eines grundständigen Studiengangs an der Erziehungswissenschaftlichen Hochschule. Dieser Studiengang läuft derzeit aus und wird ersetzt werden durch ein Aufbaustudium an der Universität Mainz, das die Grund- und Hauptschullehrer-Examina und eine dreijährige unterrichtspraktische Bewährung voraussetzt. Die Prüfungsordnung für diesen Aufbaustudiengang befindet sich derzeit noch in der Beratung.

Für das Lehramt an Berufsbildenden Schulen besteht kein Studiengang im Fach Geschichte, da es an diesen Schulen das Unterrichtsfach Geschichte nicht gibt. Hier sind geschichtliche Inhalte im Sinne "historischer Grundlagen" in das Fach Sozialkunde integriert.

Mit der Wiederentdeckung des "Erzieherischen" Ende der 70er Jahre wurde die Verstärkung des Klassenlehrerprinzips gefordert und zugleich das bestehende Zwei-Fach-Studium in der Lehrerausbildung als zu eng begrenzt kritisiert. Das hatte zur Folge, daß durch Landesverordnung über die Staatsprüfungen für die Lehrämter an den allgemeinbildenden Schulen das Studium eines "Weiteren Fachs" eingeführt wurde. Die in diesem Zusatzfach zu erbringenden Leistungen entsprechen den im Grundstudium des jeweiligen Studiengangs angesetzten Anforderungen.

Die Mitte der 70er Jahre einsetzende Lehrerarbeitslosigkeit hat sich in besonders starkem Maße ausgewirkt auf die Wahl des Fachs Geschichte im Studiengang für das Lehramt an Grund- und Hauptschulen. Von diesem Zeitpunkt an ist die Zahl der Geschichtsstudenten rapide zurückgegangen. Verstärkt wurde dieser Trend durch die Prüfungsordnung für Grund- und Hauptschulen von 1982, die im Hauptfachstudium nur noch die Verbindung von Geschichte mit Deutsch zuläßt. Der angeblich geringe Bedarf an Geschichtslehrernachwuchs an Hauptschulen ist vorwiegend in dem Mißstand begründet, daß an dieser Schulart immer noch Geschichtsunterricht zum Großteil von nicht-fachspezifisch ausgebildeten Lehrern erteilt wird.

Zum Erwerb von Qualifikationen für ein außerschulisches Betätigungsfeld ist den Studenten des Fachs Geschichte für alle Lehrämter die Möglichkeit eingeräumt, über ein Aufbaustudium das Magister- und Doktorexamen abzulegen.

1.2 Institutionelle Rahmenbedingungen

Die Ausbildung der Geschichtslehrer in der ersten Phase erfolgt an verschiedenen wissenschaftlichen Hochschulen:

- Für das Lehramt an Grund- und Hauptschulen bildet ausschließlich die EWH in ihren Abteilungen Landau und Koblenz aus.
- Für das Lehramt an Realschulen bilden aus die Universität Trier und die Abteilung Landau der EWH.
  An der Universität Mainz läuft derzeit der Studiengang für das Lehramt an Realschulen aus.
- Die Gymnasiallehrerausbildung erfolgt an den Universitäten Mainz und Trier.

Die Geschichtslehrerausbildung ist wie die Lehrerausbildung in Rheinland-Pfalz insgesamt schulartspezifisch ausgerichtet. In der Ausbildungspraxis ergeben sich in den verschiedenen Studiengängen Überschneidungen. So ist an der Universität Trier das Grundstudium während der ersten vier Semester in den Studiengängen für das Lehramt an Realschulen und das Lehramt an Gymnasien identisch angelegt. Im Hauptstudium wird zwischen beiden Studiengängen insofern differenziert, als die fachwissenschaftlichen Studienanteile im Studiengang für Gymnasiallehrer bei einer um zwei Semester längeren Studienzeit verstärkt werden. An der Erziehungswissenschaftlichen Hochschule wird teilweise Integration zwischen den Studiengängen für das Lehramt an Grund- und Hauptschulen und das Lehramt an Realschulen durchgeführt. Differenziert wird in der Weise, daß im Studiengang für Realschullehrer der fachwissenschaftliche Anteil verstärkt und der fachdidaktische und erziehungswissenschaftliche Anteil reduziert wird.

Die Geschichtslehrerausbildung in der zweiten Phase erfolgt getrennt nach den Lehrämtern an staatlichen Studienseminaren. Sie dauert für alle Lehrämter 18 Monate.

- Studienseminare für das Lehramt an Grund- und Hauptschulen bestehen in Kaiserslautern, Mainz, Neuwied, Speyer und Trier.

- Studienseminare für das Lehramt an Realschulen sind eingerichtet in Kaiserslautern, Koblenz, Mainz und Trier.
- Studienseminare für das Lehramt an Gymnasien befinden sich in Kaiserslautern, Koblenz (mit Außenstelle Neuwied), Kreuznach, Mainz, Speyer (mit Außenstelle Ludwigshafen) und Trier.

Die Studienseminare arbeiten mit Ausbildungsschulen zusammen.

Zwischen den Hochschulen und den Studienseminaren bestehen keine institutionalisierten Kontakte. Dennoch ist zumindest zwischen der EWH und den Studienseminaren für Grund- und Hauptschulen insofern Kooperation zustandegekommen, als Vertreter dieser Seminare als beratende Mitglieder in den an den Abteilungen dieser Hochschule bestehenden ständigen Ausschuß für schulpraktische Studien berufen worden sind. Dadurch ist eine effiziente Koordination der Ausbildungsarbeit zwischen der ersten und zweiten Phase erzielt worden.

2. Landesgesetzlicher Rahmen

Die Lehrerausbildung in Rheinland-Pfalz stützt sich auf das Landesgesetz über die wissenschaftlichen Hochschulen in Rheinland-Pfalz vom 26.01.1978[3] und bezieht sich indirekt auf das Landesgesetz über die Schulen in Rheinland-Pfalz vom 6.11.1974[4]. Ein Lehrerausbildungsgesetz besteht nicht. Stattdessen sind Landesverordnungen über die Erste bzw. Zweite Staatsprüfung für die verschiedenen Lehrämter erlassen worden. Diese orientieren sich an den im Schulgesetz von 1974, § 6, aufgeführten Schularten und nicht an den dort ebenfalls bezeichneten Schulstufen. Bei aller horizontalen Durchlässigkeit zwischen den Schularten dominiert im rheinland-pfälzischen Schulsystem die vertikale Dreigliedrigkeit. So hat sich in der Lehrerausbildung in Rheinland-Pfalz auch nicht die Qualifikfation für das schulstufenbezogene, sondern für das schulartbezogene Lehramt durchgesetzt. Unterschieden wird, soweit es die allgemeinbildenden, hier zu berücksichtigenden Schulen betrifft, zwischen dem Lehramt an Grund- und Hauptschulen, dem Lehramt an Realschulen und dem Lehramt an Gymnasien. In den hier genannten Schularten wird Geschichtsunterricht in einem eigenständigen Fach ab dem 7. Schuljahr erteilt.

Die Lehrerausbildung in der ersten Phase stützt sich derzeit auf

die Landesverordnungen für die Erste Staatsprüfung
- für das Lehramt an Grund- und Hauptschulen vom 16. Juni 1982[5],
- für das Lehramt an Realschulen vom 31. März 1982[6],
- für das Lehramt an Gymnasien vom 5. Mai 1982[7].

Die Ausbildung in der zweiten Phase basiert auf den Landesverordnungen für die Zweite Staatsprüfung
- für das Lehramt an Grund- und Hauptschulen vom 11. Dez. 1984[8],
- für das Lehramt an Realschulen vom 11. Dezember 1984[9],
- für das Lehramt an Gymnasien vom 11. Dezember 1984[10].

In den Landesverordnungen für die Erste Staatsprüfung ist für alle Lehrämter neben der fachwissenschaftlichen Ausbildung die fachdidaktische, erziehungswissenschaftliche und schulpraktische Ausbildung vorgeschrieben. Dementsprechend werden über die Studieninhalte im jeweiligen Anhang zu den einzelnen Prüfungsordnungen differenzierte Aussagen getroffen. Als Zulassungsvoraussetzung zum Ersten Staatsexamen wird in allen Studiengängen ein fachdidaktischer Leistungsnachweis gefordert.

Die laut Hochschulgesetz von 1978 "auf der Grundlage der Prüfungsordnung und unter Berücksichtigung der fachlichen und hochschuldidaktischen Entwicklung und den Anforderungen der beruflichen Praxis" (§ 19) zu erstellenden Studienordnungen liegen derzeit zum Großteil erst als Entwurf vor. Die nachfolgenden Ausführungen stützen sich also auf Unterlagen, die noch der Genehmigung durch das Kultusministerium des Landes bedürfen. Es liegen vor:
- Studienordnung für das Fach Geschichte im Studiengang für das Lehramt an Grund- und Hauptschulen an der EWH (Entwurf von Anfang 1985),
- Studienordnung für das Fach Geschichte im Studiengang für das Lehramt an Realschulen an der EWH (Entwurf von Anfang 1985),
- Studienordnung für das Fach Geschichte im Studiengang für das Lehramt an Realschulen an der Universität Trier (Entwurf vom 13.11.1984),
- Studienordnung für das Fach Geschichte im Studiengang für das Lehramt an Gymnasien an der Universität Trier (Entwurf vom 13.11.1984),
- Studienordnung des Fachbereichs 16 Geschichtswissenschaft der Johannes Gutenberg-Universität Mainz für das Studium des Fachs Geschichte, ministeriell genehmigt am 11.01.1985.

3. Erste Ausbildungsphase

3.1 Studienziele

Nach den geltenden Prüfungsordnungen ist das Ziel des Studiums gleichlautend in den verschiedenen Studiengängen die wissenschaftliche Befähigung zur Erteilung des Geschichtsunterrichts in der jeweiligen Schulart. Diese Zielsetzung wird in den Studienordnungen der EWH gleichlautend übernommen. Die Studienordnungen der Universitäten Trier und Mainz hingegen modifizieren die Zielvorgabe. So soll das Geschichtsstudium an der Universität Trier im Studiengang für Realschulen wie für Gymnasien in möglichst breiter Streuung geschichtliche Kenntnisse und zugleich die Befähigung zu selbständiger wissenschaftlicher Arbeit vermitteln, um für das jeweilige Lehramt und darüber hinaus für außerschulische Arbeitsfelder vorzubereiten. Diese Polyvalenz des Studienziels bestimmt insbesondere den Gymnasiallehrerstudiengang, der auf folgende Berufstätigkeiten vorbereiten will: "Lehramt an Gymnasien und anderen höheren Schulen; höherer Archivdienst; wissenschaftlicher Bibliotheksdienst; des weiteren auf Tätigkeiten im Museumswesen, in der Erwachsenenbildung, bei Presse und Medien und im Verlagswesen" (Studienordnung § 5,2). Nach der Studienordnung der Universität Mainz soll das Studium der Geschichte "dem Studenten die methodischen und wissensmäßigen Grundlagen vermitteln, die ihn befähigen, sich selbständig und kritisch die für seinen späteren Beruf notwendigen Qualifikationen zu erwerben". Dazu wird ausdrücklich auch die "Beschäftigung mit Fachdidaktik" gefordert (§ 6). Im Gegensatz zur Studienordnung der Universität Trier, die in der Definition der Studienziele nicht auf die Fachdidaktik eingeht, wird in der Mainzer Studienordnung "den Studienzielen der Fachdidaktik" ein eigener Abschnitt gewidmet. "Die Didaktik der Geschichte", so heißt es in § 7, "soll dem Studenten, der das Staatsexamen als Studienabschluß anstrebt, eine Einführung in Fragen und Probleme geben, die sich mit dem Transfer des fachwissenschaftlich erarbeiteten Stoffes in die Schulpraxis stellen. Sie wird ergänzt durch Schulpraktika. Sie kann ferner dem Studenten Orientierungshilfe bei der Planung seines fachwissenschaftlichen Studiums liefern."

Vergleichen wir die Aussagen über die Studienziele in den verschiedenen Studienordnungen, so stellen wir bemerkenswerte Unterschiede fest. Wenn die EWH in Anlehnung an die Prüfungsordnung als Ziel des Studiums die wissenschaftliche Befähigung zur Erteilung des Geschichtsunterrichts ansetzt, wird damit der unmittelbare Bezug des Studiums auf das Berufsfeld Schule ausgedrückt. Das bedeutet für die konkrete Durchführung des Studiums, daß selbstverständlich der Erwerb fachdidaktischer Kenntnisse und Fähigkeiten in die Studienziele einbezogen ist. Das wird durch die an der EWH praktizierte Ausbildung belegt. Die Universität Mainz räumt in ihrer Zielsetzung des Lehrerstudiums der Fachdidaktik eine auf die Berufsqualifikation des Lehrers angemessen bezogene Position ein. Die Universität Trier indes ignoriert die Fachdidaktik in ihrer Studienzieldefinition vollständig und weist insofern ein bedenkliches partielles Defizit in der Berufsfeldbezogenheit der Lehrerausbildung auf.

3.2 Studiendauer und Aufbau des Studiums

Die Studiendauer beträgt im Studiengang für das Lehramt an
- Grund- und Hauptschulen 6 Semester,
- Realschulen 6 Semester,
- Gymnasien 8 Semester.

Die Studiengänge gliedern sich jeweils in ein Grund- und Hauptstudium. Das <u>Grundstudium</u> umfaßt im Studiengang für das Lehramt an

- Grund- und Hauptschulen	3 Semester mit 20 SWS
- Realschulen an der EWH	3 Semester mit 26 SWS
- Realschulen an der Universität Trier	4 Semester mit 24 SWS
- Gymnasien an der Universität Trier	4 Semester mit 30 SWS
- Gymnasien an der Universität Mainz	4 Semester mit 27 SWS

Das <u>Hauptstudium</u> umfaßt im Studiengang für das Lehramt an

- Grund- und Hauptschulen	3 Semester mit 18 SWS
- Realschulen an der EWH	3 Semester mit 24 SWS
- Realschulen an der Universität Trier	2 Semester mit 22 SWS
- Gymnasien an der Universität Trier	4 Semester mit 30 SWS
- Gymnasien an der Universität Mainz	4 Semester mit 30 SWS

An der Universität Trier wird das Grundstudium des Fachs Geschichte in den Studiengang für das Lehramt an Realschulen bzw. Gymnasien mit einer Zwischenprüfung abgeschlossen.[11]

3.3 Zulassungvoraussetzung, Leistungsnachweise und Prüfungen

3.3.1 Fremdsprachenkenntnisse

Im Studiengang für das Lehramt an Grund- und Hauptschule sind im Fach Geschichte Fremdsprachenkenntnisse nicht ausdrücklich gefordert und folglich auch nicht nachzuweisen.

Im Studiengang für das Lehramt an Realschulen bzw. Gymnasien sind im Fach Geschichte Kenntnisse in zwei modernen Fremsprachen und in Latein vor Beginn des Hauptstudiums nachzuweisen. Griechisch kann an die Stelle einer modernen Fremdsprache treten.

3.3.2 Leistungsnachweise

Leistungsnachweise werden in allen Studiengängen im fachwissenschaftlichen, fachdidaktischen und erziehungswissenschaftlichen Bereich gefordert.

Im Studiengang für das Lehramt an Grund- und Hauptschulen sind zu erwerben

- im fachwissenschaftlichen Bereich Geschichte
  3 Proseminarscheine im Grundstudium und
  1 Seminarschein im Hauptstudium;
- im fachdidaktischen Bereich
  1 Seminarschein im Hauptstudium;
- im erziehungswissenschaftlichen Bereich
  je 1 Seminarschein in Allgemeiner Didaktik, Pädagogik, Psychologie, über ein besonderes Problem der Grund- und Hauptschule und im Wahlpflichtfach (Politikwissenschaft, Philosophie, Soziologie, Evangelische Theologie oder Katholische Theologie).

Geschichte als "Weiteres Fach" wird mit ca. 16 SWS studiert. Als Zulassung zur mündlichen Abschlußprüfung sind wie im Grundstudium 3 Proseminarscheine zu erbringen.

Im Studiengang für das Lehramt an Realschulen werden als Leistungsnachweise gefordert

- im fachwissenschaftlichen Bereich
  3 Proseminare im Grundstudium und
  2 Seminarscheine im Hauptstudium;
- im fachdidaktischen Bereich
  1 Seminarschein im Hauptstudium;
- im erziehungswissenschaftlichen Bereich
  2 Proseminarscheine und 1 Seminarschein in Pädagogik und - soweit pädagogische Aspekte oder Gegenstände behandelt werden - aus der Psychologie oder Soziologie.

Geschichte als "Weiteres Fach" soll an der EWH mit ca. 16 SWS und an der Universität Trier mit ca. 30 SWS studiert werden. Als Zulassung zur mündlichen Abschlußprüfung sind 3 Proseminarscheine zu erwerben.

Als Leistungsnachweise sind im Studiengang für das Lehramt an Gymnasien zu erbringen

- im fachwissenschaftlichen Bereich
  1 Vorkursschein,
  1 Übungsschein in Quellenlektüre und
  3 Proseminarscheine im Grundstudium,
  4 Seminarscheine im Hauptstudium;
- im fachdidaktischen Bereich
  1 Seminarschein im Hauptstudium;
- im erziehungswissenschaftlichen Bereich sind die gleichen Leistungsnachweise wie im Studiengang für das Lehramt an Realschulen zu erbringen.

Setzen wir die in den Bereichen Fachwissenschaft, Fachdidaktik und Erziehungswissenschaft geforderten Leistungsnachweise in Relation, ergibt sich in den einzelnen Studiengängen, bezogen auf das Fach Geschichte, folgendes Verhältnis:

- Grund- und Hauptschule 4 : 1 : 5
- Realschule 5 : 1 : 3
- Gymnasium 9 : 1 : 3

Das verdeutlicht, daß sich bei einem durchgehend minimalen Anteil der Fachdidaktik der Schwerpunkt der Ausbildung vom Studiengang Grund- und Hauptschule hin zum Studiengang Gymnasium merklich von der Erziehungswissenschaft auf die Fachwissenschaft verlagert. Der sehr starke erziehungswissenschaftliche Anteil in der Grund- und Hauptschullehrerausbildung erklärt sich aus der Verwurzelung der EWH in ehemaligen Pädagogischen Hochschulen.

3.3.3 Prüfungen

Die Abschlußprüfung besteht in allen Studiengängen aus der wissenschaftlichen Prüfungsarbeit, der schriftlichen Prüfung (Klausur) und der mündlichen Prüfung.

Für die wissenschaftliche Prüfungsarbeit gelten in den einzelnen Studiengängen folgende Vorschriften:

- Grund- und Hauptschule: Die Arbeit wird angefertigt in einem Bereich der Erziehungswissenschaften oder in einem der studierten Fächer. Die Bearbeitungszeit dauert 3 Monate.
- Realschule: Die Arbeit wird angefertigt im 1. Fach. Die Bearbeitungszeit beträgt 3 Monate.
- Gymnasium: Die Arbeit wird angefertigt im 1. Fach. Die Bearbeitungszeit beträgt 4 Monate.

Die schriftliche Prüfung beinhaltet die Anfertigung einer Klausur im Fach Geschichte je Studiengang. Die Bearbeitungszeiten sind wie folgt angesetzt:

- Grund- und Hauptschule	4 Zeitstunden
- Realschule	5 Zeitstunden
- Gymnasium	5 Zeitstunden

Für die mündliche Prüfung sind, differenziert nach fachwissenschaftlichem, fachdidaktischem und erziehungswissenschaftlichem Anteil, die nachstehenden Prüfungszeiten angesetzt:

- Grund- und Hauptschule:	
Fachwissenschaft und Fachdidaktik	45 Minuten
Erziehungswissenschaft	80 Minuten (je 20 Min. in 4 Bereichen)
- Realschule:	
Fachwissenschaft	45 Minuten
Fachdidaktik	15 Minuten
Erziehungswissenschaft	30 Minuten

- Gymnasium:

Fachwissenschaft	60 Minuten
Fachdidaktik	15 Minuten
Erziehungswissenschaft	30 Minuten

Ein Vergleich der Bestimmungen zur Abschlußprüfung bestätigt die starke Position der Erziehungswissenschaften im Studiengang für das Lehramt an Grund- und Hauptschulen. Hervorzuheben ist, daß die Prüfungsordnungen für die Realschule wie für das Gymnasium der fachdidaktischen Prüfung eigene Zeitwerte beimessen, die in der Realschullehrerprüfung 1/4 und in der Gymnasiallehrerprüfung 1/5 der Gesamtzeit der Fachprüfung betragen. Diesem Verhältnis zwischen fachwissenschaftlichen und fachdidaktischen Zeitanteilen wird in den Studienordnungen der Universitäten Mainz und Trier in der Aufteilung der Semesterwochenstunden zwischen Fachwissenschaft und Fachdidaktik nicht entsprochen. Hierin besteht ein Widerspruch zwischen Prüfungsordnung und Studienordnung.

3.4 Studieninhalte

Grundsätzliche Aussagen über die Studieninhalte werden im Anhang zu den Prüfungsordnungen der verschiedenen Lehrämter getroffen. Von dieser Vorentscheidung ausgehend werden in den Studienordnungen die Studieninhalte differenziert auf Grund- und Hauptstudium verteilt. Durchgehend werden neben fachwissenschaftlichen auch fachdidaktische Studieninhalte aufgeführt.

3.4.1 Fachwissenschaftliche Studieninhalte

In allen Lehramtsstudiengängen sind im Fach Geschichte grundsätzlich die Hauptepochen der Geschichte (Alte Geschichte, Mittelalterliche Geschichte, Neuere und Neueste Geschichte) in ihren Grundzügen und mit jeweils besonderer Schwerpunktbildung zu studieren. Allerdings unterscheiden sich die einzelnen Studiengänge in der Intensität der Beschäftigung mit den geschichtlichen Epochen. Die facheigenen Methoden und wissenschaftstheoretischen Fragen sowie die historischen Hilfswissenschaften werden unterschiedlich entweder im Zusammenhang mit bestimmten epochenbezogenen Inhalten studiert oder in eigens dazu angesetzten Lehrveranstaltungen behandelt.

Im einzelnen werden die Studieninhalte in den Studienordnungen der verschiedenen Lehramtsstudiengänge wie folgt angeordnet:

Tabelle 1:

Studiengang für das Lehramt an Grund- und Hauptschulen an der EWH

Studieninhalte	*Grundstudium*	*Hauptstudium*
Einführung in das Geschichtsstudium	2	
Historische Hilfswissenschaften		2
Wissenschaftstheorie	2	
Alte und Mittelalterliche Geschichte	2	
Alte oder Mittelalterliche Geschichte	2	2
Mittelalterliche oder Neuere Geschichte		2
Neuere oder Neueste Geschichte	6	4
Landesgeschichte	2	4
zusammen	*16*	*14*

Im ersten Staatsexamen werden auf fachwissenschaftlichem Gebiet gefordert a) Kenntnisse über Grundlagen und Methoden der Geschichtswissenschaft, Grundzüge der Geschichte des Altertums, des Mittelalters und der frühen Neuzeit, Entwicklungslinien und Grundprobleme der Neuesten Geschichte sowie b) gründliche Kenntnisse in zwei Wissensgebieten, von denen eines aus der Geschichte des Altertums oder des Mittelalters, das andere aus der Geschichte der Neuzeit sein muß.

Tabelle 2:

Studiengang für das Lehramt an Realschulen
an der EWH und der Universität Trier

Studieninhalte	Grundstudium EWH	Grundstudium Univ. Trier	Hauptstudium EWH	Hauptstudium Univ. Trier
Historische Hilfswissenschaften	2			
Quellenlektüre	2			
Wissenschaftstheorie				
Alte Geschichte	6	6		
Alte oder Mittelalterliche Geschichte			4	2
Mittelalterliche Geschichte	6	6 } 6+	2 } 8+	} 16+
Neuere bzw. Neueste Geschichte	6	6	4	2
Landesgeschichte			2	
zusammen	22	24	20	20

\+ *Diese SWS verteilen sich auf Wahllehrveranstaltungen im Rahmen der abgegrenzten Sachgebiete.*

Während an der EWH für Teilgebiete wie Historische Hilfswissenschaften, Wissenschaftstheorie und Quellenlektüre gesonderte Lehrveranstaltungen angeboten werden, sind diese Teilgebiete an der Universität in jeweils vierstündige Proseminare zur Alten Geschichte, Mittelalterlichen Geschichte und Neueren oder Neuesten Geschichte integriert. Diese Proseminare führen in das Studium der Epochen ein und wollen anhand ausgewählter Themen dem Erwerb notwendiger methodischer und grundwissenschaftlicher Kenntnisse sowie deren Einübung dienen.

Im ersten Realschullehrerexamen werden auf fachwissenschaftlichem Gebiet gefordert a) Kenntnis eines Sachgebietes oder eines zeitlichen Abschnitts jeweils aus der Alten und Mittelalterlichen Geschichte und b) vertiefte Kenntnis eines Sachgebiets oder eines zeitlichen Abschnitts jeweils aus der Neueren und Neuesten Geschichte auf der Grundlage des Studiums von Quellen und wissenschaftlicher Literatur. Die gewählten Themen sind durchgehend in den Zusammenhang der Geschichte einzuordnen. Außerdem wird Kenntnis wichtiger Hilfsmittel und Methoden der Geschichtswissenschaft erwartet.

Tabelle 3:

Studiengang für das Lehramt an Gymnasien
an den Universitäten Mainz und Trier

	Grundstudium		Hauptstudium	
Studieninhalte	*Univ. Trier*	*Univ. Mainz*	*Univ. Trier*	*Univ. Mainz*
Vorkurs		3		
Quellenlektüre	2	2		
Alte Geschichte	6	4	2	4
Mittelalterliche Geschichte	6	4	2	4
Neuere Geschichte	8^{+}	2 6^{+}	2 20^{+}	4 12^{+}
Neuere bzw. Neueste Geschichte	8	2		
Neueste Geschichte		2	2	4
zusammen	30	25	28	28

\+ *Diese SWS verteilen sich auf Wahllehrveranstaltungen.*

Im Hauptstudium wird unterschieden zwischen Geschichte als 1. Fach, 2. Fach und Geschichte in Kombination mit Geographie und Sozialkunde. In Geschichte als 1. Fach werden 4 Seminarscheine, in Geschichte als 2. Fach 3 und Geschichte in Verbindung mit Geographie und Sozialkunde 2 Seminarscheine gefordert. Dementsprechend verringert sich die Zahl der Semesterwochenstunden.

An der Universität Trier sind die Einführung und Einübung in die Grundlagen und Methoden des Geschichtsstudiums in die epochenspezifischen Proseminare einbezogen. An der Universität Mainz dient dazu insbesondere ein sog. Vorkurs.

Im ersten Staatsexamen für das Lehramt an Gymnasien werden vertiefte Kenntnisse eines Sachgebietes oder eines zeitlichen Abschnitts aus der Alten, Mittelalterlichen, Neueren und Neuesten Geschichte auf der Grundlage des Studiums von Quellen und wissenschaftlicher Literatur und unter Verwendung wichtiger Hilfsmittel und Methoden der Geschichtswissenschaft gefordert. Außerdem wird die Fähigkeit vorausgesetzt, die gewählten Themen in die Zusammenhänge der Geschichte einzuordnen.

3.4.2 Fachdidaktische Studieninhalte und Schulpraktika

Die fachdidaktischen Studieninhalte werden im Anhang zu den Prüfungsordnungen vorgegeben. Gefordert werden in der Abschlußprüfung

- für das Lehramt an Grund- und Hauptschulen:
  Kenntnisse über Analyse und Planung des Geschichtsunterrichts und über Methoden und Medien des Geschichtsunterrichts sowie gründliche Kenntnisse in zwei der folgenden Wissensgebiete:
  Lerninhaltsauswahl und -strukturierung; Lernzielsetzung; Unterrichtsformen und Verfahrensweisen; lernpsychologische Voraussetzungen des Geschichtsunterrichts;
- für das Lehramt an Realschulen wie an Gymnasien:
  Kenntnis der Grundbegriffe und Fragestellungen der Fachdidaktik, insbesondere der fachspezifischen Lehrplanentwicklung und - im Zusammenhang mit dem Schulpraktikum - Kenntnisse grundlegender Elemente des Fachunterrichts.

Die Studienordnungen gehen mit Ausnahme der Studienordnung der Universität Mainz für den Gymnasiallehrerstudiengang nicht näher auf die fachdidaktischen Studieninhalte ein. Nach der Mainzer Studienordnung sind innerhalb des fachdidaktischen Studiums folgende Themengruppen zu berücksichtigen:
1. Einführung in Grundlagen und Grundbegriffe der Fachdidaktik (z.B. Theorien der Geschichtswissenschaft in ihrer Beziehung zur Didaktik des Geschichtsunterrichts, Selbstverständnis des Geschichtsunterrichts, Bildungswirksamkeit der Geschichte), 2. Lenkung und Unterstützung des ersten Kontakts mit der Unterrichtspraxis durch Vor- und Nachbereitung der Schulpraktika, 3. Umsetzung von Ergebnissen der fachwissenschaftlichen Forschung in den Ausbildungs- und Unterrichtsprozeß, 4. Einführung in Probleme und Ergebnisse der Lehrplaneinheit, 5. Lernmittelkenntnis und -kritik.

Der Theorie-Praxis-Bezug wird durch Schulpraktika hergestellt, die in die einzelnen Studiengänge unterschiedlich eingebracht werden. Im Studiengang für das Lehramt an Grund- und Hauptschulen wird die enge Verbindung von Fachdidaktik und Unterrichtspraxis angestrebt a) durch ein Fachpraktikum, das im 4. oder 5. Semester verbunden mit einer Begleitübung von einem Fachvertreter durchgeführt wird und mit einer benoteten Beurteilung abschließt, b) durch zwei vierwöchige Blockpraktika, von denen das zweite fachbezogen unter Betreuung eines Fachvertreters zu gestalten ist und mit einer unbenoteten Beurteilung abschließt.

Im Studiengang für das Lehramt an Realschulen bzw. Gymnasien wird der Praxisbezug durch ein zweiwöchiges Hospitationspraktikum und ein vierwöchiges Blockpraktikum, das auch der unterrichtlichen Erprobung dienen soll, hergestellt. Diese Schulpraktika sollen laut Prüfungsordnung mit geeigneten erziehungswissenschaftlichen und fachdidaktischen Lehrveranstaltungen verbunden sein. Diese Praktika werden nicht durch die Hochschule betreut und schließen lediglich mit einer Bescheinigung des Schulleiters ab.

In die Studiengänge werden nach den vorliegenden Studienordnungen fachdidaktische Lehrveranstaltungen und Schulpraktika wie folgt eingebracht:

Tabelle 4

Fachdidaktische Lehrveranstaltungen und Schulpraktika

Studiengänge	*Grundstudium*	*Hauptstudium*	*Schulpraktika*
Grund- und Hauptschule	*4*	*4*	*1 Fachpraktikum* *2 vierwöchige Blockpraktika*
Realschule			
- EWH	*4*	*4*	*1 zweiwöchiges Hospitationspraktikum*
- Universität Trier		*2*	*1 vierwöchentliches Blockpraktikum*
Gymnasium			
- Universität Mainz	*2*	*2*	*wie im Studiumgang für die Realschule*
- Universität Trier		*2*	

3.4.3 Erziehungswissenschaftliche Studieninhalte

Dieser Studienbereich nimmt im Studiengang für das Lehramt an Grund- und Realschulen einerseits und den Studiengängen für das Lehramt an Realschulen bzw. Gymnasien andererseits einen stark unterschiedlichen Raum ein. Laut Prüfungsordnung sind im erstgenannten Studiengang als "Pflichtbereiche" zu studieren die Allgemeine Didaktik (Grundlage und Ziele der Bildung; Lehrplantheorie und Curriculumforschung; Lehr- und Lernstrategien; Schule und Gesellschaft; Probleme der Leistungsbeurteilung), die Pädagogik (Grundlagen einer Theorie der Erziehung; Pädagogische Anthropologie; Erziehungsformen und -mittel; Erziehungsinstitutionen; Erziehungsberatung) und die Psychologie (Pädagogische Psychologie; Entwicklungspsychologie; Psychologie des Lehrens und Lernens; Sozialpsychologie; Beurteilung und Beratung in der Schule). Kenntnisse sind jeweils in drei der genannten Teilgebiete nachzuweisen. Außerdem ist innerhalb des "Wahlpflichtbereichs" entweder Philosophie, Politikwissenschaft, Soziologie, Evangelische Theologie oder Katholische Theologie mit ähnlich bemessenen Prüfungsanforderungen zu studieren.

Im Studiengang für das Lehramt an Realschulen wie für das Lehramt an Gymnasien beziehen sich die Prüfungsanforderungen im erziehungswissenschaftlichen Bereich auf Theorien der Erziehungswissenschaft und der Erziehung, Allgemeine Didaktik und Lehrplanentwicklung, das Schulwesen in seiner Entwicklung, Institutionen und Organisationsformen, Pädagogische Psychologie und Theorie der Sozialisation. Vertiefte Kenntnisse sind in drei der genannten Themenbereiche nachzuweisen.

4. Zweite Ausbildungsphase

Die Ausbildung in der zweiten Phase erfolgt in Staatlichen Studienseminaren jeweils gesondert für das Lehramt an Grund- und Hauptschulen, Realschulen und Gymnasien. Sie stützt sich auf Landesverordnungen über die Ausbildung und Zweite Staatsprüfung[12], die zwar jeweils auf ein bestimmtes Lehramt bezogen sind, in ihrem Wortlaut jedoch weitgehend übereinstimmen. Die Binnenstruktur der Ausbildung in der zweiten Phase ist für alle Lehrämter gleich. Die Schulartbezogenheit der Ausbildung äußert sich u.a. auch in der Bezeichnung der Lehramtsbewerber. Unterschieden wird zwischen "Lehramtsanwärtern" für die

Grund- und Hauptschulen, "Realschullehreranwärtern" und "Studienreferendaren" für die Gymnasien.

4.1 Ziel und Aufbau der Ausbildung

Das Ausbildungsziel besteht gleichlautend für die verschiendene Lehrämter darin, daß der Lehramtsbewerber auf der Grundlage seines Studiums mit Theorie und Praxis der Erziehung und des Unterrichts allgemein und seiner Unterrichtsfächer im besonderen so vertraut gemacht wird, daß er zu selbständiger Arbeit im jeweiligen Lehramt fähig ist.

Die Ausbildung dauert für alle Lehrämter 18 Monate. Sie findet jeweils statt im Studienseminar und in einer Ausbildungsschule.

Im Studienseminar soll der Lehramtsbewerber "auf theoretischer Grundlage schulpraktisch" ausgebildet werden. Die Ausbildung verteilt sich hier auf

- das Allgemeine Seminar, in dem in der Regel 30 Ausbildungsveranstaltungen zu besuchen und folgende Inhalte zu behandeln sind: Pädagogik, Allgemeine Didaktik, Pädagogische Psychologie, soziologische Aspekte der Erziehung, Schulrecht und Beamtenrecht im Zusammenhang mit den praktischen Erfahrungen des Lehramtskandidaten;
- das jeweilige Fachseminar, in dem bei in der Regel 20 Ausbildungsveranstaltungen je Fach methodische Probleme sowie ausgewählte Inhalte des Unterrichts im Zusammenhang mit den konkreten Unterrichtserfahrungen des Kandidaten zu behandeln sind;
- sonstige Veranstaltungen des Studienseminars, z.B. Blocktagungen über bestimmte schulpraktische Gegenstände.

Die Teilnahme an den Veranstaltungen des Seminars ist verpflichtend.

In der Ausbildungsschule soll der Lehramtsbewerber zur Schulpraxis hingeführt werden. Die Ausbildung gliedert sich in

- den Ausbildungsunterricht, der aus Hospitationen, aus unter Anleitung zu erteilendem Unterricht und aus selbständig zu erteilendem Unterricht besteht. Der Ausbildungsunterricht umfaßt in der Regel für Lehramtsanwärter (Grund- und Hauptschule) 14, für Realschullehreranwärter und Studienreferendare 12 Wochenstunden. Die Hälfte dieser Stunden soll auf selbständig zu erteilenden Unterricht fallen.
- die Teilnahme an sonstigen Schulveranstaltungen, z.B. Konferenzen.

Die Verbindung zwischen Studienseminar und Ausbildungsschule wird dadurch hergestellt,

- daß der Seminarleiter, der zuständige Fachleiter und der Leiter der Übungsschule sich durch Unterrichtsbesuche über den Ausbildungsstand des Lehramtskandidaten unterrichten und ihn beraten,
- daß die Lehrproben im Einvernehmen zwischem dem Fachleiter und dem betreuenden Fachlehrer an der Schule thematisch festgesetzt, in Anwesenheit des Seminarleiters, Fachleiters und Fachlehrers und möglichst auch des Schulleiters durchgeführt und auf Vorschlag des Fachleiters von diesem Personenkreis gemeinsam beurteilt werden. Die Zahl der Lehrproben, verteilt auf die gesamte Ausbildungsdauer, beträgt je Fach eine unbenotete und eine benotete Lehrprobe. Dazu kommt eine Prüfungslehrprobe je Fach.

4.2 Inhalte der Ausbildung im Fach Geschichte

In den Ausbildungs- und Prüfungsordnungen werden über die Ausbildungsinhalte im einzelnen keine Aussagen getroffen. Gefordert wird lediglich die Behandlung didaktischer und methodischer Probleme und ausgewählter Inhalte des Fachunterrichts. Verbindliche Ausführungsbestimmungen dazu liegen nicht vor. In Zusammenarbeit zwischen den verschiedenen Studienseminaren sind indes fachspezifische Ausbildungspläne entwikkelt worden, die sich grundsätzlich in eine Einführungs-, Haupt- und Schlußphase der Ausbildung gliedern. In der Einführungsphase werden die Lehramtskandidaten in die Beobachtung, Analyse, Planung und Durchführung des Fachunterrichts eingeführt und mit dessen Rahmenbedingungen und Determinanten vertraut gemacht. In der Hauptphase werden insbesondere die didaktischen Entscheidungsfelder wie Lernzielsetzung, Inhaltsauswahl und -strukturierung, Methodenwahl und Medieneinsatz in ihrem konkreten Bezug auf unterrichtspraktische Situationen behandelt. In der Schlußphase stehen Themen wie fächerübergreifender Unterricht, Exkursionen und Museumsbesuche, Landes- und Lokalgeschichte im Ausbildungsplan. Zwischen den einzelnen Ausbildungsplänen, die allesamt für Weiterentwicklung noch offen sind, bestehen in der Reihenfolge und Gewichtung der einzelnen Ausbildungsinhalte Unterschiede.

4.3 Die Zweite Staatsprüfung

Die Zweite Staatsprüfung besteht für alle Lehrämter aus einer schriftlichen, praktischen und mündlichen Teilprüfung.

- Schriftliche Prüfung

  Diese besteht aus einer Hausarbeit, die sich auf eine unterrichtspraktische Frage bezieht. Die Bearbeitungsdauer beträgt einheitlich 3 Monate.
- Praktische Prüfung

  Diese besteht aus einer benoteten Lehrprobe je Fach. Im "Weiteren Fach" wird keine Lehrprobe verlangt.
- Mündliche Prüfung

  Diese erstreckt sich auf folgende Gebiete:

  a) Pädagogik, Allgemeine Didaktik, Pädagogische Psychologie, soziologische Aspekte der Erziehung, Schulrecht und Beamtenrecht. Die Prüfungsdauer beträgt 30 Minuten.

  b) Didaktik und Methodik des jeweiligen Fachs. Die Prüfungsdauer beträgt je Fach 30 Minuten.

  c) Didaktik und Methodik des "Weiteren Fachs". Die Prüfungsdauer beträgt 30 Minuten.

5. Zusammenfassung

Die derzeitige Lehrerausbildung in Rheinland-Pfalz ist durch Überschaubarkeit gekennzeichnet. Das zumindest ist ein Vorteil der Dreigliedrigkeit des Ausbildungssystems. Ein Vergleich der Studiengänge für die einzelnen Lehrämter macht erhebliche Unterschiede in der Zielsetzung und in der Verteilung und Gewichtung der verschiedenen Studieninhalte deutlich. Der Studiengang für das Lehramt an Grund- und Hauptschulen ist durch einen breiten - vielleicht zu breiten - erziehungswissenschaftlichen Anteil und starke Betonung des schulpraktischen Bezugs gekennzeichnet. Die fachwissenschaftlichen Anteile sind in diesem Studiengang hingegen minimal bemessen. In befriedigendem Maße wird die Fachdidaktik berücksichtigt. Aus den Studieninhalten insgesamt geht hervor, daß der Grund- und Hauptschullehrer ebenso zum Pädagogen wie zum Fachlehrer ausgebildet werden soll.

Im Studiengang für das Lehramt an Realschulen und erst recht für das an Gymnasien überwiegt eindeutig die fachwissenschaftliche Ausbildung. Im erziehungswissenschaftlichen Bereich ist zwar eine grundlegende Ausbildung vorgesehen, in der fachdidaktischen Ausbildung sind hingegen - abgesehen von der Realschullehrerausbildung an der EWH - auffallende Defizite festzustellen. Das gilt besonders für die Lehramtsstudiengänge im Fach Geschichte an der Universität Trier, in denen die Fachdidaktik laut Studienordnungen nur mit jeweils zwei SWS vertreten ist, womit ihr nur das absolute Minimum eingeräumt wird, das nötig ist, um den in den Prüfungsordnungen geforderten fachdidaktischen Seminarschein zu erwerben. Überdies ist die vorgesehene zweistündige fachdidaktische Lehrveranstaltung inhaltlich mit Theorie der Geschichte gekoppelt. Das heutige "Trierer Modell" der Lehrerbildung ist offensichtlich durch weitgehendes Ignorieren der Fachdidaktik gekennzeichnet.

Die Universität Mainz räumt im Fach Geschichte der Fachdidaktik immerhin vier SWS ein und berücksichtigt sie ausdrücklich unter den Studienzielen und -inhalten. Dennoch kommt auch hier die fachdidaktische Ausbildung zu kurz. Das Berufsbild, an dem sich die Lehramtsstudiengänge im Fach Geschichte an den Universitäten in Rheinland-Pfalz orientieren, ist in erster Linie der Fachwissenschaftler, der erst in den Studienseminaren zum Fachlehrer auszubilden ist. Allerdings ist die starke Betonung der fachwissenschaftlichen Ausbildung heute z.T. darin begründet, daß dem Lehramtsbewerber bei den bestehenden schlechten Anstellungsaussichten in der Schule die Möglichkeit zum Erwerb von Qualifikationen für außerschulische Betätigungsfelder gegeben werden soll.

Im Interesse einer möglichst optimalen Geschichtslehrerausbildung wäre es angebracht, wenn künftig an der EWH die erziehungswissenschaftlichen Studieninhalte zugunsten der fachwissenschaftlichen Ausbildung und an den Universitäten die fachwissenschaftlichen Studienanteile zugunsten der fachdidaktischen Ausbildung etwas reduziert würden. Da die derzeit vorliegenden Studienordnungen im Fach Geschichte bis auf die der Universität Mainz ministeriell noch nicht genehmigt sind, ist eine ausgewogenere Verteilung der Studienanteile nicht ausgeschlossen.

Anmerkungen

1) Bildungspolitik in Rheinland-Pfalz 1971 bis 1975. Eine Zwischenbilanz. Hrsg. vom Kultusministerium Rheinland-Pfalz. Mainz 1975, S. 16.

2) Siehe Heinz Vogelsang, Von der Pädagogischen Hochschule Koblenz zur Erziehungswissenschaftlichen Hochschule Rheinland-Pfalz, Abteilung Koblenz; in: H. Höhnen/E. Schaaf (Hg.), Lehrerbildung in Koblenz. Koblenz 1976, S. 1-15.

3) Gesetz- und Verordnungsblatt für das Land Rheinland-Pfalz, 1978, S. 505 ff.

4) Ebd., 1974, S. 487 ff.

5) Ebd., 1982, S. 227 ff.

6) Ebd., 1982, S. 133 ff.

7) Ebd., 1982, S. 157 ff.

8) Ebd., 1985, S. 1 ff.

9) Ebd., 1985, S. 8 ff.

10) Ebd., 1985, S. 16 ff.

11) Staatsanzeiger für Rheinland-Pfalz, 1984, S. 1159 ff.

12) Siehe Anmerkungen 8, 9, 10.

SAARLAND

Verpaßte Chance zur Reform der Geschichtslehrerausbildung ?

Von Jürgen HANNIG

1. Institutionelle Rahmenbedingungen

1.1 Die Ergebnisse der "Ausbildungsreform"

Die Empfehlungen des Deutschen Bildungsrates (1970) und die Thesen der Westdeutschen Rektorenkonferenz (1975) zur schulstufenbezogenen Lehrerausbildung sind bekanntlich generell in den CDU/CSU regierten Ländern durch Lehrerausbildungsgesetze unterlaufen worden, die eine mehr oder weniger rigide auf Schulformen bezogene Ausbildung der Lehrer festschreiben. Das Saarland macht dabei keine Ausnahme. Das etwa fünfjährige Gerangel der Parteien und Lehrerverbände um die Reform der Lehrerausbildung hatte hier durch die Auflösung der Pädagogischen Hochschule Saarbrücken und die Probleme der Integration des Grund- und Hauptschullehrerstudiums in die Universität einen besonderen Akzent erhalten. Seit dem Anfang der 80er Jahre ist die Marschrichtung für die immer lichter werdenden Reihen der Lehramtsstudenten im Saarland klar: Wie in den 60er oder 70er Jahren werden sie Schritt für Schritt zu getrennten Kolonnen formiert, die am Ende ihrer Ausbildung als potentielle Grund- und Hauptschullehrer, als Realschul- oder Gymnasiallehrer oder als Lehrer für berufliche Schulen auf ihre Einstellung harren. Denn im Juli 1978 ist ein Lehrerbildungsgesetz verabschiedet worden, das in Verbindung mit den seit 1981 erlassenen Ausbildungs- und Prüfungsordnungen für die einzelnen Lehrämter die traditionelle schulformbezogene Ausbildung der Lehrer fortschreibt.

Dabei sah es ursprünglich ganz anders aus. Der 1977 im saarländischen Landtag vorgelegte Entwurf zum Lehrerbildungsgesetz ging von der Konzeption von vier Lehrämtern mit stufenbezogenem Schwerpunkt aus: für die Primarstufe, die Sekundarstufe I, die Sekundarstufe II und die Sonderpädagogik. Für die ersten beiden war ein mindestens sechssemestriges, für Sekundarstufe II und Sonderpädagogik ein achtsemestriges Studium vorgesehen. Allerdings sollten keine Stufenlehrer konstituiert werden. Vor allem in der 2. Ausbildungsphase war daran gedacht, die Ausbildung auf den Lehrerbedarf in den bestehenden Schulformen hin aufzufächern. Diese Trennung in eine eher schulstufenbezogene 1. Ausbildungsphase und eine an dem bestehenden gegliederten Schulsystem ausgerichtete schulformbezogene 2. Ausbildungsphase torpedierte faktisch das Reformkonzept, das die Strukturkommission für die Reform der Lehrerbildung, die im März 1976 vom saarländischen Kultusministerium einberufen wurde, vorgelegt hatte. Dieser Kommission gehörten ad personam berufene Sachverständige vor allem aus dem universitären Bereich und dem Personal der von der Auflösung bedrohten Pädagogischen Hochschule an. Vorsitzender war ein Altphilologe: Prof. Dr. Peter Steinmetz. Die Gutachten und Stellungnahmen dieser Kommission zielten auf eine Produktion von Lehrern ab, die sowohl im vertikalen Sinn in verschiedenen Schulstufen innerhalb der bestehenden Schulformen als auch im horizontalen Sinne in verschiedenen Schulformen innerhalb der einzelnen Schulstufen einsetzbar wären. Von dem Lehramt für Sonderpädagogik abgesehen, waren dabei folgende schulstufenbezogene Lehramtsstudiengänge durchdacht worden:

- das Lehramt mit dem schulstufenbezogenen Schwerpunkt in der Primarstufe (regelmäßig 1. bis 4. Jahrgangsstufe),
- das Lehramt mit dem schulstufenbezogenen Schwerpunkt in der Sekundarstufe I (regelmäßig 5. bis 10. Jahrgangsstufe),
- das Lehramt mit dem schulstufenbezogenen Schwerpunkt in der Sekundarstufe II (regelmäßig 11. bis 13. Jahrgangsstufe).

Jedes Lehramt setzt regelmäßig die Befähigung zur Lehre in zwei Unterrichtsfächern voraus. Für das erstgenannte Lehramt gilt die Befähigung hinsichtlich des zweiten Unterrichtsfaches für die Sekundarstufe I. Das drittgenannte Lehramt schließt die Befähigung zur Lehre in der Sekundarstufe I ein.

Dabei war eine maximale Durchlässigkeit der Ausbildungsgänge beabsichtigt. An ein für alle gemeinsames Basisstudium, das mit der Zwischenprüfung abgeschlossen werden sollte, hätte sich ein Hauptstudium angeschlossen, das sich in Dauer und Qualifikationsschwerpunkten auf die unterschiedlichen Schulstufen ausrichtet. Die 2. Ausbildungsphase sollte den Kandidaten mit unterschiedlichen Schulformen seiner Schwerpunktschulstufe bekannt machen.

Tabelle 1:

Durchläsigkeit des Lehramtsstudiums nach den Plänen der Strukturkommission 1977

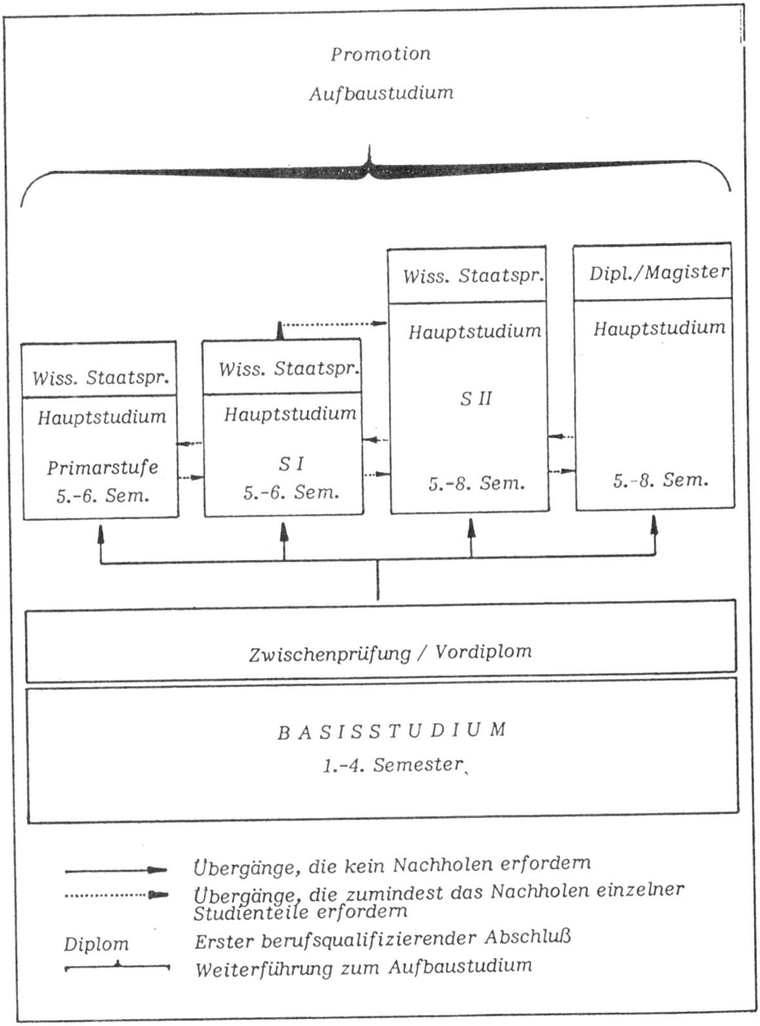

Die Strukturkommission sah für beide Ausbildungsphasen ein eng verzahntes Modell zum Erwerb von fachwissenschaftlichen, fachdidaktischen und erziehungswissenschaftlichen Kompetenzen vor.

Von den insgesamt 220 Semesterwochenstunden beider Phasen für das Lehramt mit dem schulstufenbezogenen Schwerpunkt in der Sekundarstufe II sollten dienen:

72 SWS (= 32,7 %) der fachwissenschaftlichen Ausbildung im 1. Fach,
56 SWS (= 25,5 %) der fachwissenschaftlichen Ausbildung im 2. Fach,
28 SWS (= 12,7 %) der fachdidaktischen Ausbildung im 1. Fach,
28 SWS (= 12,7 %) der fachdidaktischen Ausbildung im 2. Fach,
36 SWS (= 16,4 %) der erziehungswissenschaftlichen Ausbildung.

Das heißt, daß 58,2 % der Ausbildungsstunden für die fachwissenschaftliche und 41,8 % für die vermittlungswissenschaftliche (fachdidaktische und erziehungswissenschaftliche) Ausbildung vorgesehen waren.

Die Ausbildung für das Lehramt mit dem schulstufenbezogenen Schwerpunkt in der Sekundarstufe I gliederte sich folgendermaßen auf: von den insgesamt 180 Semesterwochenstunden beider Phasen sollten dienen:

44 SWS (= 24,4 %) der fachwissenschaftlichen Ausbildung im 1. Fach,
44 SWS (=24,4 %) der fachwissenschaftlichen Ausbildung im 2. Fach,
28 SWS (= 15,6 %) der fachdidaktischen Ausbildung im 1. Fach,
28 SWS (=15,6 %) der fachdidaktischen Ausbildung im 2. Fach,
36 SWS (= 20,0 %) der erziehungswissenschaftlichen Ausbildung.

Es waren hier also 48,8 % der Ausbildungsstunden für die fachwissenschaftliche und 51,2 % für die vermittlungswissenschaftliche Ausbildung vorgesehen.

In einer graphischen Übersicht läßt sich das Modell der Strukturkommission folgendermaßen darstellen:

Tabelle 2:

Lehrerausbildung nach den Plänen der Strukturkommission von 1977

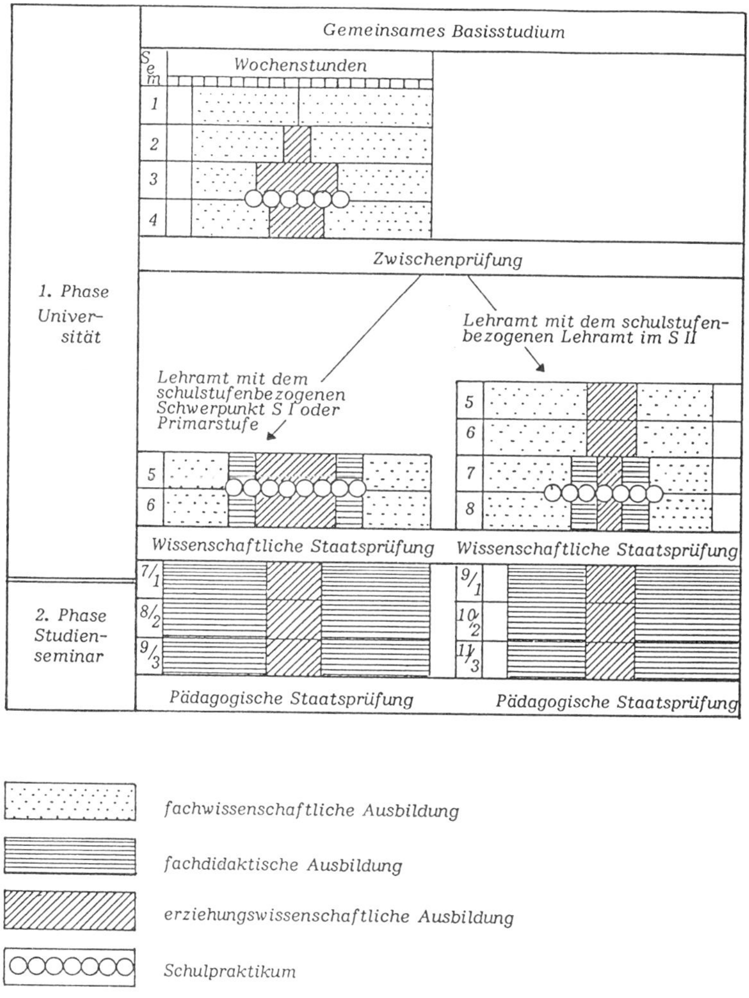

Die vorgesehene Verzahnung der beiden Ausbildungsphasen blieb wie die Schulstufenkonzeption weitgehend ein Papiermodell. Die Praxis der Ausbildung in getrennten Institutionen von Fachbereichen und Studienseminaren mit eher monadenhafter Existenz führt in der ersten Ausbildungsphase in der Regel zu einem System der Addition und nicht der Integration von erworbenen Kenntnissen und Fähigkeiten und perpetuiert die traditionelle Trennung von Theorie und (Unterrichts-)Praxis zwischen erster und zweiter Ausbildungsphase, die auch die vorgesehenen Schulpraktika nicht aufheben können. Darauf wird noch eigens einzugehen sein.

Vor allem die im Herbst 1981 erlassenen Ausbildungs- und Prüfungsordnungen für die einzelnen Lehrämter haben diese Ansätze zu einer integralen, maximal durchlässigen und schulstufenbezogenen Lehrerausbildung eindeutig auf die traditionellen schulformbezogenen Lehrämter eingeschränkt. Die Ausbildung der Geschichtslehrer ist im Saarland prinzipiell nach Dauer und Qualifikationsschwerpunkten an den verschiedenen Schularten orientiert: Grund- und Hauptschule, Realschule, berufliche Schulen und Gymnasien. Lediglich bedarfsorientierte Abordnungen, Versetzungen und schulartfremde Teilzeitbeschäftigungen haben eine Art schulstufenspezifischer Durchlässigkeit des Systems geschaffen: Assessoren mit einer Ausbildung für das Lehramt an höheren Schulen unterrichten z.B. an beruflichen Schulen, Realschullehrer und Grund- und Hauptschullehrer an der SI eines Gymnasiums.

Die Ausbildung für alle Lehrämter geschieht in der 1. Phase überwiegend an der Universität des Saarlandes. Im Augenblick werden jedoch für die Grund- und Hauptschule fast keine Lehrkräfte ausgebildet, da für sie wenig Bedarf besteht. Die 2. Phase der Ausbildung geschieht personell und institutionell nach Schularten getrennt an Studienseminaren: 3 für Gymnasien, 3 für Realschulen, dem Landesstudienseminar für berufliche Schulen und dem neu eingerichteten Landesstudienseminar für Grund- und Hauptschulen.

Für die künftigen Geschichtslehrer haben die Diskussionen um die Ausbildungsreform gegenüber den vor 1981 geltenden Studien- und Prüfungsbedingungen keine durchgreifenden strukturellen Änderungen gebracht. Wichtigste Neuerung ist die Ausweitung des erziehungswissenschaftlichen Begleitstudiums, die Präzisierung seiner Anforderungen und die Festschreibung der zu erbringenden Prüfungsleistungen. Das fachwissenschaftliche Studium blieb nahezu unverändert. Neu ist die verpflichtende Forderung zum Nachweis fachdidaktischer Kenntnisse in Form eines benoteten Scheins.

Auch an der Durchlässigkeit der Studiengänge hat sich wenig geändert. Spätestens nach der Zwischenprüfung legt sich der Student Zug um Zug auf ein Lehramt fest. Vor allem Ort und Zahl der abzuleistenden Schulpraktika und die Schwerpunkte bei einzelnen Leistungsnachweisen in Oberseminaren und Übungen schränken die Mobilität vor allem bei den Studenten ein, die sich zunächst auf einen Magister- oder Promotionsstudiengang festgelegt hatten. Die geringsten Veränderungen hinsichlich der Struktur, der Methoden und der Ziele haben sich in der zweiten Ausbildungsphase ergeben, für die allerdings allein im Gymnasial- und Realschulbereich bislang konkrete Erfahrungen aus den letzten Jahren vorliegen.

Tabelle 3

Studenten des Faches Geschichte an der Universität des Saarlandes und beabsichtigte Studienabschlüsse von 1979 bis 1985

	79/80	80/81	81/82	82/83	83/84	84/85
Studierende insgesamt	554	565	538	493	488	467
Magister	62	67	75	82	116	124
Promotion	37	30	30	33	35	36
Lehramt an Grund- und Hauptschulen	6	7	9	4	3	2
Lehramt an Realschulen	74	79	69	57	51	55
Lehramt an Gymnasien	375	377	353	315	281	250
Lehramt an berufl. Schulen	-	1(+3)	2	2	2	-

(nach Auskunft des Studentensekretariats, R. Engelhorn, am 18.6.1985. Die Zahlen beziehen sich jeweils auf das Wintersemester)

1.2 Stellung der Fachdidaktik im Rahmen der Geschichtslehrerausbildung

Gegenstände und Ziele der fachdidaktischen Ausbildung sind in dem Bericht der Strukturkommission richtungsweisend definiert. Während die fachwissenschaftliche Ausbildung auf Stoff, Methoden und immanente Strukturen des Faches gerichtet ist, soll die Fachdidaktik die den Gegenständen und Methoden immanenten Bildungsmöglichkeiten ermitteln, die Inhalte des Unterrichts (Themen und Abfolgen) auswählen und dessen Lernziele begründen bzw. rechtfertigen. Damit soll die fachdidaktische Ausbildung zur sach- und adressatengemäßen Vermittlung der Inhalte im Schulunterricht (Planung, Durchführung und Kontrolle des Unterrichts) befähigen.

Diese funktional enge und traditionell-bildungstheoretische Begründung der Fachdidaktik beschränkt diese wesentlich auf ihre Rolle als wissenschaftliche "Methodik" eines Unterrichtsfaches. Angewandt auf das Fach Geschichte heißt das, daß ein weiteres gesellschaftsbezogenes und kommunikatives Verständnis der Didaktik der Geschichte, wie es mit den Thesen von K.E. Jeismann und den theoretischen Diskussionen seit der Mitte der 70er Jahre begründet worden ist, keinen Platz findet.

Die entsprechenden Passagen des Lehrerbildungsgesetzes von 1979 (II. Teil § 16) sehen die Fachdidaktik in enger Verzahnung mit fachwissenschaftlichen und erziehungswissenschaftlichen Studien ebenfalls allein an den Bedürfnissen der Schule und des Unterrichts orientiert. Die Begründung zum Lehrerbildungsgesetz legt darüber hinaus für die fachdidaktischen Studienanteile eine klare funktionelle Aufgabenteilung zwischen erster und zweiter Ausbildungsphase fest.

Die erste Phase ist der theoretischen Grundlegung gewidmet, die zweite Phase, der Vorbereitungsdienst, vor allem der Einführung und Einübung in die Unterrichtspraxis. Die institutionelle Trennung der beiden Phasen wirkt sich deshalb auch in der Fachdidaktik aus.

Die theoretische Grundlegung der fachdidaktischen Ausbildung in der ersten Phase soll nicht nur in eigenen fachdidaktischen Lehrveranstaltungen wahrgenommen werden, sondern auch in fachwissenschaftlichen Lehrveranstaltungen, insofern in diesen auch fachdidaktische Implikationen bestimmter Gegenstände und Methoden aufgewiesen werden, als auch in erziehungswissenschaftlichen Lehrveranstaltungen, in denen

Kennntisse und Methoden, die für die fachdidaktischen Fragestellungen relevant sind, vermittelt werden.

In der fachdidaktischen Lehre war zunächst an eine Fortschreibung der Praxis gedacht, die sich durch die Übernahme von fachwissenschaftlich und fachdidaktisch qualifizierten Lehrenden aus der ehemaligen PH in den universitären Lehrbetrieb angebahnt hatte. Deshalb sollten keine eigenen Planstellen für Fachdidaktiker ausgewiesen werden. Der Bedarf sollte durch Ausschreibungen gedeckt werden, die auf die Doppelqualifikation von Fachwissenschaft und Fachdidaktik abzielten. Solche Ausschreibungen sind bisher jedoch nicht erfolgt.

Der Bedarf an fachdidaktischen Veranstaltungen wird seit 1981 durch eine aus dem gymnasialen Schuldienst abgeordnete Lehrkraft abgedeckt. Da solche Abordnungen im Höchstfall auf fünf Jahre verlängert werden können, ist wohl in Zukunft mit einem Rotationsverfahren zu rechnen, nach dem wissenschaftlich und fachdidaktisch qualifizierte Lehrer auf dem Abordnungswege den fachdidaktischen Anteil der ersten Ausbildungsphase übernehmen werden.

Die institutionelle Verankerung der Fachdidaktik ist in dreierlei Hinsicht problematisch.

1. Fachdidaktische Vorlesungen können auf Grund fehlender Qualifikation (Habilitation) in der Regel nicht angeboten werden, die Lehrveranstaltungen haben allein den Charakter von Übungen.

2. Es besteht in Saarbrücken zur Zeit wenig Aussicht, Staatsarbeiten, Magisterarbeiten oder Dissertationen mit fachdidaktischen Fragestellungen abzuschließen, es sei denn im Bereich der Erziehungswissenschaften.

3. Fachdidaktische Inhalte sind mit Ausnahme der ersten Staatsprüfung für das Lehramt an Grund- und Hauptschulen nicht Bestandteil der geforderten Prüfungsleistungen. In der Regel beschränkt sich deshalb der Kontakt der Lehramtsstudenten mit der Fachdidaktik Geschichte in der 1. Phase der Ausbildung auf den Besuch einer fachdidaktischen Übung, die mit einem benoteten Leistungsnachweis den zur Anmeldung zum 1. Staatsexamen notwendigen "Schein" verschafft.

Die Chancen zur Weiterentwicklung einer wissenschaftlichen Fachdidaktik und zu fachdidaktischer Forschnung sind von dieser institutionellen Basis her nur sehr beschränkt.

2. Übersicht über die Lehrämter mit dem Fach Geschichte

Für das Saarland sind also folgende schulformbezogenen Lehrerausbildungswege im Fach Geschichte darzustellen:

1. Die Ausbildung zum Lehrer, der das Fach Geschichte in der Regel ab der Klassenstufe 5 in einer Hauptschule unterrichtet. Nach der Ausbildungsordnung kann das Fach Geschichte nur kombiniert werden mit Arbeitslehre, Deutsch, Französisch oder Mathematik. Da eine Verbindung Geschichte mit Didaktik der Primarstufe nicht vorgesehen ist, können diese Lehrer also nur in der Hauptschule eingesetzt werden. Nach den seit 1981 geltenden Ordnungen sind jedoch bislang an der Universität des Saarlandes noch keine Grund- und Hauptschullehrer mit der Lehrbefähigung Geschichte ausgebildet worden. Seit der vornehmlich aus finanziellen Gründen erzwungenen Auflösung der Pädagogischen Hochschule am 1. Oktober 1978 rekrutierten sich die wenigen neu eingestellten Grund- und Hauptschullehrer mit dem Fach Geschichte aus den Kandidaten einer Warteliste, die nach den Ausbildungsvorschriften der Zeit vor 1981 ihr Studium und ihren Vorbereitungsdienst abgeleistet hatten. Die seit 1981 vorgesehene 18monatige 2. Ausbildungsphase in eigenen Studienseminaren ist bislang im Saarland für das Fach Geschichte noch kaum realisiert worden.

Die Aussagen über die Ausbildung von Hauptschullehrern mit der Lehrbefähigung für Geschichte haben also allenfalls prospektiven Charakter, sie können noch nicht mit den Erfahrungen der Praxis konfrontiert werden. Die folgende Tabelle zeigt, daß im Saarland die Ausbildung der Geschichtslehrer in den letzten fünf Jahren sich auf die Produktion von künftig arbeits-losen Gymnasiallehrern konzentriert hat.

Tabelle 4

Vom Frühjahr 1980 bis zum Frühjahr 1985		
	haben an der Universität des Saarlandes das erste Staatsexamen abgelegt	sind in den Vorbereitungsdienst übernommen worden
Grund-, Hauptschullehrer	1	0
Realschullehrer	34	36
Lehrer an beruflichen Schulen	0	0
Gymnasiallehrer	203	149

Tabelle 5

Schulsystem und Geschichtslehrerausbildung im Saarland

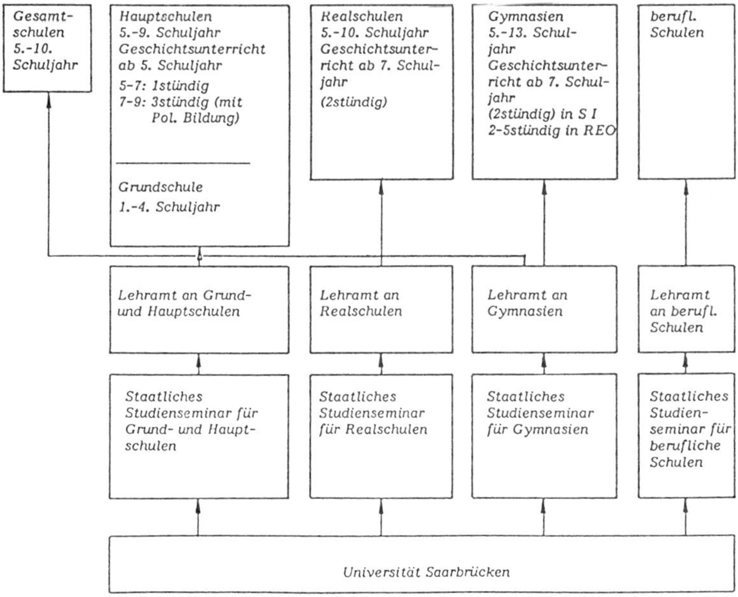

2. Die Ausbildung zum Lehrer, der das Fach Geschichte in der Regel an einer der saarländischen Realschulen unterrichtet. Nur in Sonderfällen sind solche Lehrer auch im Gymnasium tätig oder an einer der Gesamtschulen.

3. Die "klassische" Ausbildung zum Studienrat, der das Fach Geschichte an einem Gymnasium zu unterrichten hat und in Einzelfällen auch an beruflichen Schulen eingesetzt wird.

4. Die Ausbildung zum Lehrer, der das Fach Geschichte an beruflichen Schulen unterrichtet. Hier gilt allerdings, daß nach Auskunft des Kultusministeriums seit 1980 niemand in den Vorbereitungsdienst übernommen worden ist. Auch hier gibt es noch keine Erfahrungen mit den neuen Ausbildungsvorschriften.

3. Erste Ausbildungsphase

3.1 Das Fachstudium bis zur Zwischenprüfung

In der ersten Phase liegt der Studienschwerpunkt auf Methodenfragen und dem Erwerb eines Wissensstandards für den Bereich der Geschichtswissenschaften. Kernpunkt der Pflichtveranstaltungen ist der Besuch von drei Proseminaren, je eines aus der Alten, Mittleren und Neueren Geschichte oder zeitlich entsprechenden Abschnitten der Sektoralwissenschaften Landesgeschichte, Osteuropäische Geschichte, Wirtschafts- und Sozialgeschichte. Die Proseminare sind meist so strukturiert, daß sie ein historisches Sachthema exemplarisch behandeln, an dem fachspezifische Hilfsmittel, Basisliteratur, Arbeitsweisen und Theoriebildungen bearbeitet und eingeübt werden. In der Regel wird in diesen Proseminaren eine Reihe von kleineren wissenschaftspropädeutischen Arbeiten - unter Anleitung von Tutoren - durchgeführt: Erstellen von Bibliographien zu Sekundärliteratur und Quellen, Quellenanalyse und -interpretation, Kurzreferate über zentrale Fachaufsätze zum Thema. Die Proseminare werden mit einer zweistündigen Klausur abgeschlossen, die aus zwei Teilen besteht. In einem ersten Teil ist meist eine fremdsprachige Quelle zu übersetzen, kritisch zu interpretieren und in ihren historischen Zusammenhängen darzustellen. Ein zweiter Teil fordert die Beantwortung von Sach- und Methodenfragen zum Gegenstand des Proseminars.

Die Zulassung zu den Proseminaren ist an den Nachweis von Sprachkenntnissen geknüpft. Für die Zeitabschnitte der Alten und Mittleren Geschichte sind ausreichende Kenntnisse im Lateinischen (Latinum) Voraussetzung. Zur Teilnahme an den Proseminaren der Neueren Geschichte werden zum Übersetzen von Quellen ausreichende Kenntnisse in zwei modernen Fremdsprachen (meist Englisch und Französisch) verlangt. Diese Kenntnisse werden in einer eigenen Sprachklausur nachgewiesen. Fehlende Sprachvoraussetzungen können bis zum Eintritt in das entsprechende Proseminar, in Ausnahmefällen auch bis zur Zwischenprüfung - in "Sprachkursen für Historiker" kompensiert werden. Auch diese Sprachkurse werden mit Klausuren abgeschlossen.

Um den Studierenden eine größtmögliche Freiheit in der Gestaltung ihres persönlichen Curriculums zu ermöglichen, sieht der Studienplan Geschichte generell einen relativ hohen Anteil an Vorlesungen und Seminaren ohne obligatorischen Leistungsnachweis in der Gesamt-Semesterwochenstundenzahl vor. Diese Regelung ist als Aufforderung zu einer eigenverantwortlichen Planung und Schwerpunktsetzung für das Studium der Geschichte zu verstehen. Im Regelfall kann man deshalb davon ausgehen, daß der Student im 1. Studienabschnitt an drei exemplarisch vertieften Sachgebieten aus unterschiedlichen Zeitabschnitten sich einen Einblick in die fachspezifischen Problemstellungen und Arbeits- und Denkweisen verschafft hat. Durch den Besuch von Vorlesungen hat er sich in 6-8 zusammenhängenden Teilgebieten ein Überblickswissen von der Alten Geschichte bis zur Neuzeit erworben.

Ein immer wieder von Studierenden und Lehrenden beklagtes Defizit ist daran zu sehen, daß an keiner Stelle des Grundstudiums ein vergleichender Überblick über historische Theoriebildung und unterschiedliche Forschungsansätze verpflichtend vorgeschrieben ist. Diese Thematik ist zwar regelmäßig Gegenstand von Proseminarsitzungen und begegnet als immanenter Bestandteil verschiedener Vorlesungen und Übungen, in der Regel ist sie aber kein Gegenstand von eigenen Lehrveranstaltungen für den ersten Studienabschnitt.

Tabelle 6

Stundentafel für den 1. Studienabschnitt

	Vorlesungen	Übungen, Proseminare Exkursionen
Alte Geschichte (AG)	2	1 PS (S)
Mittelalterliche Geschichte (MA)	2	1 PS* (S)
Wirtschafts- und Sozialgeschichte (WiSoG)	1	* bzw. ein entsprechender Abschnitt der Wirtschafts- und Sozialgeschichte, der Landesgeschichte oder der Osteuropäischen Geschichte
Deutsch-Französische Geschichte	1	
Osteuropäische Geschichte (OeG)	1	
Frühe Neuzeit (FNZ) Landesgeschichte (LdG)	1	
Geschichte des 19. Jhs.	1	1 PS* (S)
Neueste Geschichte des 20. Jhs. (ab 1917) (NSZ)	1	
Historische Hilfswissenschaften	(1) oder	1 Ü
Historik: Geschichtstheorie, Historiographiegeschichte	(1) oder	1 Ü
	20 SWS	10 Ü, PS

Der erste Studienabschnitt wird abgeschlossen mit der Zwischenprüfung. Die bestandene Zwischenprüfung dient dem ersten Nachweis der Ordnungsgemäßheit des Studiums im Fach Geschichte und ermöglicht die Zulassung zu Lehrveranstaltungen des zweiten Studienabschnittes. Die Prüfung wird spätestens zu Beginn des fünften Fachsemesters abgelegt. Voraussetzung für die Teilnahme an der Prüfung ist der Nachweis der drei genannten, mit mindestens "noch ausreichend" (4- = 4,25) bestandenen Proseminare.

Die Zwischenprüfung wird schriftlich und mündlich abgenommen. Ihr schriftlicher Teil dauert dreimal zwei Unterrichtsstunden, wobei der Kandidat je einen althistorischen, mittelalterlichen und neuzeitlichen Quellentext historisch auszuwerten hat. Da jedoch vorgesehen ist, daß die schriftliche Zwischenprüfung für dasjenige Fachgebiet entfallen kann, in dem ein Proseminar mit mindestens voll ausreichendem Erfolg (4+ = 3,75) absolviert worden ist, beschränkt sich die Prüfungsleistung der Zwischenprüfung für die meisten Studenten auf den mündlichen Teil. Es scheint einfacher zu sein, das entsprechende Proseminar zu wiederholen, als sich den Ungewißheiten einer schriftlichen Klausur auszusetzen. Von rund 80 Studenten, die zwischen dem SS 83 und dem WS 84/85 die Zwischenprüfung abgelegt haben, brauchten sich lediglich 2 dem schriftlichen Teil zu unterziehen. Die Vorbereitung auf die Zwischenprüfung beschränkt sich für die Studenten deshalb in der Regel auf das Nacharbeiten des Stoffes einer zweistündigen Vorlesung des betreffenden Fachgebiets, der Gegenstand der mündlichen Prüfung ist. Dozent der Vorlesung und Prüfer sind normalerweise identisch.

3.2 Schulpraktika

Ziel der Schulpraktika ist die erste Einführung in die Unterrichtspraxis durch angeleitetes Beobachten und Unterrichtsversuche. Dabei soll der Praktikant mit der Schulwirklichkeit und der Komplexität des Lehrens und Erziehens konfrontiert und angeleitet werden, einerseits Unterrichtsereignisse zu verfolgen, zu beschreiben und in ihren fachlichen, methodischen und erzieherischen Implikationen zu analysieren, andererseits kleine Unterrichtseinheiten zu planen, zu erproben und zu evaluieren. Nebenziele der Schulpraktika sind die rechte Motivation der weiteren

Studien und die Überprüfung der Eignung zum Lehrerberuf. Mit dieser Zielsetzung hatte die Strukturkommission eine Reform der Schulpraktika empfohlen, die gegenüber der alten Praxis folgende Neuerungen impliziert hätte:

1. Die Praktika sollten organisiert werden als ein erziehungswissenschaftliches "Beobachtungspraktikum" und ein zweites "fachdidaktisches Schulpraktikum" mit eigenen Unterrichtsversuchen.
2. Betreut werden sollten die Praktika "vor Ort" von einem Stamm von Mentoren, die nach Ausschreibung der Stellen und Bewerbung auf dem Dienstweg auf Zeit berufen würden. In ihre Auswahl sollte auch die Universität eingeschaltet werden, die Mentoren wären nebenberuflich dann an der Universität tätig. Für ihre Tätigkeit hätten sie eine Vergütung erhalten müssen.
3. Die Praktika sollten durch Intensivveranstaltungen durch Professoren an der Universität vorbereitet werden.
4. Die Studenten wären zu Praktikantengruppen (etwa fünf in jeder Gruppe) zusammengefaßt und einem Fachmentor zugewiesen worden.

Die 1983 erlassenen Ordnungen für die Schulpraktika der einzelnen Lehrämter weichen von diesen Zielvorstellungen jedoch erheblich ab. Sie restituieren im Grunde die traditionelle Praxis und reduzieren den Effekt der Praktika auf ein "Schulluftschnuppern", das abgekoppelt von der universitären Ausbildung, ohne Fachmentoren verläuft. An Stelle des geplanten obligatorischen einführenden Intensivkurses ist eine zweistündige Vorbereitungsveranstaltung getreten, die von Fachlehrern der jeweiligen Schulform für alle Praktikanten eines Termines gemeinsam in einer Saarbrücker Schule abgehalten wird. Die Verwirklichung der Ausbildungsziele wird so dem Zufall und der Eigeninitiative der Studenten beziehungsweise dem Engagement der Fachlehrer, deren Unterricht hospitiert wird, überlassen.

Mit Ausnahme der Lehramtsstudenten für berufliche Schulen sind für alle anderen je 8 Wochen Schulpraktikum gefordert, die in der Schulart, für die das Lehramt angestrebt wird, und einer im Schulsystem benachbarten abzuleisten sind. Die Wahl der Schule steht dem Studenten frei. Die Organisation der Schulpraktika ist letztlich Ergebnis der Interaktion zwischen Praktikant, Schulleiter und einem Fachlehrer der Praktikumsschule. Ein institutionalisiertes Zusammenwirken zwischen den universitären Ausbildern und den Ausbildern des Praktikums besteht für das

Fach Geschichte nicht.

Da die Praktika in der vorlesungsfreien Zeit abgeleistet werden müssen, und die Mehrzahl der Studenten aus Kostengründen dann im Elternhaus wohnt, werden in der Regel Schulen des Heimatortes, ja oft Schulen, die der Student als Schüler noch besucht hat, als Praktikumsschulen gewählt.

Qualität und Inhalte der Ausbildung in den Praktika sind offenbar vorwiegend abhängig von der Kooperationsbereitschaft und dem Engagement des Fachlehrers, dem der Praktikant vom Schulleiter zugewiesen wird. In der Regel beschränkt sich die Form der Ausbildung auf Hospitation und "Pausengespräche" über den gesehenen Unterricht. Die Fachlehrer sind für die Praktikumsbetreuung bislang weder eigens ausgebildet noch erhalten sie dafür eine Vergütung oder einen Stundennachlaß. In der Regel macht der Schulleiter die Praktikanten seiner Schule in eigenen Besprechungen mit den organisatorischen Voraussetzungen des Unterrichts und den Verwaltungsabläufen der Schule allgemein bekannt. Selbständigen Probeunterricht erteilt der Praktikant als Einzelstunden. Nur in Ausnahmefällen wird ihm eine eigene Unterrichtsreihe übertragen.

Über die Lernerfahrungen und -ergebnisse der Ausbildung durch die Schulpraktika lassen sich deshalb keine generellen Aussagen machen. Die Selbsteinschätzung durch Studenten differiert nach den oft vom Zufall abhängigen Erfahrungen sehr stark.

Das Hauptproblem der Praktika ist sicher darin zu sehen, daß sie de facto von der Organisation und der Durchführung her einen Fremdkörper in der 1. Ausbildungsphase darstellen. Institutionelle oder personelle Verzahnungen mit der universitären erziehungswissenschaftlichen und fachdidaktischen Ausbildung sind nicht gegeben. Auch zur zweiten Ausbildungsphase können keine Brücken geschlagen werden. Eine gezielte fachdidaktische oder pädagogische Vorbereitung auf die Praktika ist aus studienorganisatorischen Gründen der Eigeninitiative des Studenten überlassen. Eine Aufarbeitung und Integration der im Schulpraktikum erworbenen Kenntnisse und Eindrücke und Fähigkeiten kann nur sporadisch in einzelnen Übungen stattfinden.

Tabelle 7

Übersicht über die Schulpraktika nach Lehrämtern differenziert

	Grund-/HauptS	RealS	berufl. S.	Gymnasien
Anzahl	2	2	1	2
Dauer	je 4 Wochen	je 4 Wochen	4 Wochen	je 4 Wochen
Ort	G/H S	1.: G/H S 2.: RealS	1 Woche in S I einer HS oder RealS 3 Wochen berufl. S	1.: G/H S oder RealS 2.: Gymnasium
Zeitpunkt	2.-5. Sem.	2.-5. Sem.	4.-7. Sem.	4.-7. Sem.
Vor-, Nachbereitung	keine	keine	Verpflichtung zur Teilnahme an einer Lehrveranstaltung zur Praktikumsvorbereitung im 3.-4. Studiensemester	keine
Inhalte: Allgemeine Arbeitsbedingungen des Lehrers, Gliederung und Verwaltung der Schule, Lehrpläne, Lehrziele, Lehrinhalte				
Organisation: Zuweisung durch den Schulleiter an einen oder mehrere Fachlehrer, Hospitationen, Teilnahme an Fachsitzungen der Studienreferendare, Probeunterricht				
Verpflichtung: Anwesenheit an mindestens 4 Unterrichtstagen pro Woche, Hospitation oder Probeunterricht in mindestens 15 Unterrichtsstunden pro Woche.				

3.3 Erziehungswissenschaftliches Begleitstudium

Die Ausbildung in den Erziehungswissenschaften während der ersten Phase soll den künftigen Lehrer mit den wissenschaftlichen Modellen und Theorien vertraut machen, die die Voraussetzungen, Bedingungen und Zusammenhänge pädagogischer Praxis (Organisation von Lernprozessen) zu erklären und die Praxis kontrollierbar zu machen versuchen, und in die wissenschaftstheoretische Analyse dieser Theorien und Modelle einführen. Darüberhinaus soll sie in die versuchsweise Anwendung und Umsetzung dieser Modelle und Theorien in die pädagogische Praxis einführen.

Diese Ausbildung wird im Saarland in dem sogenannten "erziehungswissenschaftlichen Begleitsstudium" angeboten, für das ein Studienanteil von 20 SWS als Richtwert vorgegeben ist. Bei den Lehramtsstudenten für Grund- und Hauptschule beträgt er 24 SWS. Die Differenzierung der Ausbildung nach Schulstufen ergibt sich aus den Wahlentscheidungen der Studierenden innerhalb der angebotenen Vorlesungen, Seminare und Übungen. Die folgende Übersicht zeigt die vorgesehenen Themenbereiche der Ausbildung und die als Prüfungsvoraussetzungen geforderten Leistungsnachweise. Themenbereiche und Prüfungsvoraussetzungen sind für alle Lehrämter gleich.

Tabelle 8

Erziehungswissenschaftliches Begleitstudium (20 SWS/24 SWS)

Themenbereiche des Studiums:	*Leistungsnachweise:*
a) Lehren und Lernen, Persönlichkeitsentwicklung und Erziehung, Motivation und Unterricht, Sozialpsychologische Aspekte von Erziehung und Unterricht, Theorien und Geschichte der Erziehung, der Bildung und Organisation des Bildungssystems, Methoden der Erziehungswissenschaft	*1 benot. Schein* *1 unbenot. Schein*
b) Schulschwierigkeiten, Unterrichtstechnologie, Planung, Durchführung und Beurteilung von Lehr- und Lernprozessen, Pädagogische Diagnostik und Beratung	*1 benot. Schein*
c) Philosophie, Politikwissenschaft, Soziologie	*1 unbenot. Schein*

In der erziehungswissenschaftlichen Prüfung (Pädagogikum) hat der Kandidat nachzuweisen, daß er in den gewählten Spezialgebieten über Kenntnisse und Einsichten verfügt und diese auf pädagogische Situationen anwenden kann. Diese Prüfung ist Bestandteil des 1. Staatsexamens und wird in der Regel zwischen dem 6. und 8. Semester abgelegt. Sie besteht

aus einer mündlichen Prüfung von 45 Minuten. Prüfungsgegenstände sind drei Spezialgebiete aus folgenden Themenbereichen:
Lehren und Lernen, Motivation und Unterricht, Persönlichkeitsentwicklung und Erziehung, Sozialpsychologische Aspekte von Erziehung und Unterricht, Theorien und Geschichte der Erziehung, Bildung und die Organisation des Bildungssystems, Methoden der Erziehungswissenschaft (unter besonderer Berücksichtigung empirischer Methoden), Planung, Durchführung und Beurteilung von Lehr- und Lernprozessen, Pädagogische Diagnostik und Beratung.

Eine institutionelle oder personelle Verknüpfung des erziehungswissenschaftlichen Begleitstudiums mit der allgemeinen pädagogischen Ausbildung der 2. Ausbildungsphase, also zu den Studienseminaren, besteht im Saarland nicht.

3.4 Das Fachstudium im 2. Studienabschnitt

Die Richtzahlen des Studienplanes für den 2. Studienabschnitt des Fachstudiums sehen für Grund- und Hauptschullehrämter und für Realschulen 18 SWS, für berufliche Schulen und Gymnasien 22 bzw. 36 SWS vor. Die Lehramtsstudiengänge unterscheiden sich nicht nur durch die Studiendauer und die Semesterwochenstundenzahl, sondern vor allem durch die Zahl der besuchten Oberseminare und damit die Zahl der Sachbereiche, in denen eine vertiefte wissenschaftliche Ausbildung möglich war.

Während für den Studiengang des Gymnasiallehrers drei Schwerpunkte in Alter, Mittlerer und Neuerer Geschichte als Mindestforderung festgelegt sind, und meist in dem Sachgebiet, in dem gegebenenfalls die wissenschaftliche Hausarbeit geschrieben wird, ein weiteres Oberseminar besucht wird, braucht der künftige Berufsschullehrer nur zwei derartige Schwerpunkte zu bilden, wobei ein Thema aus dem Bereich der Wirtschafts- und Sozialgeschichte bzw. der Verfassungsgeschichte gewählt sein muß. Der Realschullehrer benötigt nur 2 Oberseminarscheine, der Grundund Hauptschullehrer nur einen einzigen.

Die Vorlesungsthemen können frei gewählt werden, lediglich für Grundund Hauptschul- und Realschulaspiranten ist eine Vorlesung zu einem Thema aus dem 20. Jahrhundert zwingend vorgeschrieben. Für beide gilt auch die Verpflichtung zur Teilnahme an einer landesgeschichtli-

Tabelle 9

Studienanforderungen und Studienplan im 2. Studienabschnitt, differenziert nach den Lehramtsstudiengängen (Ausschnitt)

	Grund-/HauptS	RealS	berufl. S	Gymnasien
Fachwissen-schaftl. Studium: Vorlesungen:	6 SWS: AG, Ma, NZ, NSZ	8 SWS: AG, Ma, NZ, NSZ	14 SWS: AG, Ma, FNZ, NZ 1 Schwerpkt.: WiSoG-Verf.G.	20 SWS: AG, Ma, FNZ, NZ, NSZ, WiSoG, LdG, OeG
Ober-seminare:	1 OS (benot. Schein): AG, Ma, NZ od.: WiSoG, LdG, OeG	2 OS (ben. Schein): AG, Ma, NZ, od.: WiSoG, LdG, OeG	2 OS: Ma +NZ davon 1 mit benot.Schein Schwerpunkt: WiSoG-Verf.G.	4 OS (3 benot. Scheine): AG + Ma + NG od.: WiSoG, LdG, OeG
Fachdidak-tisches Studium: Vorlesungen:	4 SWS	2 SWS	2 SWS	2 SWS
Übungen:	2 Ü (davon 1 mit benot. Schein, 1 Schwer-punkt G/H	1 Ü (benot. Schein)	1 Ü (benot. Schein)	1 Ü (benot. Schein)

chen Lehrveranstaltung: ein Relikt des Prinzips der Heimatnähe im Geschichtsunterricht der Anfangsjahre. Der fachdidaktische Anteil an der 2. Studienphase ist allein für Grund- und Hauptschulkandidaten ausgeweitet auf zwei Pflichtvorlesungen und die Absolvierung von zwei Übungen, von denen eine speziell auf die Belange der Hauptschule ausgerichtet sein soll. Für alle anderen Lehramtsstudiengänge genügt die erfolgreiche Teilnahme an einer Übung, aus der ein benoteter Leistungsnachweis vorgelegt werden muß. Seit dem WS 1978/79 sind jedoch an der Universität Saarbrücken keine geschichtsdidaktischen Vorlesungen mehr angeboten worden (s.o.). Die Realisierung der fachdidaktischen Ausbildung wird wohl auch in nächster Zukunft auf die Absolvierung von zwei Semesterwochenstunden beschränkt bleiben.

Die an der Universität Saarbrücken ausgebildeten Geschichtslehrer hoffen im allgemeinen auf eine Verwendung im saarländischen Schuldienst. Die thematische Ausrichtung des Lehrangebotes kann deshalb in Beziehung gesetzt werden mit den Kenntnissen, die von den künftigen Lehrern durch die geltenden Lehrpläne für den Schulgeschichtsunterricht im Saarland gefordert werden. In der alten und mittelalterlichen Geschichte werden durch das Lehrangebot die in der Schule zu unterrichtenden Themen vorzüglich abgedeckt. Das gleiche gilt auch für die Neuere Deutsche und europäische Geschichte in allgemeinen Überblicksdarstellungen und den sektoralen Bereichen. Weit über die Erfordernisse der Geschichtslehrerausbildung hinaus geht das Lehrangebot in der Geschichte Südosteuropas, Polens und der UDSSR. Auch die Regionalgeschichte ist seit den letzten Jahren stärker berücksichtigt.

Defizite im Lehrangebot ergeben sich aber vor allem im Bereich der außereuropäischen Geschichte. Weder über die Geschichte der USA noch der Chinas, von der Geschichte Afrikas oder Lateinamerikas ganz zu schweigen, konnten in den Jahren seit 1980 Vorlesungen oder Oberseminare angeboten werden. Einzelne Themen aus der amerikanischen Geschichte werden allerdings durch Lehraufträge in Übungen behandelt, im WS 82/83 war über einen Lehrauftrag ausnahmsweise die indische Geschichte vertreten. Einen weißen Fleck bildet auch die Geschichte der skandinavischen Staaten seit dem Ausgang des Mittelalters. Ein besonderes Problem stellt die Tatsache dar, daß Lehrveranstaltungen zur Vor- und Frühgeschichte und zur Geschichte der vorderasiatischen und ägyptischen Hochkulturen nicht vom Fachbereich Geschichte angeboten werden und dementsprechend von künftigen Geschichtslehrern kaum besucht werden.

3.5 Die 1. Staatsprüfung

Die Prüfungsleistungen der ersten wissenschaftlichen Staatsprüfung bestehen aus Klausuren, der wissenschaftlichen Arbeit, die in einem der beiden Fächer geschrieben werden muß, und einer mündlichen Prüfung, die aus mehreren Teilen besteht und vor unterschiedlich zusammengesetzten Prüfungskommissionen zu verschiedenen Terminen abzulegen sind. Allein für den Studiengang Geschichte an beruflichen Schulen sind Einschränkungen hinsichtlich der Themenwahl bei den Prüfungen vorgesehen. Hierbei fällt die Alte Geschichte als Prüfungsstoff aus. Auch die wissenschaftliche Hausarbeit kann hier nicht im Fach Geschichte geschrieben werden, sondern im ersten technischen oder kaufmännischen

Fach. Die anderen Lehramtsprüfungen lassen für alle Prüfungsteile Themenstellungen und Spezialgebiete in allen historischen Epochen, Sachbereichen und Sektoralwissenschaften zu. Thematische Spannweite und Anforderungsebenen bei den Klausuren schwanken erfahrungsgemäß von Prüfer zu Prüfer stark. In der Regel werden drei Themen aus unterschiedlichen Schwerpunktbereichen zu Auswahl gestellt.

Das Thema der wissenschaftlichen Hausarbeit kann aus allen Teilbereichen der Geschichte gewählt werden. Das Thema ist so begrenzt, daß die Arbeit in einem Zeitraum von 6 Monaten selbständig angefertigt werden kann. Der Umfang der Arbeit ist nicht vorgeschrieben, schwankt aber in der Regel zwischen 80 und 150 Seiten.

Die in der Prüfungsordnung formulierten allgemeinen Anforderungen verlangen bei allen Lehramtsstudiengängen

- Kenntnisse der (wichtigsten) Methoden und Hilfsmittel der Geschichtswissenschaft,
- die Fähigkeit, Quellenzeugnisse zu verstehen, einzuordnen und auszuwerten mit historischen Methoden und Hilfsmitteln,
- die Fähigkeit, historische Sachverhalte in die Entwicklungslinien der allgemeinen Geschichte einzuordnen,
- einen Überblick über die allgemeine Geschichte (eingeschränkt bei Grund-/HauptS und RealS: insbesondere die deutsche Geschichte),
- und Kenntnisse fachdidaktischer Fragestellungen.

Nur von künftigen Realschul- und Gymnasiallehrern werden Grundkenntnisse in Geschichtsphilosophie und Kenntnis der maßgebenden wissenschaftstheoretischen Positionen und Ansätze verlangt.

Die vertieften Kenntnisse in den zeitlichen Abschnitten oder Sachgebieten der Geschichte werden nach den Lehrämtern differenziert vorausgesetzt:

Grund-/HauptS und RealS:	Vertiefte Kenntnisse in einem zeitlichen Abschnitt oder Sachgebiet der AG oder MaG, der NZ und NstenZ (20. Jhdt.)
berufl. S.:	Vertiefte Kenntnisse in einem zeitl. Abschnitt oder Sachgebiet der MaG, FNZ und des 19./20. Jhdts. Ein Themengebiet muß dabei die WiSoG oder Verf.G betreffen.

Gymnasien: Vertiefte Kennntis (Umfang ist mit dem Inhalt einer Vorlesung angegeben) in einem zeitlichen Abschnitt oder Sachgebiet der AG, MaG, NZ und NstenZ.

Tabelle 10

Prüfungsleistungen der ersten wissenschaftlichen Staatsprüfung, differenziert nach Lehramtsstudiengängen:

	Grund-/HauptS	RealS	berufl. S	Gymnasien
Klausuren:				
Zahl:	1	1	1	1
Dauer:	5 Stunden	5 Stunden	5 Stunden Ma, FNZ, NZ Schwerpunkt: WiSoG oder Verf.G.	5 Stunden
	In Absprache mit dem sind Themenstellungen historischen Epochen gebieten möglich			Prüfer aus allen und Sach-
Wissenschaftliche Arbeit:				
	Themenstellung aus allen Epochen und Sachgebieten Bearbeitungszeit:			historischen möglich. 6 Monate
Mündliche Prüfungen:				
Dauer:	60 Min (20+20+20)	60 Min (30+30)	60 Min (20+20+20)	60 Min (20+20+20)
Anzahl:	1	2	3	3
Themen:	2 Zeitabschnitte oder Sachgebiete 1 Teilprüfung Fachdidaktik		Ma, FNZ, NZ (1 Thema aus WiSoG oder Verf. G.)	3 verschiedene Sachgebiete oder Zeitabschnitte

Tabelle 11

Erste Staatsprüfungen an der Universität des Saarlandes mit dem Fach Geschichte von 1980 bis 1985

	Termine:										
Lehrämter	80	80/81	81	81/82	82	82/83	83	83/84	84	84/85	85
Grund- und Hauptschule	0	0	0	0	0	0	0	0	0	0	0
Realschule	8	5	4	0	6	4	1	1	0	0	5
berufl. Schulen	0	0	0	0	0	0	0	0	0	0	0
Gymnasien	17	23	30	21	11	14	10	13	14	21*	9

* *letzter Termin zu dem nach der alten Prüfungsordnung ein gestrecktes Prüfungsverfahren möglich war.*

4. Die Ausbildung in der 2. Phase (Vorbereitungsdienst)

4.1 Ausbildungsformen und Schwerpunkte

Die Ausbildung in der 2. Phase geschieht in schulartenspezifischen Studienseminaren. Damit wird die im Saarländischen Lehrerbildungsgesetz angezielte Lehrerausbildung mit stufenbezogenem Schwerpunkt praktisch auf die für eine einzige Schulform eingeschränkt. Für den Grund- und Hauptschulbereich sind an dem neu eingerichteten Studienseminar bislang keine Geschichtslehrer ausgebildet worden; im Bereich der beruflichen Schulen werden de facto seit 5 Jahren keine Lehrer mit der Fakultas Geschichte ausgebildet. Da an den Gesamtschulen keine Fachleiter für Geschichte unterrichten, bedeutet dies, daß der Vorbereitungsdienst für Geschichtslehrer gegenwärtig praktisch entweder an einem Gymnasium oder an einer Realschule abgeleistet wird. D.h., daß der künftige Geschichtslehrer bis auf weiteres Erfahrungen im Ausbildungsunterricht nur entweder in Realschuloder Gymnasialklassen gewinnen kann.

Die Ausbildung in der 2. Phase sollte nach den Vorstellungen der Strukturkommission den künftigen Lehrer befähigen, fachwissenschaftliche Kenntnisse und Methoden in der Tätigkeit als Lehrer und Erzieher umzusetzen und zu vermitteln, seine fachdidaktischen und fachwissenschaftlichen Kenntnisse zu ergänzen und zu vertiefen, in der Schulpraxis weiterzuentwickeln und zu schulen durch die Planung, Durchführung und Kontrolle lernzielorientierter Unterrichtssequenzen, und ihm die für die Schulpraxis erforderlichen Kenntnisse über Schulrecht und Schulorganisation zu vermitteln. Auf der Strecke geblieben ist jedoch die Forderung der Strukturkommission nach einer schulformübergreifenden und Differenzierungsmöglichkeiten bietenden Ausbildung.

Ausbilder in der 2. Phase sind die Leiter der Studienseminare, von diesen beauftragte Fachreferenten und die Fachleiter. Die personelle Verzahnung der beiden Ausbildungsphasen beschränkt sich auf den institutionellen Rahmen des gemeinsamen staatlichen Prüfungsamtes für die Abschlußprüfungen und die Kontakte zwischen Fachleitern und den Ausbildern der universitären Ausbildungsphase, die sich durch deren Beisitzerfunktionen während der ersten Staatsprüfung ergeben.

Eine bestimmte Ausbildung und Weiterbildung zum Fachleiter ist nicht vorgesehen. Deren fachwissenschaftliche und pädagogische Qualifikation wird im Rahmen eines mehrstufigen Bewerbungsverfahrens vor dem Leiter des Studienseminars, an dem die Stelle ausgeschrieben ist, den Fachleitern und Beauftragten des Kultusministeriums und des wissenschaftlichen Prüfungsamtes nachgewiesen. Rückkoppelungen mit den Ausbildern der universitären Phase ergeben sich in der Regel nicht.

Die Qualifikationsanforderungen und Ausbildungsziele sind formal im wesentlichen identisch für alle Lehrämter. Im Gegensatz zur 1. Ausbildungsphase sind sie jedoch bislang inhaltlich nicht festgelegt. In der Praxis differieren sie offenbar sehr stark.

Die Zuweisung eines Referendars zu einem Fachleiter bedeutet erfahrungsgemäß eine starke personale Prägung der Ausbildung, und der Lernvorgang läßt sich vielfach als Imitationslernen im Rahmen einer "handwerklichen Meisterlehre" beschreiben. Gewiß hospitieren die Referendare auch bei Fachlehrern, die nicht ihre Fachleiter sind, es werden auch Lehrproben in solchen Klassen vorgeführt, die nicht vom Fachleiter betreut sind. Die Ausbildungsorganisation bedingt aber eine überwie-

Tabelle 12

Übersicht über die Organisation und Struktur der 2. Ausbildungsphase nach Lehrämtern differenziert

	Grund-/HauptS	RealS	berufl. S.	Gymnasien
Dauer:	18 Monate	18 Monate	2 Jahre	2 Jahre
	Verkürzung der Vorbereitungszeit um bis zu 12 Monaten durch nachgewiesene unterrichtliche Tätigkeit vor dem 1. Staatsexamen ist auf Antrag möglich.			
Ort:	Zuweisung zu einem Studienseminar an einer "Ausbildungsschule" und zu einem Fachleiter für das Fach Geschichte			
Ausbildungsunterricht	Hospitationen, Unterricht unter Aufsicht, eigenverantwortlicher Unterricht pro Woche insgesamt je 4 Stunden			
Lehrproben:	Vorgesehen sind 2 Lehrproben - möglichst in unterschiedlichen Schulstufen - die vorher schriftlich als Entwurf vorgelegt werden müssen			
Fachsitzungen	Zwei Stunden wöchentlich durch den Fachleiter, dem der Referendar zugewiesen ist. Inhalte: Einführung in Didaktik und Methodik der Geschichte			
Seminarsitzungen:	Zwei Stunden wöchentlich, durch den Leiter des Studienseminares und von ihm bestimmte Fachreferenten. Inhalte: Allgemeine Unterrichtslehre, Pädagogik, Lernpsychologie,			

gende Fixierung des Referendars auf Unterrichtsstil und Methodenpräferenzen des Fachleiters. Der von ihm selbst oder unter seiner Anleitung demonstrierte Unterricht setzt in der Regel die normativen Maßstäbe für erfolgreiche Geschichtsstunden.

Die zentralen Lernsituationen der 2. Ausbildungsphase dürften für den Referendar neben der Gestaltung eigener Unterrichtsreihen die schriftliche Ausarbeitung und die Abhaltung von Lehrproben sein, von denen während der Ausbildungszeit 3 einschließlich der Prüfungslehrprobe vorzulegen sind. Die schriftlichen Entwürfe sind bis zu 30seitige Elaborate, die der inneren Gliederung nach von der "Sachanalyse" bis zum "Tafelbildentwurf" sich an die methodischen und didaktischen Modelle zur Unterrichtsplanung der Berliner Schule anlehnen. Die bevorzugte Unterrichtsform in diesen Entwürfen ist der Frontalunterricht, die Methode das fragend-erörternde Verfahren, das durch kurze Phasen von arbeitsteiligem Gruppenunterricht oder Partnerarbeit aufgelockert sein kann.

Wie weit dieser Zwang zur Normierung des Unterrichtsverhaltens durch die Standardlehrprobe reicht, läßt sich schwer abschätzen. Ähnlich normierende Wirkungen dürften aber auch von den wissenschaftlichen Zulassungsarbeiten zur 2. Staatsprüfung ausgehen, deren Gegenstand mit dem Fachleiter vereinbart wird. Die Regel scheint zu sein, daß eine 8-12 stündige Unterrichtssequenz für eine bestimmte Klassenstufe ausgearbeitet wird, die an den im Saarland geltenden Lehrplänen orientiert ist. Grundlage ist meist die Reflexion vorangegangener eigener Unterrichtserfahrung mit dem gewählten Sachthema. Im Grunde handelt es sich also um eine Addition von Lehrprobenentwürfen. Prüfungsarbeiten, die allgemeine Themen der Unterrichtsforschung, der Fachmethodik oder Fachdidaktik, der pädagogischen Psychologie oder pädagogischen Soziologie behandeln, sind bei Referendaren mit dem Fach Geschichte eher seltener.

Neben Hospitationen, eigenen Unterrichtsversuchen, Lehrproben und ihren Derivaten sind die wöchentlichen Fachsitzungen und Seminarsitzungen zentrale Ausbildungsinstrumente. In den Fachsitzungen werden Grundfragen der Geschichtsdidaktik und Methodik des Geschichtsunterrichts erörtert und wird eingeführt in die geltenden Lehrpläne und die im Unterricht verwendeten Medien. Überschneidungen mit Inhalten der fachdidaktischen Ausbildung der 1. Phase ergeben sich zwangsläufig. Auswahl, Reihenfolge und Erarbeitungsformen sind der Entscheidung des einzelnen Fachleiters überlassen.

Die fachwissenschaftliche Weiterbildung und Vertiefung der in der 1. Ausbildungsphase erworbenen Kenntnisse ergibt sich vornehmlich aus den fachlichen Zwängen der eigenen Unterrichtsvorbereitung des Referendars und aus der (freiwilligen) Teilnahme an Veranstaltungen des Instituts für Lehrerfortbildung.

In den wöchentlichen Seminarsitzungen werden alle Referendare eines Ausbildungsjahres bzw. des gesamten Studienseminars durch dessen Leiter oder von ihm bestimmte Fachreferenten in Vortrags- und Vorlesungsform unterrichtet. Einzelthemen werden auch in Form von Referaten durch die Referendare selbst erarbeitet und vorgetragen.

4.2 Die 2. Staatsprüfung

Die Prüfungsleistungen für die 2. Staatsprüfung sind formal für alle Lehrämter gleich. Sie bestehen aus der 2. Staatsarbeit, einer Prüfungslehrprobe für jedes Fach und einer 90-minütigen mündlichen Prüfung.

Tabelle 13

Prüfungsleistungen der 2. Staatsprüfung

Pädagogische Arbeit: Die Pädagogische Arbeit wird von dem betreffenden Fachleiter gestellt und betreut. Sie kann Themen aus Fachdidaktik, Fachmethodik, Erziehungswissenschaften, päd. Psychologie oder päd. Soziologie behandeln. Bearbeitungsdauer: 6 Monate

Prüfungslehrprobe: Für alle Lehrämter ist für das Fach Geschichte eine Prüfungslehrprobe vorgesehen.

Mündliche Prüfung: Für alle Lehrämter besteht die mündliche Prüfung aus drei Teilen, die je 30 Minuten umfassen. Ein pädagogisch-erziehungswissenschaftlicher Teil, in dem Themen aus den Seminarsitzungen geprüft werden und den beiden fachdidaktisch-fachmethodischen Teilen, in denen Gegenstände aus den Fachsitzungen geprüft werden.

5. Schlußbemerkung

Insgesamt gesehen verkörpert die Geschichtslehrerausbildung im Saarland mit den seit 1981 geltenden Ausbildungs- und Prüfungsordnungen einen eher traditionellen Typus, der durch die institutionelle Trennung von Theorie und Praxis, von Studienseminar und Universität und durch eine schulformorientierte, zu verschiedenen Lehrämtern qualifizierende Ausbildung gekennzeichnet ist.

Literaturhinweise

1. Zur Neuordnung der Lehrerbildung im Saarland. Materialien, Hg. vom Minister für Kultus, Bildung und Sport, Saarbrücken 1977.
Darin enthalten: Entwurf des Lehrerbildungsgesetzes, Entwurf des Gesetzes über die Auflösung der Pädagogischen Hochschule des Saarlandes, Bericht der Strukturkommission für die Reform der Lehrerbildung.

2. Saarländisches Lehrerbildungsgesetz, Gesch. Nr. 1084 vom 12.7.1978. Amtsblatt S. 709.

3. Bildungswege im Saarland, Hg. vom Minister für Kultus, Bildung und Sport, Saarbrücken 1978.

4. Grundschullehrerausbildung im Saarland, Bericht über die Fachtagung am 12. Februar 1982 in der Universität des Saarlandes, Hg. v.d. Gesellschaft zur Förderung der erziehungswissenschaftlichen Ausbildung und Forschung e.V., Saarbrücken 1982.

5. Studienordnung des Studiengangs Geschichte für die Lehrämter an Grund- und Hauptschulen, Realschulen, beruflichen Schulen und Gymnasien vom 12.1.1983 (Dienstblatt der Hochschule des Saarlandes 1983 Nr. 6).

6. Entwurf zu einem Studienführer (Studienplan und Prüfungsanforderungen) der Fachrichtung Geschichte der Universität des Saarlandes für das Lehramt an Grund- und Hauptschulen, Realschulen, beruflichen Schulen, Gymnasien und akademischen Abschlußprüfungen Magister und Promotion. Masch. Saarbrücken 1982.

7. Ausbildungs- und Prüfungsordnung für das Lehramt an Grund- und Hauptschulen vom 22.9.1981 (Amtsblatt S. 657).

8. Ausbildungs- und Prüfungsordnung für das Lehramt an Realschulen vom 22.9.1981 (Amtsblatt S. 697).

9. Ausbildungs- und Prüfungsordnung für das Lehramt an beruflichen Schulen vom 22.9.1981 (Amtsblatt S. 785).

10. Ausbildungs- und Prüfungsordnung für das Lehramt an Gymnasien vom 22.9.1981 (Amtsblatt S. 737).

11. Ordnungen der Schulpraktika für das Lehramt an Grund- und Hauptschulen/Realschulen/beruflichen Schulen/Gymnasien vom 29.3.1983 (Ministerialblatt 1983 Nr. 9).

12. Ordnung der Zwischenprüfung der Philosophischen Fakultät der Universität des Saarlandes vom 30.11.1967.

13. Bestimmungen für die Zwischenprüfung im Studienfach Geschichte vom 17.11.1967.

SCHLESWIG-HOLSTEIN

Traditionell auf Schularten bezogene Geschichtslehrerausbildung

Von Hans-Joachim von der OHE

Einleitung

Im folgenden wird versucht, auf die Frage: "Wie wird man gegenwärtig zum Geschichtslehrer an den allgemeinbildenden Schulen ausgebildet?" für das nördlichste Bundesland Auskunft zu geben. Es muß eine vielfältige Antwort sein, denn in Schleswig-Holstein ist die Lehrerbildung grundsätzlich auf Schularten und nicht auf Schulstufen ausgerichtet.[1] Somit wird die Rede von Grund- und Hauptschullehrern, von Sonderschul- und von Realschullehrern und natürlich auch von den Studienräten an den Gymnasien sein, auf deren Laufbahnen hin ausgebildet wird. Alle Ausbildungsgänge - und das ist die übergreifende Struktur des Systems - weisen als Gemeinsamkeit gegenüber allen Besonderheiten und Unterschieden auch in Schleswig-Holstein eine I. vorwiegend theoretische und größerenteils fachwissenschaftliche Phase und eine II. vorwiegend schulpraktische und im theoretischen Bereich fast ausschließlich pädagogisch, schulrechtlich und besonders auch fachdidaktisch-methodisch akzentuierte Ausbildungsphase auf. Jede schließt mit einem Qualifikationsnachweis: einer Staatsprüfung. Dieser knappe Hinweis soll schon im voraus andeuten, daß sich auch bei uns bundeseinheitliche Regelungen finden und die Grobstruktur keine föderalistischen Überraschungen birgt. Für manches Detail hingegen kann man das nicht von der Hand weisen.

Im 5. Teil des "Schulrechts in Schleswig-Holstein" findet sich das Kapitel über die "Lehrerbildung" (Ziffer VI)[2]. Hier werden die beiden Phasen als "Lehrerbildung im engeren Sinne bis zur Ablegung der Ersten Staatsprüfung" und als "Lehrerausbildung bis zum Zweiten Staatsexamen mit der Beendigung des Vorbereitungsdienstes" beschrieben. Auch hier heißt es im Anschluß daran, daß "innerhalb der einzelnen Phasen ... die Lehrerbildung in Schleswig-Holstein nicht nach Schulstufen, sondern nach Schularten gegliedert" ist. Und etwas weiter liest man: "Ein Abgehen von der schulartbezogenen Lehrerausbildung und Lehrerbesoldung ist in Schleswig-Holstein nicht zu erwarten". Umgekehrt läßt ein Rückblick ebenso erkennen, daß es in diesem Lande niemals eine auf Schulstufen bezogene Reformkonzeption für die Lehrerausbildung gegeben hat.

Es kann noch eine andere grundsätzliche Feststellung aus dem gleichen Absatz der Einleitung zur "Lehrerbildung" angeführt werden: "Mit Ausnahme einiger Fachlehrer an berufsbildenden Schulen setzt die Ausbildung zum Lehrer Hochschulreife voraus". Die angehenden Geschichtslehrer sind auch von allen anderen grundsätzlichen Bestimmungen ebenso betroffen wie Studierende und Lehramtsanwärter in den anderen Fächern. Sie lernen die gleichen Ausbildungsformen und Veranstaltungskategorien kennen und haben die beiden Staatsprüfungen in schriftlicher, mündlicher und schulpraktischer Form zu durchlaufen. Auch sie befinden sich während des "Vorbereitungsdienstes" zwischen Erster und Zweiter Staatsprüfung im "Beamtenverhältnis auf Widerruf".

Ein Blick auf die Ausbildungsstätten mag die Einleitung abrunden. Während der I. Phase der Lehrerbildung stehen für die schulartspezifisch zu qualifizierenden Lehrerstudenten unterschiedliche wissenschaftliche Hochschulen beziehungsweise deren Fachseminare zur Verfügung. Die Grund- und Hauptschullehrer studieren an den beiden Pädagogischen Hochschulen in Kiel und Flensburg, von denen die Erstgenannte die größere ist. Ebenso leisten die Studierenden für das Lehramt der Sonderschullehrer die ersten 4 Semester an einer Pädagogischen Hochschule, sodann die zweiten 4 am Heilpädagogischen Institut in Kiel ab. Das Studium der einen Fachdidaktik setzen sie jedoch gleichzeitig an der Kieler PH fort bis zum Abschluß mit Prüfung nach dem 6. Semester. Das Studium der künftigen Realschullehrer kann wahlweise an der Universität oder an einer der Pädagogischen Hochschulen erfolgen. Für das Lehramt an Gymnasien ist nur ein Universitätsstudium zulässig. In Kiel wird Geschichte innerhalb der Philosophischen Fakultät studiert. Das ist an mehreren Stellen möglich, nämlich im Historischen Seminar, im Institut für klassische Altertumskunde, ferner im Seminar für osteuropäische Geschichte und viertens im Nordischen Institut.

Die Ausbildung in der II. Phase, der sog. Vorbereitungsdienst (gleiche Bezeichnung für alle Lehrämter), vollzieht sich für alle Laufbahnen in den über das Land verteilten IPTS-Seminaren. Sie stehen alle unter der Leitung des "Landesinstituts Schleswig-Holstein für Praxis und Theorie der Schule" (IPTS). Es gibt davon für die verschiedenen Laufbahnen unterschiedlich viele: 9 für Grund- und Hauptschulanwärter, je 5 für die Realschul- und die Gymnasienanwärter und nur 1 für die Anwärter an Sonderschulen.

Zum anderen, größeren Teil erfolgt der Vorbereitungsdienst in allen Laufbahnen an den Ausbildungsschulen innerhalb des jeweiligen Seminarbezirks. Die hauptsächlichen Standorte für die IPTS-Seminare sind die großen Städte Kiel, Lübeck und Flensburg.

Übrigens wird - aus personellen oder haushaltsrechtlichen Gründen- nicht an allen Seminaren jederzeit für jedes Schulfach ausgebildet. Bestehende Lücken werden aber meistens nach ein paar Jahren wieder geschlossen.

Auf den landesgesetzlichen Rahmen der Lehrerausbildung (Studien-, Prüfungs- und andere Ordnungen für beide Phasen) wird im folgenden an jeweils geeigneter Stelle Bezug genommen.

1. Die erste Ausbildungsphase

1.1 Die Studiengänge

1.1.1 Für die Grund- und Hauptschullehrer gilt die Rahmenstudienordnung vom 9. September 1981, die mit Beginn des Wintersemesters 1982/83 in Kraft trat[3]. Ihr besonderes Kennzeichen gegenüber der vorigen ist die Erweiterung von zwei Fächern zum Drei-Fächer-Studium. Dadurch werden allerdings weder die Studiendauer von bisher schon 6 Semestern noch der bisherige Gesamtumfang von 120 Semesterwochenstunden (SWS) ausgedehnt. Außer den 3 Fächern sind die Erziehungswissenschaften mit mindestens 36 von den 120 SWS zu studieren.

Diese und andere Vorgaben, etwa hinsichtlich der erlaubten Fächerkombinationen, erschwerten für die Hochschulgremien die Ausarbeitung der eigenen Studienordnungen. Sehr schwierig war die Zuweisung von Stundenquoten für die neuen Kategorien von Hauptfach und 2 Nebenfächern. Sie lief für die letzteren auf Kürzungen hinaus, was wiederum Straffungen und andere Akzentuierungen zur Folge hatte. Die beiden Pädagogischen Hochschulen haben ihre Studienordnung unabhängig voneinander erarbeitet. Sie stimmen dennoch im wesentlichen überein, freilich nicht hinsichtlich der sozial- und naturwissenschaftlichen Lernbereiche[4].

Das Studium des Faches Geschichte kann an beiden Hochschulen als Hauptfach im übereinstimmenden Umfang von 30 SWS oder als Nebenfach mit 27 (Kiel) oder 26 SWS (Flensburg) betrieben werden. An beiden Hochschulen beträgt der Anteil der Fachdidaktik 1/3 gegenüber 2/3 der Fachwissenschaft. In beiden Teildisziplinen ist eine Anzahl von Stunden an bestimmte Veranstaltungen gebunden (in der Regel Proseminare und Seminare). In Kiel ist es etwa die Hälfte der Stunden, in Flensburg ein Drittel.

Ohne eine formelle Einteilung in ein Grund- und ein Hauptstudium tragen die ersten Semester vorwiegend Einführungscharakter durch je ein fachwissenschaftliches und ein fachdidaktisches Proseminar. Auf dieser Grundlage folgt später die Teilnahme an Seminarübungen. Das Hören von Vorlesungen ist an kein bestimmtes Semester gebunden, und die Anwesenheit ist hier nicht wie in den Seminaren verpflichtend. Eine Zwischenprüfung findet in den Pädagogischen Hochschulen nicht statt.

Die Inhalte der fachwissenschaftlichen Ausbildung können nur grob umrissen werden. Am Beispiel irgendwelcher Themen müssen alle Epochen der deutschen Geschichte studiert werden. Ebenso (knapp) wie sie muß die schleswig-holsteinische Landesgeschichte berücksichtigt werden. Da sie eng mit der dänischen Geschichte verflochten ist, sind entsprechende Sprachkenntnisse wenigstens im Grade der Lesefähigkeit erwünscht. Leider bringen die meisten Studierenden sie nicht auf.

Die fachdidaktische Ausbildung vollzieht sich fast nur in der Form von Seminare, also Übungen. Dabei überwiegt der Bezug zur Schulpraxis. Es werden u.a. Stundenentwürfe angefertigt und ihr grundsätzlicher Zuschnitt diskutiert. Eine echte Kombination zwischen der Arbeit im Seminarraum und dem eigenen Unterrichten in einer Schulklasse findet wenigstens einmal, in einem mittleren Semester statt. Dann führt eine sog. "Begleitende Übung" mit anfänglicher Stofferarbeitung und folgender Unterrichtsvorbereitung auf die zu haltenden Stunden während des obligatorischen Semesterpraktikums hin und dient nachher zur Evaluierung. Der Hochschullehrer, der die "Begleitende Übung" durchführt, betreut zusammen mit einem Mentor auch das Praktikum anderthalb Wochen hindurch.

Eine Besonderheit im Historischen Seminar der Flensburger Pädagogischen Hochschule ist das Angebot eines wöchentlich 1-stündigen Überblicks über Grundzüge der deutschen Geschichte. Von einem Lehrer im nebenamtlichen Lehrauftrag durchgeführt hat er die Aufgabe, in Kursform die erheblichen Wissenslücken der Studienanfänger einigermaßen zu schließen. Im Zeitraum von 2 Semestern umfaßt der Überblick die geschichtliche Entwicklung vom Frankenreich bis in die Zeitgeschichte. Die Teilnahme an dieser Veranstaltung - halb Vorlesung, halb Übung - ist freiwillig, aber fast allgemein unter den Anfängern, gelegentlich auch bei älteren Semestern.

Zur Ergänzung des Lehrangebots werden an beiden Pädagogischen Hochschulen alljährlich Exkursionen veranstaltet. Die meisten führen zu Zielen, die später auch mit Schulklassen leicht erreichbar sind, also innerhalb Schleswig-Holsteins oder im dänischen Nordschleswig liegen. Sie lassen sich allesamt als Tagestouren durchführen. Mehrtägige Exkursionen werden alle zwei Jahre unternommen, zum Beispiel nach Berlin.

Anstelle einer Zwischenprüfung sollen Studienerfolge nach dem 3. Semester durch benotete "Leistungsnachweise" (LN) festgestellt werden. Das geschieht immer in einer schriftlichen Form (meistens einem Referat oder einem Stundenentwurf). Später muß bei der Meldung zur Ersten Staatsprüfung je 1 benoteter Leistungsnachweis aus dem fachwissenschaftlichen und dem fachdidaktischen Bereich vorgelegt werden. Ein unbenoteter LN wird über eine hinreichend beantwortete Fragenklausur über das historische Grundwissen nach dem 2. Semester ausgestellt und ist Voraussetzung für die Teilnahme an den Seminaren vom 3. Semester an. Auch er muß bei der Meldung zur Staatsprüfung vorgelegt werden.

Das Gleiche gilt für einige Teilnahmescheine. Sie sind grundsätzlich unbenotet und beweisen lediglich die regelmäßige Anwesenheit und Mitarbeit in den Proseminaren sowie die Teilnahme an wenigstens 4 eintägigen oder 1 mehrtägigen Exkursion[5].

Falls Geschichte als Hauptfach (30 SWS) studiert wird, muß auch die Didaktik des historischen und geographischen Aspekts im "Heimat- und Sachunterricht" der Grundschule berücksichtigt werden. Das geschieht hier freilich in wesentlich engerem Zuschnitt, als es der Fall beim Studium des Sozialwissenschaftlichen Lernbereichs ist.

Bis zum Inkrafttreten der jetzigen Rahmenstudienordnung wurde an beiden Hochschulen in gleicher Weise auf die Qualifikation für dieses Grundschulfach durch das Studium des Sozialwissenschaftlichen oder des Naturwissenschaftlichen Lernbereichs (LB) vorbereitet. So wurde wenigstens - durch das Erste Staatsexamen - Kompetenz für den einen oder den anderen Teilbereich des "Heimat- und Sachunterrichts" erlangt. An jedem Lernbereich waren mehrere Fachseminare kooperativ beteiligt; am Sozialwissenschaftlichen außer dem Seminar für Geschichte auch diejenigen für Erdkunde, Politik und Wirtschaft. Die beiden letzteren bildeten zusammen eine Ausbildungseinheit.

An der Flensburger PH wird das auch jetzt noch so gehandhabt, während man sich in Kiel bei der Einführung der neuen Rahmenbedingungen zur Aufgabe des Lernbereichsstudiums entschlossen hat. Stattdessen wird dort heutzutage allen Studierenden des Faches Geschichte zur Pflicht gemacht, sich mit der Geschichtsdidaktik der Primarstufe wenigstens in einer 2-stündigen Übung bekanntzumachen. In Flensburg besteht demgegenüber die Neuerung lediglich in einer Kürzung der Stundenquote für das jeweilige Schwerpunktfach innerhalb des LB (statt 20 nun 14 SWS) und der Einführung einer 2-stündigen Veranstaltung zur allgemeinen Didaktik des ganzen LB: Unverändert sind die Stundenanteile der beiden jeweiligen Nebenfächer mit 5 SWS geblieben. Wird der LB als Hauptfach mit 30 SWS studiert, treten je eine grund- und hauptschulspezifische Didaktikübung hinzu.

Wer innerhalb des Lernbereichs die Geschichte als Schwerpunktfach wählt, besucht die gleichen Veranstaltungen wie die Studierenden des Faches Geschichte, freilich in dem engeren Rahmen von nur 8 SWS Fachwissenschaft und 2 SWS Fachdidaktik (Proseminar), während die übrigen 4 SWS grundschulorientiert sind. Auch das fachdidaktische Semesterpraktikum wird in einer Grundschule durchgeführt.

Auch diese Lernbereichsstudierenden müssen für die beiden Proseminare Teilnahmescheine und über das historische Grundwissen den unbenoteten Leistungsnachweis erwerben. Es kommen für sie die Teilnahmescheine über die Veranstaltung zur allgemeinen Didaktik des LB und für die Einführungen in die beiden Nebenfächer hinzu. 3 benotete LN - einer aus dem fachwissenschaftlichen Teilbereich und 2 aus den beiden Ergänzungsfächern - müssen bis zum Staatsexamen erworben werden.

Diejenigen, die Geschichte nur als Ergänzungsfach mit 5 SWS studieren, besuchen zunächst eine 1-stündige "Einführung" und danach 1 fachwissenschaftliches und 1 fachdidaktisches Seminar. In einem von ihnen nach Wahl erwerben sie den geforderten LN.

1.1.2 Für die Sonderschullehrerlaufbahn liegt eine Rahmenstudienordnung vom Jahre 1981 vor[6]. Sie verlangt nicht wie die gleichzeitig erlassene Ordnung für die Grund- und Hauptschullehrer neuerdings ein Drei-Fächer-Studium, sondern es bleibt bei zwei Fächern, abgesehen vom erziehungswissenschaftlichen Grundstudium und einer sonderpädagogischen Einführungsveranstaltung. Diese Studienanteile werden an einer Pädagogischen Hochschule im Laufe der ersten 4 Semester und im Rahmen von 80 SWS absolviert. Eines der Fächer kann Geschichte oder der Sozialwissenschaftliche Lernbereich sein. Nach Wahl des Studierenden kann es als längeres Fach mit 26 SWS studiert und dann mit Prüfung als vorgezogener Teil der Ersten Staatsprüfung - in Kiel erst nach dem 6., dagegen in Flensburg neuerdings schon nach dem 4. Semester - abgeschlossen werden oder mit nur 20 SWS belegt und an beiden Orten nach dem 4. Semester mit zwei benoteten LN beendet werden. Werden Geschichte oder der Lernbereich im Umfang von 26 SWS studiert, so findet die Studienordnung für die Grund- und Hauptschullehrer Anwendung. Im andern Falle, wenn also die Kurzform mit nur 20 SWS praktiziert wird, wird beim Fachstudium in 14 fachwissenschaftliche und 6 fachdidaktische Stunden aufgeteilt. Beim Lernbereichsstudium reduziert sich der Anteil des Schwerpunktfaches auf je 6 fachwissenschaftliche und fachdidaktische SWS, während den beiden Nebenfächern nur je 3 SWS verbleiben. Hinzu kommt die 2-stündige Veranstaltung zur allgemeinen Didaktik des Lernbereichs.

Im Rahmen der schulpraktischen Ausbildung zum Sonderschullehrer absolvieren die Studierenden sowohl des Faches wie des Lernbereichs an der PH auch ein geschichtsdidaktisches Semesterpraktikum, zusammen mit den Grund- und Hauptschul-Studierenden. Sie leisten es deshalb auch nicht an Sonderschulen, sondern an Grundschulen ab. Dort finden auch ihr Vor- und Hauptpraktikum statt. Im Unterschied zu den Studierenden für die Grund- und Hauptschulen brauchen sie jedoch über das letztgenannte Praktikum keine Studie anzufertigen. Das Hauptpraktikum ist bei ihnen auch nicht Teil der Ersten Staatsprüfung.

Am Heilpädagogischen Institut in Kiel, wo die Ausbildung nach 4 PH-Semestern fortgesetzt wird, betreibt man Geschichtsausbildung nur noch gelegentlich und unter Aspekten der Sonderpädagogik, außerdem immer auf die Praxis bezogen.

1.1.3 Das Studium für die Laufbahn der Realschullehrer wird im wesentlichen durch die Angaben der Ordnung für die Erste Staatsprüfung vom 20. November 1975 geregelt, soweit sie die Voraussetzungen für die Zulassung betreffen[7]. Das hierin vorgeschriebene Minimum von 47 SWS ist zum weit überwiegenden Teil der fachwissenschaftlichen Ausbildung zugewiesen, nämlich 40 SWS. So ist das Verhältnis zum fachdidaktischen Anteil mit seinen "mindestens 6 SWS" hier ganz anders gestaltet als beim Studium für Grund- und Hauptschulen[8] - ein Zugeständnis an die Universität.

An den Pädagogischen Hochschulen werden zum größten Teil dieselben Veranstaltungen in beiden Teilbereichen des Faches von den Realschul- und den Grund- und Hauptschul-Studenten besucht. Darüber hinaus werden Veranstaltungen zur Alten Geschichte und 1 fachwissenschaftliches Hauptseminar belegt. Anforderungen an die Kenntnisse in zwei Fremdsprachen bestehen theoretisch, aber praktisch kaum.

Unter den verschiedenen Schulpraktika, die auch für Realschulanwärter obligatorisch sind, muß auch das fachdidaktische Semesterpraktikum abgeleistet werden. Über das sechswöchige Hauptpraktikum braucht man im Studiengang Realschule - wie in dem für die Sonderschule - keine Studie zu verfassen.

Auch für das Realschullehrerstudium an der Kieler Universität ist die obengenannte "Ordnung der Ersten Staatsprüfung" maßgeblich. Die Veranstaltungen im Grundstudium und manche im Hauptstudium sind für Realschul- und Gymnasialstudierende identisch. Die fachdidaktische Ausbildung ist in jüngster Zeit aus dem Historischen Seminar herausgenommen und in die allgemeine pädagogische Ausbildung eingefügt worden. Es muß 1 vierwöchiges Schulpraktikum durchgeführt werden.

1.1.4 Das Studium für die Laufbahn der Studienräte an Gymnasien vollzieht sich ausschließlich an der Universität und dauert mindestens 8 Semester. Obligatorisch sind nur fachwissenschaftliche Veranstaltungen, dagegen sind fachdidaktische nur fakultativ. Sie wurden eine Reihe von Jahren durch nebenamtliche Lehraufträge angeboten; neuerdings sind sie entfallen. Eine fachdidaktische Ausbildung erfolgt nun, wenn überhaupt nennenswert, nur innerhalb des erziehungswissenschaftlichen Studiums. Es führt zum Pädagogikum nach dem 6. Semester.

Das Grundstudium enthält je 1 Proseminar zur Alten, Mittleren und Neueren Geschichte. Dazu kommen 8-9 Stunden Vorlesungen aus mindestens zwei Teilgebieten. Im Hauptstudium ist für alle drei Epochen 1 Hauptseminar zu besuchen. Zwischen beiden Studienabschnitten muß nach dem 4. Semester eine Zwischenprüfung durchlaufen werden.[9]

Die Studienanforderungen liegen im Vergleich mit den Realschulanwärtern in jeder Hinsicht - mit Ausnahme der Fachdidaktik - höher, wie es ja durch die längere Studienzeit ermöglicht werden soll und wie es übrigens auch in den Anforderungen an fremdsprachliche Kenntnisse zum Ausdruck kommt. Neben Lateinkenntnissen wird die Kenntnis von 2 Fremdsprachen verlangt. Englischkenntnisse setzt man ungeprüft voraus. In der Zwischenprüfungsklausur wird statt einer romanischen Sprache die Kenntnis einer slawischen oder nordischen akzeptiert.

Begegnungen mit der Schulpraxis sind auch ein verbindlicher Bestandteil des Studiums für die Laufbahn der Studienräte. Sie finden in Form von zwei Praktika statt. Das eine wird an einer Grund- und Hauptschule (nur selten an einer Realschule) und das andere - ebenfalls mehrwöchig an einem Gymnasium abgeleistet. Zum eigenen Unterrichten sind die Praktikanten zwar nicht verpflichtet, jedoch nutzen viele die Gelegenheit dazu.

1.2 Die Ersten Staatsprüfungen

1.2.1 Für die angehenden Grund- und Hauptschullehrer hat die "Landesverordnung über die Erste Staatsprüfung" vom 9. September 1981 die augenblicklich gültigen Bestimmungen festgelegt[10]. Noch jüngeren Datums ist die "Landesverordnung über die fachspezifischen Anforderungen in der Ersten Staatsprüfung" für diese Laufbahn[11]. Es gibt einige wesentliche Neuerungen in den beiden sich ergänzenden Verordnungen. Zum einen wird das neue Drei-Fächer-Studium in schriftlichen wie mündlichen Anforderungen berücksichtigt und in Verbindung damit werden zum andern ganz neu die Klausuren eingeführt. Damit wird die Prüfung in dieser Beziehung an die der anderen Studiengänge angeglichen.

Für die Zulassung sind Nachweise über ein mindestens sechssemestriges "ordnungsgemäßes" Studium notwendig. Sie werden mit Hilfe des Studienbuches und der obenerwähnten Leistungsnachweise und Teilnahmescheine erbracht.

Das Thema der Hausarbeit kann aus dem Fach Geschichte ebenso gut wie aus einem anderen studierten Fach oder aus den Erziehungswissenschaften gewählt werden. Zur Bearbeitung stehen drei Monate zur Verfügung. Der Umfang ist grundsätzlich auf 50 Seiten begrenzt und sollte nicht überschritten werden. Zwei Referenten bewerten die Arbeit. Fällt ihr Urteil schlechter als "ausreichend" aus, ist "der Kandidat vom weiteren Verlauf der Prüfung zurückzuweisen", und "die Prüfung gilt als nicht bestanden". Die Hausarbeit kann in solchem Falle einmal wiederholt werden.

Eine schriftliche Arbeit unter Aufsicht (Klausur) muß der Kandidat "in zwei Prüfungsgebieten, in denen er die Arbeit nicht angefertigt hat", schreiben. Sonderformen der Klausur, etwa als "Fragenarbeit" sind möglich. Die Themen für die Geschichtsklausuren können allen Epochen bis hin zur Zeitgeschichte, im übrigen aus der Landesgeschichte "unter Einschluß von fachdidaktischen Inhalten" entnommen werden. Drei stehen zur Auswahl für die vierstündige Bearbeitung. Zwei Hochschullehrer bewerten.

Die mündlichen Prüfungen finden im Fach Geschichte dann statt, wenn 1. die Hausarbeit hier angefertigt wurde, 2. weder die Hausarbeit noch eine Klausur hier geschrieben wurde und 3. nach Wahl des Kandidaten. Im Vordergrund der Prüfung, die in der Regel 30 Minuten dauert und "45 Minuten nicht überschreiten" soll, stehen "drei selbst gewählte Probleme". Hier werden sichere Sach- und Methodenkenntnisse verlangt. Die Prüfung beschränkt sich jedoch grundsätzlich nicht auf diese drei Themen, sie schließt auch die Fachdidaktik ein. Für die Themenwahl wird durch die Ordnung außerdem auferlegt, daß eins die Zeitgeschichte vor oder nach 1945 unter einem bestimmten Aspekt berücksichtigt. Ferner wird die Fähigkeit des "Einblicks" in die deutsche Geschichte und zum Teil darüber hinaus, wie am Beispiel der Alten Geschichte, andererseits in die Landesgeschichte Schleswig-Holsteins und in die Zeitgeschichte gefordert.

Für die Ermittlung der Gesamtnote in einem Prüfungsfach (Prüfungsgebiet) können auf Wunsch des Kandidaten die Noten seiner beiden Leistungsnachweise während des Studiums als "Vorleistungen" mit 25 % berücksichtigt werden. Die übrigen Bestandteile der Gesamtnote sind die Ergebnisse der mündlichen Prüfung und der Klausur, ohne daß eine "arithmetische Aufrechnung" stattfindet. Die Note für die Hausarbeit fließt hier nicht mit ein.

Für Kandidaten aus dem Sozialwissenschaftlichen Lernbereich gelten naturgemäß einige abweichende Bestimmungen. Das Thema der Hausarbeit "kann gewählt werden aus a) dem Bereich des Schwerpunktgebietes, b) einer Verbindung des Schwerpunktgebietes[12] mit einem oder beiden weiteren Teilgebieten oder c) einer Verbindung des erziehungswissenschaftlichen Schwerpunktes mit dem Sozialwissenschaftlichen Lernbereich". Unter den drei Themen für die schriftliche Arbeit unter Aufsicht "sind mindestens die Teilgebiete Erdkunde und Geschichte zu berücksichtigen".

Für die mündliche Prüfung wählt der Kandidat drei Themen, über die er vorzugsweise, aber nicht ausschließlich geprüft wird. "Je eines der drei Probleme muß aus der Fachdidaktik des Heimat- und Sachunterrichts, dem Schwerpunktfach und einem der Ergänzungsfächer stammen". In den ausgewählten Themen werden sichere Kenntnisse und die Aneignung der "grundlegenden wissenschaftlichen Methoden" erwartet. Die Auflistung der Anforderungen in der Prüfung läßt erkennen, daß im angegebenen "Schwerpunktgebiet" vertiefte Kenntnisse verlangt werden. Wenn Geschichte das Schwerpunktgebiet bzw. -fach ist, dann werden über wissenschaftliche Methodenkenntnisse und heimatgeschichtliche Kenntnisse hinaus auch solche entweder aus der Alten oder der mittelalterlichen Geschichte erwartet, dazu "Einblick in verschiedene Epochen der deutschen Geschichte einschließlich der Zeitgeschichte."

Hinsichtlich der anderen "Teilgebiete", also der studierten Ergänzungsfächer müssen "fachwissenschaftliche Grundkenntnisse" nachgewiesen werden.

Jeder Lernbereichskandidat - ohne Ansehen seines Schwerpunktfaches - muß "Kennntisse aus der Didaktik einschließlich der Methodik der auf die Fächer Erdkunde und Geschichte beziehbaren Inhalte des Heimat- und Sachunterrichts... unter Einbeziehung der Verkehrserziehung" nachweisen .

Bei der Ermittlung der Gesamtnote werden auch hier auf Wunsch des Kandidaten zwei der benoteten Leistungsnachweise als Vorleistungen mit 25 % angerechnet. Im übrigen kommt die Gesamtnote wie bei den Fachstudierenden zustande, d.h. auch ohne Einbeziehung der Noten für Hausarbeit und Hauptpraktikum. Sie sind ebenso wie die Ergebnisse der anderen Fachprüfungen erst an der Bildung des Gesamturteils über die Erste Staatsprüfung beteiligt.

1.2.2 In der Ersten Staatsprüfung für die Laufbahn der Sonderschullehrer[13] spielen die Ausbildungsinhalte des 5.-8. Semesters, die durch das Heilpädagogische Institut vermittelt worden sind, die bei weitem größere Rolle. Schon bei der Themenwahl für die Hausarbeit kommen nur die Allgemeine Sonderpädagogik oder eine sonderpädagogische Fachrichtung in Frage. Der Umfang der Arbeit ist auf 50 Seiten begrenzt und die Anfertigungszeit auf höchstens 3 Monate. Ebenso wird die Klausur in dem Teilbereich "Sonderpädagogische Diagnostik" geschrieben. Unter den mündlichen Prüfungen wird die über das Fach Geschichte oder den Sozialwissenschaftlichen Lernbereich nur in dem Falle erst jetzt abgehalten, wenn sie nicht schon nach dem 6. Semester (PH Kiel) oder bereits nach dem 4. Sem. (PH Flensburg)[14] stattgefunden hat. Ihre Note wird zwar in das Gesamtergebnis der Ersten Staatsprüfung mit aufgenommen, dabei aber nicht wie die sonderpädagogischen Noten doppelt gewichtet, so daß ihr Anteil nur 1/10 beträgt.

1.2.3 Die Erste Staatsprüfung der künftigen Realschullehrer wird nach der entsprechenden Ordnung vom 20. November 1975 durchgeführt[15].

Das geschieht zweimal jährlich wie bei den anderen Lehrämtern. Eine Besonderheit ist, daß der Kandidat sich der erziehungswissenschaftlichen Prüfung um einen Termin vor der Prüfung in den beiden Fächern unterziehen kann.

Die Zulassung ist vom Nachweis eines ordnungsgemäßen Studiums von mindestens 6 Semestern abhängig, in dem die Erziehungswissenschaften mit 26 und die beiden Fächer mit 47 SWS als Minima belegt worden sind.

Die Prüfung beginnt auch hier mit der Hausarbeit, die im Fach Geschichte oder im andern Fach nach Wahl des Kandidaten geschrieben wird. Die Frist für die Anfertigung dauert drei Monate, von der Zustellung des Themas an gerechnet. In begründeten Ausnahmefällen kann sie bis zu drei Wochen verlängert werden. Der Umfang der Arbeit ist nicht begrenzt. Sie wird von dem betreuenden Hochschullehrer, mit dem der

Bewerber das Thema vereinbart hat, und einem zweiten Referenten begutachtet und benotet. Für den Fortgang der Prüfung ist entscheidend, daß die Note mindestens "ausreichend" ist.

Hinsichtlich der Klausur besagt die Prüfungsordnung, daß sie in jedem zu prüfenden Gebiet geschrieben werden muß. Vier Stunden lang kann eins von drei angebotenen Themen bearbeitet werden. Der § 10 der Prüfungsordnung macht darauf aufmerksam, daß es "bei der Behandlung mehr auf problemorientiertes Verständnis als auf detaillierte Spezialkenntnisse" ankommt. Hier wird auch bestimmt, daß von den drei Themen "je eines aus der Geschichte des Altertums oder Mittelalters, der Neuzeit und der Zeitgeschichte" entnommen werden soll. "Eines der drei Themen verlangt eine Quelleninterpretation", wie es ebendort heißt. Davon wird jedoch in der Praxis kaum Gebrauch gemacht.

In der mündlichen Prüfung muß der Kandidat in jedem Falle die "Kenntnis allgemeiner Entwicklungen, Strukturen und Probleme der Geschichte sowie der Methoden und Hilfsmittel der Geschichtswissenschaft" nachweisen. Darüber hinaus werden "vertiefte Kenntnisse in drei größeren zeitlichen oder thematischen Bereichen des Altertums oder des Mittelalters sowie der Neuzeit und der Zeitgeschichte" erwartet. Mit diesen drei vom Kandidaten gewählten Themen, wo er sich auch über den jeweiligen Forschungsstand äußern und den eigenen Standpunkt begründen soll, wird sich die Prüfung vornehmlich, aber nicht ausschließlich befassen. Es kommt auch auf die Fähigkeit an, "die gewählten Bereiche in den historischen Zusammenhang einzuordnen und Beziehungen zu anderen Sozial- oder Geisteswissenschaften aufzuzeigen". In didaktischer Hinsicht soll der Prüfling imstande sein, auf die drei gewählten Themen "didaktische Kategorien anzuwenden". Die Dauer der mündlichen Prüfung beträgt in der Regel 30 Minuten, höchstens 45 Minuten.

Die Ermittlung der Gesamtnote für das jeweilige Prüfungsgebiet vollzieht sich in der gleichen Weise wie bei den bisher beschriebenen Staatsprüfungen. Es können also einerseits Vorleistungen durch Leistungsnachweise in der bekannten Höhe mit einbezogen werden, andererseits bleibt die Note für die vielleicht in dem betreffenden Fach geschriebene Hausarbeit hier unberücksichtigt.

1.2.4 Die Erste Staatsprüfung für das Lehramt an Gymnasien [16] besteht ebenfalls aus schriftlichen und mündlichen Teilen. Auch sie wird zweimal jährlich abgehalten. Normalerweise erstreckt sie sich auf zwei Fächer und soll in jedem die Lehrbefähigung für alle Stufen des Gymnasiums nachweisen. In der Regel ist eine Prüfung in Philosopie und Erziehungswissenschaften schon vorher erfolgt.

Eine Hausarbeit wird nur in einem, dem sogenannten Ersten Prüfungsfach geschrieben. Die Anfertigungsfrist beträgt vier Monate und kann im begründeten Notfall bis zu sechs Wochen verlängert werden. Die Arbeit wird nur von einem Referenten, "dem Fachprüfer, der die Aufgabe gestellt hat", beurteilt. Für den Fortgang der Prüfung ist die Benotung mit mindestens "ausreichend" Voraussetzung.

Falls die Hausarbeit nicht im Fach Geschichte verfaßt worden ist, müssen zwei Klausuren, je aus der Alten und aus der Mittleren oder Neueren Geschichte, im andern Fall nur eine, geschrieben werden. Dafür stehen jeweils vier Stunden zur Verfügung. Sollten beide Klausuren mit "mangelhaft" oder die eine mit "ungenügend" bewertet worden sein, wird der Kandidat von der mündlichen Prüfung zurückgewiesen. Die Staatsprüfung gilt dann in dem betreffenden Fach als nicht bestanden.

Die mündliche Prüfung läuft nach den gleichen Grundsätzen wie für die anderen Laufbahnen ab. Sie gilt also nicht nur den drei vom Kandidaten angegeben Spezialthemen, hat andererseits nicht die Fachdidaktik zum Gegenstand. Nach Möglichkeit soll eine Quelle interpretiert werden. Die Prüfung im jeweiligen Fach dauert eine Stunde, die auf die drei großen Epochen verteilt wird.

Eine weitere Besonderheit stellt die Einbeziehung der Note für die schriftliche Hausarbeit in die Gesamtnote für das geprüfte Fach dar, sofern sie hier geschrieben wurde. Der Ausgleich zwischen mangelhaften und guten Teilergebnissen ist statthaft, auch innerhalb der mündlichen Prüfung sowie zwischen den beiden Klausuren.

Hat der Bewerber eine Fachprüfung nicht bestanden, so kann er sie als "Ergänzungsprüfung" in einem grundsätzlich befristeten Zeitraum wiederholen. Bei einem erneuten Nichtbestehen wird "die gesamte fachwissenschaftliche für nicht bestanden" erklärt. Ebenso wie die Ergänzungsprüfung kann auch die Staatsprüfung als Ganzes nur einmal - allerdings innerhalb eines größeren Zeitraums - wiederholt werden. Dieser Vorgang wird als "Wiederholungsprüfung" bezeichnet. Umgekehrt kann, "wer die wissenschaftliche Prüfung bestanden hat ... zum Vorbereitungsdienst für das Lehramt an höheren Schulen zugelassen werden".

Tabelle 1

Die Anforderungen in der Ersten Staatsprüfung für die verschiedenen Laufbahnen

Grund- und Hauptschullehrer a) Fach b) Lernbereich	Sonderschullehrer a) Fach b) Lernbereich	Realschullehrer	Studienräte an Gymnasien
keine Zwischenprfg.	keine Zwischenprfg. a) oder b): Teil d. Staatsprfg. nach d. 4. Sem. (Fl.) nach d. 6. " (Kiel) nur mündl. Prüfung	keine Zwischenprfg.	Zwischenprüfung nach dem 4. Semester Philosophikum/ Pädagogikum frühestens nach dem 6. Semester
Vorleistungen anrechenbar: 25%	Vorleistungen anrechenbar: 25%	Vorleistungen anrechenbar: 25%	
Hausarbeit 3 Monate Frist f.d. Anfertigung	Hausarbeit 3 Monate Frist f.d. Anfertigung Umfang 50 S.	Hausarbeit 3 Monate Frist f.d. Anfertigung Umfang unbegrenzt	Hausarbeit 4 Monate Frist f.d. Anfertigung Umfang unbegrenzt
Die Mindestnote "ausreichend" ist Voraussetzung für die Zulassung z. mdl. Prüfung			
In 2 Fächern/LB wo die Hausarbeit nicht geschrieben	In 3 Gebieten/ Fächern	In Erziehungswiss. und 2 Fächern	falls Hausarbeit nicht in Geschichte geschrieben wurde,
je 1 Klausur 4std. Bearbeitung	je 1 Klausur 4std. Bearbeitung	je 1 Klausur 4std. Bearbeitung	2 Klausuren 4std. Bearbeitung
3 Themen zur Wahl	3 Themen zur Wahl	3 Themen zur Wahl	Themen aus Alter G. und Mittl./Neuere G. sonst nur 1 Klausur 4 Std.
Mündl. Prüfungen nach Wahl d. Kand. oder anderen Best.	Mündl. Prüfungen (nicht mehr Gesch.) unterschiedl. Dauer	Mündl. Prüfungen (Erziehungswiss. und 2 Fächer)	Mündl. Prüfungen (evtl. noch Erz.Wi. jedenfalls 2 Fächer)
30-45 Minuten		30-45 Minuten	60 Minuten
Prüfung über fachwiss. und -didakt. Fragen Themen z.T. dch. Pr.O. vorgegeben		Prüfung fast nur fachwissenschaftlich 3 Themen aus d. gr. Epochen n. Vereinb.	Prüfung nur fachwissenschaftlich je gr. Epoche 20 Min.
Für die Ermittlung d. Fachnote bleibt die Hausarbeit unberücks. Hausarbeit wird erst für das Gesamturteil mit berücksichtigt.			Note f.d. Hausarbeit wird in d. Fachnote einbezogen, falls sie hier geschrieben.

2. Die zweite Ausbildungsphase

2.1 Der Vorbereitungsdienst für die verschiedenen Laufbahnen

Die Organisation und die Inhalte des Vorbereitungsdienstes für die verschiedenen Laufbahnen sind einander weithin sehr ähnlich. Das machen schon die oft übereinstimmenden Formulierungen in den Ausbildungsordnungen deutlich. Abweichungen finden sich andererseits am meisten in der Ausbildung zum Sonderschullehrer. Eine eingehende Behandlung der einzelnen Vorbereitungsdienste würde von Wiederholungen geprägt sein. Um das zu vermeiden, sollen die generellen Strukturen und Bestandteile hier zusammenfassend dargestellt werden, ehe anschließend die laufbahnspezifischen Besonderheiten aufgeführt werden.

Die Dauer des Vorbereitungsdienstes beträgt überall zwei Jahre, wird allerdings unterschiedlich eingeteilt. Für die Grund- und Hauptschul- und für die Realschulanwärter besteht sie aus drei Ausbildungs- und einem Prüfungssemester oder -halbjahren; für die Gymnasialanwärter nominell aus vier Ausbildungshalbjahren. Ganz anders sieht die Einteilung für die angehenden Sonderschullehrer aus.

In allen Laufbahnen wird die Qualifikation für den Geschichtsunterricht in der Sekundarstufe I oder I und II, gegebenenfalls für das Grundschulfach "Heimat- und Sachunterricht" fortgesetzt. Das geschieht überall durch eine gleichzeitige und eng aufeinander bezogene theoretische und schulpraktische Ausbildung. Die Erstgenannte in einem IPTS-Seminar[17], das seinen Standort an günstiger Stelle im schleswigschen oder holsteinischen Landesteil hat. Für die einzelnen Laufbahnen gibt es unterschiedlich viele Seminare, für die Sonderschulausbildung nur eins. Der jeweilige Seminarleiter ist für die Ausbildung insgesamt verantwortlich und hat somit auch die Zusammenarbeit der daran Beteiligten zu koordinieren. Das betrifft besonders die Kontakte zu den Ausbildungsschulen, von denen mehrere einem Seminar zugeordnet sind. Aus ihren Standorten läßt sich die Größe eines Seminarbezirks ermitteln[18].

Die Aufgaben des Seminarbetriebs werden einesteils von einem sogen. Allgemeinen Seminar auf den Gebieten der Pädagogik und der allgemeinen Didaktik, der pädagogischen Psychologie, der soziologischen Aspekte von Erziehung und Bildung sowie des Schul- und Beamtenrechts übernommen. Andernteils werden in den einzelnen Fachseminaren die didaktischen und methodischen Probleme der Fächer und der Lernbereiche (hier also des Geschichts- und des Heimat- und Sachunterrichts) sowie auch ausgewählte Inhalte des Unterrichts behandelt. Da alle Seminararbeit auch stark auf den Ausbildungsunterricht bezogen ist, umfaßt sie auch Fragen der praktischen Unterrichtsgestaltung.

Während der drei Ausbildungshalbjahre nehmen die Lehramtsanwärter am Allgemeinen Seminar und durchweg an zwei Fachseminaren im Umfang von zusammen mindestens 6 SWS teil. Dafür werden ein bestimmter Wochentag (Seminartag) und Teile eines andern Wochentags vom Unterricht freigehalten.

Um eine grundsätzliche und tatsächlich weitgehende Einheitlichkeit in der jeweiligen laufbahn- beziehungsweise lehramtsspezifischen Ausbildung zu sichern, arbeiten in gewissen Zeitabständen innerhalb jeder Kategorie von IPTS-Seminaren die Leiter der Fachseminare für ein bestimmtes Schulfach gemeinsame Rahmenpläne aus, die dann durch die Fachleiter (sogen. Studienleiter) an den einzelnen Orten inhaltlich ausgefüllt werden. Die Rahmenpläne werden meistens für mehrere Jahre aufgestellt. Die detaillierten Halbjahrespläne machen die Studienleiter ihren jeweiligen Lehramtsanwärtern bekannt.

"Die Ausbildung an der Schule vollzieht sich insbesondere im Ausbildungsunterricht und durch Teilnahme am Schulleben"[19]. Sie beansprucht etwa 2/3 des Vorbereitungsdienstes gegenüber 1/3 Seminarausbildung. Der Ausbildungsunterricht gliedert sich in allen Ausbildungshalbjahren und auch im Prüfungshalbjahr wie folgt: 1. Hospitationen beim Mentor oder auch anderen Lehrern, 2. eigener Unterricht unter Anleitung durch den Mentor, der in der Regel anwesend ist und 3. Unterricht in eigener Verantwortung, der also auch selbständig geplant wird. Die Ausbildungsordnungen setzen hierfür etwas unterschiedliche Stundenzahlen an. Zum eigenverantwortlichen Unterricht gehört auch die Erteilung von Zeugnisnoten, und nur dem angehenden Grund- und Hauptschullehrer werden im Zusammenhang damit auch die Geschäfte des Klassenlehrers aufgetragen.

Außer der ständigen Betreuung durch den Mentor in jedem Fach erhält der Lehramtsanwärter auch in allen Ausbildungssemestern 1 - 2 Besuche des Studienleiters in seinen Stunden. Da dieser die Ausbildung im Fachseminar durchführt, stärken seine Unterrichtsbesuche den engen Bezug zwischen den beiden Komponenten des Vorbereitungsdienstes. Das geschieht auch durch die "Ausbildungslehrproben", die der Lehramtsanwärter wenigstens zweimal während der Ausbildung vor der Seminargruppe seines Faches und dem Studienleiter hält. Die dort angestellten Beobachtungen werden anschließend analysiert. Im dritten Halbjahr - für das Lehramt an Gymnasien im dritten und vierten - benotet der Studienleiter die von ihm allein besuchte Lehrprobe. Die Note ist aber keine Vorzensur, sondern dient dem Anwärter als Orientierungswert.

Daß der Ausbildungsunterricht in verschiedenen Klassenstufen stattfindet, also in Grundschul- und Hauptschulklassen beziehungsweise in der gymnasialen Mittel- und Oberstufe, versteht sich von selbst. Oft wechselt der Lehramtsanwärter auch die Ausbildungsschule. Seine Zuweisung zu den Schulen erfolgt auch unter verkehrsgeographischen Gesichtspunkten. Im dünn besiedelten Schleswig - Holstein sind die Entfernungen zwischen den Ausbildungsschulen und den Seminarorten mitunter recht groß und die Bezirke entsprechend weitläufig. Wenn Hin- und Rückfahrten zusammen mehr als 100 Kilometer ausmachen (Nortorf - Büsum und zurück sogar 160 km!), wird das als problematisch empfunden.

Unterschiedlich häufig versammeln die Studienleiter "ihre" Mentoren. Auf solchen Fachsitzungen diskutiert man Ausbildungsschwerpunkte und entwickelt didaktisch - methodische Konzepte. In die eigentlich didaktischen Halbjahrespläne der Fachseminare müssen - wie aus der Praxis zu erfahren ist - für die Anwärter an den Grund- und Hauptschulen und an den Realschulen immer wieder auch fachwissenschaftliche Themen aufgenommen werden, weil es vielfach an derartigen Kenntnissen mangelt. Fachliche Defizite erschweren von vornherein die Umsetzung von Stoff in Unterricht und tragen zum "Praxisschock" bei. Das Bemühen, sie jetzt zu verringern, geht natürlich zu Lasten der didaktischen und schulpraktischen Fragen. Mancher Studienleiter wünscht auch ein besseres Überblickswissen, weil das die verbreiteten Schwierigkeiten bei der Stoffauswahl und der didaktischen Durchdringung vermindern würde.

Im übrigen werden durch die Praxis die Angaben der Ausbildungsordnungen, z.B. über die Zahl der Unterrichtsbesuche und der Lehrproben, bestätigt. Die Studienleiter sehen die Ausbildung, so wie sie gehandhabt wird, im Prinzip als bewährt an, wünschen sie hier und da noch effektiver.

2.1.1 Für die Lehramtsanwärter der Grund- und Hauptschulen besteht die jetzige Ausbildungsform erst seit dem 1. August 1977. Die kurz vorher erlassene "Vorläufige Ausbildungsordnung des Vorbereitungsdienstes" wurde am 26. Juni 1981 durch die seither gültige "vorläufige" Fassung ersetzt[20].

Sie regelt hinsichtlich der "Ausbildung an der Schule" den Anteil des eigenverantwortlichen Unterrichts dahingehend, daß er "in der Regel 14 Wochenstunden" beträgt. Da die Ausbildungsordnung von dem inzwischen überholten Zwei-Fächer-Studium an der PH ausgeht, nimmt sie hier auch nur eine Zweiteilung des eigenverantwortlichen Unterrichts vor. Im übrigen läßt sie zu, daß "aus Gründen der Ausbildung" von dem Umfang abgewichen werden kann, "wenn in den nachfolgenden Halbjahren ein entsprechender Ausgleich erfolgt. Der eigenverantwortliche Unterricht ist ... auch im Prüfungshalbjahr im bisherigen Umfange zu erteilen". Das soll nach Möglichkeit in Grundschulklassen und Hauptschulklassen geschehen. Als Besonderheit dieses Lehramts müssen - wie oben schon erwähnt - mit dem eigenverantwortlichen Unterricht auch die Aufgaben des Klassenlehrers übernommen werden. Ähnlich ist es allerdings bei den Sonderschullehrern.

Die normativen Angaben lassen sich durch Auskünfte über die Ausbildungspraxis bestätigen und ergänzen. Nicht in allen 9 Seminaren dieser Laufbahn werden jederzeit Geschichtslehrer ausgebildet. Die Zahl der Lehramtsanwärter geht allgemein zurück, freilich unterschiedlich von Ort zu Ort. So werden am IPTS-Seminar Lübeck zur Zeit nur noch 7, dagegen in Itzehoe 12, in Heide 9 und in Kiel 11 Anwärter für Geschichte ausgebildet.

2.1.2 Der Vorbereitungsdienst für die Laufbahnen der Sonderschullehrer wird durch die "Vorläufige Ausbildungsordnung" vom Jahre 1977 geregelt, die in der geänderten Fassung vom 26. Juni 1981 gültig ist[21]. Hierin findet sich u.a. eine Unterteilung der 18-monatigen Ausbildungsdauer, die von den Bestimmungen der anderen Laufbahnen abweicht. Die Ausbildung gliedert sich danach in zwei Ausbildungsabschnitte. Jeder "umfaßt die ersten neun Monate der Unterrichtszeit eines Schuljahres. Ihm schließt sich bis zum Ende des jeweiligen Schuljahres eine Prüfungsphase an. Der

Sonderschullehrer legt die Zweite Staatsprüfung während der zweiten Prüfungsphase ab."

Im Rahmen der Seminarausbildung übernehmen "Fachrichtungsseminare" (je eins in jedem Ausbildungsabschnitt) die Aufgaben der "Allgemeinen Seminare" in den übrigen Laufbahnen, hier natürlich auch unter dem Aspekt der Sonderpädagogik neben Fragen der allgemeinen Didaktik, des Schulrechts usf. Im ersten Ausbildungsabschnitt werden außerdem die Sitzungen der Fachseminare für Deutsch oder Mathematik, für ein Fach des Sachunterrichts und für "eines der weiteren Fächer" besucht.

Im zweiten Ausbildungsabschnitt nimmt der Anwärter an einem Fachrichtungsseminar teil, das seiner zweiten sonderpädagogischen Fachrichtung entspricht. Die verschiedenen Seminarsitzungen "umfassen zusammen mindestens sechs Wochenstunden im Durchschnitt".

Innerhalb des einzigen IPTS-Seminars für die Ausbildung zum Sonderschullehrer in Kiel gibt es unter den Fachseminaren auch das für "Geschichte, Wirtschaft/Politik" und für den "Heimat- und Sachunterricht".

Der eigenverantwortliche Unterricht an einer Ausbildungsschule erlegt den Anwärtern außer der Erteilung von Zeugnisnoten "in der Fachrichtung Lernbehindertenpädagogik den Einsatz als Klassenlehrer" auf. "In der zweiten Fachrichtung" soll er dann nach Möglichkeit als Klassenlehrer eingesetzt werden oder sonst durch den Mentor "schrittweise in die Funktion" eingeführt werden. Der Anteil des eigenverantwortlichen Unterrichts am Ausbildungsunterricht soll in der Regel 12 Wochenstunden betragen, und zwar auch in den Prüfungsphasen. Der Anwärter "soll in den Fächern und Fachrichtungen, in denen er an Seminaren teilnimmt, unterrichten".

Geschichtsunterricht oder die Behandlung von geschichtlichen Themen im Heimat- und Sachunterricht findet also teils unter Anleitung, teils eigenverantwortlich statt - freilich unter sonderpädagogischen Aspekten.

2.1.3 Die "Vorläufige Ausbildungsordnung des Vorbereitungsdienstes für die Laufbahn der <u>Realschullehrer</u>" vom Jahre 1977, zuletzt geändert durch Erlaß vom 26. Juni 1981[22], weist die gleichen Grundsätze und die gleiche Organisation wie die übrigen Ausbildungsordnungen auf. Eine

der ganz wenigen abweichenden Bestimmungen betrifft den Anteil des eigenverantwortlichen Unterrichts am gesamten Ausbildungsunterricht. Im ersten Ausbildungshalbjahr macht er nur 2-5 Wochenstunden aus und findet nur in einem der beiden Fächer des Lehramtsanwärters statt, so daß vielleicht der Geschichtsunterricht hier noch nicht erfolgt. "In den nachfolgenden Halbjahren erhöht sich dieser Anteil auf sechs bis neun Wochenstunden". Noch elastischer kommt die Ordnung praktischen Erfordernissen entgegen, wenn sie verfügt: "Von dem Umfang des eigenverantwortlichen Unterrichts kann aus Gründen der Ausbildung im ersten Halbjahr abgewichen werden, wenn in den nachfolgenden Halbjahren ein entsprechender Ausgleich erfolgt". Analog zu den übrigen Ausbildungsordnungen wird auch hier die Verpflichtung zum eigenverantwortlichen Unterricht "auch im Prüfungshalbjahr im bisherigen Umfange" ausgedrückt.
Von Klassenlehrerfunktionen ist der Realschullehreranwärter frei.

Da es nur 5 IPTS-Seminare für die Realschullehrerausbildung gibt, gegenüber 9 für die Grund- und Hauptschullehrer, sind die Bezirke noch größer. So erstreckt sich der Flensburger von Küste zu Küste und von der Stadt Schleswig im Süden bis nach Nordschleswig jenseits der dänischen Grenze hinein. Dort stehen grundsätzlich einige Schulen der deutschen Volksgruppe zur Verfügung, aber es handelt sich nicht um eigentliche Realschulen, weil es in Dänemark diesen Schultyp nicht mehr gibt. Stattdessen schließt sich an den allgemeinen Besuch der Volksschule, der durchweg 9 oder 10 Jahre dauert, der des Gymnasiums, das nur 3 Klassen umfaßt und damit der Oberstufe deutscher Gymnasien entspricht. Lehramtsanwärter für die Realschule werden infolgedessen nur bei Ausbildungsbedarf an die nordschleswigschen Volksschulen geschickt. Bei der augenblicklich abnehmenden Zahl kann man auf diese Schulen ebenso wie die auf Sylt und Föhr verzichten. Auch in den anderen Seminarbezirken sind die Ausbildungsschulen weit gestreut.

Die Gruppenstärken sind recht unterschiedlich: von 3 über 5 und 8 bis zu 12. Damit wird die theoretische Höchstzahl für die Fachseminare, auch für die Grund- und Hauptschullehrer und die künftigen Studienräte, ausnahmsweise hier und da noch erreicht. In Flensburg läuft die Ausbildung von Geschichtslehrern für die Realschule augenblicklich aus.

2.1.4 Den Vorbereitungsdienst für die "Laufbahn der Studienräte an Gymnasien" regelt ebenfalls eine Ausbildungsordnung vom 11. Juni 1977, die ebenso wie die übrigen Ausbildungsordnungen in der geänderten Fassung vom 26. Juni 1981 zur Zeit gültig ist[23]. In ihr ist nicht von Lehramtsanwärtern die Rede, sondern von Studienreferendaren.

Ergänzend zu den eingangs beschriebenen gemeinsamen Bestimmungen aller schleswig-holsteinischen Ausbildungsordnungen sollen auch hier nur die wenigen Besonderheiten dargestellt werden. Das ist einmal die Einteilung des Vorbereitungsdienstes in vier Ausbildungshalbjahre, ohne daß ein Prüfungshalbjahr erwähnt wird. Tatsächlich aber finden die Teile der 2. Staatsprüfung auch in dieser Laufbahn während des Vorbereitungsdienstes statt: die Hausarbeit wird schon im 3. Ausbildungshalbjahr angefertigt und am Ende des Halbjahres abgeliefert; die beiden Lehrproben hält der Referendar im letzten Ausbildungshalbjahr.

Zum andern wird auch hier der Umfang des eigenverantwortlichen Unterrichts in besonderer Weise festgesetzt, wobei die Aussagen der Ordnung teilweise Empfehlungscharakter haben. Im 1. Halbjahr sollen es demnach nur 2-5 Wochenstunden sein; im 2. steigert sich die Zahl auf 8-12 Wochenstunden, um in den beiden letzten Halbjahren 4-6 zu betragen. Die Gesamtzahl wird mit "insgesamt 24 bis 26 Halbjahreswochenstunden" vorgeschrieben. Diese Art Unterricht muß der Referendar bis zum Ende des 4. Halbjahres erteilen, während er in den "letzten zehn Tagen vor der mündlichen Prüfung ... von Hospitationen und Unterricht unter Anleitung befreit werden" kann. Im übrigen schließt der eigenverantwortliche Unterricht auch in dieser Laufbahn die Erteilung der Zeugnisnoten, nicht aber die Geschäfte des Klassenlehrers ein. "Soweit möglich" soll der Referendar "am Verfahren der Abiturprüfung teilnehmen".

Für die Studienreferendare findet die Benotung einer Ausbildungslehrprobe durch den betreffenden Studienleiter für jedes Fach sowohl im 3. wie im 4. Halbjahr statt. Die beiden Noten dienen nur der Orientierung. In jedem Fach soll ein Mentor nur einen Studienreferendar betreuen.

Aus der geringen Anzahl von nur 5 IPTS-Seminaren für diese Laufbahn ergeben sich - wie bei den Realschulseminaren - besonders ausgedehnte Bezirke. Für das Flensburger Seminar hat er die gleichen Abmessungen wie der für das Realschullehrerseminar, schließt also im nordschlewigschen Apenrade das einzige Gymnasium der deutschen Volksgruppe mit ein.

2.2 Die Zweiten Staatsprüfungen

Ein Vergleich der Ordnungen für die Zweite Staatsprüfung in den verschiedenen Laufbahnen - die übrigens für das Lehramt an Gymnasien "Pädagogische Prüfung"[24] heißt - macht deutlich, daß sie in großen Zügen übereinstimmen, etwa hinsichtlich der Prüfungsbestandteile und der Bewertungsskala. Der gleichartige Zuschnitt drückt sich auch in vielen Formulierungen aus. Das übereinstimmende Grundmuster soll hier vorgestellt werden, um die folgenden Abschnitte nicht mit Wiederholungen zu belasten. Dort haben die Besonderheiten ihren Platz, die sich vorzugsweise in den Ordnungen für die Sonderschulen und die Gymnasien finden.

Der Prüfungsausschuß setzt sich nach Maßgabe der Ordnungen in etwa aus den gleichen Personen zusammen, die der Kultusminister einschließlich des Vorsitzenden beruft. Den Vorsitz führt mitunter der Leiter des IPTS-Seminars. Mitglieder sind in jedem Fall die Studienleiter der jeweils ausbildenden Fachseminare, der Leiter der Ausbildungsschule, derjenige des IPTS-Seminars, wenn er nicht Vorsitzender ist. Auch die Mentoren sind in der einen oder anderen Weise an den Prüfungen beteiligt. Diese sind allesamt nicht öffentlich, es können jedoch als Zuhörer je ein Vertreter des Kultusministeriums, des Landesinstituts für Praxis und Theorie der Schule und der beiden Pädagogischen Hochschulen teilnehmen. Dies gilt nicht im ganzen Umfang bei den Prüfungen für das Lehramt an Gymnasien.

Bei der Meldung zur Prüfung legen die Kandidaten außer den Studienreferendaren etliche Befähigungsnachweise vor und nennen - in allen Laufbahnen - die Fachgebiete, deren Berücksichtigung in der mündlichen Prüfung gewünscht wird.

Daraufhin werden benotete Gutachten über die pädagogische und fachliche Eignung des Kandidaten erstellt. Der Zeitpunkt liegt am Ende des 3. Halbjahres. Die Begutachtung erfolgt in allen Laufbahnen durch die Studienleiter und außerdem unterschiedlich von weiteren Personen. Der Ausfall der Gutachten entscheidet über die Zulassung zur Prüfung.

In allen Laufbahnen wird eine schriftliche Hausarbeit verfaßt. Alle näheren Bestimmungen sind jedoch unterschiedlich, z.B. hinsichtlich des Umfangs oder der beauftragten Gutachter. Übereinstimmend wird andererseits gefordert, daß das Thema sich aus der Unterrichtstätigkeit des Kandidaten ergeben muß. Er selbst entscheidet über das Fach.

Der nächste Prüfungsbestandteil sind die Lehrproben in allen Laufbahnen. Mit Ausnahme der Sonderschulanwärter werden zwei Lehrproben in unterschiedlichen, aber bekannten Klassen abgehalten, und zwar über Themen, "die im Rahmen des planmäßigen Unterrichts liegen". Schriftliche Entwürfe werden allenthalben gefordert; andere Einzelheiten sind unterschiedlich geregelt.

Die mündliche Prüfung folgt. Nur in den Ordnungen für die Grund- und Hauptschullehrer und für die Sonderschullehrer wird ausdrücklich gesagt, daß sie an die Prüfungslehrproben anschließt. Ihre Dauer wird unterschiedlich geregelt. Das betrifft auch den Anteil, der der Fachdidaktik gewidmet ist.

Damit ist die Zweite Staatsprüfung abgeschlossen. Für die folgende Bewertung der Prüfungsleistungen sind in allen Ordnungen außer der übereinstimmenden Notenskala unterschiedliche Angaben über die anteilmäßige Gewichtung der einzelnen Noten für das Gesamturteil enthalten und schließlich die Bedingungen für ein Nichtbestehen der Prüfung übereinstimmend für die Grund- und Hauptschul- und für die Realschulanwärter und mit geringen Abweichungen für die übrigen beiden Lehrämter genannt.

Die Möglichkeit der Wiederholung besteht in der Regel einmal, aber eine zweite Wiederholung "ist nur in Ausnahmefällen zulässig" in den drei erstgenannten Laufbahnen, nicht dagegen bei den Studienreferendaren.

2.2.1 Für die <u>Grund- und Hauptschullehrer</u> regelt ein Runderlaß vom 23. August 1978 die Anforderungen und den Ablauf der Zweiten Staatsprüfung[25]. Damals wurde nur in zwei Fächern ausgebildet.

Hinsichtlich der Gutachten heißt es hier, daß der Seminarleiter, dem die Gutachten der Studienleiter zugehen, auch seinerseits "in den Fällen eine Stellungnahme" abgibt, "in denen er das Ziel der Ausbildung für nicht erreichbar hält". In solchen Fällen können auch "vom Schulleiter und den Mentoren, die den Lehramtsanwärter betreut haben", Gutachten eingeholt werden. "Das Ziel der Ausbildung ist zumindest dann nicht erreicht, wenn zwei Gutachten schlechter als ausreichend abschließen". Die weiteren Prüfungsteile entfallen dann.

Das Thema der Hausarbeit wird schon während des 3. Ausbildungshalbjahres zwischen dem Anwärter und einem Studienleiter vereinbart; es ist aber auch das Einvernehmen mit dem Seminarleiter nötig, und es muß auch noch während dieses 3. Halbjahres die Genehmigung durch den Kultusminister erfolgen oder aber von seiner Seite ein anderes Thema gestellt werden. "Für die Anfertigung der Hausarbeit stehen ... sechs Wochen ab Ende des dritten Schulhalbjahres der Ausbildung zur Verfügung". Das Thema soll begrenzt sein und ebenso der Textteil der Arbeit "auf nicht mehr als 30, höchstens 50 Seiten". Die Beurteilung läßt der Kultusminister "im Einvernehmen mit dem Seminarleiter" durch zwei fachkundige Gutachter vornehmen, die unabhängig voneinander tätig sind. Aufgrund der Gutachten setzen der Vorsitzende des Prüfungsausschusses und ein fachkundiges Mitglied die Note für die Hausarbeit fest.

Für die Prüfungslehrproben gibt es über das bereits Gesagte hinaus keine nennenswerten Detailregelungen. Es schließt sich die mündliche Prüfung an, die "in der Regel 70, längstens 100 Minuten dauern" soll. Davon sind für die Geschichtsdidaktik als eine der beiden Fachdidaktiken 20 Minuten vorgesehen, für schulrechtliche Fragen 10 Minuten. Außer speziellen, die sich aus den Lehrproben ergeben", und den vom Kandidaten gewünschten Gebieten sollen auch "didaktische und methodische Grundprobleme ... sowie Fragen der Lehrpläne und der Schulbücher" Inhalte des Prüfungsgesprächs sein.

Für das Gesamturteil werden die Noten aller einzelnen Prüfungsleistungen in beiden Fächern sowie der Erziehungswissenschaften und der schulrechtlichen Prüfung mit den benoteten Ausbildungsgutachten und der Note für die Hausarbeit zusammengefaßt. Dabei sollen alle Noten zu etwa gleichen Teilen berücksichtigt werden. Die Prüfung ist nicht bestanden, wenn das Gesamturteil oder die Noten beider Prüfungslehrproben oder die Note einer Prüfungslehrprobe und der dazugehörenden mündlichen Prüfung schlechter als "ausreichend" sind oder die Note der Hausarbeit "ungenügend" ist; selbstverständlich auch bei einem Ausschluß vom weiteren Prüfungsverlauf.

Über die Wiederholung einer nichtbestandenen Prüfung entscheidet der Kultusminister. In der Regel ist eine einmalige Wiederholung möglich, eine zweite "nur in Ausnahmefällen zulässig". Dabei braucht eine Hausarbeit nicht wiederholt zu werden, sofern sie mindestens mit "ausreichend" bewertet worden ist.

2.2.2 Wenn die "Ordnung der Zweiten Staatsprüfung für Sonderschullehrer" vom 7. März 1980[26] in mancher Beziehung erheblich von den übrigen Ordnungen abweicht, so hängt das eng mit dem anders strukturierten Vorbereitungsdienst zusammen. Er gliedert sich ja in zwei Ausbildungsabschnitte von je 9 Monaten mit unterschiedlichen Schwerpunkten.

Schon nach dem 1. Abschnitt findet eine sog. Teilprüfung statt in Form von zwei Prüfungslehrproben und einer mündlichen Prüfung über die erste sonderpädagogische Fachrichtung, "in der Regel Lernbehindertenpädagogik". In gleicher Weise wird auch nach dem 2. Ausbildungsabschnitt geprüft: wieder mit zwei Lehrproben und einer mündlichen Prüfung. Nunmehr betrifft es die zweite sonderpädagogische Fachrichtung, die wieder aus mehreren Fächern besteht. Geschichtsunterricht und eine Prüfung in geschichtsdidaktischen Fragen sind bereits in der vorgezogenen Teilprüfung möglich. Für solche Prüfung stehen normalerweise 20 Minuten zur Verfügung. Der Bewerber kann für alle mündlichen Teilprüfungen die Berücksichtigung von Schwerpunkten wünschen. Für schulrechtliche Fragen stehen 10 Minuten zur Verfügung.

Zwischen den beiden Prüfungsteilen mit ihren Lehrproben fertigt der Kandidat seine Hausarbeit an. Das zu behandelnde Gebiet kann nach Wahl des Kandidaten aus dem 1. oder 2. Ausbildungsabschnitt hervorgehen. Das genaue Thema muß allerdings mit dem Studienleiter abgesprochen werden und die Genehmigung des Kultusministers eingeholt werden. Denkbar ist ein geschichtsdidaktisches Thema mit engem Bezug zur eigenen Unterrichtstätigkeit und damit unter den Vorzeichen der Lernbehindertenpädagogik. Die Arbeit sollte nicht länger als 30 Textseiten sein und sie muß spätestens drei Monate vor Ausbildungsende abgegeben werden. Die Bewertung wird auch hier durch zwei fachkundige Gutachter vorgenommen und dient der Festsetzung der Note im Prüfungsausschuß wie bei den Grund- und Hauptschullehrern.

Die Bewertung der Prüfungsleistungen schließt auch bei den Sonderschulanwärtern die benoteten Ausbildungsgutachten ein. Für jede Fachrichtungsprüfung gelangt man zuerst zu einer Gesamtnote. Ihre Bestandteile, z.B. Ausbildungsgutachten, Lehrproben, werden für das Gesamturteil erneut und zwar nach Kategorien zusammengefaßt in Anrechnung gebracht, wobei deren Gewichtung unterschiedlich ist. Für ein Nichtbestehen genügt es, daß z.B. eine Fachrichtung nicht mit ausreichend oder die Hausarbeit mit ungenügend beurteilt wurde. - Die Wiederholungsmöglichkeiten gleichen denen für die Grund- und Hauptschullehrer.

2.2.3 Die Zweite Staatsprüfung für das Lehramt an Realschulen verläuft nach den Bestimmungen der entsprechenden Ordnung von 1981[27]. Soweit sie von denen der übrigen Ordnungen abweichen, sollen sie vorgestellt werden.

Unter den Gutachtern über die Leistungen während der Vorbereitungszeit sind hier immer und nicht nur in Ausnahmefällen die Mentoren. Das Ziel der Ausbildung ist schon dann nicht erreicht, "wenn die Gutachten in einem Fach schlechter als ausreichend abschließen".

Die Themenformulierung für die Hausarbeit erfolgt nach den auch sonst vorgeschriebenen Modalitäten. Der Abgabetermin liegt "spätestens sechs Wochen nach Ende des dritten Ausbildungshalbjahres". Mit der Beurteilung "wird vom Kultusminister im Einvernehmen mit dem Seminarleiter neben dem die Hausarbeit betreuenden Studienleiter ein zweiter Gutachter" beauftragt. Diese beiden Gutachter beraten und beschließen bereits über die Note; nur wenn eine Einigung nicht zustandekommt, setzt der Vorsitzende des Prüfungsausschusses die Note fest.

Für die Prüfungslehrprobe stellt der Seminarleiter eine Woche vorher das vom Mentor des jeweiligen Faches vorgeschlagene Thema. Die vorgenannten Ordnungen kennen keine entsprechende Terminierung. Dahingegen verlangen sie auch die Vorlage der schriftlichen Unterrichtsentwürfe in sechsfacher Ausfertigung.

Innerhalb der mündlichen Prüfung, die auch hier "70, längstens 100 Minuten dauern" soll, entfallen auf jede Fachdidaktik ebenfalls 20 Min.

Das Gesamturteil der Zweiten Staatsprüfung ergibt sich aus einer ungefähr gleichen Gewichtung der einzelnen Leistungen, worunter die Hausarbeit wiederum selbständig erscheint. Maßgeblich ist außerdem der Gesamteindruck in dieser wie den anderen Prüfungsordnungen.

Über die Voraussetzungen für ein Nichtbestehen der Prüfung sowie über die Möglichkeiten der Wiederholung gibt es keine besonderen Bestimmungen für dieses Lehramt.

2.2.4 Die "Ordnung der Pädagogischen Prüfung für das Lehramt an Gymnasien"[28] hat nur wenige Besonderheiten bzw. Abweichungen. Als Gutachter fungieren neben den Studienleitern immer die Mentoren. Die Hausarbeit kann als Gruppenarbeit angefertigt werden, sofern die Leistung des Einzelnen erkennbar bleibt. Die Genehmigung des Themas kommt dem Seminarleiter zu. Der Umfang der Arbeit ist nicht begrenzt. Sie wird schon im 3. Ausbildungshalbjahr angefertigt.

Die Beurteilung nehmen der zuständige Studienleiter und der Seminarleiter vor. Letzterer kann damit statt seiner selbst einen anderen Studienleiter betrauen. "Er legt die Arbeiten mit den Gutachten 14 Tage vor dem Prüfungstermin dem Vorsitzenden [- meistens einem Vertreter des Kultusministeriums -] des Prüfungsausschusses vor"

Jeder Studienreferendar muß zwei Lehrproben halten, je eine in einer Mittelstufen- und in einer Oberstufenklasse. Wer mehr als zwei Fächer studiert und unterrichtet hat, darf für die Lehrproben ein Fach abwählen. Die Themen werden von den Studienleitern nach Rücksprache mit den Mentoren bestimmt und den Kandidaten erst 48 Stunden vor der Lehrprobe bekanntgemacht. Wenigstens eine der Lehrproben wird schon während des Abschlußsemesters gehalten.

Die mündliche Prüfung besteht aus einer Prüfung in Allgemeiner Pädagogik und einer Prüfung in der Didaktik nur eines der Fächer, während diejenige im andern Fach entfällt. Für die mündliche Prüfung wird meistens das Fach ausgewählt, in dem der Kandidat die Hausarbeit nicht geschrieben hat. Über unterrichtstechnische Fragen hinausgehend werden didaktische und methodische Probleme des Faches berücksichtigt, wobei man auf Wünsche des Prüflings eingehen kann.

An der Schlußbesprechung am Ende der Prüfung kann der Kandidat teilnehmen und sich äußern. Bei der Zensurengebung ist er nicht anwesend.

Die Zweite Staatsprüfung ist "im allgemeinen nicht bestanden", wenn die Hausarbeit und eine Lehrprobe oder beide Lehrproben "mangelhaft" oder "ungenügend" beurteilt worden sind. In diesen Fällen wurde der Prüfungsvorgang auch schon abgebrochen. Im übrigen führen auch Beurteilungen für die Hausarbeit und die beiden mündlichen Prüfungen, die nicht "ausreichend" waren, und ebensolche Prädikate für eine Lehrprobe und beide mündlichen Prüfungen zum Scheitern.

Eine einmalige Wiederholung der Zweiten Staatsprüfung ist zulässig. Dabei kann die Hausarbeit angerechnet werden.

Man mag abschließend die Frage nach dem Anteil des Faches Geschichte an der Prüfung untersuchen: auf jeden Fall ist er durch die beiden Gutachten des Studienleiters und des Mentors bzw. aller Mentoren gegeben. Dazu kommt eine Lehrprobe und dann eventuell die Hausarbeit oder an ihrer Stelle die mündliche Prüfung.

3. Abschließende Bemerkungen

Die Ausbildung zum Geschichtslehrer in Schleswig-Holstein hat in ihrer Bezogenheit auf Schularten selbstverständlich eine Anzahl von laufbahn- oder lehramtsspezifischen Varianten aufzuweisen, obwohl eine Angleichung der Ausbildungsgrundsätze und -elemente sowie der Prüfungsverfahren und -bestandteile erfolgt ist.

Probleme sind in anderer Hinsicht vorhanden. Eins betrifft das neueingerichtete Drei-Fächer-Studium für das Lehramt an den Grund- und Hauptschulen. Das zusätzliche dritte Fach belastet in mehrerlei Beziehung: es muß einerseits mit in die Lernprozesse aufgenommen werden, bewirkt aber andererseits, daß für alle Fächer - und somit auch für Geschichte - eine geringere Stundenzahl als früher zur Verfügung steht. Das Gleiche gilt für das Studium des Sozialwissenschaftlichen Lernbereichs, in den zwar kein zusätzliches Fach integriert ist, der aber auch nunmehr mit gekürzter Stundenzahl vorliebnehmen muß. Hier wie dort sind Kürzungen im Stoffangebot unvermeidlich und Vertiefungen noch weniger als früher möglich.

Eine zweite Erschwerung der Ausbildung für das Grundschulfach "Heimat- und Sachunterricht" ist durch die neuerdings unterschiedliche Qualifikation in der I. Phase, d.h. an den beiden Pädagogischen Hochschulen eingetreten. Die Einführung der neuen Studienordnung gab den Anlaß zu diesem schwer verständlichen Phänomen, das ja der II. Phase noch zusätzliche Ergänzungs- und Ausgleichsaufgaben zumutet. Sie können dort nur notdürftig gelöst werden - kein voller Ersatz für ein Lernbereichsstudium, wie es z.Zt. lediglich in Flensburg angeboten wird.

Wenig befriedigend nimmt sich der Anteil der Fachdidaktik an den Studiengängen während der I. Phase aus. Derjenige für die Grund- und Hauptschullehrer bietet noch den größten. Aber die konkreten Zahlen sind recht begrenzt (im Fachstudium Geschichte 8 SWS oder etwas mehr und in dem des Lernbereichs nur etwa 6 oder für die Ergänzungsfächer, unter denen ja im Einzelfall auch Geschichte ist, nur die Hälfte davon).

Da reicht die Ausbildung durchweg nicht über praxisnahe Themen hinaus zu theoretischen Grundsatzfragen. Dieser Sachverhalt zeigt sich in der Kurzform, wie sie von den Sonderschullehrern studiert wird, noch krasser. Kaum besser sieht es im Studiengang für die Realschullehrer aus, wo nur 6-7 Stunden von insgesamt 47 SWS für die Fachdidaktik übrigbleiben. In dieser Hinsicht ist die sonst anspruchsvollere Ausbildung nicht über die der Grund- und Hauptschullehrer erhaben und zweifellos defizitär. Immerhin ist dieser kleine Anteil verbindlich. Dahingegen gibt es im Universitätsstudium für die künftigen Gymnasiallehrer keine Verbindlichkeit für die Fachdidaktik, nicht einmal mehr eine Zuordnung zur Fachwissenschaft; und innerhalb der Erziehungswissenschaften kommt sie zu kurz. Leider ist also in diesem Bundesland eine feste Verankerung der fachdidaktischen Ausbildung in der Universität nicht erfolgt.

Zwischen den beiden Ausbildungsphasen besteht in Schleswig-Holstein eine gewisse Koordination. Sie wird hergestellt durch das "Institut für Praxis und Theorie der Schule", das IPTS in Kiel. In seinem Rahmen treffen sich Hochschullehrer mit Seminar- und Studienleitern der verschiedenen Lehrämter in Fachausschüssen und in noch größerem Kreise in der Institutskonferenz. Die gegenseitige Information über die phasenspezifische Arbeit eröffnet Möglichkeiten der Kooperation, wie sie z.B. in den Fortbildungsveranstaltungen längst Gestalt gewonnen hat. Denkbar wäre auch eine phasenübergreifende Teilung der Aufgaben, wodurch Wiederholungen vermieden und andererseits Lücken in der didaktisch-methodischen Ausbildung gefüllt werden könnten. Wieweit solche gegenseitige Ergänzung möglich ist, sollte geprüft werden, damit ohne vermehrten Aufwand die Ausbildung insgesamt effektiver wird.

Bemühungen um Verbesserungen in der Lehrerbildung sehen sich jedoch konfrontiert mit dem allgemein zurückgehenden Lehrerbedarf. Auch hierzulande wirkt es sich voll bei den Geschichtslehrern aus, daß sich die Einstellungsmöglichkeiten stark verringert haben. Die düsteren Aussichten drosseln seit einigen Jahren auch schon den Zugang an Geschichtsstudenten in der I. Phase und an Lehramtsanwärtern in der II. Das führt in der Ausbildungspraxis bereits oft zu Kleingruppen und modifizierten Veranstaltungsformen; die ersten Einschränkungen in beiden Phasen mußten hingenommen werden. Nicht zuletzt dämpfen die unsicheren Zukunftsperspektiven in vielen Fällen auch schon in der Studien- und Vorbereitungszeit die Arbeitsfreude. So erfährt die Geschichtslehrerausbildung vom derzeitigen und voraussichtlichen Stellenmarkt her eine Beeinträchtigung ihrer Impulse und ihres Auftrags.

Anmerkungen

Statt zahlreicher Einzelnachweise hier der generelle Hinweis darauf, daß die im Text verwendeten Zitate den jeweils angegebenen Ordnungen entnommen wurden. Für diese wiederum ist der Fundort in den folgenden Anmerkungen genannt.

1) Landesverordnung über die Laufbahnen der Lehrer i.d. Fassung vom 18.8.1977. GVOBl. Schl.-H. S. 258 und NBl. KM. Schl.-H. S. 303. Neuere Fassung vom 19. Juli 1979. GVOBl. Schl.-H. S. 423.

2) Schulrecht. Ergänzbare Sammlung für Schule und Schulverwaltung in Landesausgaben. Ausgabe für das Land Schleswig-Holstein. Verantwortlich f.d. Inhalt: MinR. Uwe Lorentzen und Ass. Holger Knudsen, Luchterhand (2. Aufl.) 1983 ff.
Darin G = Grundriß des Schulrechts und der Schulverwaltung in Schleswig-Holstein. Bearbeitet von Klaus-Peter Fuglsang-Petersen. G 5 = 5. Teil: Lehrer. VI. Lehrerbildung, S. 31 ff.

3) Landesverordnung über die Grundsätze für Studienordnungen der Pädagogischen Hochschulen f.d. Studium der Grund- und Hauptschullehrer vom 9. September 1981. GVOBl. Schl.-H. S. 164.

4) S. S. 300 f. unten.

5) Von dieser Flensburger Regelung weichen die Kieler Erfordernisse etwas ab.

6) Landesverordnung über die Grundsätze für Studienordnungen der Pädagogischen Hochschulen f.d. Studium der Sonderschullehrer vom 9. September 1981. GVOBl. Schl.-H. S. 176.

7) NBl. KM. Schl.-H. 1976, S. 33. Vorangegangen war die Erarbeitung eines "Koordinierten Studienplans für eine gemeinsame Ausbildung von Realschullehrern an der Landesuniversität und an den Pädagogischen Hochschulen Schleswig-Holsteins" (sog. RL-Plan). Er wurde im Juli 1971 durch eine "Gemeinsame Kommission" der drei Hochschulen verabschiedet, um eine gleichartige Ausbildung sicherzustellen, nachdem das Recht auf Ausbildung von Realschulanwärtern seit etwa 1963 durch die Pädagogischen Hochschulen wahrgenommen wurde.

8) S. S. 298 unten. In konkreten Zahlen: von insges. 26 SWS 8 f.d. Fachdidaktik, im Hauptfach entfallen von den 30 SWS sogar 12 auf sie.

9) Mündliche Auskünfte anstelle einer noch nicht in Kraft getretenen

Studienordnung "Geschichte" an der Kieler Universität, in deren Sinne aber ausgebildet wird. Im übr. s. die "Vorläufige Studienordnung" vom 7. Mai 1975 (NBl. KM. Schl.-H. S. 211).

10) GVOBl. Schl.-H. S. 167.

11) Datum 10. April 1984. GVOBl. Schl.-H. S. 87.

12) Mit "Schwerpunktgebiet" ist das studierte Schwerpunktfach im Lernbereich gemeint.

13) Maßgebend ist noch immer die Landesverordnung über die Erste Staatsprüfung f.d. Laufbahn der Sonderschullehrer in Schleswig-Holstein vom 13. August 1979. GVOBl. Schl.-H. S. 425. Eine Neufassung ist in Vorbereitung.

14) S.S. 302 oben.

15) NBl. KM. Schl.-H. 1976, S. 33.

16) Ordnung der Wissenschaftlichen Prüfung für das Lehramt an höheren Schulen vom 27. Oktober 1961, NBl. KM. Schl.-H. S. 315. Eine neuere Fassung vom 4. Februar 1974 wurde geändert durch Runderlaß des Kultusministers vom 26. September 1974, wobei es nun hieß "Lehramt an Gymnasien", s. NBl. KM Schl.-H. S. 254. Einige weitere geringfügige Änderungen enthielt der Runderlaß vom folgenden Tage, NBl. KM S. 255.

17) IPTS = Landesinstitut Schleswig-Holstein für Praxis und Theorie der Schule, Anschrift: Schreberweg 5 in 2300 Kiel - Kronshagen. Die Anzahl der laufbahnspezifischen IPTS-Seminare zusammengefaßt auf S. 3 unten.

18) Anhaltspunkte vermittelt die beigefügte Übersichtskarte mit den dort angemerkten Einschränkungen. Die Karte ist der Jahresübersicht 1985 des IPTS über Veranstaltungen zur zentralen Lehrerfort- und Weiterbildung in Schleswig-Holstein entnommen.

19) Übereinstimmender Wortlaut im § 7 (1) der "Vorläufigen Ausbildungsordnung des Vorbereitungsdienstes für die Laufbahn der Grund- und Hauptschullehrer" vom 26. Juni 1981, der "Vorläufigen Ausbildungsordnung ... für die Laufbahn der Realschullehrer" mit dem gleichen Datum und der "Ausbildungsordnung ... für die Laufbahn der Studienräte an Gymnasien" vom 11. Juli 1977.

20) NBl. KM Schl.-H. S. 235.

21) Ebd.

22) NBl. KM. Schl.-H. S. 236.

23) NBl. KM. Schl.-H. S. 237.

24) Erlassen am 8. Februar 1971, zuletzt geändert durch Erlaß des Kultusministers vom 2. Mai 1984. NBl. KM. Schl.-H. S. 213. Diese Änderung ist sehr geringfügig.

25) Geändert durch Erlaß vom 26. Juni 1981. NBl. KM. Schl.-H. S. 231.

26) NBl. KM. Schl.-H. S. 94, berichtigt S. 216.

27) NBl. KM. Schl.-H. S. 220.

28) S. Anm. 24.

VERSUCH EINER BILANZ

von Hans Georg KIRCHHOFF

Die Bestandsaufnahme der Geschichtelehrerausbildung, die mit diesem Bande vorgelegt wird, ist die erste ihrer Art. Man kann anhand der Masse "grauer" Literatur, die im Anhang zahlreicher Länderberichte erscheint, die Mühe ermessen, die ihre Erarbeitung gekostet hat. Dafür ist den Beiträgern herzlich Dank zu sagen, vor allem aber dem Herausgeber Horst Gies, vom dem die Initiative zu diesem Unternehmen ausging. Die föderale Struktur des Bildungswesens in der Bundesrepublik Deutschland hat dazu geführt, daß die noch um 1960 weitgehend gleichförmige Lehrerausbildung sich zunehmend auseinanderentwickelte und nur noch durch die Drohung mit wechselseitiger Nicht-Anerkennung in einer gewissen Übereinstimmung gehalten werden konnte.

Dieses Divergieren ist positiv wie negativ interpretierbar: Wer konservative Positionen schätzt, wird die Behauptung wichtiger Schlüsselstellungen (etwa der traditionellen Gymnasiallehrerausbildung) gegenüber der Reformeuphorie der siebziger Jahre begrüßen; dem eher progressiv Eingestellten mag das Erreichte als nur mageres Ergebnis umfänglicher Bemühungen erscheinen.

Es kann bei meinem Versuch einer Bilanzierung nicht darum gehen, zu einer kompletten Übersicht über Aktiva und Passiva des Geschäfts zu gelangen; dafür ist es viel zu verzweigt und in einzelnen Branchen auch zu undurchsichtig. Deshalb läßt meine Bilanz den gesamten fachinhaltlichen ("fachwissenschaftlichen", wie man zu sagen sich leider angewöhnt hat) Komplex der Lehrerausbildund beiseite. Das vornehmliche Interesse der Autoren und mein eigenes richten sich ja auf das Schicksal der jungen Teildisziplin Geschichtsdidaktik: Was ist aus ihr geworden, seit sie vor kaum zwanzig Jahren sich zu entfalten begann?

Daß damit keine inhaltlichen Positionsbestimmungen gemeint sind, versteht sich im vorliegenden Zusammenhang von selbst. Hier geht es um eher profane Dinge wie Repräsentiertsein in Studiengängen, Gleichberechtigung, Unterprivilegierung oder schlichtes Ignoriertwerden.

Denn ganz offensichtlich kommt den Fachdidaktiken im Kontext der Lehrausbildungsreform ein besonderer Reizwert zu; sie sind der Stachel im Fleisch der Fachwissenschaften, indem sie sich hartnäckig als diesen zugehörig definieren, ohne dabei durchweg auf Gegenliebe zu stoßen. Pädagogik alias Erziehungswissenschaft(en) samt ihrem eher schmückenden Beiwerk (Philosophie, Psychologie, Soziologie, Politologie) ist als Bestandteil eines Lehrerstudiums eher tolerierbar - weil separierbar -, auch wenn sie gegenüber früher vielerorts ausgeweitet worden ist.

Die Älteren unter den Lesern dieses Bandes werden sich mit einiger Wehmut der im doppelten Sinn dünnen Vorschriften - Prüfungsordnungen, Lehrpläne und dergleichen - erinnern, die in den 50er und 60er Jahren Studium und Lehrerberuf normierten: dünn im Umfang und dünn im Regelnetzwerk, in dem sich zu verfangen kaum möglich schien. Es wäre ein weites Feld, die Ursachen darzustellen, die zu der heutigen Inflation einschlägiger Papiere geführt haben; gewiß ist einiges davon auf die Wirkung Parkinsonscher Gesetzmäßigkeiten zurückzuführen. Aber doch nicht alles: meine Ausbildung zum Historiker, scheint mir, war ordentlich, die zum Geschichtslehrer eher mäßig, und den Praxisschock, den ich wie sicher ungezählte meiner Kommilitonen erlitten habe, werde ich zeitlebens nicht vergessen. Und eben diese tausendfache Erfahrung, daß die traditionelle Universität in der Ausbildung von Lehrern nicht optimal strukturiert war, wurde zum Agens der Reformbemühungen, von deren Schicksal hier die Rede ist.

Wer je in einer Kommission, einem Fachbereichsrat oder einem sonstigen Gremium an Studien- und Prüfungsordnungen mitgebosselt hat, kann ein vielstrophiges Lied von Lust und Leid solcher Unternehmungen singen. In der Regel werden die traurigen Strophen überwiegen - aber fast jeder Leidtragende wird etwas anderes beklagen. Die Kakophonie eines solchen Konzerts erscheint unausweichlich; und wenn schließlich doch so etwas wie ein cantus firmus hindurchklingt, so beruht er auf einer ehrwürdigen Choralmelodie, die sich gegen die Neutöner durchzusetzen vermag.

Dieser Cantus firmus ist im Studienfach Geschichte der traditionelle, aus dem 19. Jahrhundert stammende Ausbildungsgang, in dem Historiker versuchen, Studenten zu Historikern zu machen. Dieses Geschäft hatte und hat zwar gewisse Turbulenzen zu erdulden, die bei der fortschreitenden Binnendifferenzierung des Faches auftreten und sich im Gerangel um Stundendeputate und Prüfungsanteile, in "Schein"-gefechten und

Sprachenanforderungen niederschlagen. Ob etwa Alte Geschichte, Zeitgeschichte oder gar einer der jüngeren Sprosse - sagen wir Sozialgeschichte - einen kleineren oder größeren Teil des Kuchens erhalten dürften oder gar müßten, ist oft erbittert umkämpft, denn es geht ja stets auch um materielle und personelle Ausstattungsfragen. Trotzdem: derartige Auseinandersetzungen werden sozusagen innerhalb der Familie ausgetragen; das Ziel, den professionellen Historiker auszubilden, wird dadurch nicht berührt.

Professionalisierung

Tangiert wurde und wird es indessen durch eine andere Vorstellung von Professionalisierung, die sich im Laufe unseres Jahrhunderts immer stärker zur Geltung zu bringen vermochte und im Grunde auf die Funktion der Universität zurückgriff, die sie vor Humboldt ganz selbstverständlich gehabt hatte, die aber seither in den geisteswissenschaftlichen Fächern weitgehend tabuisiert worden war: nämlich die der Ausbildung für bestimmte Berufe - auch und gerade für staatliche Laufbahnen -, in unserem Fall für den des (unter anderem das Schulfach Geschichte) unterrichtenden Gymnasiallehrers.

Daß dieser zur Spezies der Lehrer gehört, erscheint zwar trivial, ist es aber keineswegs. Denn noch heute heißt ja eine ihrer einflußreichen Berufsvereinigungen "Philologenverband", in dem auch Mathematiker, Naturwissenschaftler, Künstler und eben auch Historiker als "Philologen" figurieren. Solche Ungereimtheit ergab sich aus dem Abgrenzungsbedürfnis zum "Lehrer" schlechthin: dem Volksschullehrer.

Wie wurde und wird aus dem Historiker ein gymnasialer Geschichtslehrer? Eine erste Lösung dieses Problems erfolgte in den 20er Jahren durch die Einführung des Referendariats als einer zweiten, praxisbezogenen Ausbildungsphase; zwischen beiden Phasen bestanden und bestehen - wie in diesem Band deutlich wird - keine oder nur okkasionelle Verbindungen. Auf diese Weise konnten die konkurrierenden Vorstellungen von Professionalisierung nebeneinander leben, solange an die eine hohe, an die andere eher bescheidene Ansprüche gestellt wurden.

Fragwürdig wurde dieses duale System erst durch den Einspruch eines viel radikaleren Professionalisierungskonzepts in die Universität, der im wesentlichen seit den 60er Jahren erfolgte und noch keineswegs ausgestanden ist, vielmehr jenes ungemein verwirrende Puzzle hervorgebracht hat, das in den Länderbeiträgen dieses Bandes vorgestellt wird. Was hier dem Nicht-Insider als Fliegenbeinzählerei erscheinen mag, ist nichts anderes als der Versuch, überkommende Positionen zu halten oder neue zu erobern und/oder zu einem erträglichen modus vivendi zu gelangen. Dieses neue Konzept, das eine derartige Verwirrung stiftete, gelangte mit der Akademisierung der gesamten Lehrerausbildung in die Universitätslandschaft und wirkte ähnlich wie vor knapp hundert Jahren die Hereinnahme der Ingenieurwissenschaften in den Hochschulbereich.

Horst Gies hat in der Einleitung zu diesem Band den so andersartigen Weg skizziert, den der Ausbildungsgang der Volksschullehrerschaft durchlaufen hat, bis sie in der zweiten Hälfte unseres Jahrhunderts ein Hochschulstudium durchsetzte und sich damit eine Forderung erfüllte, die bereits in der 1848er Revolution von ihren Standesvertretern erhoben und nach 1918 nur in wenigen, kleineren deutschen Ländern verwirklicht worden war. Es war vorauszusehen, daß die erneute Konfrontation der Universität mit einem andersartigen Professionalisierungskonzept zwar in der Theorie konvergierende Lösungen hervorbringen konnte, in der Praxis jedoch tiefe und erbittert ausgetragene Konflikte provozieren mußte.

Die Bestandsaufnahme, die hier vorgelegt worden ist, zeigt in aller Deutlichkeit, wie unterschiedlich das Ergebnis dieser Konfrontation in den einzelnen Bundesländern ausgefallen ist. Nimmt man den "Strukturplan für das Bildungswesen" des deutschen Bildungsrates von 1970 zum Ausgangspunkt, so drängt sich das Bild einer Kolonne auf, die sich sehr rasch in eine lang auseinandergezogene Kette von Marschierenden auflöste. Einige taten erste zögernde Schritte und blieben bald stehen; andere gingen mutig vorwärts und verfingen sich im Gestrüpp; wieder andere kehrten, nachdem sie forsch vorgeprescht waren, umständehalber wieder ein Stück zurück; ans Ziel gelangte bisher keiner.

Dieses Ziel selbst - integrierte und professionalisierte Lehrerausbildung - droht indessen aus einem ganz anderen Grunde irrelevant zu werden: wenn am Ende eines Lehrerstudiums ohnehin die Arbeitslosigkeit steht, mag es gleichgültig sein, ob die Ausbildung auf diese oder jene Weise erfolgt ist. Bodo von Borries hat dies anhand der Hamburger Situation sehr eindringlich dargestellt.

Das duale System

Bei aller Vielfalt, die sich zwischen den Bundesländern, aber auch innerhalb der Flächenstaaten entwickelt hat, sind doch bestimmte Strukturen erhalten geblieben oder neu durchgesetzt worden; ein Minimum an Einheitlichkeit läßt sich für das gesamte Bundesgebiet einschließlich Berlins (West) feststellen. Dies zeigt sich zunächst in der überall anzutreffenden Zweiphasigkeit in der gesamten Lehrerausbildung: auf das Hochschulstudium folgt eine praktische Phase von anderthalb bis zwei Jahren Dauer. Dieses aus der Gymnasiallehrerausbildung stammende Modell hat also auch die einphasige Ausbildung der Volksschullehrer abgelöst. Die neue Art von Einphasigkeit, wie sie in Niedersachsen und Bremen für wenige Jahre versuchsweise praktiziert wurde, ist bald wieder eingestellt worden.

Dieses duale System verdankt seine Lebenskraft gewiß einer ganzen Reihe förderlicher Faktoren. Es entlastet die Hochschulen von dem Druck, den jede explizite Berücksichtigung von beruflicher Praxis ausübt, und verschafft ihnen Freiraum für Forschung und Lehre; es gewährt aber auch dem Staat als dem fast ausschließlichen Nachfrager auf dem Arbeitsmarkt für Lehrer den Einfluß, den er für sich in Anspruch nimmt und in einer einphasigen Ausbildung aufgrund der, wenn auch eingeschränkten, Hochschulautonomie nicht in gleicher Weise auszuüben vermag.

Für die Fachdidaktik bedeutet dies Chance und Nachteil zugleich. Mutete die ältere Volksschullehrerausbildung manchmal an wie ein "Strikken ohne Wolle", indem sie Vermittlungs- ohne zureichende Fachkompetenz hervorbrachte, so hat die Einführung eines Vorbereitungsdienstes auch für diese Lehrergruppe (heute Grund- und Hauptschullehrer) Raum für ein umfangreicheres und vertiefteres fachinhaltliches Studium geschaffen. Dabei wanderte die in den Pädagogischen Hochschulen - und zwar fast ausschließlich in ihnen - entwickelte Fachdidaktik nicht etwa in die zweite Phase ab; sie blieb an der Hochschule und erarbeitete die Voraussetzungen einer akademischen Teildisziplin.

Die Situation an den noch bestehenden Pädagogischen Hochschulen in Baden-Württemberg und Schleswig-Holstein bzw. an der Erziehungswissenschaftlichen Hochschule Rheinland-Pfalz zeigt, wie hier - bei einer beträchtlichen Erhöhung der fachinhaltlichen Anteile am Studium - die Fachdidaktik ihre Position neu definieren konnte. Schwieriger wurde dies dort, wo Pädagogische Hochschulen zu Universitäten weiterentwikkelt wurden oder in solchen aufgingen: aber auch dort konnte in den meisten Fällen die Geschichtsdidaktik sich behaupten. Dagegen hat sie in den Ländern mit Pädagogischen Hochschulen durchweg keinen oder fast keinen Eingang in die Universitätsstudiengänge gefunden; hier - wie auch in einigen Universitäten der übrigen Bundesländer - wird weiterhin Wolle produziert, ohne das Stricken mitzulehren; es wird in die zweite Ausbildungsphase verschoben.

In diesem Sachverhalt spiegelt sich indes nicht nur das Beharrungsvermögen eines Establishments, das keine Newcomer aufnehmen mag. Denn die Aufwertung des erziehungswissenschaftlichen Teilstudiums gegenüber dem älteren - z.B. noch in Kiel praktizierten - Begleitstudiums, das im Philosophikum bzw. Pädagogikum eher rudimentäre Kenntnisse verlangte, beschneidet ohnehin die fachwissenschaftlichen Studienanteile; Lehramtsstudiengänge (besonders deutlich wird dies in der Mathematik und den Naturwissenschaften) laufen ja infolge des Zwei- oder gar Dreifachkombinationszwangs manchmal Gefahr, gegenüber den Diplom- oder Magisterstudiengängen zur fachlichen Schmalspurausbildung zu verkommen.

Unter diesem Aspekt ist der Sonderfall Hamburg wichtig: die dortige Universität ist die einzige Hochschule, in der die Fachdidaktiken nicht den entsprechenden Einzelfächern, sondern den Erziehungswissenschaften zugeordnet sind. Daß diese Lösung wissenschaftstheoretisch legitimierbar ist und unter normalen Umständen Vorteile bietet, liegt auf der Hand; man kann ja, von der Allgemeinen Didaktik als erziehungswissenschaftlicher Disziplin her gesehen, die Fachdidaktiken als deren spezielle Ausformungen begreifen. Indes zeigt die Isoliertheit der Hamburger Lösung, daß das Selbstverständnis der meisten Fachdidaktiker ein anderes ist: sie verstehen sich als (sit venia verbo) Voll-Historiker, die sie ja von ihrer Herkunft her in der Regel auch sind, ihre Profession als Spezialfall des Historikergeschäfts und ihre Stelle im Fächerkanon der Hochschulen als eine im Fach Geschichte.

Die theoretische Fundierung dieses Selbstverständnisses ist in den letzten fünfzehn Jahren auf breiter Basis geleistet worden. Sie kann hier nicht referiert werden, kommt aber in den Länderberichten implizit und explizit zum Ausdruck. In unserem Zusammenhang ist besonders bedeutsam, daß die neuere Geschichtsdidaktik ihren Gegenstand nicht mehr nur im schulischen Vermittlungsprozeß von Geschichte sieht, sondern diesen als - wenn auch unverändert wichtigen - institutionalisierten Sonderfall von historischem Lernen begreift, das in seinen zahlreichen außerschulischen Formen wahrscheinlich noch stärker geschichtliches Bewußtsein prägt, als es die Schule je vermöchte.

Wenn dem so ist - und zahlreiche Untersuchungen der letzten Jahre legen diesen Schluß nahe -, so läßt sich Geschichtsdidaktik nicht mehr ohne einen beträchtlichen Rest an die Erziehungswissenschaften anschliessen. Deshalb erweist sich die Hamburger Lösung, die gewiß von zahlreichen Nur-Historikern auch anderswo favorisiert würde, als fragwürdig, wie auch v. Borries dargelegt hat. Denn der ganze weite Bereich, in dem historische Information dem Erwachsenen geboten und historisches Bewußtsein geprägt wird - als herausragendes Beispiel seien die modernen Massenmedien genannt -, läßt sich ja nicht völlig unter "Erziehung" subsumieren.

Aus diesem Grund ist es höchst bedauerlich, daß die Flucht aus den Lehramts- in die Magisterstudiengänge, die in allen Länderberichten konstatiert wird, in vielen Fällen zugleich eine Dispensierung von Geschichtsdidaktik bedeutet, obgleich es doch jedem zukünftigen Redakteur, Volkshochschuldozenten, Filmemacher usw. wohl anstände, während seines Geschichtsstudiums Vermittlungsprobleme und Regeln didaktischer Reduktion reflektiert zu haben, zumal bei ihm die zweite Ausbildungsphase entfällt.

Diese Überlegung führt uns zu der Frage zurück, in welchem Verhältnis denn erste und zweite Phase der Geschichtslehrerausbildung zu stehen hätten. Daß es mit der kontrapunktischen Gegenüberstellung von Theorie in der einen und Praxis in der anderen nicht getan ist, muß unmittelbar einleuchten, wenn denn der alte Satz stimmt, daß Theorie ohne Praxis leer, Praxis ohne Theorie aber blind sei. Eine bloß theoretische Didaktik kann ja, soweit sie sich auf schulischen Unterricht bezieht, sich nur auf den Erfahrungshorizont der Studenten als ehemaliger Schüler stützen; studienbegleitende Praktika sind daher notwendig und auch - obgleich mit sehr unterschiedlichem Gewicht - in den meisten Prüfungsordnungen verbindlich gemacht. Sie helfen nicht nur dem Studierenden, seine Berufswahl frühzeitig zu kontrollieren; sie sind auch für den Didaktiker unverzichtbar, der seine Theorie an der Praxis bewähren will. Daß ein Ordinarius für Chirurgie selber noch operieren kann, wird man billig fordern dürfen, und daß ein Didaktiker wenigstens gelegentlich noch selber unterrichtet und Unterricht vor Ort erlebt, wird gewiß nicht unbillig sein.

Damit ist jedoch das Verhältnis von erster und zweiter Phase nicht zureichend beschrieben. Ganz offensichtlich dringen ja aus der Fachdidaktik der Hochschulen zahlreiche Impulse in die Institutionen der praktischen Ausbildung, die dadurch davor bewahrt wird, zur reinen Meisterlehre, die sie einmal waren, sich zurückzuentwickeln. Der Weg, auf dem dies geschieht, ist in aller Regel der über die wissenschaftlich-literarische Produktion der Hochschuldidaktiker; ein direkter Transfer über personelle und institutionelle Verbindungen ist selten möglich. In allen Länderberichten wird dieses Defizit beklagt. Die Soester Tagung der Konferenz für Geschichtsdidaktik im Oktober 1985 hat gezeigt, daß dieser Zustand auch von vielen Ausbildern des Vorbereitungsdienstes als unbefriedigend angesehen wird. Es wird deshalb eine vordringliche Aufgabe sein, auf diesem Felde zu einer weiteren Klärung der unterschiedlichen Aufgaben zu gelangen, die mit der Trennung zwischen Reflexionswissen (1. Phase) und Handlungswissen (2. Phase) im Prinzip gewiß richtig umschrieben sind, jedoch noch genauerer Abgrenzung bedürfen, und eindringlicher Bemühungen um Kooperation.

Ausbildung für Schulformen oder Schulstufen

Ein weiteres Kernstück der Lehrerausbildungsreform war und ist der Versuch, die herkömmliche Ausbildung nach Schulformen - Volksschule, Realschule, Gymnasium, Berufsschule (und Sonderschule) - in eine solche nach Schulstufen - Primarstufe (Klasse 1-4, in Berlin 1-6), Sekundarstufe I (Klassen 5-10) und Sekundarstufe II (Klassen 11-13) umzubauen. Diese Reformabsicht hängt faktisch eng mit der Propagierung der Gesamtschule zusammen, auf die hier nicht weiter einzugehen ist; aber sie läßt sich ohne große Schwierigkeiten von dieser Option trennen. Denn es scheint einleuchtend zu sein, daß beispielsweise ein Grundschullehrer anderer Fähigkeiten und Fertigkeiten bedarf als ein Studienrat, der in einer beruflichen Schule oder einer gymnasialen Oberstufe unterrichtet.

Auch die Sekundarstufe I bedürfte nach diesem Modell eines spezifisch ausgebildeten Lehrers; aber fast überall, wo überhaupt die Stufenlehrerausbildung eingeführt wurde, mußte sie an diesem Punkt zurückstecken. Am deutlichsten wurde dies in Nordrhein-Westfalen, wo 1979 die F.D.P. - damals Koalitionspartner der SPD - eine Aufweichung des 1974 beschlossenen reinen Stufensystems durchsetzte. Durch eine relativ bescheidene Zusatzprüfung im Fach Didaktik und Erziehungswissenschaft kann der künftige SII-Lehrer zusätzlich die Lehrbefähigung für die Sekundarstufe I erwerben; das einheitliche gymnasiale Lehramt ist dadurch weitgehend wiederhergestellt.

Auch in Berlin, Hamburg und Kassel ist das Stufenlehrerprinzip in analoger Weise eingeschränkt; nur Bremen hat es uneingeschränkt durchgeführt.

Auch die Trennung zwischen Primarstufe und Sekundarstufe I, die im Schulsystem überall durchgeführt ist, hat sich nur in Bayern, Berlin (als eine von zwei Möglichkeiten), Bremen, Hessen und Nordrhein-Westfalen auch in einer entsprechenden Differenzierung der Studiengänge niedergeschlagen; in den übrigen Ländern ist der Grund- und Hauptschullehrer weiterhin das Ausbildungsziel, wenn auch in Niedersachsen und Baden-Württemberg durch die Fächerwahl ein Schwerpunkt gesetzt werden kann.

Fächerverbindungen

Bekanntlich gilt Geschichte als ein Fach, das in vielen Fächerkombinationen sinnvoll studierbar ist. Diese traditionelle Freiheit ist vielerorts gewahrt, doch gibt es bemerkenswerte Ausnahmen von der Regel. Besonders Bayern erweist sich in dieser Hinsicht als äußerst rigide: Geschichte ist für künftige Gymnasiallehrer nur mit Deutsch oder Englisch kombinierbar, für künftige Realschullehrer sogar nur mit Deutsch. Berlin läßt beim "Lehrer" für die Grundschule lediglich die Kombinationen von Geschichte mit Deutsch, Mathematik oder dem technisch naturwissenschaftlichen Sachunterricht (für die Klassen 1-6) zu. Der "Studienrat" darf Geschichte nicht mit Erdkunde oder Sozialkunde kombinieren, während dies dem "Lehrer mit 2 Fächern" gestattet ist. Hamburg wiederum schließt gerade die Kombination mit Sozialwissenschaften aus, obwohl es dort ein integriertes Schulfach Geschichte/Politik gibt. Niedersachsen verbietet die Verbindung von Geschichte mit Erdkunde, Sozialkunde oder Philosophie. Rheinland-Pfalz schreibt für Grund- und Hauptschullehrer die Kombination von Geschichte mit Deutsch vor; das Saarland gestattet für die gleiche Kategorie nur die Verbindung von Geschichte mit Arbeitslehre, Deutsch, Französisch oder Mathematik. Schleswig-Holstein untersagt für die Grund- und Hauptschullehrer ebenfalls die Verbindung von Geschichte mit Erdkunde, Wirtschaft/Politik oder einem Lernbereich des Heimat- und Sachunterrichts. Dahingegen muß kombiniert werden mit Deutsch oder Mathematik.

Wie man sieht, sind vor allem schulpraktische Gründe für Kombinationsgebote und -verbote maßgebend gewesen; die traditionelle Nebenfachrolle von Geschichte in der Schule hat ja schon immer zu einer Studienverbindung mit einem schulischen "Hauptfach" animiert. Unter diesem Gesichtspunkt hat die weitgehende oder völlige Wahlfreiheit in den nichtgenannten Ländern bzw. Studiengängen ohne Zweifel auch ihre negativen Seiten.

Dagegen ist ein anderer Gesichtspunkt - der einer besonderen Affinität des Faches Geschichte zu anderen Sozialwissenschaften (Soziologie, Politologie, Arbeitslehre, Geographie) - weitestgehend unberücksichtigt geblieben oder auch wieder zurückgedrängt worden. Sehr deutlich wird dies in Bremen, wo das Integrationsmodell eines Studiengangs Arbeitslehre/Politik sich als nicht durchsetzbar erwies; in Kassel ist von einem ähnlichen Vorhaben "Gesellschaftslehre" immerhin übriggeblieben, daß ein Drittel des Fachstudiums Geschichte in Geographie und Sozialkunde absolviert werden muß. Daß Geschichte als Lehramtsstudienfach demnach weitestgehend erhalten blieb, ist gewiß auf seine Bedrohung als eigenständiges Schulfach in den 70er Jahren zurückzuführen; die schweren politischen Kämpfe, die durch die hessischen "Rahmenrichtlinien" und den Versuch ihrer Adaption für die nordrhein-westfälischen Gesamtschulen ausgelöst wurden, haben ja zu einer bemerkenswerten Konsolidierung und partiellen Aufwertung des Faches geführt.

In einem anderen Bereich ist indessen die Integration von Geschichte in einem sozialwissenschaftlichen Zusammenhang unbestritten und bundesweit ziemlich einheitlich geregelt. Es ist dies der Studiengang des künftigen Grundschullehrers, in dem im "Lernbereich Gesellschaftslehre", wie er in Nordrhein-Westfalen heißt (die Bezeichnungen sind in den einzelnen Ländern unterschiedlich) für das Grundschulfach "Sachunterricht" bzw. "Heimatkunde und Sachunterricht" oder allgemein in "Grundschuldidaktik" ausgebildet wird. Es liegt auf der Hand, daß in diesem umfangmäßig nur geringe historische Studienanteile eingebracht werden können; angesichts der Bedeutung einer sachgemäßen Einführung des Grundschulkindes in Zeitverständnis und erste geschichtliche Erkenntnisse darf dies jedoch nicht gering veranschlagt werden.

Verschulung und Stundendeputate

Insgesamt ist - verglichen mit der Gymnasiallehrerausbildung in den 50er und 60er Jahren - eine deutliche Tendenz zur Verschulung der universitären Studiengänge in unserem Fach festzustellen. Zwischenprüfungen und vorgeschriebene Mindestanteile der verschiedenen Teildisziplinen engen die Möglichkeiten einer individuell-freien Studiengestaltung immer mehr ein, wenn auch im Vergleich zu den rigiden Studienplänen, wie sie etwa in den Natur- und Ingenieurwissenschaften üblich sind, gewiß noch mancher Freiraum erhalten geblieben ist und die Praxis der Einhaltung solcher Vorschriften durch Lehrende und Studierende, um mit Theodor Fontane zu reden, ein "weites Feld" ist. Für den Bereich der ehemaligen Volks- und Realschullehrerausbildung wird man jedoch von einem Zuwachs an Freiraum sprechen dürfen; die starren Studienpläne der Pädagogischen Akademien mit ihrer Allround-Ausbildung werden von den heutigen Reglements sicher nicht erreicht.

Einen Sonderfall bildet indes Bayern. Hier hat die Zentralisierung der schriftlichen Abschlußprüfungen eine besondere Lernsituation erzeugt, die rezeptives Studium sowie die Entstehung von Subsystemen (Repetitorien, Klausurkurse) fördert und, wie Filser betont, das Examen weithin zu einem Glücksspiel werden läßt.

Demgegenüber könnte selbst die Summe aller Ungerechtigkeiten, die die dezentralisierten Prüfungssysteme der übrigen Länder zustandebringen, noch erträglich erscheinen. Andererseits aber läge hier ein Ansatzpunkt - darauf möchte ich nachdrücklich hinweisen -, zu einem Übereinkommen der westdeutschen Geschichtsdidaktiker darüber zu gelangen, was denn in unserem Metier als Grundwissen gelten könnte und was darüber hinaus bei höherem Stundendeputat billig zu verlangen wäre. In der Schlußdiskussion des Berliner Symposiums, aus dem die hier gedruckten Beiträge hervorgegangen sind, wurde von einem Teilnehmer die weitgehende Beschränkung der Referate auf die Vorstellung formaler Regelungen beklagt; er forderte zu sagen, "was man tun würde, wenn man könnte", anders ausgedrückt: womit denn ein gegebener Raum zu füllen sei. Dazu ist in diesem Band eine Fülle von Materialien bereitgestellt worden, die der vergleichbaren Bewertung harren.

Weitgehend durchgesetzt hat sich die Regelstudienzeit von 6 Semestern (= 120 Semesterwochenstunden) für die Primar- und Sekundarstufen I - Lehrerausbildung und von 8 Semestern (160 SWS) für die der Sekundarstufe II (bzw. der jeweils entsprechenden Schulformen). Nur Bremen und Hamburg haben eine einheitliche Studienzeit für alle Lehrämter eingeführt. Solche Regelungen sind bedeutsam für die Bafög-Förderung und für die späteren Besoldungsansprüche; in der Praxis werden sie wohl überall weitgehend überschritten; die Überalterung unserer Absolventen ist seit langem eklatant und wird durch die Lehrerarbeitslosigkeit noch gefördert. Indessen sind sie auch für die Fachdidaktik wichtig: der ihr zugebilligte Anteil am Studium wird ja immer innerhalb dieses Rahmens gemessen.

Sehr unterschiedlich sind indessen die Regelungen hinsichtlich der geforderten Fremdsprachenkompetenz, der "Schein-Wirtschaft", der Grundstudienabschlüsse mit oder ohne Zwischenprüfung und der Examensmodalitäten. Sie divergieren häufig sogar innerhalb eines Landes und stellen sich so vielgestaltig dar, daß sie nur in einer umfangreichen Synopse dargestellt werden könnten. Für die Frage der Studiendauer stellen sie gewiß wichtige Elemente dar, nachdem durch die Oberstufenreform der Gymnasien die früher selbstverständlichen Studienvoraussetzungen für das Fach Geschichte - vor allem Latinum und historisches Überblickswissen - weitgehend entfallen sind.

Wenn aber in vielen Fällen Grundwissen und Sprachkompetenz erst während des Studiums erworben werden müssen, wird das eigentliche Fachstudium noch stärker eingeengt. Weit verbreitet ist der 60 SWS-Rahmen für das Gymnasial- bzw. S II Fach, der 40 SWS-Rahmen für die übrigen Lehrämter; doch gibt es zahlreiche Abweichungen nach oben und unten, von den Sonderregelungen für Drittfächer und historische Anteile in Lernbereichen u. dgl. ganz abgesehen.

Bei diesen Größenordnungen kann es nicht wundernehmen, daß Anforderungen und Erfüllungsmöglichkeiten in der vorgegeben Zeit häufig weit auseinanderklaffen. Dies gilt gewiß nicht nur für Bayern, wo genauere

Zahlen über die tatsächliche Studiendauer in unserem Fach vorliegen. Die Geschichtsdidaktik ist hiervon in mehrfacher Weise betroffen: Ihr Anspruch auf angemessene Berücksichtigung im Curriculum wie im Examen stößt überall im universitären Bereich auf die Konkurrenz der fachlichen Inhalte, deren Quantitäts- und Qualitätsansprüche ja nicht ignorierbar sind. Deshalb liegt auch dort, wo die Fachdidaktik durch Vorgaben in den Prüfungsordnungen abgesichert ist, ihr Anteil im S II-Bereich nur bei 10% und darunter, zum Teil weit darunter, während er im S I-Bereich um 20% schwankt. In den Pädagogischen Hochschulen liegt er meist höher, während er in den Universitäten von Baden-Württemberg und Schleswig-Holstein gleich Null ist.

Noch deutlicher werden die Unterschiede, wenn man die Stellung der Fachdidaktik im Prüfungswesen betrachtet. Sie reicht von Nichtbeteiligtsein über die Forderung eines Leistungsnachweises oder mehrerer bis zur Pflicht-Prüfungsklausur, zur obligatorischen oder fakultativen mündlichen Prüfung und zur Möglichkeit, die Hausarbeit über ein geschichtsdidaktisches Thema zu schreiben.

All dies ist von Bundesland zu Bundesland, ja teilweise innerhalb der einzelnen Länder unterschiedlich geregelt. Am besten schneidet in dieser Beziehung offenbar Nordrhein-Westfalen ab, während Bremen unter verbaler Kosmetik eine eher fragwürdige Praxis der Geringschätzung von Geschichtsdidaktik versteckt.

Ausblick

Es liegt gewiß nahe, das Auseinanderlaufen der Lehrerausbildung in den Ländern, das ja ein Ergebnis ihrer Kulturhoheit ist und von der Hochschulautonomie noch verstärkt wird - von der Interpretationsgewalt des einzelnen Hochschullehrers zu schweigen - unter negativen Vorzeichen zu betrachten. Denn ohne Zweifel wird die Freizügigkeit innerhalb des Bundesgebietes einschließlich (West-)Berlins zum Teil erheblich eingeschränkt, wird Provinzialisierung ("Kantönligeist") gefördert und ein verdeckter Landeskinderbonus gewährt, weil es für ein Ministerium naheliegt, wenn überhaupt jemanden neu in den Schuldienst des Landes einzustellen, dann den, der nach den eigenen Vorgaben studiert hat.

Indessen darf man die positiven Seiten der Entwicklung nicht übersehen. Dabei sei die Frage nicht weiter erörtert, ob etwa ein Ausbau Pädagogischer Hochschulen zu Erziehungswissenschaftlichen Universitäten, wie sie in den 70er Jahren erstmals diskutiert wurden, der bessere Weg gewesen wäre; man wird sie in unterschiedlicher Weise beantworten können. Allgemeiner stellt sich das Problem so dar: eine Bundeskompetenz für die Lehrerausbildung hätte mit einiger Wahrscheinlichkeit nur einen viel bescheideren Zuwachs an Professionalisierung in den Lehramtsstudiengängen erbracht. So aber konnte in den vergangenen Jahren die Fachdidaktik doch in den meisten Universitäten sich erstmalig einen mehr oder weniger bescheidenen Platz erkämpfen; sie wird sich, so sie als akademische Disziplin etwas taugt, wohl auch in Zukunft behaupten können. Weiteres Terrain zu erkämpfen, erscheint in einer Zeit der rigorosen Stellenkürzungen aussichtslos; trotzdem sind langfristige Strategien wichtig.

Dazu gehört die Intensivierung der Forschung, von der in diesem Band nicht die Rede ist, die aber angesichts der Entlastung von den Studentenbergen der 60er und 70er Jahren in Zukunft auf breiterer personeller Basis betrieben werden kann - sofern es gelingt, wenigstens einen Grundbestand an wissenschaftlichem Nachwuchs (der ja einer Doppelqualifikation inhaltlicher und didaktischer Art bedarf) stellenplanmäßig zu sichern.

Zum andern wird man, auch wenn die Bedeutung der Didaktik für Nicht-Lehramts-Studiengänge betont werden muß, nicht unbedingt auf Polyvalenz in der Historikerausbildung sehen dürfen. Mehrere Beiträger haben dazu das Notwendigste bereits gesagt; ich möchte lediglich eine weitere Überlegung anschließen. Auch in Zukunft werden Lehrer gebraucht werden, obwohl sich infolge der säkularen Erscheinung des "Pillenknicks" der Bedarf auf einem niedrigeren Niveau als gewohnt einpendeln wird. Dieser Bedarf könnte sich eher einstellen, als es zur Zeit prognostizierbar ist; denn die beispiellose Hilflosigkeit, mit der heute die Diskrepanz zwischen Ausbildungs- und Beschäftigungssystem politisch lediglich zur Kenntnis genommen wird, dürfte kaum auf Dauer durchzuhalten sein. Der "Generationenvertrag", der bislang nur die Alten sicherstellte, muß auch für die Jungen gelten.

Bereits in wenigen Jahren werden zudem die Hochschulen um Studenten konkurrieren, wie es jetzt schon mancherorts die Gymnasien um Schüler tun. Darin liegt, denke ich, eine Chance für die Geschichtsdidaktik; sie kann ja in besonderer Weise dazu beitragen, das Studium auf einen künftigen Beruf hin zu orientieren. Eine Konkurrenz der Hochschulen mit und solcher ohne Fachdidaktik untereinander könnte fruchtbar werden, wenn die Gefahr vermieden wird, zu Dumpingpreisen zu verkaufen. Der didaktisch unbedarfte Historiker als typisches Produkt einer traditionellen Universitätsausbildung wird dann vielleicht auf Dauer der Vergangenheit angehören.

Die Autoren

Bodo von Borries, Dr. phil., Professor für Erziehungswissenschaften unter besonderer Berücksichtigung der Didaktik der Geschichte, Universität Hamburg.

Erwin Faber, Dipl.-Hdl., ehemaliger Mitarbeiter und Lehrbeauftragter für Didaktik der Sozialgeschichte an der Universität Bremen, jetzt Forschungsstipendiat der Fördereinrichtung "Neuere Sozialgeschichte im internationalen Vergleich" am Fachbereich 8 (Geographie, Geschichte, Soziologie) der Universität Bremen.

Karl Filser, Prof. Dr. phil., Inhaber des Lehrstuhls für Didaktik der Geschichte an der Universität Augsburg.

Horst Gies, Dr. phil., Professor für Didaktik der Geschichte am Zentralinstitut für Unterrichtswissenschaften und Curriculumentwicklung und am Fachbereich Geschichtswissenschaften der Freien Universität Berlin.

Jürgen Hannig, Dr. phil., Studienrat, Wissenschaftlicher Mitarbeiter am Fachbereich 5.4 Geschichte der Universität des Saarlandes, Saarbrücken.

Karl Hüser, Dr. phil., Professor für westfälische Landesgeschichte und Didaktik der Geschichte an der Universität-Gesamthochschule Paderborn, Fachbereich 1.

Jochen Huhn, Dr. phil., Professor für Didaktik der Gesellschaftslehre im Fachbereich Gesellschaftswissenschaften der Gesamthochschule Kassel.

Hans Georg Kirchhoff, Dr. phil., Professor für mittlere und neuere Geschichte und Didaktik der Geschichte im Fachbereich 15 der Universität Dortmund.

Horst Kuss, Dr. phil., Professor für Didaktik der Geschichte am Seminar für Soziologie, Politikwissenschaften und Didaktik der Geschichte der Georg-August-Universität Göttingen.

Hans-Joachim von der Ohe, Dr. phil., Professor für Geschichte einschl. schleswig-holsteinischer Landesgeschichte und Didaktik des Geschichtsunterrichts an der Pädagogischen Hochschule Flensburg.

Karl Pellens, Dr. phil., Professor für mittelalterliche und frühneuzeitliche Geschichte sowie Didaktik der Geschichte an der Pädagogischen Hochschule Weingarten/Baden-Württemberg.

Erwin Schaaf, Dr. phil., Professor für Geschichte an der Abteilung Koblenz der Erziehungswissenschaftlichen Hochschule Rheinland-Pfalz.

Wilfried Wagner, Dr. phil., Professor für Politik mit dem Schwerpunkt Theorie und Praxis sowie Geschichte der politischen Bildung unter besonderer Berücksichtigung der Arbeiterbildung am Fachbereich 8 (Geographie, Geschichte, Soziologie) und am Fachbereich 9 (Politik/ Gemeinschaftskunde, Psychologie, Religionswissenschaft/Religionspädagogik, Sozialwissenschaft) der Universität Bremen.

Dortmunder Arbeiten zur Schulgeschichte

und zur historischen Didaktik

Herausgegeben im Auftrag der Dortmunder Gesellschaft für Schulgeschichte

Bd. 1 Werner Koppe, Stadtgeschichte im Unterricht. Eine Fallstudie am Beispiel Recklinghausen (900-1950). Dortmund 1982, XLV 357 S. (zahlreiche Abbildungen im Text) z.Z. vergriffen; Neuauflage 1986 in Vorbereitung.

Die Studie zeigt an einem konkreten Beispiel, wie sich die in der geschichtsdidaktischen Theorie geforderte Einbeziehung von Regionalgeschichte in den Geschichtsunterricht praktisch verwirklichen läßt. Ein theoretischer Teil greift den bisherigen Forschungsstand zum Thema auf; ein umfangreicher Materialteil bereitet in 26 Kapiteln (für den Zeitraum von 900-1950) Stadtgeschichte am Beispiel Recklinghausen für den Unterricht im Primar- und Sekundarbereich auf. Jedes Kapitel ist abgeschlossen, besteht aus Schüler- und Lehrerteil und enthält Quellenmaterialien, Aufgaben, den jeweiligen historischen Kontext, Originalquellen, didaktisch-methodische Handreichungen, Lernziele, Lösungen der Aufgaben, Quellen- und Literaturangaben.

Bd. 2 Werner Seegraef, Politische Geographie in der Schule. Ein Beitrag zur Entwicklung einer umstrittenen Disziplin in der Bundesrepublik Deutschland. Dortmund 1982, 275 S., 17,50 DM + Porto und Verpackung.
ISBN 3-924118-01-9

Der Verfasser gibt einen Überblick über die Wandlungen der Politischen Geographie als wissenschaftlicher Disziplin bis zum gegenwärtigen Stand. Im Hauptteil werden vor dem Hintergrund dieses Orientierungsrahmens jene politisch-geographischen Aspekte und Fragestellungen, Stoffe und Themen untersucht, die sich aufgrund der Richtlinien und Lehrpläne, des fachdidaktischen Schrifttums sowie der Schulbücher und -atlanten als Bestandteile geographischen Unterrichts erweisen. Die sorgfältige Analyse dieser Quellen läßt einen aufschlußreichen Wandel unterrichtlicher Zielsetzungen erkennen, der vom Wechsel wissenschaftlicher, schulischer und gesellschaftlicher Bedingungen abhängig und besonders stark von der sozialgeographischen Konzeption beeinflußt worden ist. Damit erschließt die Arbeit ein bisher vernachlässigtes Gebiet der Geographiedidaktik.

Bd. 3 Hans Georg Kirchhoff/Dieter Tiemann (Hg.), Geschichtsunterricht und Geschichtsbewußtsein, Deutsch-französisches Kolloquium in Dortmund, 23. bis 25.9.1982, Dortmund 1983, 131 S., 12,- DM + Porto und Verpackung
ISBN 3-924118-02-7

Ein Symposion über ein so weitgespanntes Thema mag zunächst erstaunen. Wer jedoch die sehr unterschiedlichen Rahmenbedingungen für Geschichtsdidaktik in Deutschland und Frankreich kennt, wird die Chance würdigen, die sich hier bot: auf der "Partnerschiene" der beiden jungen Universitäten Dortmund und Amiens (aber keineswegs eingleisig auf diese begrenzt) erstmalig ein geschichtsdidaktisches Gespräch zwischen französischen und deutschen Forschern zustandezubringen, das sich nicht auf Schulbuchrevisionen beschränkte.

Inhalt
Hans Georg Kirchhoff: Frankreich und das Ruhrgebiet; Maria Zenner: Geschichtsbewußtsein und Geschichtsunterricht im deutsch-französischen Grenzbereich - Aspekte eines Forschungsprojekts; Daniel Mortier: Bons et mauvais Allemands á travers la

réception de Hermann Hesse, Bertolt Brecht et Thomas Mann; Dieter Tiemann: Les relations franco-allemandes parmi les jeunes pendant l'entre-deux-guerres. Premières approches d'un projet de recherche; André Laronde: L'Histoire dans la conscience collective et la réalisation d'écomusées; Chantal Foucrier: Le mythe de l'Atlantide et al deuxième guerre mondiale dans la science-fiction moderne; Dominique Maingueneau: Sémantique des manuals d'histoire et efficacité ideologique; Henri Moniot: Impossible serait-il francais? Réflexions à propos de l'infortune de la didactique de l'histoire en France; Karl Pellens: Devoirs et possibilités d'une coopération franco-allemande en didactique de l'histoire.

Bd. 4 Uwe Uffelmann, Wirtschaft und Gesellschaft in der Gründungsphase der Bundesrepublik Deutschland - Informationen und Materialien für die Sekundarstufe II. Dortmund 1984, 19,50 DM + Porto und Verpackung.
ISBN 3-924118-03-5

- 4.1 Informationen, 104 S. (ISBN 3-924118-04-3) 11,20 DM + Porto und Verpackung
- 4.2 Materialien, 164 S. (ISBN 3-924118-05-1) 8,30 DM + Porto und Verpackung (bei Abnahme von 15 Exemplaren der "Materialien" werden pro Exemplar 6,65 DM + Porto und Verpackung berechnet)

In dieser Arbeit geht es darum, die Erkenntnisse der Geschichtswissenschaft zur wirtschaftlichen und gesellschaftlichen Entwicklung Westdeutschlands zwischen 1945 und 1957 für den Unterricht der Sekundarstufe II nutzbar zu machen.

<u>Teil 4.1</u> enthält inhaltliche und didaktische Informationen für den Lehrer. Dargestellt werden

- die Bedingungen und Impulse für die beiden Phasen des ökonomischen Aufschwungs,
- die Konsequenzen für die Eigentumsordnung und die Stabilisierung des politischen Systems,
- die Formierung der Arbeiterschaft und der wirtschaftlichen Interessengruppen,
- das Ringen dieser Kräfte mit den Parteien um die Wirtschafts- und Sozialverfassung der Bundesrepublik am Beispiel der Mitbestimmungsfrage, der Kontrolle der ökonomischen Macht und der Beteiligung der Rentner am Wirtschaftswachstum.

Die didaktische Strukturierung des Themas folgt dem Prinzip des problemorientierten Unterrichts. Neben einer inhaltsbezogenen Zielorientierung für Grund- und Leistungskurse wird die mögliche Gliederung eines Grundkurses vorgestellt. Zwei Phasen des Unterrichts (Problemfindung und 1. Lösungsphase) sind modellhaft durchkomponiert worden.

<u>Teil 4.2</u> ist ein Materialband für die Hand des Schülers. Er enthält Auszüge aus der Fachliteratur sowie gedruckte und unveröffentlichte Quellen, letztere aus dem Stadtarchiv Speyer, die sehr anschaulich die umittelbare Betroffenheit der Bevölkerung in der Nachkriegszeit spiegeln. Deshalb eignet er sich in besonderer Weise für die Anschaffung als Kurssatz zur Ergänzung der eingeführten Lehrbücher und Quellensammlungen.

Bd. 5 Walter Fürnrohr (Hg.), Die Welt des Islams im Geschichtsunterricht der Europäer. Dortmund 1984, 291 S., 19,50 DM + Porto und Verpackung.
ISBN 3-924118-06-X.

Der Band dokumentiert die Ergebnisse eines internationalen Kolloquiums in der Akademie für politische Bildung in Tutzing vom 12. bis 16.3.1982.

Inhalt

W. Fürnrohr: Der Islam im Geschichtsunterricht der Europäer; W. Ende: Muslime über Europa und die Europäer. Aus der älteren Reiseliteratur; E. Heller: Magische Welt der Harems und Despoten: Wie der Westen viele Jahrhunderte die Lebensform des Orients gesehen hat; R. Schulze: Islamische Kultur im 19. Jahrhundert; A.Alavi: Migration - ein internationales Problem. Integration und Reintegration unter besonderer Berücksichtigung der Muslime in der Bundesrepublik Deutschland; C. Hannam: Geschichtsunterricht und das Problem des Vorurteils.

Über die Behandlung des Islams im Unterricht verschiedener Länder informieren Beiträge aus Belgien, Dänemark, Deutschland (aus muslimischer Sicht), Frankreich, Großbritannien, Italien, Kanada, den Niederlanden, Polen, der Schweiz und Ungarn. Außerdem werden türkische, griechische und deutsche Schulbücher miteinander verglichen.

In einem dritten Teil werden Anregungen für die Unterrichtspraxis gegeben: Unterrichtsskizzen, Lehrmodelle und neue Lehrbuchtexte. Den Schluß bildet eine kommentierte Auswahlbibliographie deutscher, französischer, italienischer und englischer Literatur zum Thema der Tagung.

Bd. 6 Klaus Goebel (Hg.), Luther in der Schule. Beiträge zur Erziehungs- und Schulgeschichte, Pädagogik und Theologie. 264 S., Studienverlag Dr. Norbert Brockmeyer, Bochum 1985, 19,80 DM.
ISBN 3-88339-396-7.

Wie sah es im Schulwesen zur Reformationszeit aus? In welcher Weise wirkte Martin Luther auf das Schulwesen ein? Welche Folgen hatte die lutherische Kirchenreform für Unterricht und Bildung in den folgenden Jahrhunderten bis heute? Der vorliegende Sammelband versucht auf diese Fragen Antworten zu geben. Besonders hervorzuheben ist, daß auch ein Kirchenhistoriker der DDR an diesem Band mitarbeiten konnte.

Inhalt

Klaus Goebel: Daß man Kinder zur Schulen halten solle (Vorwort); Klaus Goebel: Luther als Reformer der Schule; Erhard Wiersing: Martin Luther und die Geschichte der Erziehung; Günther Wartenberg: Visitationen des Schulwesens im albertinischen Sachsen zwischen 1540 und 1580; Ulrich Michael Kremer: Die Bildungsidee der sächsischen Fürstenschulen und ihre Erneuerung durch die Evangelische Landesschule zur Pforte in Meinerzhagen; Gerhard E. Sollbach: Die Einrichtung des Gymnasiums in Dortmund 1543. Schulpolitik zwischen Humanismus und Reformation; Hans Georg Kirchhoff: Kirchspiels- und Küsterschulen in der Reformationszeit. Das niedere Schulwesen im Spiegel von Visitationsberichten des 16. Jahrhunderts; Peter Menck: August Hermann Francke - der erste "Erzieher" in Deutschland?; Michael Klöcker: Ursachen des katholischen Bildungsdefizits in Deutschland seit Luthers Auftreten; Erich Schwerdtfeger: Luther als Lehrer; Manfred Wichelhaus: Luther und seine Väter und die Erziehung zum Gehorsam.

Bd. 7 Horst Gies (Hg.), Geschichtslehrerausbildung in der Bundesrepublik Deutschland. 352 S., Studienverlag Dr. Norbert Brockmeyer, Bochum 1986, 3-88339-492-o, DM 39,8o

In diesem Buch wird erstmalig eine eingehende Darstellung des gegenwärtigen Standes der Geschichtslehrerausbildung in den Bundesländern und Berlin geboten. Die einzelnen Länderberichte sind nach dem gleichen Konzept gearbeitet, so daß die Gemeinsamkeiten, aber auch die teilweise außerordentlich gravierenden Unterschiede zwischen den Ländern deutlich werden. Die Darstellung umfaßt ebenso die 1. wie die 2. Ausbildungsphase der Geschichtslehrer aller Schularten und Schulstufen. Die Einleitung des Herausgebers zeichnet die geschichtliche Entwicklung nach, die zu dem heutigen Zustand geführt hat; H.G. Kirchhoffs "Versuch einer Bilanz" resümiert zum Schluß die Stellung der Geschichtsdidaktik in den verschiedenen Ausbildungsgängen.

Bd. 8 Karl Filser/Hans Georg Kirchhoff (Hg.), Geschichte lernen heute. 220 S., Studienverlag Dr. Norbert Brockmeyer, Bochum 1985

Der Band enthält Vorträge und Diskussionsergebnisse der Augsburger Tagung der Konferenz für Geschichtsdidaktik zu folgenden Themenbereichen: Geschichte lernen und Persönlichkeitsentwicklung; Geschichtsunterricht und Vorurteile; Geschichte lernen an Regionalgeschichte; Geschichte lernen an Universalgeschichte; Mikroanalyse historischer Lernprozesse; Historische Beratung.

Bd. 9 Hans Georg Kirchhoff (Hg.), Der Lehrer in Bild und Zerrbild - 200 Jahre Lehrerausbildung Wesel - Soest - Dortmund 1784 - 1984. 178 S., Studienverlag Dr. Norbert Brockmeyer, Bochum 1986, 3-88339-493-9, DM 29,80

Das Buch vereinigt die Beiträge zu einem Symposion aus Anlaß der 200. Wiederkehr des Tages, an dem 1784 das erste Lehrerseminar in den preußischen Westprovinzen eröffnet wurde. Den Weg der Lehrerausbildung von Wesel über Soest nach Dortmund zeigen die Beiträge von H. Obhues, K. Heinemann und G. E. Sollbach nach. Die folgenden Beiträge sind alle dem "Bild und Zerrbild" des Lehrers gewidmet, wie es sich in der Erinnerung ehemaliger Schüler (H.G. Kirchhoff, R. Schörken) und der Lehrer selbst (K. Goebel), in der Literatur (A. Klein) und der Karikatur (D. Grünewald) spiegelt.

Bd. 10 Franz Henkemeier, Geschichtsdidaktik der Lernbehindertenschule, 307 und 256 S., Studienverlag Dr. Norbert Brockmeyer, Bochum 1986

Die relativ kleine Gruppe lernbehinderter Sonderschüler ist in der Geschichtsdidaktik bisher kaum berücksichtigt worden. Dieser erste umfassende Entwurf einer auf diesen Kreis bezogenen Fachdidaktik füllt daher eine Forschungslücke; zugleich bietet er jedoch auch eine Handreichung für den Unterricht. Nach einer umfassenden Diskussion der unterschiedlichen geschichtsdidaktischen und sonderpädagogischen Ansätze stellt der Verfasser, der selbst Sonderschullehrer ist, seine Konzeption vor, die in einen Lehrplanvorschlag mündet. Im Anhang der Arbeit erscheint die Dokumentation einer Befragung von je etwa 30 Hauptschul- und Sonderschulabgängern. Angesichts des eklatanten Mangels an derartigem empirischen Material in der Geschichtsdidaktik ist diese Dokumentation von besonderem Interesse.